Pédagogie

Pratique

Magnard

75 enquêtes pour

CP-CE1

Découvrir le monde

Guide du maître

Jean-Michel Rolando
Professeur de Physique en IUFM

Patrick Pommier
Professeur de SVT en IUFM

Marie-Laure Simonin
Professeur de SVT en IUFM

Martine Koné
IMF

Hervé Laly
Professeur d'Histoire-Géographie en IUFM

Jean-François Laslaz
IEN

Pascal Boyries
Agrégé de Géographie

MAGNARD

20, rue Berbier-du-Mets

75013 Paris

www.magnard.fr/sciences

Les auteurs tiennent à remercier chaleureusement :

Guy Simonin, directeur scientifique du palais de la Découverte, pour ses relectures et ses conseils éclairés ;

Catherine Demazière et **Jocelyne Nomblot**, PEMF, dont les travaux qu'elles ont menés dans leur classe ont été des sources fréquentes d'inspiration ;

Michèle Morand, **Pascale Colletti**, **Martine Bottalla**, **Béatrice Thollon**, **Florence Vietti** et **Anne Billot**, enseignantes à l'école primaire de Groisy, pour leur aide précieuse ;

Maryline Viret pour son accueil dans sa classe ;

Véronique Bardot, **Nadja Letteron** et **Cécile Tricoche** pour la mise au point de certaines activités et pour les documents qu'elles nous ont transmis ;

Gisèle Larchez, présidente de la Maison du Patrimoine du Grand-Bornand pour les documents qu'elle nous a autorisés à reproduire ;

Véronique Bourgouin, professeur d'arts visuels, pour son aide à la conception des ateliers de recherches plastiques ;

Sans oublier nos petits CP, **Louise** et **Benjamin**, dont nous remercions aussi les parents.

20, rue Berbier-du-Mets
75013 Paris
ISBN : 2-210-52105-X

Sommaire

Encarts pédagogiques

Introduction

Le guide du maître et le manuel de l'élève constituent une ressource complète dont l'ambition est de fournir aux enseignants de CP et de CE1 un outil efficace pour organiser une véritable découverte du monde, sous-tendue par des apprentissages effectifs, en conformité avec le contenu et l'esprit des programmes de 2002. Ceux-ci ne se contentent pas, en effet, de fixer les connaissances que les élèves doivent acquérir. Ils guident également les enseignants dans les démarches à mettre en œuvre au cours de leur enseignement.

Trois documents officiels, auxquels nous nous référerons fréquemment, peuvent être consultés avec profit :

- le texte des programmes fixe les compétences à acquérir en fin de cycle 2 ; la partie consacrée à la maîtrise du langage et de la langue française fournit un éclairage essentiel sur l'apport fondamental des activités de découverte du monde aux apprentissages langagiers ;
- le document d'application des programmes (domaine de la découverte du monde) apporte un grand nombre de précisions et de commentaires ;
- enfin, un document d'accompagnement spécifique au domaine scientifique fournit des exemples de séquences pouvant être menées en cycle 2.

La lecture de ces documents montre une évolution très nette prenant en compte des idées qui, sans être véritablement nouvelles, ont longtemps été absentes des programmes.

Un cadre pour penser l'enseignement de la découverte du monde

Prenant appui sur les recherches de ces dernières décennies, nous proposons un cadre à la fois rigoureux et souple dans lequel peuvent s'inscrire toutes les activités de découverte du monde, quelles que soient leurs spécificités. Il s'articule autour de quatre grands types d'activités : le questionnement, la réflexion préalable, l'investigation, l'acquisition d'une connaissance.

Chaque enquête du manuel est organisée selon ce cadre.

Questionnement — Il s'articule autour de « **75 enquêtes** » dont le titre est destiné à rappeler que l'objectif essentiel est d'aider les élèves à « **découvrir le monde** ». Chaque enquête est développée sur une simple ou une double page.

↓

Réflexion préalable — Si les jeunes enfants ont une tendance spontanée à laisser libre cours à leur activité, l'école (en particulier au cycle 2) est le lieu où il faut apprendre à parfois différer l'action et à la faire précéder d'une réflexion. Nous l'avons systématisée dans chaque enquête par la rubrique « **À ton avis** ».
En cherchant à produire une explication, les élèves mettent en œuvre leurs conceptions qui, chaque fois que possible, font l'objet d'une confrontation.

↓

Investigation — L'investigation est donc toujours une réponse à un questionnement préalable. L'enjeu est accru lorsque la confrontation fait apparaître des désaccords. La rubrique « **À toi de chercher** » propose des activités et des ressources permettant de faire aboutir les recherches menées à chaque fois par les élèves.

↓

Connaissance — La rubrique « **Fais le bilan** » incite à récapituler et à formuler les connaissances construites.

La fin d'une enquête ne marque pas le terme de l'apprentissage. La conclusion à laquelle elle aboutit présente un caractère local et provisoire qui devra être structuré par l'apport de nouvelles enquêtes. C'est en travaillant sur le même objet d'étude, mais en prenant diverses perspectives qui se combinent et se complètent, qu'on pourra conduire les élèves à cette connaissance stable et structurée. Les doubles pages intitulées « **Je comprends mieux...** » qui terminent chaque partie donnent l'occasion de revenir sur les différentes enquêtes, de les mettre en perspective, et d'établir des relations que les élèves, en général, ne soupçonnent pas seuls. C'est dans le but de **structurer** une connaissance encore fragile pour lui assurer stabilité et solidité qu'il convient de considérer ces pages. Le schéma ci-dessous l'illustre sur un exemple.

Enquête 28 → **Conclusion 1**
Présence d'articulations.

Enquête 29 → **Conclusion 2**
Présence d'os longs et rigides dans les membres.

Enquête 30 → **Conclusion 3**
Rapport entre squelette et mouvements.

Structuration progressive : mise en perspective des différentes enquêtes ; compréhension des liens, des relations, des différences...

Extrait des documents d'application des programmes de sciences de cycle 3

Le plus souvent, la connaissance ne s'établit pas immédiatement et définitivement à l'issue de l'activité de recherche. Des activités complémentaires sont en général souhaitables pour permettre à l'élève de percevoir la pertinence et l'étendue de ce qu'il vient d'apprendre. Une connaissance nouvellement acquise sera plus solide si elle est mise en relation avec une autre, de façon à faire percevoir une cohérence qui n'apparaît pas spontanément. [...] Le savoir n'a pas vocation à encombrer la mémoire, mais à constituer une économie de pensée.

Enfin, la double page méthodologique du manuel (« **J'enquête pour comprendre le monde** », p. 2-3) explicite, dans une forme accessible aux élèves, la démarche qu'ils suivent au cours des différentes enquêtes. Il ne s'agit pas uniquement d'une page de présentation. Il nous paraît utile d'y revenir régulièrement. Les recherches actuelles tendent à montrer l'intérêt d'une certaine prise de recul grâce à laquelle l'élève mesure ses progrès, analyse ses erreurs, mais aussi appréhende le cheminement par lequel il aboutit. Ainsi, revenir sur sa démarche à la fin d'une enquête est bénéfique pour l'apprentissage en cours.

Mais au-delà, le bénéfice existe aussi pour les enquêtes futures. La maîtrise progressive de la démarche d'investigation aide les élèves à se centrer plus totalement sur l'objet de l'apprentissage. En clair, lorsque les élèves ne se posent plus de questions de démarche (Que signifie « donner son avis » ? Est-ce que c'est grave de se tromper ? Comment fait-on pour chercher ? Peut-on écrire sur son cahier ? Que veut dire « faire le bilan », etc.), leur esprit est davantage disponible pour l'objet de l'apprentissage. Ainsi, nous conseillons aux enseignants de revenir régulièrement sur la lecture de cette double page « **J'enquête pour comprendre le monde** » et de la décliner en fonction de l'enquête en cours : « Quelle question nous posions-nous ? Quelles étaient les différentes idées ? Comment avons-nous fait pour vérifier ? Qu'avons-nous finalement trouvé ? »

Précisions et mises en garde contre quelques idées reçues...

Grâce à la recherche, les connaissances dans le domaine de la pédagogie évoluent et, nécessairement, induisent des changements dans les pratiques professionnelles, parfois perçus comme des effets de mode lorsqu'ils ne sont pas explicités. C'est pourquoi nous voulons montrer ici que le cadre que nous proposons ne constitue en fait qu'une évolution minime qui s'inscrit dans la continuité des changements beaucoup plus radicaux qui ont découlé de la mise en place des activités d'éveil dans les années 1970. Nous souhaitons mettre en garde les enseignants contre un certain nombre d'idées reçues qui découlent, selon notre analyse, d'une mauvaise interprétation de ces activités d'éveil. Nous allons les expliciter en montrant que le cadre actuel ne constitue pas une difficulté supplémentaire que les enseignants auraient à surmonter, mais qu'au contraire il leur simplifie la tâche.

L'importance du questionnement

• Petit détour historique

Depuis de nombreuses années, les instructions officielles successives ont pris de la distance vis-à-vis de la présentation dogmatique du savoir par le maître et préconisent de placer les élèves en situation active de découverte. L'un des moments forts de cette transition a été le développement des activités d'éveil. C'est durant cette période que s'est imposée l'idée selon laquelle les connaissances s'installent plus efficacement si les enfants les découvrent eux-mêmes. Le questionnement n'était pas absent de la méthode proposée comme l'attestent les publications de l'Institut national de recherche et de documentation pédagogique (devenu INRP) qui en constituent la source. La première phase de la « méthode de découverte » en sciences et technologie est la « *formulation d'un problème physique ou technologique à partir d'une situation bien intégrée à la vie de l'enfant*[1] ». La place du problème est reconnue également dans les « activités à dominante humaine » : « *Il ne s'agit pas d'abandonner les enfants à ce qu'ils sont, il ne s'agit pas non plus de leur apprendre de façon dogmatique ce que nous pensons devoir leur apprendre ; il s'agit de chercher avec eux toutes les solutions qu'ils sont capables de proposer pour résoudre tel ou tel problème*[2] ». On peut pourtant penser que la place du questionnement n'a pas été suffisamment affirmée. Dans la pratique, la conception qui est restée était qu'il suffisait de partir du milieu dans lequel vit l'enfant pour qu'il acquière des connaissances par l'activité libre, l'observation active, le tâtonnement, l'expérimentation. En oubliant que toutes ces stratégies de découverte n'ont de sens que si elles sont finalisées par un problème à résoudre, on a pu mettre ainsi les enseignants en difficulté : ils ne savaient pas toujours comment exploiter les activités souvent divergentes et désordonnées de leurs élèves pour les faire aboutir à un savoir structuré. Il s'agit sans doute d'une des causes profondes de l'échec de la « pédagogie de l'éveil ».

Ainsi, les programmes actuels rappellent-ils que l'activité d'investigation n'a pas de sens sans un questionnement préalable qui la canalise et évite la dispersion. Cela se traduit, dans le manuel, par le souci permanent de proposer des activités répondant à un questionnement initial fourni par le titre des enquêtes. Mais comment amener ce questionnement ? Les élèves vont-ils aisément le comprendre ? Faut-il des activités préalables préparant les élèves à comprendre (voire à formuler eux-mêmes) les questions envisagées ? Ce sont ces aspects que nous voulons maintenant éclaircir.

• Le questionnement et sa pertinence par rapport aux élèves

Parfois, le questionnement est directement accessible aux élèves. C'est souvent le cas lorsqu'il fait appel à l'observation directe, à la manipulation d'objets de la vie courante, ou encore à la transposition de pratiques quotidiennes. On peut citer, à titre indicatif, des

1. *Activités d'éveil scientifiques à l'école élémentaire*, sous la direction de V. Host et J.-L. Martinand, Recherches pédagogiques n° 74, INRDP, 1975, p. 38.
2. *Les activités d'éveil à dominante intellectuelle au cours préparatoire*, sous la direction de L. Legrand, Recherches pédagogiques n° 51, INRDP, 1971, p. 37.

questions comme « Comment installer une sonnette à la porte d'une maison ? », « Comment sont tes dents ? », « Comment dessiner ce que l'on voit ? » ou encore « Comment faire pousser des plantes ? » D'autres fois, les questions sont plus abstraites parce qu'elles engagent des concepts, c'est-à-dire des idées générales permettant d'organiser les connaissances. Citons par exemple « Comment protéger les **cultures** ? », « La **campagne**, qu'est-ce que c'est ? », « Comment réaliser d'autres **circuits** ? » ou encore « Comment faire pour retrouver le **passé** ? »

Y aurait-il une méthode qui permettrait de déterminer si tel questionnement est adapté à telle tranche d'âge ? Rien de général ! Tout dépend des références personnelles des élèves sur le sujet envisagé. Avant d'engager les enquêtes, il est donc de la responsabilité de l'enseignant de s'assurer de la disponibilité, chez ses élèves, des références préalables sur le sujet abordé. Si elles existent, le questionnement pourra s'engager sans détour. Mais dans le cas contraire, il doit créer les conditions pour qu'elles s'instaurent.

Plusieurs possibilités s'offrent à lui : enquêtes sur le milieu, sorties de terrain et classes de découverte bien sûr, mais encore — les programmes insistent sur ce point — fréquentation assidue d'albums, de photographies, de films et d'images numériques, pratique des arts visuels qui restent, à cette étape, « *les moyens les plus efficaces d'appréhender la diversité des réalités humaines dans l'espace et plus encore dans le temps*[3] ». Souvent enfin, une bonne articulation du travail entre les différents domaines d'activités suffit à introduire simplement une question apparemment complexe. Expliquons-nous sur un exemple, celui de l'enquête 62 : « La campagne, qu'est-ce que c'est ? » La question ne s'impose pas à l'esprit de la plupart des enfants de CP-CE1. Des citadins n'ayant jamais connu d'autre environnement que leur quartier, risquent bien de ne pas en percevoir l'intérêt. On peut bien sûr imaginer une classe transplantée ou une visite dans une exploitation agricole, pour familiariser les élèves avec le milieu rural. Mais il n'est pas toujours indispensable de se lancer dans des projets si ambitieux ! Un travail mené en classe dans le domaine du vivant amènera « naturellement » cette question qui, posée de manière abrupte, aurait désorienté les enfants. Si les élèves réalisent, en pratiquant les plantations proposées aux enquêtes 43 et 45, que les frites, la purée et les haricots verts n'arrivent pas dans leurs assiettes comme par magie, il leur devient possible de s'interroger sur les espaces utilisés par les hommes pour produire ce dont ils ont besoin.

Voilà pourquoi **le guide du maître propose**, chaque fois que c'est nécessaire, **des situations de départ et des liens possibles entre enquêtes** appartenant à des domaines d'activités différents.

• Les questions doivent-elles venir des élèves ?

L'idée est généreuse, mais très difficile à réaliser et non généralisable. Les questions des enfants sont rarement des questions directement productives[4] et il faut chez l'enseignant de grandes compétences disciplinaires pour déceler, à travers un questionnement d'enfant, ce qui pourra conduire à des activités intéressantes dans le cadre d'une discipline donnée. Il faut par ailleurs une grande maîtrise pédagogique pour faire émerger ces questions d'enfants, puis conduire la classe à se les approprier et à les reformuler pour les rendre productives. Même si l'idée n'est pas en elle-même irréaliste, il est difficile d'imaginer qu'elle soit généralisable lorsqu'il s'agit de traiter un programme défini à l'avance. Enfin, il y a un risque, nous semble-t-il, à engager trop souvent la classe autour des questions de quelques élèves, souvent les mêmes, alors que c'est chez tous les élèves qu'il faut développer l'aptitude à se questionner.

Le document d'application des programmes de sciences du cycle 3 est très clair sur ce point (p. 6). Nous le citons dans la mesure où les idées qu'il énonce s'appliquent de façon évidente au cycle 2 et à tous les domaines de la découverte du monde.

---

3. *Qu'apprend-on à l'école élémentaire ? Les nouveaux programmes*, MEN, CNDP - XO Éditions, 2002, p. 156.
4. Nous adoptons la définition proposée dans le document d'application des programmes de sciences et technologie du cycle 3 (p. 6). Les questions productives satisfont à deux critères : « elles débouchent sur des expériences, des réalisations ou des observations sans danger matériel, ne soulevant pas d'objections éthiques, réalisables avec les moyens locaux [...] ; elles conduisent [...] à une connaissance nouvelle, comprise dans les objectifs du programme, assimilable par les élèves, et dont l'accord avec le savoir constitué est assuré. »

« Les questions des élèves ne peuvent pas être le seul point de départ possible pour une activité scientifique. D'une part, les élèves ne vont pas imaginer tous les problèmes pertinents prévus par les instructions officielles. D'autre part les programmations de l'enseignant ne peuvent pas être en permanence bouleversées par tel problème évoqué par tel élève.
En revanche, il est important d'être attentif aux deux aspects suivants :
– une question étant retenue, qu'elle vienne d'un élève ou de l'enseignant, le maître doit mettre en œuvre la stratégie et le matériel nécessaires pour que toute la classe se l'approprie.
Poser un problème, donner aux élèves le temps d'y réfléchir, individuellement puis par petits groupes, confronter les hypothèses, mettre en relief les désaccords, crée une dynamique de classe. Le problème devient celui des élèves. Les désaccords sont source de motivation ;
– une fois la classe engagée dans une problématique, toutes les questions qui surgissent en lien avec le sujet traité, sont importantes à relever et méritent d'être traitées dans la mesure précisée plus haut. »

Loin de complexifier la tâche des enseignants, le cadre que nous proposons est une alternative qui nous semble beaucoup plus réaliste d'une part pour satisfaire à l'obligation de se conformer aux programmes, d'autre part pour conduire la réflexion des élèves. Elle n'occulte pas leurs questions, mais elle ne les considère pas comme un point de départ. En effet, **l'aptitude à se questionner** de manière pertinente sur un sujet donné, **dépend essentiellement de la base de connaissance dont on dispose** sur celui-ci. En d'autres termes, plus on sait, plus on a de nouvelles questions, plus celles-ci sont pertinentes et plus on mesure l'étendue de ce qu'on ne sait pas encore… **Amener les élèves à se questionner de manière productive n'est pas impossible, c'est même un objectif à atteindre. Mais c'est une conquête ! C'est le signe d'une pédagogie réussie, et non un préalable.**

• Le point de vue de la motivation

L'une des raisons qui ont conduit, par le passé, à valoriser les questions des élèves au point de systématiser cette démarche, est qu'on pensait qu'il s'agissait d'un puissant levier pour motiver les élèves. Les recherches plus récentes ne confirment pas ce point de vue. D'après Jean-Pierre Astolfi, « *la motivation, leitmotiv des enseignants, est trop souvent recherchée de manière externe (comment motiver les élèves ?), alors que c'est l'intérêt conceptuel même des activités disciplinaires qui devrait être le moteur*[5] ». Rolland Viau, chercheur canadien ayant approfondi la problématique de la motivation, explique qu'à côté des facteurs externes à l'école (contexte familial et social), l'élève est sensible d'une part à la valeur qu'il attribue à l'activité qui lui est demandée et d'autre part à la perception qu'il a de sa propre compétence pour l'accomplir[6]. Ainsi, pour motiver les élèves, il ne s'agit pas tant de partir de leurs questions que de savoir choisir celles dans lesquelles les engager, en étant attentif à ce qu'elles soient tout à la fois intéressantes et calibrées :

– intéressantes de manière à ce que les élèves se rendent compte que leurs efforts déboucheront sur une meilleure compréhension du monde ;

– calibrées de manière à offrir une résistance suffisante (faute de quoi il n'y aurait rien à apprendre) tout en restant à la mesure des élèves (pour éviter découragement et démission cognitive).

La réflexion préalable

Confronté à un problème dont il n'a pas la solution, l'expert historien, géographe ou scientifique va commencer par prendre le temps de la réflexion. Pour autant, cette attitude n'est ni spontanée, ni immédiatement productive chez des élèves de cycle 2. Leur tendance les pousse plus souvent à s'engager directement dans l'action. Même si ce n'est pas à exclure (nous développerons dans le chapitre consacré à l'électricité l'intérêt du tâtonnement expérimental), il importe d'aménager la transition vers une réflexion précédant plus systématiquement l'action.

5. Astolfi J.-P., *L'école pour apprendre*, ESF, 1992, p. 44.
6. Viau R., *La motivation en contexte scolaire*, De Boeck Université, 1997.

La rubrique « **À ton avis** » du manuel répond à cette volonté. On ne peut pas parler dans tous les cas de véritables hypothèses ce qui nécessiterait, pour les élèves, d'anticiper mentalement les différents cas possibles et d'envisager les conséquences de chacun d'eux. Néanmoins, ce souci est omniprésent tout en prenant différentes formes suivant les enquêtes.

Afin de contraindre et d'encadrer au mieux la réflexion des élèves au cours de cette phase, il est important de fournir **une contrainte de production garantissant l'activité effective**. Même si ce n'est pas systématiquement précisé dans les différentes enquêtes, il faudra à chaque fois demander aux élèves de produire un dessin, d'écrire quelques mots, d'en choisir quelques-uns dans une liste, d'écrire un petit texte, de manipuler des post-it ou des étiquettes, etc. Il importe de ne pas tomber dans **le piège de l'oral collectif** où l'on s'aperçoit très vite que seule une toute petite minorité de la classe participe effectivement et que les avis contradictoires ne se manifestent que s'ils sont émis par les leaders de la classe.

Les pièges de l'oral collectif

1. Qu'est-ce que l'oral collectif ?

• L'enseignant pose une question ou un problème à la classe.
• Il interroge quelques élèves à tour de rôle.
• Le jeu des questions du maître et des bonnes réponses fournies par les élèves font progresser la classe jusqu'à ce que la solution définitive soit énoncée.
• Un cours dialogué donne l'apparence d'être structuré, rigoureux et efficace. Il est particulièrement représentatif du fonctionnement scolaire.

2. Des avantages... pour le maître...

• La classe est plus facilement maîtrisée, les réflexions sont canalisées, les dérives dans des directions non prévues sont évitées.
• L'enseignant distribue la parole, les élèves ne se disputent pas...
• La gestion du temps est plus facile.

3. Des inconvénients... pour les élèves...

• Rien ne les contraint à s'investir dans la question posée (attendre la réponse est plus facile).
• Les erreurs ne sont pas prises en compte.
• Les conceptions ne peuvent pas s'exprimer ou sont ignorées, parfois inconsciemment par le maître.
• Le rythme de la classe est calqué sur celui des élèves les meilleurs.
• Les élèves « qui suivent » sont souvent guidés par des indices externes à la situation (ils tentent de décoder les réactions de l'enseignant plutôt que de réfléchir et de raisonner).
• Conséquences : de nombreux élèves « démissionnent » rapidement. Seuls les meilleurs suivent. On est loin d'une prise en compte de tous les élèves, et notamment de ceux qui sont en difficulté.

Faut-il dissocier démarche et connaissance ?

Les paragraphes précédents ont montré l'étroite imbrication des différentes composantes de la démarche d'apprentissage. Nous avons ainsi pu préciser qu'**une investigation doit tout à la fois être encadrée par un problème à résoudre et déboucher sur une nouvelle connaissance.** Ces considérations invalident une idée reçue, qui nous paraît pourtant avoir encore la vie dure, selon laquelle ce qui compterait ce ne seraient pas les connaissances mais la démarche. Il faut à la fois insister (si elle n'aboutit pas à une connaissance, une démarche ne peut pas être réussie !) et revenir une nouvelle fois sur le contexte des activités d'éveil dans lequel on trouve l'origine de ce qui n'est qu'une mauvaise interprétation. Les recherches qui se sont développées dans les années 1970 montraient de manière de plus en plus évidente qu'il fallait s'intéresser de près aux conditions (aux démarches) qui rendent possible et efficace l'appropriation des savoirs. Ainsi, à une époque où les enseignants se préoccupaient presque exclusivement de définir les savoirs à enseigner et l'ordre dans lequel ils allaient les présenter, on a pu trouver des publications expliquant qu'ils devaient davantage se préoccuper des démarches. De cette idée aux formules approximatives, il n'y a qu'un pas qu'il ne faut pas franchir faute de dénaturer l'idée initiale qui, quant à elle, est encore valide.

Actuellement, on tend à considérer que la formulation de la connaissance est une étape de la démarche d'investigation. La connaissance est donc incluse dans la démarche et ne peut donc pas en être dissociée.

On peut certes imaginer des circonstances où la recherche n'aboutit pas. La classe finit par arriver à une impasse. La question n'était peut-être pas assez bien cernée ou trop difficile pour les élèves. Rien n'est grave. L'échec est formateur tant pour les enseignants que pour les élèves si, bien entendu, il reste ponctuel.

Conclusion

Ce qui nous paraît important, à travers la démarche que nous proposons dans le manuel, c'est de **faire entrer les élèves dans cette dynamique positive de la connaissance** qui, lorsqu'elle est en route, s'accompagne d'une véritable motivation des élèves qui n'exclut pas l'apprentissage de la rigueur et des efforts.

En guise de conclusion, nous donnerions les **conseils suivants** :

– ne pas chercher à partir des questions des élèves mais choisir soi-même, dans un premier temps, la question à examiner ;
– s'assurer que tous les élèves comprennent sa pertinence ; éventuellement, mener les activités documentaires nécessaires pour y parvenir ;
– recueillir les avis en se préparant à tous les cas possibles : absence d'idées, idées déroutantes, idées immédiatement excellentes… Dans tous les cas, rester neutre, prendre chaque idée comme une hypothèse à examiner ;
– faire le point en faisant ressortir les idées communes et en mettant en relief les désaccords pour créer un « conflit d'idées » dans la classe ;
– engager les activités de recherche en réfléchissant aux aides éventuelles à proposer pour les faire aboutir ; ne pas oublier que leur fonction est de valider ou non les hypothèses de départ ;
– une fois la conclusion dégagée, ne pas changer trop vite de thème : traiter un sujet voisin ou complémentaire de manière à tirer le bénéfice des connaissances acquises ;
– procéder ainsi régulièrement, **faire pratiquer la découverte du monde aux élèves chaque semaine de l'année, de la toute première à la toute dernière** ;
– petit à petit, des évolutions réelles seront perceptibles : les élèves pouvant se référer à des connaissances et à des méthodes précises prendront confiance en eux ; familiarisés avec cette démarche, ils seront progressivement en mesure de se questionner de manière pertinente. Il sera alors possible de rebondir sur les questions des élèves.

Enfin, tout au long de la démarche, les enseignants trouveront de nombreuses occasions de faire pratiquer la langue à leurs élèves. C'est ce que nous voulons montrer dans le chapitre qui suit.

Découverte du monde et apprentissages langagiers

Depuis de nombreuses années, les instructions officielles et les circulaires de rentrée mettent l'accent sur l'acquisition du « dire, lire, écrire » par tous les élèves et font donc de la maîtrise de la langue une priorité qui tend à devenir cause nationale. Mais, au-delà des intentions et des déclarations, comment procéder ? La lutte contre l'illettrisme demeure une priorité, alors même que depuis l'école de Jules Ferry les séances d'apprentissage de la lecture et de l'écriture ont toujours constitué la plus grande partie du temps scolaire notamment au CP et au CE1. Alors que faire ?

Les programmes de 2002, dont nous reproduisons ci-dessous quelques passages clés, prennent une position très claire sur ce problème crucial. L'accès à la maîtrise de la langue ne peut pas se faire sans le support d'une culture générale, la plus étendue possible, qui fournit matière et matériau pour lire, écrire et parler.

Quelques citations issues des programmes officiels[1]

- « Le cycle des apprentissages fondamentaux doit permettre à chaque élève d'apprendre à lire et à écrire le français [...]. La fréquentation assidue des littératures orales et des albums destinés aux jeunes enfants en a été un élément décisif, de même que toutes les expériences et les connaissances accumulées dans les différents domaines d'activité[2]. »
- « L'identification des mots [...] passe évidemment par l'accroissement général du vocabulaire des élèves (leur lexique mental) et, donc, par les connaissances qu'ils accumulent. Au cycle des apprentissages fondamentaux, ces connaissances sont le plus souvent construites oralement dans les domaines « Découvrir le monde » ou « Éducation artistique » [...]. Il est donc essentiel de ne pas les négliger, en particulier pour les élèves qui ne bénéficient pas, hors de l'école, d'activités culturelles variées[3]. »
- « Si l'on souhaite que chaque élève comprenne les textes qu'il lit, il est nécessaire qu'il sache se servir du code alphabétique [...], mais il est tout aussi nécessaire qu'il ait acquis des connaissances fermes et dispose d'une culture suffisamment riche pour se donner des représentations précises de ce qu'il a lu. Pas une minute ne doit être soustraite des enseignements qui donnent à chacun une solide culture sous prétexte que certains élèves ne lisent pas comme ils devraient ou ont des difficultés d'écriture. Ce sont ces derniers qui ont le besoin le plus évident de cet apport irremplaçable[4] ».

En conformité avec les orientations actuelles, nous proposons de profiter des activités de découverte du monde pour travailler les apprentissages langagiers en complémentarité avec les méthodes d'apprentissage de la langue utilisées. Nous développons ici quelques exemples montrant concrètement comment procéder.

Découverte du monde et langage oral

Les activités, telles que nous les avons conçues au fil des différentes enquêtes du manuel, donnent lieu à de nombreux échanges oraux en petits groupes ou dans la classe. Il y a lieu, selon le cas, de formuler un questionnement, d'émettre une hypothèse, de développer une argumentation, d'analyser une image ou un document, d'énoncer une conclusion, etc.

1. Les deux premières sont issues du programme de cycle 2, la troisième de celui du cycle 3. Nous l'avons toutefois reproduite tant elle nous paraît s'appliquer de façon évidente au cycle 2.
2. *Qu'apprend-on à l'école élémentaire ? Les nouveaux programmes*, MEN, CNDP-XO Éditions, 2002, p. 65.
3. *Qu'apprend-on à l'école élémentaire ? Les nouveaux programmes*, MEN, CNDP-XO Éditions, 2002, p. 79.
4. *Qu'apprend-on à l'école élémentaire ? Les nouveaux programmes*, MEN, CNDP-XO Éditions, 2002, p. 156.

L'efficacité de ces moments dépend donc de l'aptitude des élèves à s'exprimer oralement mais aussi de leur capacité à s'écouter. La difficulté est accrue lorsque l'échange se déroule en classe entière et il n'est pas rare de voir la parole transiter systématiquement par l'enseignant alors qu'il serait important d'apprendre aux élèves à débattre entre eux, sans que l'intervention du maître soit prépondérante.

Pour cela, un travail régulier s'avère nécessaire, tant pour l'apprentissage du travail en groupes que pour la mise en place de situations d'échanges en classe entière pour laquelle nous proposons ci-dessous quelques conseils.

Pour que les élèves apprennent à s'exprimer devant les autres

- Mettre en place une disposition qui se prête à l'échange : l'élève qui parle fait face aux autres ; il dispose d'une durée suffisante, adaptée à la nature de son intervention.
- Rappeler régulièrement les consignes portant sur la forme :
  - l'élève qui parle doit :
    - attendre que tout le monde soit silencieux ;
    - parler fort ;
    - s'adresser à ses camarades, pas à l'enseignant ;
    - parler du sujet ;
    - répondre aux questions que ses camarades lui posent ;
    - donner la parole à quelqu'un qui lève le doigt ;
    - varier les interlocuteurs qu'il interroge ;
    - retourner à sa place lorsqu'il a fini de parler ;
  - l'élève qui écoute doit :
    - essayer de comprendre pour pouvoir poser des questions ;
    - ne pas bavarder, ne pas faire du bruit, ne pas s'agiter ;
    - demander la parole à son camarade et non à l'enseignant ;
    - intervenir, lorsqu'il a la parole, sur le sujet traité.
- Revenir si nécessaire sur le déroulement de l'échange, notamment lorsqu'on observe un dysfonctionnement : « Avez-vous pu bien discuter, bien échanger ? Que faudra-t-il améliorer ? »
- Doser sa présence dans le groupe :
  - intervenir si nécessaire :
    - pour aider au respect des consignes : « Votre camarade attend que vous vous taisiez pour commencer à parler » ;
    - pour prêter main forte à un élève en difficulté : « Qui peut l'aider à expliquer ? »
    - pour recentrer ou clore sur un aspect qui n'avance plus : « Maintenant, on va discuter de… »
    - pour donner la parole à certains élèves : « Il y en a plusieurs qui lèvent le doigt depuis un moment » ;
  - savoir se faire discret en se mettant en retrait, hors de la vue des élèves ou en s'asseyant parmi eux :
    - lorsque les discussions s'engagent ;
    - lorsque la parole circule correctement.
- Respecter une durée calibrée (une quinzaine de minutes à adapter) et une fréquence régulière (une fois par demi-journée, pas seulement en sciences).
- Enfin, se persuader qu'il s'agit d'un apprentissage à part entière qui vaut le temps qu'on lui consacre (« Allez, on se dépêche, on est déjà en retard ! »).

Découverte du monde et lecture

D'après les programmes officiels du cycle 2, les enseignants doivent faire lire et écrire leurs élèves presque une heure par jour pour chacune des deux activités. Mais il est bien évident que cette durée ne doit pas être effectuée en totalité dans le domaine de la « maîtrise du langage et de la langue française » : « *Dès que l'élève devient capable d'une première autonomie, il doit prendre plaisir à relire seul les textes découverts collectivement dans les autres domaines (découvrir le monde, etc.)* [5]». Les activités de découverte du monde fournissent donc des occasions multiples de pratiquer la langue en diversifiant les approches et les types de textes. Certains auteurs ont tenté de prendre en compte cette nécessaire diversification en proposant des lectures documentaires au sein de manuels dédiés à l'apprentissage de la langue. Nous ne nous associons pas pleinement à cette formule qui présente le risque de réduire la découverte du monde à un simple prétexte au service de l'apprentissage de la langue. La démarche que nous proposons à travers les quelques exemples qui suivent consiste à exploiter de **véritables activités** de découverte du monde pour proposer des situations fonctionnelles de lecture et d'écriture.

Précisons déjà que de nombreuses parties du manuel peuvent faire l'objet d'un travail de lecture, en complément de la méthode habituelle. Lorsque le texte est difficile, la lecture peut être faite par l'enseignant. D'autres passages, plus courts ou plus simples, ont été conçus pour être lus par les élèves dès le CP.

En plus de la lecture du manuel, on peut exploiter d'autres occasions comme nous l'illustrons dans l'exemple ci-dessous. Un groupe d'une dizaine d'élèves doit réfléchir aux effets du vent dans la nature et répondre à la question « Comment vois-tu qu'il y a du vent ? ». Les différentes réponses sont dictées au maître qui les transcrit par écrit. Pendant ce temps, le reste de la classe réalise le même travail individuellement.

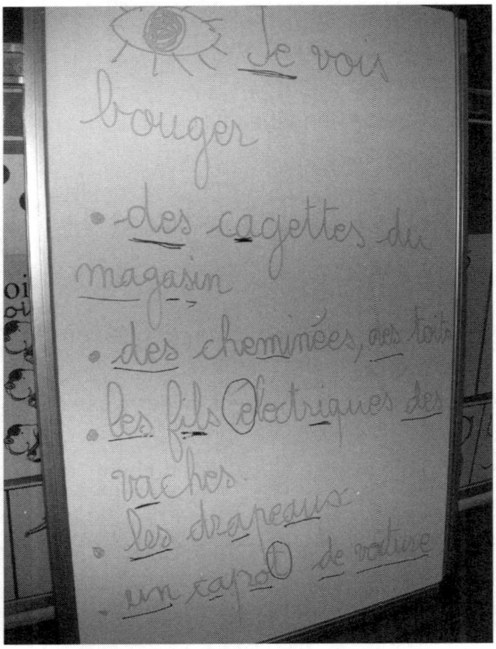

Je vois bouger

- des cagettes du magasin
- des cheminées, des toits
- les fils électriques des vaches
- les drapeaux
- un capot de voiture

Nous ne nous arrêterons pas sur les idées des élèves qui, probablement marqués par de récents phénomènes météorologiques violents, ont privilégié les effets spectaculaires par rapports aux effets habituels.

Une fois la dictée terminée, il est demandé aux élèves de bien lire les phrases car il faudra les rapporter aux autres. Pour cela, le maître reprend avec eux tous les indices leur

5. *Qu'apprend-on à l'école élémentaire ? Les nouveaux programmes*, MEN, CNDP-XO Éditions, 2002, p. 63.

permettant de s'acquitter de la tâche efficacement : repérage des « petits mots » connus *(je ; des ; les ; un ; de)* et des sons ayant déjà été étudiés au moment où se déroule l'activité (le « a » dans *cagettes, magasin*, le « i » de *fils, électriques*, etc.).

À l'issue de ce travail, et aidés par le fait qu'il s'agit de leur propre production, les élèves, même ceux qui ne comptent pas parmi les bons lecteurs à ce moment de l'année, parviennent à lire à voix haute ces différentes phrases devant le reste de la classe dans d'assez bonnes conditions.

Comment organiser un cahier de découverte du monde ?

Le cycle 2 est la période propice pour faire entrer les élèves non seulement dans l'apprentissage de la lecture, mais aussi dans celui de l'écriture. Les deux apprentissages sont à mener de pair. Nous pensons qu'il est particulièrement important de profiter des activités de découverte du monde pour enrichir et stabiliser la pratique d'écriture des élèves et ce, dès le début du CP. À ce titre, un cahier de découverte du monde nous semble s'imposer.

• Quel support choisir ?

Dans le manuel et dans ce guide, nous avons employé le terme générique « cahier » sans préjuger des choix que peuvent faire les enseignants. Dans la mesure où il est souhaitable que l'élève conserve son cahier plusieurs années, ce choix appartient donc au conseil de cycle. On peut imaginer trois solutions, présentant chacune des avantages et des inconvénients.

	Avantages	Inconvénients
Cahier	– Gestion simple. – Transport facile. – Respect de la chronologie des séances et des séquences.	– Pas de regroupement possible par thèmes d'étude. – Insertion difficile.
Classeur	– Regroupement possible des pages par dossiers, par thèmes, par disciplines… – Possibilité d'insérer des feuilles. – Possibilité de composer un sommaire évolutif.	– Gestion difficile, nécessitant soin, apprentissage et rangement régulier. – Fragilité de la partie perforée des feuilles (déchirement fréquent).
Pochette thématique	– Idem classeur. – Possibilité d'agrafer (voire de relier) les dossiers thématiques une fois terminés.	– Les feuilles peuvent se perdre sauf si elles sont agrafées. – Plusieurs pochettes sont nécessaires si plusieurs dossiers sont en cours.

• Un exemple pour fixer les idées

Il s'agit d'un travail mené dans une classe de CP. La démarche, orchestrée par la maîtresse, a consisté à proposer un ensemble de graines et de matériel aux élèves avec une première consigne très ouverte (réaliser des plantations) et sans guidage particulier. Les élèves se sont occupés régulièrement de les entretenir toujours sans intervention particulière de l'enseignante, ce qui, ainsi, crée les conditions pour que des différences de croissance importantes soient observées entre les différentes plantations. Il s'ensuit donc un questionnement (pourquoi certaines plantes poussent plus vite que d'autres ?), des hypothèses et des expérimentations pour les vérifier. Nous reproduisons ci-après un extrait du cahier d'un élève de la classe.

Qu'est ce qui fait que certaines graines poussent plus vite que d'autres:

Question ouverte, génératrice d'hypothèses.

Ce que je pense

peut être que les plantes poussent plus vite à l'ombre ou au soleil.

Hypothèse individuelle rédigée par l'élève.

peut être qu'il y en a qui ont plus d'eau et d'autres qui ont mis moins d'eau

Le texte est écrit sur une feuille à part puis collé sur le cahier.

Ce que la classe pense

1) Peut-être qu'il ne faut pas la planter trop profond?
2) Peut-être qu'il faut les mettre à la lumière?
3) Peut-être qu'il ne faut pas mettre trop d'eau?
4) Peut-être que ce ne sont pas les mêmes plantes?
5) Peut-être qu'il ne faut pas d'air froid?
6) Peut-être qu'il ne faut pas trop appuyer?

Récapitulation des hypothèses de la classe.
La liste est longue. C'est pourquoi elle est écrite par la maîtresse, photocopiée puis collée sur le cahier après un travail de lecture (noter à ce propos la structure répétitive : « Peut-être qu'il ne faut pas… »).

Quand on sème profond est-ce que la graine pousse moin vite que si on la sème en haut (vers la surface)? moin vite que si on l

Une première hypothèse est reprise et formulée sous la forme d'un questionnement plus précis que le précédent.

Voici l'expérience de mon groupe

Élaboration de l'expérience.

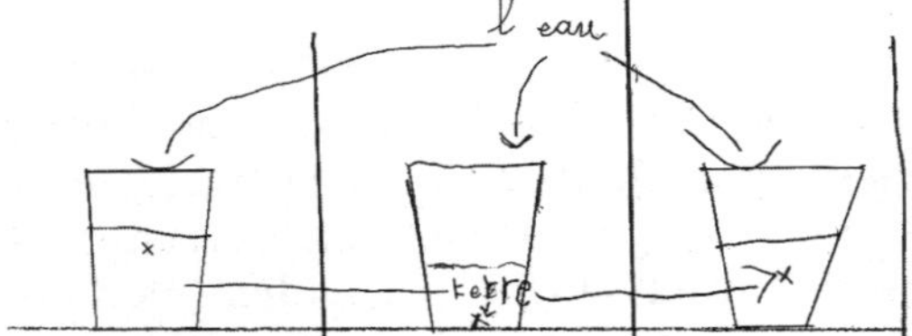

je pense que la plante poussera dans 2 jours ou 3 jours	je pense pas que la graine va pousser vite

Anticipation sur le résultat attendu.
Ceci est important pour que les élèves comprennent totalement l'expérience et ce qu'on en attend.

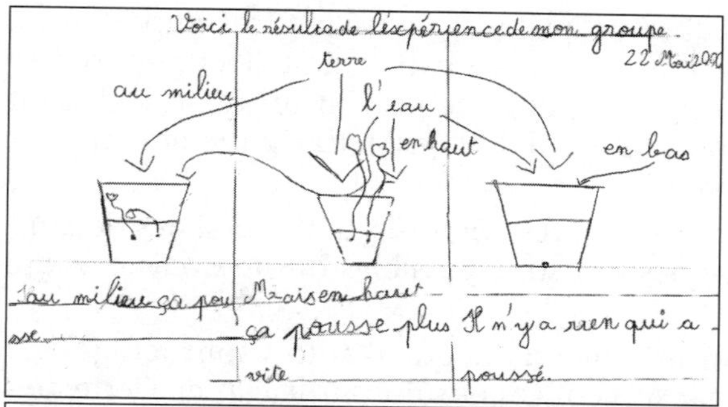

Résultats obtenus par le groupe.

Les résultats des expériences de la classe

	en bas	au milieu	en haut	posée
①	–	+	++	
②	rien	+	++	
③		+	++	
④		+		rien
⑤	rien	+	++	

Récapitulation de l'ensemble des résultats de la classe. Présentation dans un tableau à double entrée.

On a observé que ça poussait plus vite si on met les graines en haut haut que si on les met en bas. ou au milieu.

Conclusion.

• La question de l'orthographe

L'exemple proposé ici se caractérise par une orthographe quasi parfaite, ce qui peut surprendre. Nous avons choisi, pour des raisons de lisibilité, un cahier de bonne qualité qui n'est donc pas représentatif de la classe. Notons déjà que c'est un travail qui s'est étalé sur plusieurs séances. Précisons ensuite que le rôle de l'enseignant est essentiel sur cette question, tout particulièrement au moment même où se déroule l'activité. Il peut fournir un réservoir de mots utiles en les écrivant au tableau. Il peut circuler parmi les élèves et fournir une aide individualisée de plusieurs façons possibles : écrire un mot que l'élève va recopier ; écrire un mot de sa propre main directement sur le cahier de l'élève ; demander la lecture d'un passage puis le faire corriger ou le terminer lui-même de sa main s'il estime que le travail réalisé par l'élève est suffisant, etc. L'intérêt est de parvenir à un résultat valorisant le travail de l'élève en lui fournissant les aides nécessaires pour qu'il ne se décourage pas devant des tâches insurmontables. L'attitude de l'enseignant vise également à montrer qu'écrire impose des règles qu'il faut respecter. Même si l'élève ne les connaît pas encore, il va peu à peu se forger une représentation plus juste de l'acte d'écrire.

• Que peut-on trouver dans un cahier de découverte du monde ?

Sans être normatif, il semble bien qu'un consensus se dégage depuis ces dernières années autour de quelques points centraux.

• La première idée forte est que la « trace écrite » ne se limite plus au résumé que l'élève devra retenir. On voit que le cahier présenté ci-dessus rend compte de l'ensemble de la démarche d'investigation suivie, ce qui débouche sur quelques conséquences importantes. Sa structure doit être pensée par avance par l'enseignant. Le cahier doit d'autre part être constitué au fur et à mesure de la séquence, ce qui suppose de prévoir un temps suffisant pour que cela se fasse dans de bonnes conditions. Enfin, il doit être relu régulièrement pour que les élèves ne perdent pas le fil de la démarche.

• On trouve en général différents types d'écrits : des textes, bien sûr, mais aussi des dessins, des photos, des tableaux et même des graphiques qui sont possibles dès le cycle 2 et qui valent souvent mieux qu'une phrase.

• Certains passages sont écrits directement sur le cahier alors que d'autres sont rédigés sur des feuilles intermédiaires (1/2 ou 1/4 de format A4) collées ensuite sur le cahier. Cette dernière façon de procéder permet d'une part de faire écrire les élèves de CP sur les lignes auxquelles ils sont habitués. Elle conduit, d'autre part, à une mise en page souvent plus aérée et plus propre, donc à un cahier plus soigné qu'il est agréable de consulter.

• Dans la mesure où il est important de faire écrire les élèves dès le début du CP, il est logique de trouver des passages écrits de la main des élèves. Mais on trouve aussi des photocopies de travaux d'autres élèves et de textes écrits par l'enseignant. Si, en début de cycle, les écrits des élèves sont très courts, il est clair que l'objectif est d'aller vers des cahiers dans lesquels une part de plus en plus importante sera constituée des écrits des élèves.

• Les documents photocopiés sont rares. Lorsqu'il y en a, ce sont des documents de travail (cartes, documents historiques, etc.) ou des documents illustratifs (par exemple des images découpées dans des guides touristiques pour prolonger certaines enquêtes de la partie « espace »). Les synthèses photocopiées sont rares. On peut envisager toutefois des écrits élaborés collectivement puis photocopiés pour être collés dans le cahier. Dans tous les cas, il est utile de prévoir un véritable travail de lecture et d'appropriation (surlignage de termes importants, renvois avec des flèches vers des textes, des images ou des dessins, etc.).

• Enfin il est important que l'élève identifie bien ce qui, dans son cahier, relève de son élaboration personnelle, avec toutes les imperfections que cela suppose (écart par rapport au savoir, imperfections syntaxiques et orthographiques), et ce qui constitue le savoir final validé par l'enseignant, donc présentant toutes les garanties scientifiques et linguistiques. On peut mettre en place plusieurs solutions :
– des pages de couleurs différentes ;
– des stylos ou des surligneurs de couleurs différentes ;
– des gommettes ;
– une organisation spatiale du cahier en deux parties (par exemple la partie personnelle à gauche et la partie collective à droite).

Comment aider les élèves dans leurs premiers écrits ?

Il n'y a pas à inventer de nouvelles façons de procéder, mais à utiliser les techniques pédagogiques habituelles en cycle 2. Quelques exemples permettront de préciser quelques pistes non exhaustives pouvant être exploitées.

• Écrire des mots

Nous prenons ici appui sur l'enquête 1 (p. 8 du manuel). Les élèves doivent trouver différentes méthodes pour « faire du vent » en classe. Afin de préciser leurs hypothèses, ils indiquent le matériel qu'ils pensent utile pour concrétiser leur idée. Ainsi, cette phase de formulation d'hypothèses se réduit à une activité langagière très simple qui peut être organisée de différentes façons.

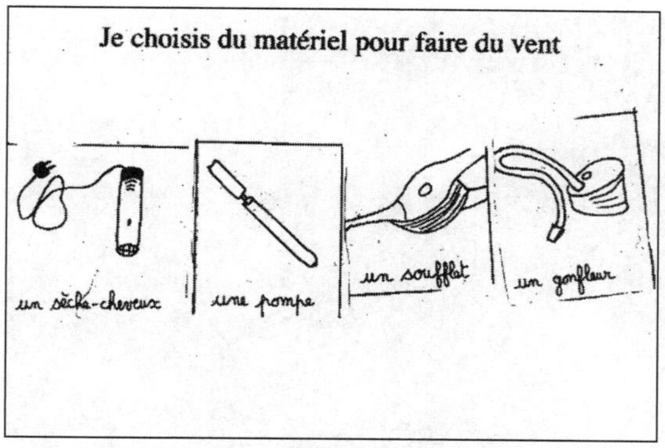
Je choisis du matériel pour faire du vent

un sèche-cheveux
une pompe
un soufflet
un gonfleur

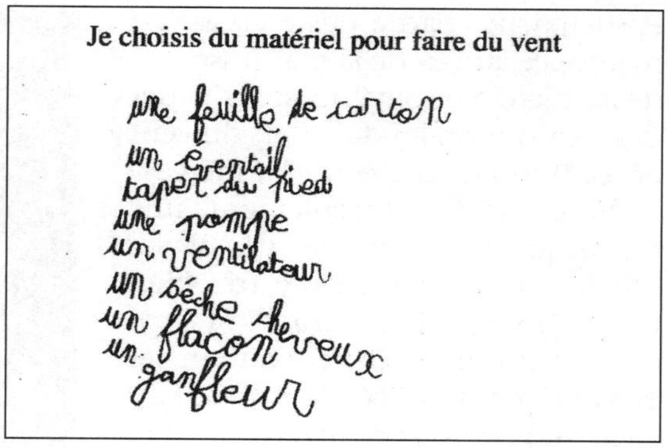
Je choisis du matériel pour faire du vent

une feuille de carton
un éventail
taper du pied
une pompe
un ventilateur
un séche cheveux
un flacon
un ganfleur

Les élèves choisissent puis découpent des vignettes photocopiées et les collent sur leur cahier.

Les élèves écrivent le matériel choisi sur une feuille puis la collent sur leur cahier.

On peut aisément imaginer trois registres de différenciation :
– découpage/collage de vignettes parmi un ensemble dans lequel peuvent éventuellement figurer des intrus (matériel inutile) ;
– écriture du matériel d'après le modèle fourni par les vignettes ;
– écriture du matériel sans le moindre modèle.

• Dicter des phrases à l'adulte

La technique classique consiste à remplacer la main de l'enfant qui ne sait pas encore bien écrire par celle de l'adulte. Ainsi, même si les formulations des élèves se font oralement, leur transcription écrite fixe d'autres exigences que la seule énonciation orale. Le rôle de l'enseignant, par ses reprises orales, est donc de solliciter des reformulations destinées à l'amélioration des premières tentatives souvent incertaines : terminer une phrase, reprendre un passage, fournir une précision, etc. L'efficacité d'une dictée à l'adulte est d'autant meilleure qu'on procède avec un petit groupe d'élèves au sein duquel chacun peut interagir. Il est donc indispensable de prévoir une organisation adéquate. Ce n'est, au demeurant, pas très difficile. L'organisation suivante, en classe de CP, repose sur la constitution de deux groupes devant tous deux répondre à la question « À quoi vois-tu qu'il y a du vent ? ».

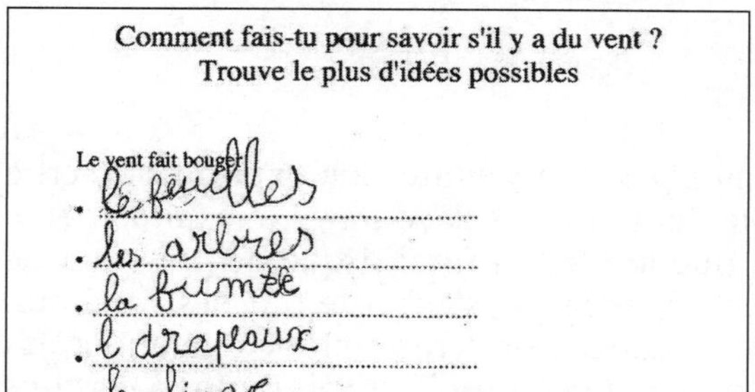
Comment fais-tu pour savoir s'il y a du vent ?
Trouve le plus d'idées possibles

Le vent fait bouger
- le feuilles
- les arbres
- la fumée
- l drapeaux
- le linge
- les volets
- les cheveux
-
-

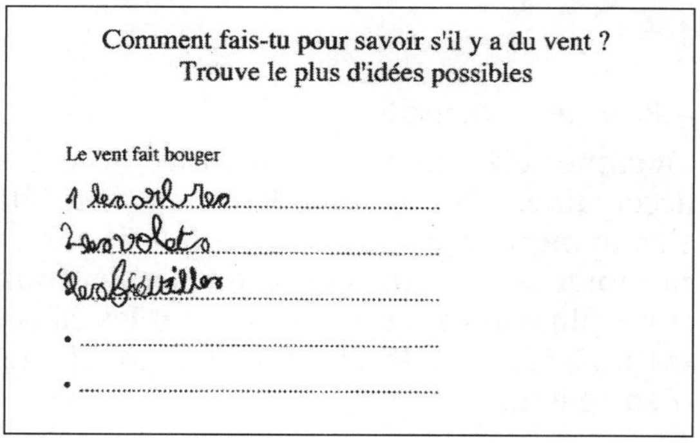
Comment fais-tu pour savoir s'il y a du vent ?
Trouve le plus d'idées possibles

Le vent fait bouger
1 les arbres
2 les volets
les feuilles
-
-

La première partie de la classe remplit individuellement la fiche présentée ci-dessus. Pour cela, les élèves disposent d'un ensemble de vignettes légendées, représentant des situations où les effets du vent sont repérables, qu'ils utilisent pour copier les mots qui leur semblent utiles.

La deuxième partie de la classe est regroupée autour de la maîtresse qui, de manière plus ouverte, sollicite des descriptions orales des effets du vent et les transcrit par écrit. La dictée à l'adulte n'est pas seulement une technique à utiliser avec des élèves qui ne savent pas encore très bien écrire. Il s'agit d'un véritable temps de travail qui, à terme, conduit les élèves à mesurer l'écart entre le langage oral (spontané, divergent...) et les exigences du langage écrit (réfléchi, structuré). Ainsi, la technique gagne à être utilisée régulièrement avec tous les élèves d'une classe, pas seulement ceux qui seraient en difficulté.

• Des aides différenciées pour aider les élèves à produire des phrases

C'est en général en cours d'année de CP que les élèves commencent à produire eux-mêmes leurs propres phrases. C'est possible dans les cas simples, mais il faut en général fournir des aides qui, pour être efficaces, doivent tenir compte des différences souvent importantes entre les élèves d'une même classe. Toutes les techniques d'apprentissage de la langue écrite, connues des enseignants de cycle 2, sont transposables lorsqu'il s'agit d'écrire dans le cadre de la découverte du monde.

Voyons quelques possibilités illustrant l'enquête 3 : « Qu'est-ce qui fait sauter le chapeau du clown ? » (p. 10 du manuel).

Au moment de la synthèse, il s'agit d'aider les élèves à produire un texte simple expliquant pourquoi, et dans quelle condition, le chapeau s'envole. Le texte attendu est, dans ses grandes lignes, le suivant :

- *J'appuie sur la bouteille.*
- *L'air sort de la bouteille.*
- *Le chapeau s'envole.*

– Première formule

Quelques élèves en cours d'année de CP sont capables de produire une explication écrite acceptable. C'est *a fortiori* le cas en CE1. Il faut bien entendu les encourager à le faire, même s'ils manquent encore de pratique et si l'on sait que le résultat final risque de présenter de nombreuses maladresses. C'est par l'entraînement régulier que s'effectueront des améliorations plus ou moins rapides selon les élèves. Pour autant, il ne sert à rien de demander des tâches irréalistes. Il est donc raisonnable de prévoir des aides à proposer au moins à certains d'entre eux.

– Deuxième formule

Il suffit parfois d'indiquer la structure du texte attendu pour permettre à certains élèves de démarrer leur production. Dans notre exemple, on peut proposer le guide suivant :

- *Ce que je fais :* ....
- *Ce que je vois :*...
- *Ce que je comprends :* ....

– Troisième formule

En plus de ce guide, on peut fournir aux élèves des mots-clés qu'ils utiliseront pour construire les phrases. Dans l'exemple choisi, les mots-clés peuvent être les suivants : *j'appuie ; l'air ; le chapeau ; la bouteille.*

– Quatrième formule

Les textes à trous sont d'un usage classique et ils peuvent être employés ici.

J'appuie sur ....

.... *sort de* ....

.... *s'envole*

ou encore

.... *sur la bouteille*

L'air .... *de la bouteille*

Le chapeau ....

Ces deux propositions sont équivalentes. Dans la première on met l'accent sur les objets (les noms, d'un point de vue syntaxique) alors que dans la seconde, on oriente l'attention sur les actions (les verbes).

– Cinquième formule

Enfin, les phrases peuvent être reconstituées à partir d'étiquettes découpées et collées. Des vignettes peuvent être proposées aux élèves pour qu'ils identifient plus aisément le sens des différentes étiquettes.

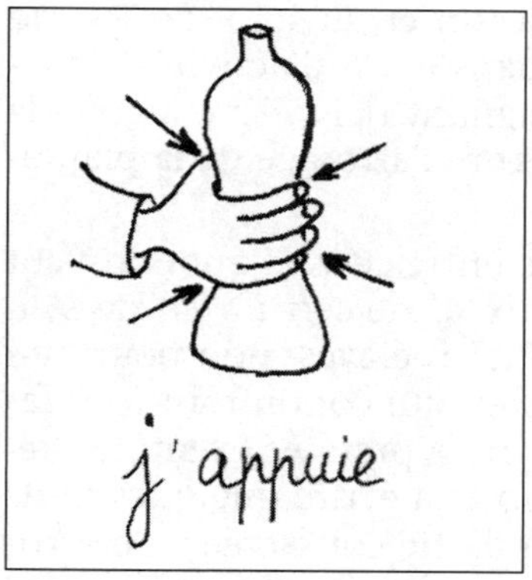

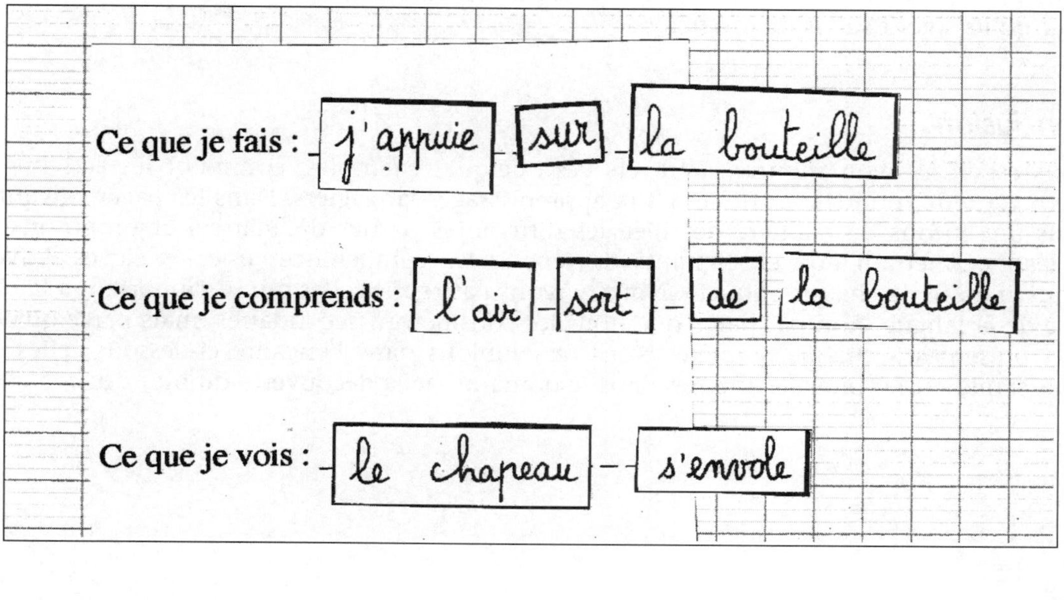

• **Conclusion**

On peut utiliser plusieurs formules simultanément, de manière à adapter au mieux l'activité aux besoins des élèves. Il s'agit d'un exemple de différenciation particulièrement facile à mettre en œuvre et à transférer.

Rien n'est simple…

Nous ne cherchons pas, à travers les exemples proposés, à affirmer que tout est simple. Nous sommes conscients de l'extrême hétérogénéité des classes actuelles. Les difficultés sont réelles comme en témoignent les deux extraits suivants issus de la séquence consacrée à la germination.

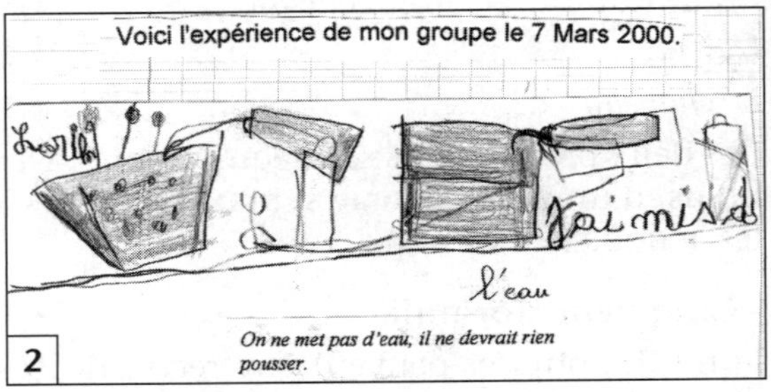

Le premier exemple répond à la consigne « Je dessine comment j'ai fait pour semer ». Il illustre les difficultés de certains enfants de CP au niveau du dessin et du soin. Le second exemple montre que les erreurs sont toujours possibles, même dans le cas d'activités *a priori* très simples, et cela malgré les aides et la vigilance de l'enseignant (ici l'élève a collé la mauvaise étiquette « On ne met pas d'eau » sous le dessin qui figure l'arrosage de la plantation).

On pourrait multiplier les exemples : il y a toujours un décalage entre ce vers quoi on veut faire accéder les élèves et les productions de certains d'entre eux. Il ne sert à rien de s'en désoler. L'attitude professionnelle consiste à partir de ce que sont les élèves, non pour s'en satisfaire, mais pour fixer des objectifs plus modestes mais réalistes, qui conduiront tous les élèves à progresser, même si c'est long et difficile. Pour reprendre le premier exemple présenté, il faudrait que cet élève apprenne déjà à réaliser un dessin et à écrire quelques mots de légendes, le tout de manière plus soignée (voir à ce propos la partie consacrée à l'électricité, p. 49). Il s'agit d'un objectif réalisable à court terme qui, une fois atteint, devra être suivi d'autres objectifs que l'enseignant devra régulièrement définir en les calibrant au mieux pour qu'ils soient suivis de progrès.

Conclusion

Nous espérons avoir montré, à travers ces quelques exemples, comment les activités de découverte du monde contribuent aux apprentissages langagiers. Dans les pages suivantes, nous présentons de manière détaillée les différentes parties du manuel et proposons un tableau permettant aux enseignants de repérer les compétences que les élèves doivent acquérir au fil de chaque enquête. Nous n'avons pas repris celles qui se rapportent à la maîtrise de la langue, non pas parce que nous les considérons secondaires, mais parce qu'elles sont présentes à chaque enquête. Nous rassemblons dans l'encadré ci-dessous celles qui nous semblent les plus pertinentes dans le domaine de la découverte du monde.

Compétences langagières plus particulièrement pertinentes dans les activités de découverte du monde[1]

– Écouter autrui, demander des explications et accepter les orientations de la discussion induites par l'enseignant.

– Exposer son point de vue et ses réactions dans un dialogue ou dans un débat en restant dans les propos de l'échange.

– Rapporter [...] une observation en se faisant clairement comprendre.

– En situation de dictée à l'adulte [...], proposer des corrections pertinentes portant sur la cohérence du texte ou sur sa mise en mots (syntaxe, lexique).

– Comprendre les informations explicites [...] d'un texte documentaire approprié à l'âge et à la culture des élèves.

– Trouver dans un texte documentaire imprimé ou sur un site Internet les réponses à des questions simples.

– Écrire de manière autonome un texte d'au moins cinq lignes [...] répondant à des consignes claires [...].

– Copier sans erreur un texte de trois ou quatre lignes en copiant mot par mot [...].

1. *Qu'apprend-on à l'école élémentaire ? Les nouveaux programmes*, MZEN, CNDP-XO Éditions, 2002, p. 93-94.

Comment gérer la diversité des hypothèses individuelles ?

• Nous avons maintes fois évoqué l'importance de l'activité intellectuelle de l'élève dans le processus d'apprentissage et en particulier de la phase pendant laquelle il réfléchit au problème qu'il a à résoudre et élabore des hypothèses (voir en particulier l'introduction de ce guide). Cela peut conduire à certaines difficultés et les enseignants s'interrogent parfois : faut-il tester toutes les hypothèses des élèves ? Ne risque-t-on pas d'y passer trop de temps ? Comment faire pour que tous les élèves s'intéressent aux hypothèses des autres ?... En bref : comment gérer au niveau de la classe la diversité des propositions individuelles ?

• La réponse est simple : on n'a pas à vérifier n'importe quelle hypothèse sous prétexte qu'elle a été avancée par un élève.

• Une hypothèse doit être, si possible, argumentée : « Je pense ceci parce que... ». Elle doit être débattue : « Telle hypothèse est-elle logique ? Est-elle en accord avec les connaissances antérieures ? »

• En procédant ainsi, on s'aperçoit que le nombre des hypothèses qui résistent au débat est bien souvent réduit. Certains élèves abandonnent leurs hypothèses et se rallient à d'autres. Il ne s'agit pas d'une démission cognitive de leur part. Ils ont simplement pris conscience de l'insuffisance de leur idée et compris les arguments qui contribuent à les éliminer. Il n'y a, le plus souvent, que deux ou trois hypothèses qui résistent au débat. Ce dernier permet donc d'opérer une sélection dans la diversité des premières propositions.

• Le débat a aussi comme fonction de créer un enjeu au niveau de l'ensemble de la classe. On est passé des hypothèses individuelles aux hypothèses de la classe. Tout le monde est ainsi concerné par leur mise à l'épreuve. Les désaccords sont nettement pointés. L'incertitude est source de motivation.

L'air 1

Liens avec les programmes

Enquêtes 1 à 8

Compétences devant être acquises en fin de cycle	Enquête							
	1	2	3	4	5	6	7	8
Matières, objets, matériaux Prise de conscience de l'existence de l'air, première manifestation d'une forme de la matière distincte du solide et du liquide ([1] p. 119).	×	×	×	×	×			
Mettre en évidence que la plupart des espaces couramment qualifiés de « vides » sont remplis d'air ([2] p. 9).		×	×					
Savoir que le vent est de l'air en mouvement ([2] p. 10).		×				×	×	×
La matière n'apparaît pas et ne disparaît pas, même si, parfois, elle n'est pas perceptible ([1] p. 124).		×		×	×			
Savoir réaliser et interpréter quelques situations simples en mettant en œuvre les règles suivantes : – l'air peut se déplacer([2] p. 10) ; – l'air ne disparaît pas et n'apparaît pas : s'il semble disparaître d'un lieu, c'est qu'il s'est déplacé vers un autre lieu ([2] p. 10).		×	×		× ×			
Savoir actionner un tourniquet en le plaçant face à un courant d'air ou en le mettant en mouvement dans de l'air immobile ([2] p. 10).						×		×
Existence de règles de sécurité ([1] p. 124).						×	×	×
Quelques réalisations techniques élémentaires ([1] p. 121).			×	×		×		×
Choisir un outil en fonction de son usage et mener à bien une construction simple ([1] p. 124).	×	×						×
Savoir repérer différents matériaux et indiquer les raisons de leur choix ([2] p. 16).			×					×

[1] : *Qu'apprend-on à l'école ? Les nouveaux programmes,* Paris, CNDP-XO Éditions, 2002.

[2] : *Documents d'application des programmes,* Découvrir le monde, cycle 2, DESCO SCEREN (CNDP), 2003.

Précisions sur le contenu disciplinaire

L'air est incolore, invisible, inodore, impalpable. Ce sont souvent ces propriétés qu'on met en avant pour le caractériser si bien qu'on peut se demander s'il est matériel. Pourtant, l'air est bel et bien une matière. Quelle est donc cette matière particulière qui se laisse si peu percevoir ? A-t-elle des propriétés, autres que celles que nous venons de citer ?

Un cadre pour penser les propriétés de l'air

L'air est une matière et, à ce titre, il possède toutes les propriétés générales de la matière. En outre, dans les conditions normales, l'air est un gaz : il possède donc les propriétés de l'état gazeux. Enfin, c'est un gaz particulier : il présente donc des propriétés qui lui sont propres. Le tableau que nous proposons ci-dessous organise selon cette logique quelques propriétés (non exhaustives) de l'air.

L'air est de la matière.	L'air est un gaz.	L'air est un gaz particulier.
Il possède à ce titre les propriétés générales de la matière.	Il possède à ce titre toutes les propriétés de l'état gazeux.	Il possède des propriétés spécifiques que ne possèdent pas les autres gaz.
➔ Il interagit avec d'autres matières. Il exerce des forces (le vent, les courants d'air). ➔ Il occupe de l'espace. ➔ Il se déplace. ➔ Il se conserve (il n'apparaît pas et ne disparaît pas spontanément ; s'il disparaît d'un lieu c'est qu'il s'est déplacé vers un autre). • Il est pesant. ■ Il peut changer d'état (air liquide). ■ Il se dilate (son volume augmente avec la température). ■ Sa densité dépend de la température (il est moins dense lorsqu'il est chaud).	➔ Il n'a pas de forme propre. • Il est compressible, expansible, élastique. ■ Il occupe tout le volume dont il dispose.	➔ Il est incolore, inodore. ➔ Il est indispensable à la respiration. • C'est un mélange de gaz. • C'est un isolant thermique, phonique et électrique. ■ Il entretient les combustions. ■ Il est légèrement soluble dans l'eau.
Les différentes propriétés ont été repérées de la façon suivante : ➔ peut faire l'objet d'un travail structuré en cycle 2 ; • peut faire l'objet d'un travail structuré en cycle 3, donc peut être évoqué en cycle 2, sans pour autant approfondir ; ■ peut être évoqué au cycle 3 si l'occasion se présente, sans pour autant faire l'objet d'un travail structuré.		

Ce tableau ne doit pas être considéré comme un répertoire de propriétés qu'il faudrait traiter de manière exhaustive, mais comme un outil qui permet à celui qui le maîtrise d'organiser des connaissances sans cela disparates. Il permet en particulier aux enseignants de choisir les propriétés à proposer aux élèves et de définir des objectifs cohérents et complémentaires dans la perspective d'une construction dont l'achèvement est à envisager sur le long terme.

Les transvasements d'air

Le fait que l'air peut se déplacer, au même titre que toute matière, est l'une des clés de la construction cognitive qui doit s'opérer. Nous proposons au fil du manuel plusieurs situations dans lesquelles intervient un transvasement d'air, en nous bornant à des cas très simples qui peuvent facilement se comprendre grâce au dernier dessin du bilan de la page 19.

En appuyant sur le sac de droite, l'air se déplace vers le sac de gauche qui se gonfle alors. La situation est bien sûr réversible.

Il y a d'autres manières de procéder. L'une d'elle, très classique, consiste à opérer dans de l'eau de manière à visualiser le déplacement de l'air (grâce aux bulles) et le degré de remplissage des récipients (grâce au contraste air/eau). Cette activité, quoique plus difficile, peut être proposée à des élèves, notamment en fin de cycle. Il importe donc de bien la comprendre. Le premier dessin représente la situation initiale : le récipient A contient de l'air qu'on désire transvaser dans le récipient B qui, pour sa part, contient de l'eau.

Dessin du bilan, p. 19 du manuel.

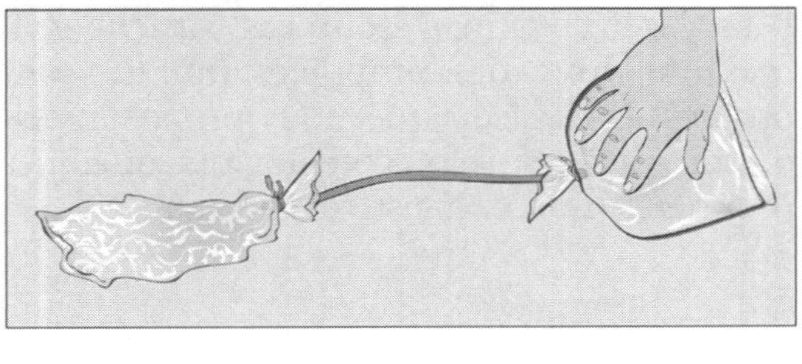

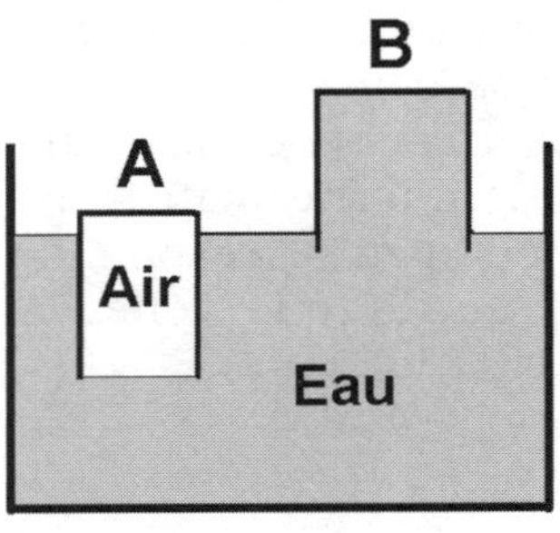

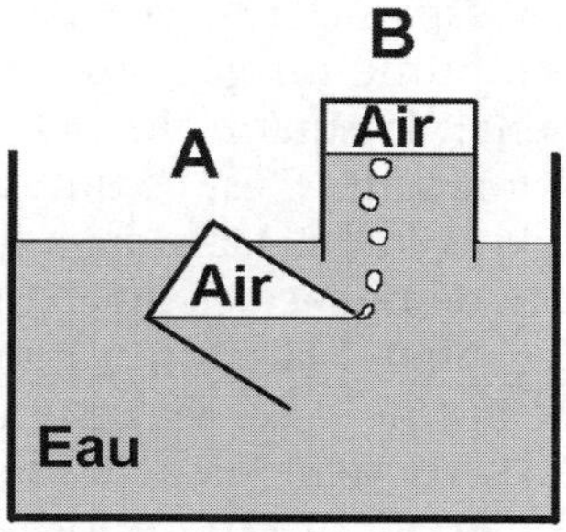

Deux points sont importants à bien comprendre.
– L'eau de la cuvette ne pénètre pas dans le récipient A parce qu'il est déjà plein… d'air. Il n'y a plus de place pour l'eau !
– L'eau du récipient B ne s'en va pas, même si celui-ci est tenu en haut de la bassine, tant que l'ouverture du récipient ne parvient pas à la surface de l'eau.

Le transvasement s'opère ensuite en plaçant le récipient A sous le récipient B et en le penchant doucement (second dessin). Les bulles s'échappent, elles montent verticalement, et sont récupérées par le récipient B qui se remplit d'air en même temps qu'il se vide d'eau.

Conseils pour organiser son enseignement

L'enseignement du concept de matière

Face à l'ensemble complexe des informations de toutes sortes qu'il reçoit, l'enfant doit (seul ou à l'aide des différents partenaires de son éducation) construire des outils lui permettant non de les juxtaposer, mais de les intégrer en les hiérarchisant et en les mettant en relation. À ce titre, certaines connaissances jouent un rôle central : ce sont les concepts qu'on peut encore appeler « connaissances organisatrices ». Les concepts constituent le « ciment intellectuel » qui permet l'intégration d'une nouvelle connaissance, donc l'enrichissement du système cognitif. L'un de ces concepts est celui de « matière ». Sa construction complète suppose de conceptualiser l'état gazeux et, en premier lieu, l'air.

Un obstacle : concevoir la matérialité de l'air

L'air n'étant pas directement perceptible, on doit s'attendre à quelques difficultés pour que les élèves parviennent à comprendre qu'il s'agit de matière. C'est en fait bien plus que des difficultés : lorsqu'une connaissance doit se construire **contre** une caractéristique du fonctionnement cognitif, on parle alors d'obstacle.

Au début de l'école élémentaire, la pensée d'un enfant est encore fortement marquée par le « primat de la perception », caractéristique du développement psychologique par laquelle il ne conçoit clairement que ce qui est directement perceptible. Il est bien évident que l'air (comme toute autre matière invisible, et il y en a…) sera donc difficile à conceptualiser. Mais ce n'est pas tout, le langage commun véhicule des conceptions qui vont s'ajouter aux difficultés déjà présentes. Deux registres sont particulièrement typiques.

• On a coutume de présenter l'air comme le prototype des gaz tout comme l'eau représente la classe des liquides : « l'air est un gaz » ; « l'eau est un liquide ». Ces affirmations vont à l'encontre d'une propriété fondamentale de la matière qui est de pouvoir, dans certaines conditions, changer d'état (l'eau existe sous trois états, quant à l'air, on sait assez facilement le liquéfier).

• Dans le langage courant, l'air désigne bien souvent les courants d'air ou encore l'air extérieur comme l'illustrent des formules comme : *sentir l'air ; aller prendre l'air ; ouvrir une fenêtre pour faire un peu d'air ou parce qu'on manque d'air à l'intérieur*, etc.

Ainsi le langage courant va dans le sens de la tendance spontanée à ne considérer clairement que ce qui est perceptible en assimilant l'air aux courants d'air. Si l'on peut penser que l'air sera plus facilement reconnu lorsqu'il est en mouvement (le vent), on doit en revanche s'attendre à de fortes difficultés pour faire conceptualiser l'air lorsqu'il est immobile.

Que faire ?

• Ne pas chercher à travailler sur les propriétés des gaz

S'il n'est pas question, au cycle 2, d'évoquer l'air liquide pour montrer qu'il peut se présenter sous différents états, on peut, pour le moins, ne pas chercher à construire la notion d'état gazeux qui ne fait d'ailleurs pas partie des programmes. Ainsi, on ne sera pas tenté de prononcer cette phrase que nous contestions plus haut : « L'air est un gaz. ». En effet, pour comprendre ce que sont *les gaz*, il importe de se fonder sur un minimum d'exemples. Or, très peu sont suffisamment courants pour faire l'objet d'un travail à l'école. On peut citer la vapeur d'eau dont la conceptualisation pose des problèmes redoutables au cycle 3, le gaz carbonique utile à propos de la respiration mais dont l'apprentissage n'est véritablement possible qu'au collège ou encore des gaz comme le butane ou le propane dont la manipulation est totalement déconseillée à l'école. La liste est maigre pour prétendre dégager des critères communs.

Il y a une autre raison au parti pris de ne pas chercher à travailler sur les gaz au cycle 2. À cet âge, la pensée logique des enfants est encore en pleine construction et l'une de ses caractéristiques importantes est la constitution de la *loi de la conservation de la matière*. Celle-ci postule que la matière n'apparaît pas et ne disparaît pas. À la suite de Piaget, les didacticiens des sciences ont montré que cette loi ne s'acquiert que progressivement au moment de l'école primaire et que la difficulté est accrue précisément dans le cas de l'air, du fait de son caractère non directement perceptible. Or, la propriété la plus caractéristique de l'état gazeux est sa compressibilité. Comment faire cadrer la variation de volume lors d'une compression et la conservation de la matière ? Cette dernière loi, d'acquisition récente, ne risque-t-elle pas d'être déstabilisée à un âge où les élèves ne disposent pas d'outils cognitifs pour articuler de manière cohérente conservation et variation du volume ? Au collège, les élèves apprendront que les gaz sont constitués de molécules très espacées les unes des autres. Lorsqu'on comprime un gaz, les molécules se rapprochent ; lorsqu'on le détend, les molécules s'éloignent. C'est ce qui explique la variation de volume. Mais dans les deux cas, le nombre de molécules ne change pas. C'est ce qui explique la conservation de la matière. À défaut de posséder cette explication, les élèves risquent bien de ne rien y comprendre, et l'objectif prioritaire — construire la conservation de la matière — risque d'être mis en péril.

• Privilégier des activités qui aident à construire la notion de conservation de l'air

Commençons par considérer le cas d'une bouteille pleine « à ras bord » d'une certaine matière (de l'eau par exemple). N'importe quel enfant, bien avant l'âge du CP, comprend qu'il est impossible d'ajouter une autre matière sauf à enlever une partie de l'eau qui s'y trouvait. Ce raisonnement met implicitement en jeu la conservation de l'eau (celle-ci ne peut pas disparaître pour laisser la place à une autre matière). Les élèves de CP n'ont aucun mal à l'appliquer dans le cas de l'état solide ou de l'état liquide. L'objectif est de les rendre capables de mener les mêmes raisonnements dans le cas où c'est de l'air qui est en jeu. Ils auront alors accompli des progrès significatifs. Le maître doit donc proposer un nombre suffisant de situations et solliciter chez ses élèves des raisonnements conservatifs. Voyons cela plus précisément en s'appuyant sur les enquêtes les plus significatives.

	Exemples de sollicitations	Réponses attendues, connaissances à construire
• Enquête 2 : *Qu'est-ce que le vent ?* • Enquête 3 : *Qu'est-ce qui fait sauter le chapeau du clown ?*	Où se trouve l'air avant d'appuyer ? Que se passe-t-il lorsque tu appuies ? Où va l'air ? Quel a été le trajet de l'air ?	Dans la bouteille, dans le sac. L'air sort de la bouteille, du sac. Dans la pièce. L'air s'est déplacé de la bouteille (du sac) jusque dans la pièce.
• Enquête 5 : *Comment transvaser de l'air ?*	Où se trouve l'air avant d'appuyer ? (doc. 4) Que se passe-t-il lorsque tu appuies ? Où se trouve l'air avant d'appuyer ? (doc. 5) Que se passe-t-il lorsque tu appuies ?	Dans la bouteille. L'air sort de la bouteille et va dans le sac. Dans la bouteille. L'air sort de la bouteille, mais comme elle est percée, il va dans la pièce.

1 Comment faire du vent ?

p. 8

Niveau ciblé

Enquête très simple qui convient non seulement à une classe de CP dès le début de l'année, mais également aux classes comportant des sections enfantines.

Matériel et documents

• Des objets divers permettant de produire un courant d'air : soufflet, gonfleur, éventail, pompe, seringue, feuilles de carton, sèche-cheveux (à manipuler par l'enseignant), etc. Prévoir également des objets inutiles (élastiques, ficelle, etc.).

• Les six vignettes à photocopier page 220.

Objectifs

• Être capable de reproduire les effets du vent.

Compétences transversales

Modéliser un phénomène	Reproduire un phénomène naturel en classe. Distinguer les limites de la modélisation en comparant ce qui est pareil et ce qui est différent.
Enrichir son vocabulaire	*Le souffle/souffler/essoufflé. Le vent/venteux/venté/ventilateur/éventail.*
Acquérir une meilleure maîtrise de la langue	– Décrire les effets du vent. – Utiliser le connecteur « parce que » : *je sais qu'il y a du vent, parce que…*

Les clés de l'enquête

• Commencer par un moment de lecture des deux photos 1 et 2 et de leur légende en suivant la méthode habituelle de découverte d'un texte : reconnaissance de mots globalement (comme « vent » qui est souvent utilisé dans le vocabulaire de la météo), décodage d'autres mots, prise d'indices dans les photos et vérification par la reconnaissance de certaines lettres ou de certaines graphies.

• Proposer la question aux élèves : *Comment faire du vent ?* Les laisser exprimer leurs idées puis choisir du matériel en utilisant en particulier les photos 3 à 8.

• Réaliser ensuite les essais qui valideront ou non les idées avancées.

Exemple de trace écrite

Comment faire du vent ?

Je choisis du matériel pour faire du vent

Les élèves collent les vignettes représentant le matériel qu'ils pensent utiliser, puis ils écrivent sous chaque vignette choisie le nom de l'objet en s'aidant, ou non, du manuel.

Conclusion

J'ai fait du vent avec…[1]

Les élèves terminent la phrase en écrivant le nom des objets utilisés.

1. Cette dernière phase ne fait pas double emploi avec la précédente même si les objets sont souvent les mêmes, car elle représente une conclusion alors que la précédente représentait une hypothèse. Il est important, dès le début du cycle 2, d'habituer les élèves à distinguer ces deux moments d'une démarche d'investigation.

Prolongements possibles

Dans la perspective de former les élèves aux démarches de modélisation, il est intéressant de les faire réfléchir sur les limites de la simulation réalisée. On peut y parvenir en remplissant avec eux un tableau comme le suivant.

Ce qui est différent	Dans la classe, on produit le vent avec du matériel.
	Dans la nature, on ne sait pas ce qui produit le vent, mais ce n'est pas du matériel.
Ce qui est pareil	Les effets obtenus (du papier qui s'envole, des feuilles qui bougent, des sensations sur la peau, etc.).

C'est ici, dans les causes, que le modèle diffère de la réalité. En revanche, les conséquences sont analogues.

2 Qu'est-ce que le vent ?

📖 p. 9

Niveau ciblé

L'enquête, relativement facile, peut se traiter en CP. Toutefois, dans le cas d'une répartition sur le cycle, il est possible de traiter l'enquête précédente (*Comment faire du vent ?*) en CP et la présente enquête en CE1.

Matériel et documents

- Une bassine, une bouteille et un sac en plastique par groupe d'élèves.
- Du petit matériel : attaches pour nouer le sac, épingles ou ciseaux pour le percer (attention à assurer la sécurité des élèves pendant les manipulations).

Objectifs

- Le vent est de l'air en mouvement.
- En conséquence, les récipients qualifiés de « vides » contiennent en fait de l'air.

Compétences transversales

Dessiner	Représenter une expérience par un dessin simplifié.

Les clés de l'enquête

- Cette enquête vise à faire comprendre que c'est de l'air qui produit le vent, au même titre que celui qui est enfermé dans un sac gonflé, dans une bouteille ou encore dans des bulles ! C'est une transition difficile et il ne faut pas croire qu'elle s'opérera définitivement dès cette première approche chez tous les élèves. Les enquêtes 3 et 5 contribuent au même objectif et c'est la mise en perspective de ces différentes entrées qui pourra se révéler efficace.
- Cela dit, si l'interprétation finale des expériences présente une difficulté, les activités elles-mêmes sont faciles à mener dès la classe de CP. En particulier, les élèves réussissent aisément à faire du vent ou des bulles dans l'eau avec le sac ou la bouteille.
- Au moment du bilan de cette enquête, il est important pour les élèves de comprendre la distinction entre ce qu'ils ont vu ou senti et l'interprétation qui en est faite, laquelle est de l'ordre du raisonnement et non du perceptif. Un tableau tel que celui qui est présenté dans le manuel page 19 est particulièrement important à constituer.

Je vois, je sens	Je comprends
Des bulles dans l'eau, un courant d'air sur ma peau.	L'air sort lorsque j'appuie sur le sac (ou la bouteille).

3 Qu'est-ce qui fait sauter le chapeau du clown ?

p. 10

Niveau ciblé

Cette enquête, fondée sur une situation ludique, concerne plus particulièrement les classes de CP. La fiche de fabrication sera alors lue par l'enseignant. En CE1, l'enquête peut être réalisée en totale autonomie.

Matériel

- Le matériel et les outils photographiés page 10 du manuel.

Objectifs

- Comprendre qu'une bouteille dite « vide » contient de l'air.
- Comprendre que l'air en mouvement exerce des forces permettant, par exemple, de faire sauter le chapeau du clown.

Compétences transversales

Fabriquer	Utiliser du matériel et des outils.
Acquérir une meilleure maîtrise de la langue	Lire une fiche de fabrication.

Les clés de l'enquête

- Si les phases de lecture de la fiche et de fabrication du clown sont les plus longues, la phase d'interprétation de ce qui se passe est particulièrement importante. Elle réactive les raisonnements de l'enquête précédente et, de ce fait, les consolide. Il faut donc revenir sur l'interprétation construite collectivement lors de l'enquête précédente et inciter les élèves à la transposer ici. Nous avons choisi cette enquête pour illustrer, dans le chapitre consacré aux apprentissages langagiers, la manière de faire rédiger une telle synthèse aux élèves. On pourra donc s'y reporter (voir page 22 de ce guide).

Exemple de trace écrite

Comment faire sauter le chapeau du clown ?

Le matériel utilisé

Chaque élève écrit le nom du matériel nécessaire ou le dessine selon ses compétences.

Mon explication

Partie facultative qui dépend des compétences des élèves à écrire un petit texte.

L'explication de la classe (voir page 22)

J'appuie sur la bouteille.

L'air sort de la bouteille.

Le chapeau s'envole.

4 Comment construire un planeur ?

📖 p. 11

Niveau ciblé

CP si l'on ne désire réaliser qu'une construction.

CE1 si l'on souhaite mener l'étude des paramètres qui influencent la tenue en l'air du planeur.

Matériel

Une feuille de papier pour photocopieur par groupe et par essai. Ciseaux, règle, crayon. Une réserve de trombones.

Objectifs

Au-delà de l'existence de l'air, cette activité permet aussi d'initier les élèves à la pratique d'une démarche expérimentale méthodique (voir page 80 de ce guide, l'encart pédagogique : *Comment organiser l'apprentissage d'une démarche expérimentale ?*).

Compétences transversales

Enrichir son vocabulaire	Distinguer *planer* et *voler*. Mots de la même famille : *planer/planeur ; voler/vol.* Faux amis : *voleur.*
Acquérir une meilleure maîtrise de la langue	Lire une fiche de fabrication.

Les clés de l'enquête

• L'enquête débute par une précision de vocabulaire visant à ne pas confondre *voler* et *planer*. Il y a donc lieu, tout au long de la séquence, d'être très vigilant dans l'emploi correct de ces deux termes.

• L'activité de fabrication est extrêmement simple. Les élèves se font un plaisir de jouer avec leur planeur. Mais au-delà du jeu, il s'agit peu à peu de les amener à s'interroger sur les facteurs qui améliorent la tenue en l'air. Nous conseillons de faire fabriquer un planeur à chaque enfant à partir du document 4, mais sans imposer de mesures particulières. Ainsi, les différentes constructions initiales vont nécessairement se comporter différemment. Les élèves vont donc spontanément avancer des explications (*le mien, il est trop lourd ; le sien, il a des grandes ailes ;* etc.) qu'il faudra conserver en leur donnant le statut d'hypothèses. Pour cela, on adoptera une formulation qui rend bien compte du statut incertain de l'explication avancée. Il y a là une acquisition importante. Dans un premier temps, les élèves affirment *(c'est parce que...)*. Dans un second temps ils émettent une hypothèse *(peut-être que...)*. Les différentes hypothèses vont ainsi être recueillies et notées pour en conserver la mémoire. On engage ensuite la classe dans l'examen d'une première hypothèse, la même pour tous[2]. Une fois la conclusion tirée, une seconde hypothèse peut être testée, etc. La fabrication étant d'une grande rapidité, on peut aisément tester deux ou trois hypothèses en une séance. D'autres organisations sont néanmoins possibles : voir l'encart intitulé *Comment gérer collectivement la diversité des expériences ?* (page 60).

– Nous voulons attirer l'attention sur le fait que le résultat optimum est souvent obtenu avec une variable de valeur intermédiaire. Par exemple, lorsqu'on teste l'influence de la longueur des ailes, on s'aperçoit que le meilleur résultat est obtenu avec des ailes de longueur moyenne. Cela n'est pas une difficulté. Il s'agit simplement d'accepter le verdict de l'expérience.

– On aboutit à des conclusions nécessairement nuancées : *les ailes doivent être assez longues, mais pas trop ; elles doivent être légèrement repliées vers le haut ; le planeur doit être suffisamment lourd mais pas trop...*

2. On peut noter que la démarche est exactement la même que celle qui nous a servi à présenter la manière d'organiser un cahier de découverte du monde (voir page 17 le chapitre consacré aux apprentissages langagiers).

Exemple de trace écrite

Pourquoi certains planeurs restent-ils en l'air plus longtemps ?

Mon idée

L'élève écrit une phrase pour indiquer son hypothèse.

Les idées de la classe

Photocopie récapitulant les différentes hypothèses (même démarche que celle qui est présentée page 18).

Les expériences réalisées

	Planeur 1	Planeur 2	Planeur 3	Résultat
Je teste la longueur des ailes	Petites ailes	Ailes moyennes	Grandes ailes	2 puis 1 puis 3
Je teste le nombre de trombones	0 trombone	2 trombones	5 trombones	2 puis 1 puis 3

On peut imaginer d'autres lignes sur le même principe. Il n'est guère possible de s'engager dans la recherche de conclusions générales du fait de la complexité de la situation.

Prolongements éventuels

Avec des élèves en fin de cycle, on pourra comparer les conclusions sur le comportement du planeur avec des photos, des images ou même des silhouettes d'avions comme ci-dessous. Dans les deux cas, la stabilité est assurée par une localisation du poids plutôt vers le bas et par une forme dans laquelle les ailes et la queue ont une légère forme de V. On dit parfois qu'un avion a « du ventre ».

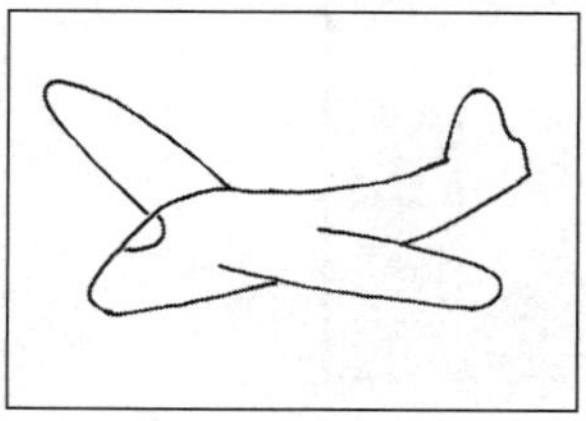

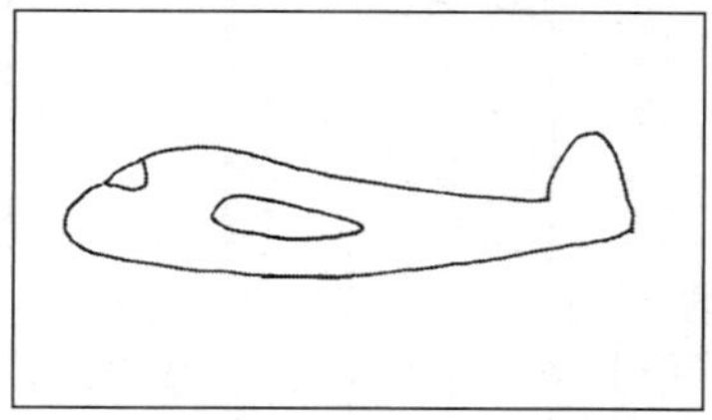

5 Comment transvaser de l'air ?

p. 12-13

Niveau ciblé

Il s'agit ici d'une activité de synthèse qui prolonge et conclut les enquêtes 1, 2 et 3. Si le thème de l'air a fait l'objet d'une programmation dans le cycle, il est logique de traiter cette enquête en CE1.

Matériel

• Des bouteilles en plastique souple, des sachets en plastique, des pailles ou des tuyaux, des attaches pour les sacs (élastiques, ficelle, attaches de sacs de congélation ou tout autre système).

• Une réserve d'objets pouvant être utiles ou non : des objets ayant déjà été utilisés pour des expériences mettant l'air en jeu (seringues, pompes, gonfleurs, etc.) ; d'autres objets *a priori* inutiles (règles, écrous, boîtes en plastique, attaches parisiennes, etc.).

Objectifs

Comme n'importe quelle matière, l'air peut se transvaser d'un endroit à un autre.

Compétences transversales

Enrichir son vocabulaire	Termes se rapportant au transvasement : *transvaser/transvasement ; vider, remplir, déplacer.*

Les clés de l'enquête

- L'activité de vocabulaire préalable permet aux élèves de bien comprendre le sens du mot *transvaser* et, par conséquent, la consigne de l'activité.
- Après avoir montré aux élèves les deux sachets (l'un gonflé, l'autre dégonflé) leur laisser le temps d'imaginer eux-mêmes des solutions par un travail par petits groupes. S'ils n'y parviennent pas, les laisser alors prendre connaissance de la page 12 et du matériel qui y est proposé.
- La solution sera analysée en utilisant la dernière partie du bilan de la page 19.
- Les expériences décrites dans les documents 4 et 5 permettent un réinvestissement des connaissances. Nous proposons d'organiser tout d'abord un temps d'anticipation en demandant aux élèves de prévoir ce qui va se passer et en le justifiant. L'expérimentation intervient comme vérification dans un deuxième temps.

Prolongements éventuels

De nombreuses expériences peuvent contribuer à montrer que l'air occupe un espace et qu'il peut éventuellement se déplacer. Elles prolongent tout à la fois cette enquête mais aussi l'enquête 3. Nous les regroupons ici car elles peuvent servir aussi bien de nouvelles situations pour l'entraînement et la stabilisation des acquis que de modalités d'évaluation.

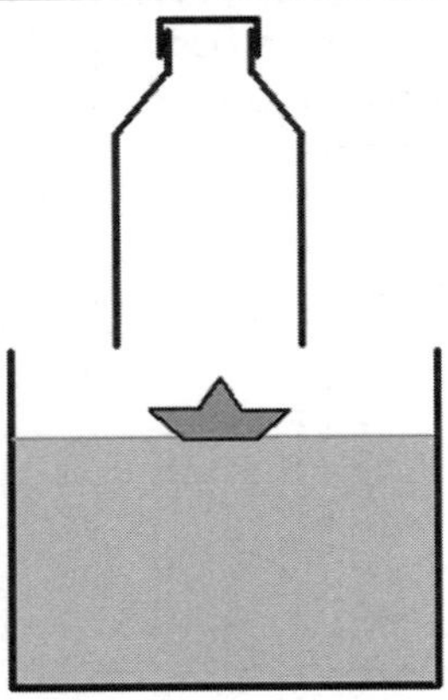

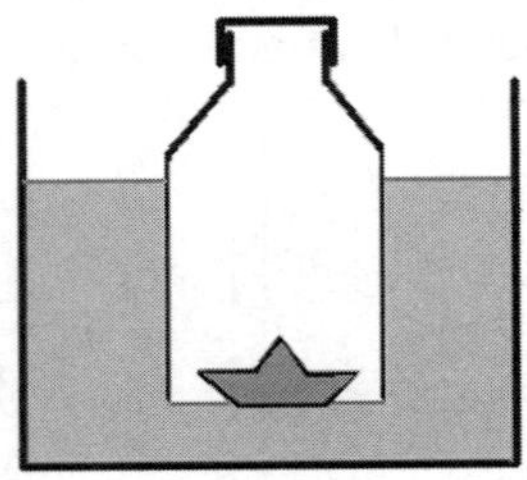

L'eau ne peut pas pénétrer dans la bouteille parce qu'elle est pleine d'air. Le bateau ne coule pas. Il reste à la surface de l'eau.

Le bouchon est percé, puis enduit de produit vaisselle dilué.

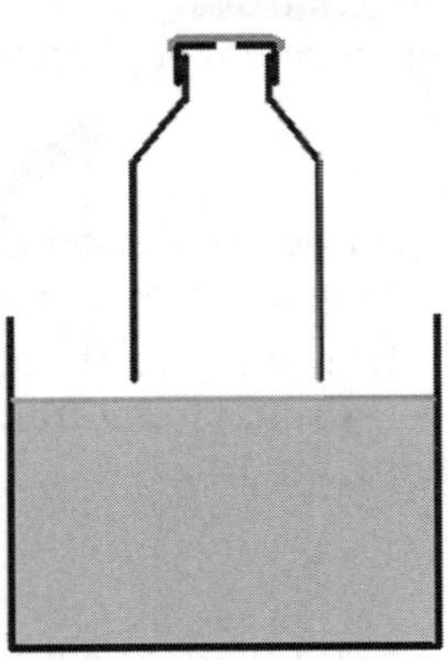

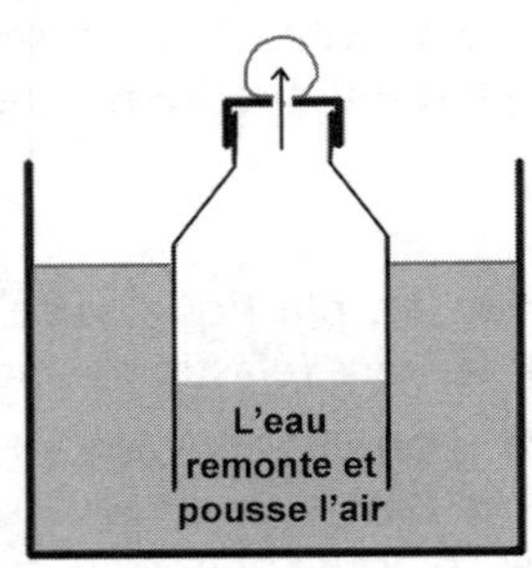

L'air sort de la bouteille par le bouchon percé et gonfle une bulle de savon.
Précaution : diluer un peu le produit vaisselle.

6 Comment savoir si le vent est fort ?

p. 14

Niveau ciblé

Activité très facile, réalisable en CP, y compris si la classe possède une section enfantine.

Matériel et documents

- Du papier, une paille, un bouchon, une épingle pour fabriquer le tourniquet. Un bâton et du papier crépon pour réaliser la flamme.
- Vignettes représentant les documents 1 à 3, à photocopier page 220.

Objectifs

Être capable d'élaborer et de mettre en place des dispositifs simples permettant une première estimation de la force du vent.

Compétences transversales

Initiation à la mesure	Passer d'une description en « tout ou rien » (il y a du vent ou il n'y en a pas) à une description plus fine (le vent peut souffler plus ou moins fort) et à une première pratique instrumentale.
Parler sur des images	Décrire les manifestations du vent sur les vignettes 1 à 3.
Acquérir une meilleure maîtrise de la langue	Formuler des phrases répondant à la structure « si…, alors… » *Si le tourniquet tourne doucement, alors le vent est faible.* Etc.
Enrichir son vocabulaire	Les différentes façons de désigner le vent selon ses caractéristiques : *brise, bise, coup de vent, rafales de vent, …* Éventuellement, connaître le nom et les caractéristiques des vents propres à sa propre région (par exemple *mistral, tramontane, fœhn, …).*

Les clés de l'enquête

- Il est classique de mener à l'école des observations météorologiques régulières. Elles permettent d'habituer les élèves à une observation plus fine des phénomènes naturels. Dans ce cadre, ils auront déjà observé les effets du vent et auront pu se rendre compte que le vent peut être plus ou moins fort.
- L'activité principale consiste donc à élaborer un dispositif qui se comporte différemment selon la force du vent. Nous suggérons de laisser, dans un premier temps, réfléchir les élèves sans leur fournir d'aide particulière. Ils dessineront leur expérience ainsi que le matériel qu'ils pensent utiliser. La légende sera portée par les élèves eux-mêmes s'ils en sont capables ou par le maître qui circule et écrit sous leur dictée.
- Si certains élèves manquent d'idées, on les dirigera vers la lecture de la page 14 du manuel.
- Avant de réaliser les expériences, une phase d'anticipation est nécessaire. Elle peut prendre la forme d'un tableau tel que le suivant, rempli avec du texte ou des dessins, selon la commodité.

Vent faible	Vent fort

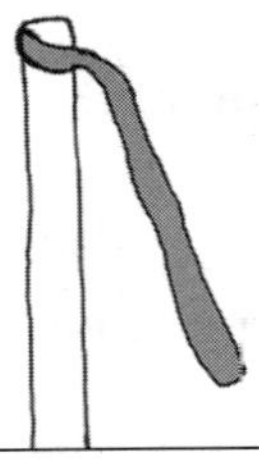	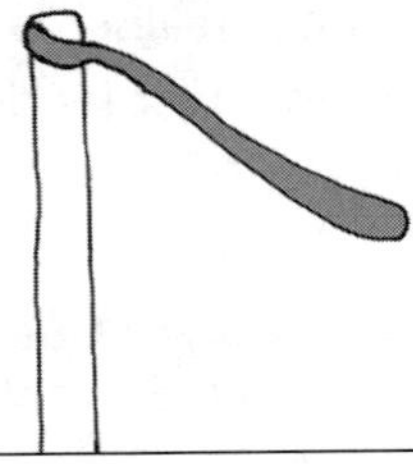
Le tourniquet tourne doucement.	**Le tourniquet tourne rapidement.**

Prolongements éventuels

• Par analogie avec l'échelle de Beaufort, élaborée en 1805 et fondée sur les effets observables du vent, il est intéressant d'élaborer avec les élèves, à partir d'observations régulières, un tableau ressemblant à l'exemple ci-dessous et de s'y référer pour les relevés météorologiques. Une colonne supplémentaire, portant sur les comportements à observer, peut contribuer à l'éducation à la sécurité et à introduire l'enquête suivante.

	Observations sur terre	**Observations de la mer ou des plans d'eau**	**Comportement à observer**
Vent faible	On sent le vent sur la peau. Il agite les feuilles. Il oriente les girouettes.	Légères rides à la surface des plans d'eau douce.	
Vent fort	Le vent soulève les poussières et les feuilles. Il agite les branches et peut emporter des objets légers ou qui présentent une prise au vent.	Petites vagues avec crêtes sur les lacs et les étangs.	Ranger ce qui pourrait être déplacé par le vent et créer un danger pour autrui (planches, chaises de jardin, etc.).
Vent violent	Le vent casse les branches sèches et agite les grosses. Il fait plier les arbres. On l'entend siffler dans les câbles électriques.	Grosses vagues en mer à crêtes d'écume. Vagues déferlantes sur les rives.	Idem « vent fort ». Promenades dangereuses en forêt ou en bord de mer.
Tempête	Le vent casse les grosses branches, arrache les tuiles des habitations.	Très grosses vagues déferlantes même en pleine mer. Promenades en bord de mer très dangereuses.	Rester à l'abri dans un bâtiment en dur (maison, immeuble). Ne pas s'abriter sous des constructions légères (Abribus, cabanes, caravanes, etc.).

• En fin de cycle, on peut réaliser un dispositif plus précis en s'inspirant du modèle page suivante.

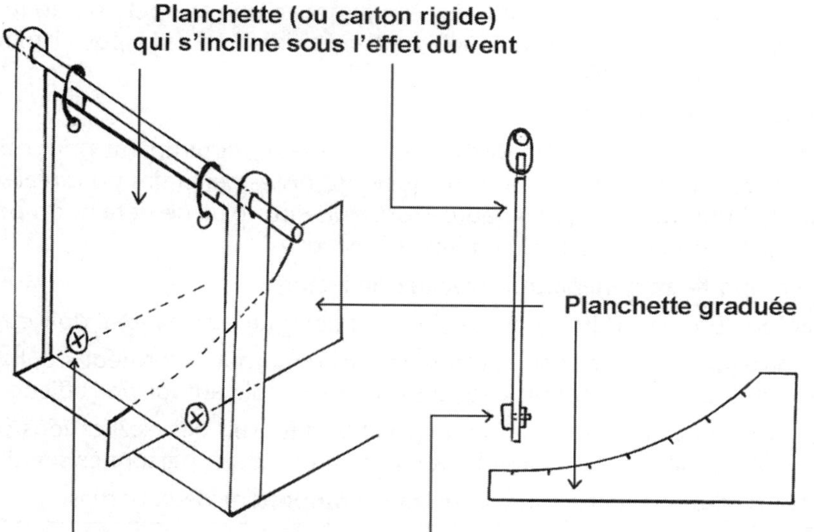

7 Que faire en cas de tempête ?

📖 p. 15

Niveau ciblé

Cette enquête est fondée sur l'interprétation d'images et la réalisation d'une affiche. Elle suppose donc des compétences de fin de cycle.

Matériel et documents

Les dessins 2 à 4 de la page 15 du manuel (à photocopier p. 221).

Objectifs

Dans le cadre de l'éducation à la sécurité, connaître les conséquences possibles d'une tempête et ses dangers éventuels dans le but d'acquérir une attitude adaptée.

Compétences transversales

Parler sur des images	Décrire les conséquences d'une tempête à partir du document 1.
Acquérir une meilleure maîtrise de la langue	Élaborer une affiche en respectant les contraintes dues à la situation de communication.
Enrichir son vocabulaire	Autres termes désignant des vents d'extrême violence : *ouragan, cyclone, typhon, tornade…* Les mots dérivés de tempête : *tempétueux, tempêter.* La manière de qualifier un comportement : *prudent/imprudent, risqué, dangereux, inconscient,* etc.

Les clés de l'enquête

Trois activités principales rythment cette enquête.

• Observations et commentaires sur les dégâts et les dangers d'une tempête.

La photo du manuel (doc. 1, page 15) fournit matière à discuter sur les conséquences d'une tempête. Elle peut toutefois être complétée par d'autres images ou témoignages. C'est l'occasion de mener une recherche documentaire, dans une bibliothèque ou sur Internet. Voir pour cela l'encart intitulé *Comment organiser l'apprentissage d'une recherche documentaire ?* page 142.

• Réflexion sur les attitudes à acquérir lorsqu'on annonce une tempête ou un fort coup de vent. Les vignettes proposées (p. 15 du manuel) sont un point de départ pour l'activité. Elles sont à compléter en fonction des idées des élèves.

• Réalisation d'une affiche.

Cela ne s'improvise pas et un apprentissage est nécessaire, notamment pour obtenir un résultat communicable. Nous proposons ci-dessous quelques pistes générales pour réaliser une affiche et une structure qui pourraient convenir au cas présent. Pour plus de détails, on pourra se reporter au guide du maître du cycle 3 dans la même collection[3].

Une affiche comporte en général trois niveaux de lecture.

– Premier niveau : un grand titre souvent illustré d'une grande image. Il doit être visible de loin.

– Deuxième niveau : des textes courts et/ou images de format intermédiaire. Il sert à décliner le niveau principal. Il est visible par un petit groupe qui circule autour de l'affiche.

– Troisième niveau : des textes et images explicatifs. Il fournit des explications plus détaillées ou des exemples plus pointus. Il n'est lisible que par une ou deux personnes simultanément.

Nous proposons ici une structure à trois niveaux comportant deux parties.

Niveau 1	**Titre**	**Les tempêtes**	
Niveau 2	**Sous-titres illustrés par des images**	Les dégâts	Les précautions
Niveau 3	**Textes**	Description des dégâts	Commentaires, explications

Voici deux exemples de mise en forme.

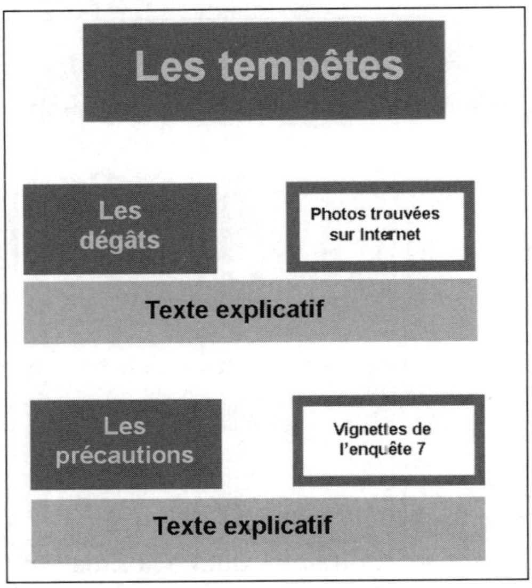

Dans ce deuxième exemple, le texte explicatif est à découvrir après ouverture des fenêtres.

Une affiche de ce type fait tout à fait office de trace écrite. Celle-ci est dans ce cas collective.

8 Comment sait-on d'où vient le vent ?

📖 p. 16-17

Niveau ciblé

L'enquête est destinée à une classe de fin de cycle, du fait de la précision requise pour la construction de l'objet et l'analyse de son fonctionnement. Des modèles plus simples sont proposés dans les prolongements.

3. *Sciences cycle 3*, Guide du maître, Magnard, 2003.

Matériel et documents photocopiables

• La liste du matériel nécessaire est fournie page 16 du manuel.

• Pour l'élaboration de la trace écrite, on pourra utiliser les documents 8 et 9 reproduits en vignettes photocopiables, page 221.

Objectifs

• Réaliser une construction en suivant une fiche de fabrication.

• Comprendre le fonctionnement de la girouette en mettant en relation l'effet du vent sur le ruban adhésif et le pivotement de cette dernière.

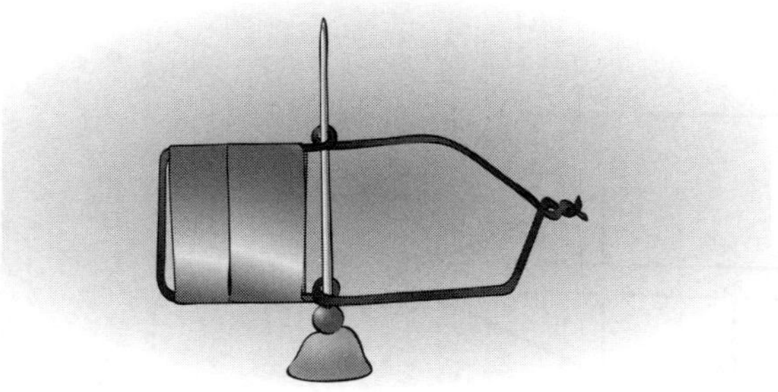

Le vent appuie sur le ruban adhésif et non sur la partie évidée. La girouette pivote et sa pointe s'oriente du côté d'où vient le vent. La girouette du document 9 s'oriente, quant à elle, dans le sens inverse.

Compétences transversales

Fabriquer	Manipuler avec précaution du matériel et des outils.
Acquérir une meilleure maîtrise de la langue	Utiliser l'infinitif (ou l'impératif) dans le cadre de textes prescriptifs.
Enrichir son vocabulaire	Connaître et employer des verbes plus variés que *mettre* et *faire* spontanément utilisés par les élèves : *enfiler, tendre, pivoter, fixer, entourer…*

Les clés de l'enquête

C'est l'interprétation du fonctionnement de la girouette qui constitue la clé de cette enquête.

• Dans un premier temps, nous proposons de réaliser la construction et de la tester. S'il est bien construit, le dispositif est suffisamment sensible pour fonctionner en cas de petite brise.

• Après avoir éprouvé la manière dont la girouette s'oriente, mettre les élèves au défi de construire une girouette qui s'oriente en sens inverse. En cas de difficulté, et avant de fournir la solution, leur proposer de repartir du cadre représenté sur le document 5 et de tester ce qui se passe lorsqu'on fixe le ruban adhésif en variant les possibilités : à gauche, à droite, des deux côtés.

• Laisser alors les élèves anticiper avant d'expérimenter et de conclure par des dessins comme ci-dessous.

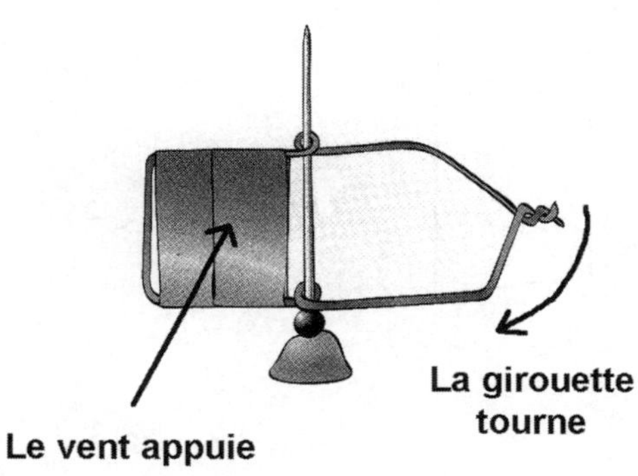

Prolongements éventuels

On peut réaliser de nombreux dispositifs pour repérer la direction du vent et les mettre en relation avec leur usage réel.

• Le ruban de papier crépon accroché à un bâton (voir document 6 page 14 du manuel) est le dispositif le plus simple. Il sert aux amateurs de vol libre (parapente, deltaplane) au moment du décollage et de l'atterrissage.

• La manche à air est un dispositif facile à fabriquer. On peut utiliser du papier ou du tissu (moins fragile). On la rencontre le long des autoroutes, près des ponts ou des endroits ventés.

• Le modèle ci-dessous est assez facile à réaliser. Il représente une transposition des girouettes qu'on place sur les toits des maisons ou des édifices. Dans l'exemple choisi ici, c'est la partie droite qui présente la surface la plus importante, donc la meilleure prise au vent. La girouette dirige sa flèche dans la direction d'où vient le vent.

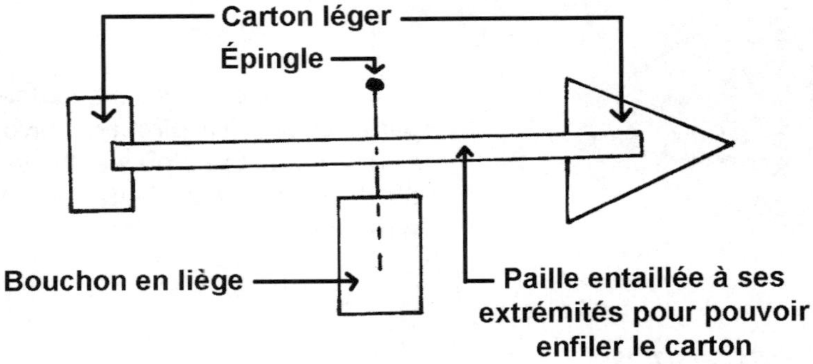

• Enfin, le dessin suivant représente un dispositif souvent utilisé à des fins publicitaires. Ce n'est pas une girouette car il tourne de manière permanente, toujours dans le même sens, pourvu qu'il y ait du vent. Mais il fonctionne sur le même principe : la partie dessinée ici à gauche offre une meilleure prise au vent que la partie droite. Il est facile à fabriquer en utilisant la même technique d'ossature, en fil électrique semi-rigide, habillée de papier adhésif.

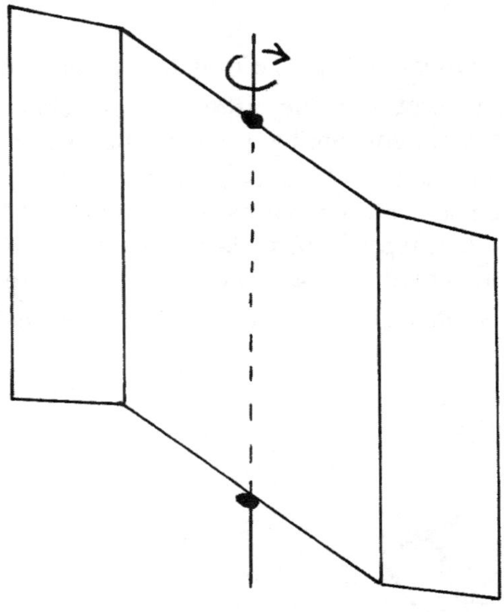

L'électricité 2

Liens avec les programmes

Enquêtes 9 à 16

Compétences devant être acquises en fin de cycle	Enquête							
	9	10	11	12	13	14	15	16
Électricité Construire un circuit électrique simple (sans dérivation) alimenté par des piles ([1] p. 124).	×	×	×	×	×	×	×	×
Identifier des pannes dans des dispositifs simples ([1] p. 124).					×			×
Mettre en jeu des constructions guidées par le maître ([1] p. 121).	×		×	×				
Adopter un comportement raisonné face aux risques électriques ([1] p. 121).	×				×			×
Mettre en relation la pensée logique et les comportements pratiques ([1] p. 123).	×	×	×	×	×	×	×	×
Réaliser un circuit commandé par un interrupteur ou un bouton poussoir ([2] p. 17).			×	×	×			
Savoir que les expériences menées en classe ne doivent pas être reproduites à la maison ([2] p. 17).	×	×	×	×	×	×	×	×
Grandeurs et mesures Identifier quelques grandeurs, mesure de ces grandeurs, unités usuelles.						×	×	
Vivre ensemble Respect de l'environnement et du cadre de vie ([1] p. 98).	×	×						

[1] : *Qu'apprend-on à l'école ? Les nouveaux programmes,* Paris, CNDP-XO Éditions, 2002
[2] : *Documents d'application des programmes,* Découvrir le monde, cycle 2, DESCO SCEREN (CNDP), 2003.

Précisions sur le contenu disciplinaire

La notion de circuit électrique

Pour faire un circuit électrique, il faut premièrement une **source d'énergie** fournissant de l'énergie électrique. On l'appelle parfois « alimentation ». À l'école, il s'agit d'une pile, mais on peut évoquer aussi une prise du secteur, une batterie d'automobile ou encore un générateur comme ceux que les élèves rencontreront dans les collèges.

Il faut deuxièmement des **récepteurs électriques** dont la fonction est diverse : émettre de la lumière (une ampoule), émettre un son (un vibreur), produire un mouvement (un moteur), etc.

L'alimentation électrique et les récepteurs sont reliés en général par des **fils électriques conducteurs**. L'ensemble, constitué de l'alimentation, des fils et des récepteurs, forme une chaîne que nous appellerons parfois une **boucle** pour mieux évoquer le fait qu'un circuit doit être fermé pour fonctionner.

Conseil expérimental

Il peut être intéressant de faire fabriquer aux élèves des supports de fixation pour les ampoules ou des interrupteurs pour ouvrir ou fermer un circuit électrique. Cela leur permet de mieux comprendre la notion de circuit. Mais, pour réaliser des circuits électriques plus sophistiqués, comme ceux qui correspondent aux enquêtes du manuel, il est indispensable de procéder avec un matériel de bonne qualité (ce qui est rarement le cas des dispositifs bricolés), faute de quoi les problèmes de mauvais contact vont s'ajouter aux erreurs inévitables des élèves et rendre la gestion des séances expérimentales particulièrement pénible pour l'enseignant.

Deux exemples de circuit :
– une pile alimente une ampoule ;

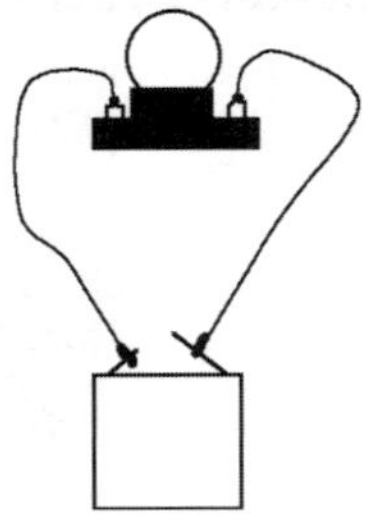

– une pile alimente un moteur, un interrupteur commande l'ouverture et la fermeture du circuit.

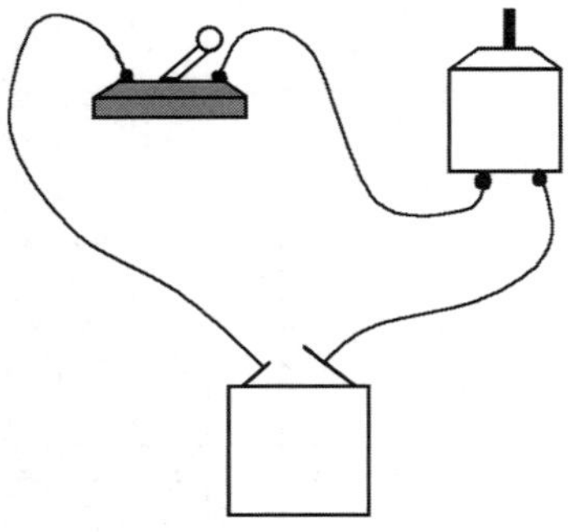

Le sens du courant

Le courant électrique se caractérise par le déplacement de charges électriques. Celles-ci sont portées par des particules appartenant au monde microscopique de la matière (les électrons et les ions). Ces particules sont appelées « porteurs de charge ». Elles se déplacent dans le circuit en un mouvement d'ensemble, mais les différents porteurs ne se déplacent pas tous dans le même sens. On a décidé de ne considérer qu'un seul sens de déplacement, qui a été choisi conventionnellement comme étant celui qui parcourt le circuit extérieur à la pile en allant du + vers le – de celle-ci.

C'est parce **le courant a un sens** que certains éléments, que l'on qualifie de « polarisés », se comportent différemment selon leur sens de branchement à la pile :
– les ampoules ne sont pas polarisées ;
– les moteurs (ceux que l'on trouve chez les fournisseurs de matériel pédagogique) et les vibreurs sont polarisés. Le sens de rotation du moteur dépend de son sens de branchement sur la pile. Quant au vibreur, il fonctionne lorsqu'il est branché dans le bon sens (fil rouge du vibreur sur le + de la pile : fil noir sur le –) et il ne fonctionne pas s'il est branché en sens inverse. Cette caractéristique est importante à connaître car nous proposons, dans le manuel, des manipulations avec moteurs et vibreurs.

Conducteurs et isolants

Selon une définition élémentaire, un **conducteur** est un matériau qui laisse passer le courant électrique alors qu'un **isolant** s'y oppose. On teste expérimentalement les matériaux en utilisant le montage ci-après :
– si l'ampoule s'allume, le matériau est conducteur de l'électricité ;
– si l'ampoule ne s'allume pas, le matériau est isolant.

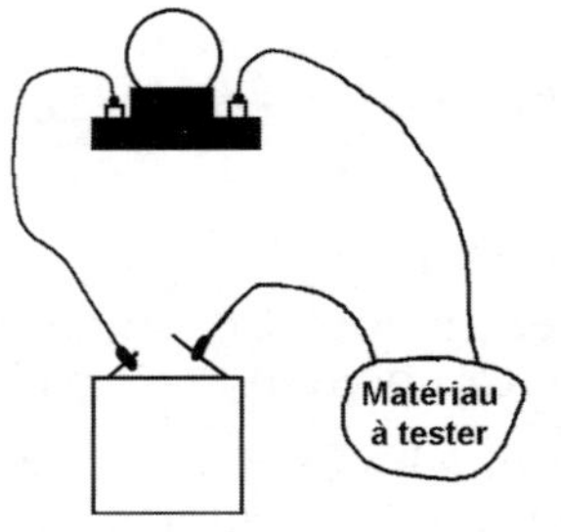

La propriété de conduire ou non le courant électrique dépend du matériau et non de l'objet. On peut aisément le comprendre en testant successivement une règle métallique et une règle en plastique ou en bois. Les métaux sont d'excellents conducteurs. On les utilise dans le transport de l'énergie électrique. Le plastique, le bois, l'air constituent des exemples d'isolants. Le plastique joue un rôle central dans la protection contre les risques d'électrocution (gaines en plastique qui isolent les fils électriques).

Même si ces notions ne sont pas explicitement au programme du cycle 2, elles peuvent être abordées si l'occasion s'en présente. Mais il n'est pas utile d'insister outre mesure car la classification en deux catégories seulement (conducteur/isolant) est sommaire et comporte une limite importante dans le cas de l'eau. Testée avec le montage proposé dans ce paragraphe, l'eau se comporte comme un isolant ce qui présente un inconvénient majeur pour l'éducation à la sécurité. L'eau est en fait légèrement conductrice, trop peu pour autoriser l'allumage de l'ampoule du montage ci-dessus, mais suffisamment pour augmenter les dangers de l'électricité[1].

1. On trouvera plus de détails dans le manuel de cycle 3 de la même collection (*64 enquêtes pour comprendre le monde*, pages 168 à 170) et dans le Guide du maître, page 257.

Comment modifier l'éclat d'une ampoule ?

• Lorsqu'une ampoule est alimentée par une pile, son éclat dépend d'une grandeur que les physiciens nomment « force électromotrice » de la pile, mais que nous appellerons « **nombre de volts** » de la pile. La représentation que chacun d'entre nous peut en avoir (grâce à son expérience des piles, des batteries et des prises électriques) est suffisante pour les activités que l'on propose dans le manuel.

• Chaque ampoule est construite pour fonctionner sous un nombre de volts donné. Si quelques écarts sont possibles (par exemple une ampoule prévue pour fonctionner sous 3,5 V se comportera très bien avec une pile de 4,5 V), ils ne doivent pas devenir trop importants, faute de conduire à un mauvais fonctionnement. Si par exemple le nombre de volts de la pile dépasse celui qui est donné par le constructeur de l'ampoule, cette dernière est dite « suralimentée ». Son éclat est supérieur à son éclat normal et, en cas d'excès, l'ampoule peut griller. Cela ne présente aucun danger si cela est réalisé avec des piles (nous proposons dans l'enquête 14 de le faire réaliser aux élèves).

• Il est possible d'associer plusieurs piles rondes selon différentes modalités. L'association en série est classique : c'est ce qui est fait dans les lampes torches ou dans d'autres appareils électriques alimentés par plusieurs piles rondes. Lorsqu'une pile ronde est « à l'envers » par rapport aux autres, on dit qu'elle est en opposition. Il est très facile de comprendre ce qui se passe lorsqu'on associe plusieurs piles rondes en série ou en opposition.

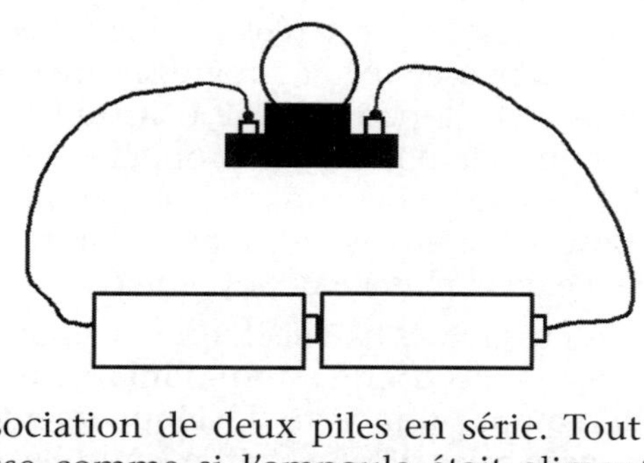

Association de deux piles en série. Tout se passe comme si l'ampoule était alimentée par une pile unique de 3 V (1,5 V + 1,5 V).

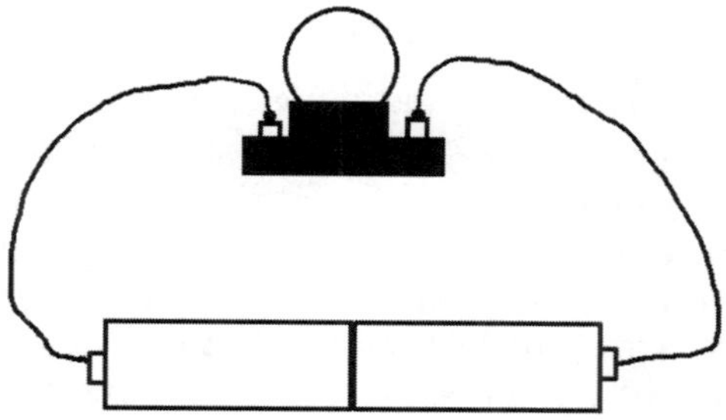

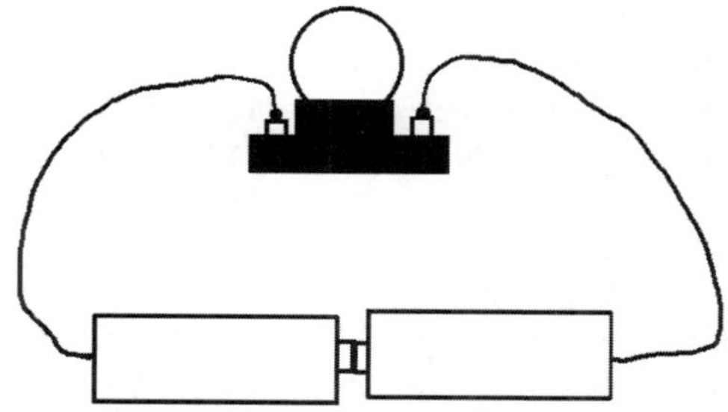

Association de deux piles en opposition. Tout se passe comme si l'ampoule était alimentée par 0 V (1,5 V – 1,5 V). L'ampoule ne brille pas.

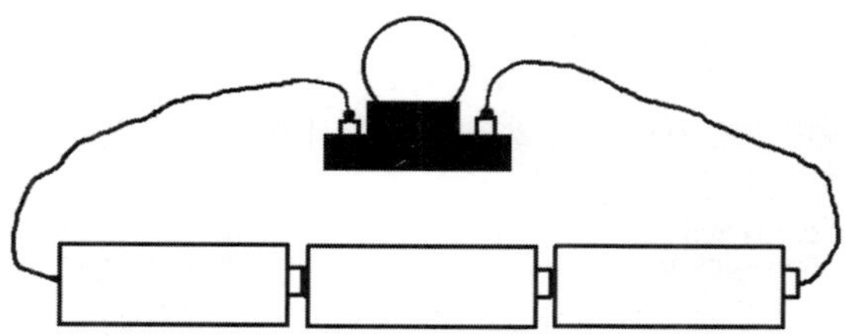

Association de trois piles en série. Tout se passe comme si l'ampoule était alimentée par une pile unique de :
1,5 V + 1,5 V + 1,5 V = 4,5 V.
Cette association est équivalente à une pile plate, ce qui peut se vérifier expérimentalement.

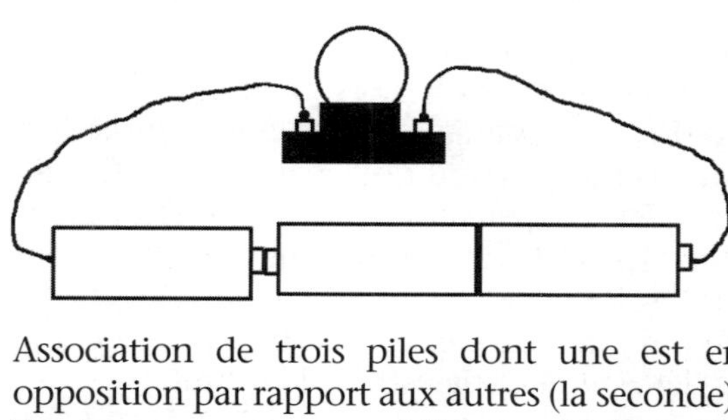

Association de trois piles dont une est en opposition par rapport aux autres (la seconde). Tout se passe comme si l'ampoule était alimentée par une pile unique de :
1,5 V – 1,5 V + 1,5 V = 1,5 V.

Cette association est équivalente à une pile ronde, ce qui peut aussi se vérifier expérimentalement.

Les dangers de l'électricité

• Pour les personnes : l'électrocution

Le paramètre essentiel est l'**intensité du courant électrique** qui traverse le corps humain. Pour employer une terminologie moins scientifique, on peut dire que c'est le débit de l'électricité qui le traverse. Lorsque celui-ci atteint une certaine valeur, il y a danger.

En pratique, ce qui caractérise une installation électrique est la tension sous laquelle elle est alimentée (nous avons utilisé dans le manuel le mot ***voltage***, plus volontiers employé par les professionnels de l'électricité mais moins par les scientifiques). Les installations domestiques sont alimentées sous une tension de 220 V, les circuits réalisés à l'école sous 4,5 V (piles plates) ou 1,5 V (piles rondes). Cette grandeur représente en quelque sorte le « moteur » de l'installation. On conçoit que l'intensité du courant qui s'établit dans le circuit dépend :
– du « voltage » de l'alimentation : plus il est important, plus l'intensité (le « débit de l'électricité ») tend à augmenter ;
– des éléments qui composent le circuit : plus ils sont conducteurs, plus l'intensité tend à augmenter.

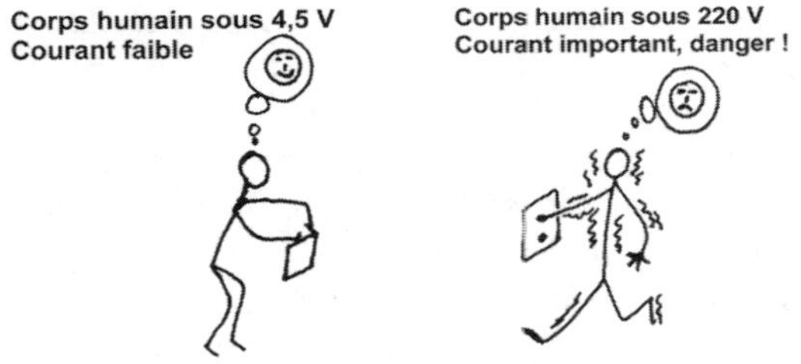

Ces liens, qui unissent l'intensité du courant à la tension délivrée par l'installation, conduisent à formuler les prescriptions en terme de **tension de sécurité, à ne pas dépasser**. Celle-ci est de 24 V. Lorsqu'on se situe juste au-dessus, le danger est rarement immédiat. Mais certaines conditions particulières (humidité, âge...) peuvent rendre la conductivité du corps humain suffisamment grande pour qu'il soit concevable, en imaginant les choses au pire, qu'une électrocution se produise dès le dépassement de cette valeur limite.

• Pour l'installation : le court-circuit

Un court-circuit se produit lorsqu'on relie deux bornes d'une alimentation électrique par un matériau très bon conducteur. Il y a en quelque sorte un « emballement » électrique qui peut se révéler dangereux, même si l'alimentation est une pile. Le courant qui s'établit lors d'un court-circuit est d'une telle intensité qu'il peut conduire, s'il persiste durablement, à un échauffement important (voire dangereux) des fils électriques et de la pile qui peut se mettre à couler et à libérer des produits corrosifs et brûlants.

À l'école, des courts-circuits se produisent assez régulièrement dans un certain nombre de cas qu'il faut savoir repérer pour éviter tout accident.
– Lors des rangements : ne pas utiliser de boîtes métalliques pour stocker les piles (mais des boîtes en carton ou en bois, matériaux isolants) et les ranger correctement de manière à ce que les lamelles ne soient pas en contact les unes contre les autres.
– Lors du transport : si les élèves amènent des piles de chez eux, leur demander de les transporter dans un sac en plastique (une pile par sac) de manière à ce que les lamelles n'entrent pas malencontreusement en contact avec une pièce métallique dans le cartable ou dans la trousse.
– Mais à par cela, pas de panique ! Un court-circuit sur une pile n'est dangereux que s'il persiste longtemps...

Conseils pour organiser son enseignement

L'électricité : un thème porteur, dès le début du CP

À cet âge, la pensée de l'enfant est encore fortement marquée par des caractéristiques enfantines. La rationalité scientifique ne pèse pas encore très lourd devant les explications magiques... De nombreux auteurs ont insisté sur l'indispensable support concret qui doit accompagner toute activité à cet âge. Confronté à un problème opératoire (réussir à *faire* quelque chose), l'enfant va essayer, tâtonner, se tromper, essayer autre chose,... Guidée par la réussite ou l'échec du projet, sa pensée régule progressivement ses actions. Petit à petit, l'élève construit l'idée que le monde obéit à des propriétés, et que celles-ci sont indépendantes de sa propre volonté. C'est en les assimilant qu'il trouvera la clé de la réussite de ses projets.

Par les possibilités qu'elle donne à l'enfant de tâtonner, **l'électricité est un domaine particulièrement propice au développement de la pensée scientifique** chez le jeune élève et nous conseillons vivement d'aborder ce thème dès le début de l'année de CP.

Les conceptions des élèves

Malgré sa relative facilité, il n'en reste pas moins que ce thème recèle des conceptions qui présentent une remarquable régularité. Nous les présentons ci-dessous en même temps que les dispositions que nous avons prises dans le manuel pour les traiter.

• **Difficulté à identifier la source d'énergie**
Au début du CP, les élèves ne savent pas tous qu'une pile est nécessaire pour allumer une ampoule. Cela n'a rien d'illogique. Ils sont habitués, dès le plus jeune âge, à produire un effet, sur un appareil électrique (éclairer une pièce, allumer la télévision...), en appuyant sur un bouton. C'est pourquoi nous conseillons en cycle 2 des démarches qui laissent à l'élève la charge de découvrir eux-mêmes la nécessité d'une pile. Nous abordons cette difficulté dans la première enquête d'électricité en proposant une réserve de matériels variés dans laquelle figurent des piles, certes, mais aussi d'autres matériels que les élèves peuvent juger utile (interrupteur, télécommande). C'est par leurs essais que les élèves se rendront compte de l'inefficacité des boutons ou des télécommandes en tant que source d'énergie, et qu'ils prendront conscience de la nécessité d'une pile.

• **La conception unifilaire (ou unipolaire)**
Une fois qu'ils ont compris la nécessité d'une pile, les élèves utilisent pour raisonner une métaphore fondée sur un fluide électrique qu'ils appellent « électricité » ou « courant électrique », mais qui n'en possède pas les propriétés scientifiques. Ils imaginent que ce fluide est stocké dans la pile, qu'il se déplace dans les fils, et qu'il est consommé dans les récepteurs (l'ampoule, le vibreur...). La pile en est remplie lorsqu'elle est neuve ; à force d'être utilisée, elle se vide de son fluide électrique.

Pour faire briller une ampoule, il suffirait, selon cette logique, de la relier à la pile par un seul contact (ou un seul fil) ainsi que le montre ce dessin d'élève de CP (pour mémoire, nous reproduisons aussi la solution correcte).

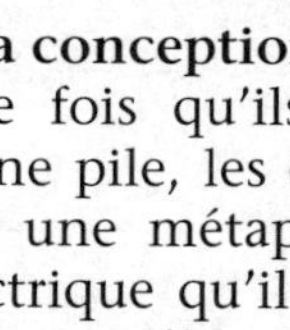

Conception unipolaire

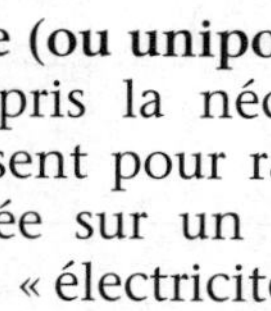

Solution correcte

Cette conception ne concerne pas que la seule situation d'allumage d'une ampoule avec une pile plate, mais toutes celles où un récepteur est alimenté. Ce n'est pas parce qu'un élève a compris la nécessité de deux contacts dans un cas, qu'il réinvestit sa connaissance dans d'autres situations.

Pour pallier cette difficulté, l'expérience joue ici aussi un rôle irremplaçable. Devant l'échec de leurs tentatives unipolaires, les élèves vont tâtonner jusqu'à ce qu'ils réussissent. Cela se fait une première fois par hasard. Puis, grâce aux essais répétés et au rôle de l'enseignant qui aide à la prise de conscience par la verbalisation et à la représentation par un dessin simplifié, la compréhension s'affine (nécessité de deux contacts, quelle que soit la source d'énergie et quel que soit le récepteur) et se stabilise.

Propositions de répartition

Nous avons choisi dans le manuel de proposer aux classes de CP toutes les enquêtes visant à construire la notion de circuit électrique (enquêtes 9 à 13). Mais d'autres choix sont possibles sur cette partie qui peut être découpée comme nous l'indiquons dans le tableau ci-après.

	Nos des enquêtes	**Commentaires**
CP	9, 12, 13	Circuit électrique simple : pile, ampoule et éventuellement interrupteur.
CE1	10	Enrichissement de la notion de circuit par l'utilisation de piles et de récepteurs variés.
	11	Circuit électrique présentant plusieurs connections possibles.

En revanche, **les enquêtes traitant de la sécurité (14 et 15)** demandent une première maîtrise de la combinatoire à travers les diverses possibilités d'association de plusieurs piles en série ou en opposition. Elles **sont à réserver aux classes de CE1**. Il en est de même pour la dernière **enquête (16)** consacrée à l'analyse des pannes, dont l'objectif est d'initier les élèves à la rigueur méthodologique qui constitue plutôt un objectif de fin de cycle.

Coup d'œil sur les enquêtes

Les différentes enquêtes de cette partie ont une grande homogénéité du point de vue des objectifs visés, des compétences à développer chez les élèves, et du matériel à utiliser. Il nous a donc semblé préférable de regrouper les constantes au début de la partie et de ne pas les répéter dans chaque enquête.

Matériel électrique utile pour toutes les enquêtes

La liste ci-dessous est prévue pour un groupe d'élèves. Nous suggérons de les faire travailler par deux, sauf exception signalée dans le tableau ci-dessous.

- Une pile plate.
- Cinq fils électriques (trois ou quatre sont nécessaires selon les enquêtes, mais il n'est pas souhaitable de donner le nombre exact ce qui mettrait les élèves sur la voie par des indices trop indirects). S'équiper si possible avec des fils électriques munis de pinces crocodiles à leurs extrémités. On peut sinon remplacer les pinces crocodiles par des trombones auxquels on attache le fil électrique. C'est moins pratique et plus long à préparer.

- Une ampoule de lampe de poche.
- Une douille pour visser l'ampoule et ainsi assurer un bon contact.

Enquête	Matériel électrique supplémentaire	Autre matériel
9	Quelques interrupteurs et quelques télécommandes (réserve pour toute la classe).	
10	Une pile ronde, un vibreur (appelé « buzzer » chez les vendeurs), un moteur.	
11		Un carré de carton léger (environ 10 cm × 10 cm). Quatre attaches parisiennes.
12	Un vibreur. Un bouton poussoir (interrupteur particulier : le contact s'établit lorsqu'on presse le bouton poussoir et se coupe dès qu'on le relâche).	Du carton léger, si possible de deux couleurs.
13		Deux rectangles en carton recouverts de papier d'aluminium.
14	Quatre piles rondes (dans cette enquête, on peut imaginer des groupes de 3 ou 4 pour limiter le nombre de piles à réunir). Une réserve de piles rondes de dimensions variées.	
15	Une dizaine de piles rondes pour toute la classe : l'expérience consistant à faire griller une ampoule sera une expérience collective.	
16		

Objectifs

Ils ont été déclinés enquête par enquête au début de cette partie. Deux axes principaux sont poursuivis.

• Construire la notion de circuit électrique :

– en variant la nature de la source d'énergie (pile plate, pile ronde) et celle du récepteur (ampoule, vibreur, moteur) ;

– en comprenant que les différents éléments sont reliés entre eux pour former une boucle.

• Éduquer à la sécurité en comprenant, parfois intuitivement, que le voltage est la caractéristique essentielle à considérer. Comprendre par l'association de piles rondes entre elles comment augmenter le voltage jusqu'à une valeur suffisante pour faire griller une ampoule. Ce dernier effet illustre le danger des voltages trop élevés.

Compétences transversales

Lire et commenter des textes	*Sais-tu que…* : pages 21, 24, 27, 28. Bulles de la grenouille : pages 22, 25, 29.
Enrichir son vocabulaire	Désignation du matériel : *un interrupteur, une douille, du fil électrique, des pinces crocodiles, une ampoule, une pile,* etc. Champ lexical du domaine : *électricité, électrique, électrocution,* etc.
Apprendre à représenter une expérience	Représenter les circuits électriques par des dessins simplifiés.
Lire un dessin afin de réaliser un montage	Compétence complémentaire de la précédente : il s'agit de réaliser des montages dont une représentation (dessin, photo) est fournie.
Légender un dessin	• En début de cycle, apprendre à placer les noms importants au début de la flèche : *pile, ampoule, fil électrique, douille, vibreur, moteur.* • Lorsque les élèves sont familiarisés avec l'électricité et les dessins simplifiés, les légendes sont portées de manière sélective. Les élèves doivent être capables de choisir, parmi tous les éléments du montage, ceux qui nécessitent une légende par rapport à ceux qui ne requièrent pas de précision supplémentaire.
S'exprimer et raisonner sur des dessins	En électricité, les dessins simplifiés sont omniprésents. Peu à peu, les élèves doivent apprendre à utiliser les informations qu'ils fournissent pour argumenter et raisonner. Le cas typique consiste à expliquer sur un dessin pourquoi une ampoule s'allume ou ne s'allume pas.

9 Comment allumer le nez de l'ours ?

p. 20-21

Niveau ciblé

CP en ce qui concerne les manipulations avec lecture des consignes par l'enseignant, surtout en début d'année.

CE1, sans l'aide de l'enseignant.

Objectif

Première approche de la notion de circuit électrique à travers la réalisation concrète de l'ours. Plus précisément, les élèves apprennent comment allumer une ampoule à l'aide d'une pile en étant attentifs à la position des contacts (vignettes 2 et 6 de la page 222), puis comment procéder en utilisant une douille et des fils (voir dessin dans l'exemple de trace écrite).

Documents

- Photos de la page 20 du manuel (à photocopier p. 222).
- Dessins de montages (à photocopier p. 222).

Les clés de l'enquête

- Recueillir les idées des élèves à partir du document 1. En CP demander de choisir du matériel parmi celui qui est proposé. Il est intéressant, avec des CE1 qui auraient abordé l'électricité dans les classes précédentes, de leur demander de dessiner ce qu'il y a derrière la tête de l'ours afin de pouvoir comparer par la suite avec le montage final retenu.

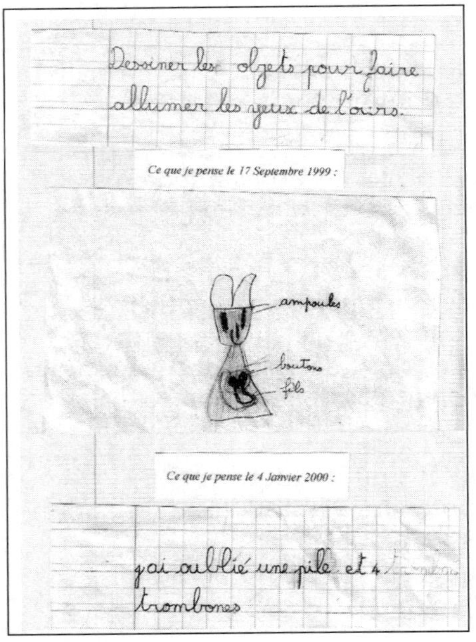

- Profiter de ces premiers contacts avec les dessins simplifiés pour apprendre à distinguer ce qui est important de ce qui ne l'est pas. Ici, la marque de la pile n'a aucune importance. Par contre, les dimensions des lamelles devront être remarquées. On n'expliquera pas au cycle 2 le + et le – mais on remarquera que ces deux signes sont écrits sur la pile.
- Afin d'habituer les élèves à vérifier systématiquement chaque hypothèse, nous conseillons de mettre en perspective le dessin de l'hypothèse et le résultat, après validation par l'expérience.
- Apprendre à légender un dessin en mettant les noms importants et leur déterminant au début de la flèche : *la pile, l'ampoule, un fil électrique, la douille.*

Exemple de trace écrite

Comment allumer le nez de l'ours ?

Mes hypothèses

Chaque élève fait un dessin et écrit si possible quelques mots ou quelques phrases pour le préciser.

La conclusion de la classe

Pour allumer le nez de l'ours, il faut une pile, une douille avec une ampoule et des fils électriques.
Il faut réaliser un circuit électrique en reliant la pile à l'ampoule à l'aide des fils électriques.

Prolongements possibles

• Il est important, surtout en début de cycle, de laisser longtemps les enfants travailler uniquement avec l'ampoule et la pile afin qu'ils se rendent compte que l'ampoule ne s'allume que dans des conditions très précises. Pour faciliter cette prise de conscience, leur demander de dessiner les situations où elle s'allume et celles où elle ne s'allume pas.

En complément, fournir le document (à photocopier p. 222) où sont dessinés différents montages parmi lesquels les élèves indiqueront si l'ampoule va s'allumer ou non. Ils devront expliquer pourquoi, corriger éventuellement et vérifier ensuite avec la manipulation.

• En complément à la lecture de la rubrique *Sais-tu que…*, demander aux élèves de mettre la langue sur les deux lamelles de la pile afin de leur faire ressentir le petit picotement dû au passage du courant électrique dans le corps. Les exigences de sécurité imposent des conclusions très fortes et très nettes : « La prise électrique fait mourir les enfants qui essaient les expériences avec elle. »

10 Comment réaliser d'autres circuits ?

📖 p. 22

Niveau ciblé

Enquête facile à réaliser dès le début du CP pour peu que la lecture des consignes soit faite par l'enseignant. On peut également garder la partie concernant le remplacement de l'ampoule par le vibreur et/ou le moteur pour le CE1 afin de travailler deux années de suite sur l'électricité sans refaire la même expérience.

Objectifs

• Enrichissement de la notion de circuit électrique grâce à l'utilisation de piles et de récepteurs variés.

• Éducation à l'environnement et au développement durable (demandée dans la circulaire de juillet 2004) à travers le clin d'œil de la grenouille.

Les clés de l'enquête

Elles se situent dans la synthèse qui conduit les élèves à découvrir deux sortes d'appareils : ceux qui produisent[2] de l'électricité et ceux qui l'utilisent. Un tableau récapitulatif tel que le suivant combine ce classement avec les exigences de sécurité toujours présentes.

Ce qu'on utilise pour obtenir l'électricité		**Ce qui utilise l'électricité pour fonctionner**	
Dans nos expériences (non dangereux)	*Dans les maisons (dangereux)*	*Dans nos expériences (non dangereux)*	*Dans les maisons (dangereux)*
Pile plate Pile ronde	Prise électrique	Petite ampoule de lampe de poche Moteur-jouet Vibreur	Ampoule Robot Télévision Radiateur électrique Lecteur de CD Etc.

Ce tableau est bien entendu non exhaustif et peut être complété en fonction du vécu des élèves, y compris en ajoutant des colonnes (batterie de voiture, génératrice de bicyclette, etc.).

2. Pour être rigoureux, nous ne devrions pas classer la prise électrique parmi les sources d'électricité : elle ne fait que transformer de l'électricité reçue des lignes qui alimentent la maison. Toutefois, l'erreur nous paraît minime compte tenu de l'âge des élèves.

Prolongements possibles

• Observer le sens de rotation du moteur avec un disque de carton, muni d'un repère, fixé sur l'axe du moteur. Demander ensuite aux élèves de trouver une méthode pour le faire tourner dans l'autre sens. La solution (inverser le branchement sur les lamelles de la pile) constitue une première base empirique qui conduira, plus tard, à comprendre que le courant a un sens. Au cycle 2, on n'ira pas plus loin que le stade de l'observation et de la constatation.

• L'enquête 12, abordant le sens du branchement du vibreur, y contribue de la même manière.

• De même qu'on a classé les appareils pour distinguer ceux qui produisent l'électricité et ceux qui l'utilisent, on peut classer ces derniers en quatre catégories qui préparent à l'élaboration ultérieure du concept d'énergie : production de chaleur, production de lumière, production de mouvement, production de son[3]. Ces catégories ne sont pas exclusives.

Chaleur	**Lumière**	**Mouvement**	**Son**
Ampoule	Ampoule	Robot	Lecteur CD
Radiateur	Télévision	Ascenseur	Télévision

• Enfin, on peut engager les élèves de CE1 dans une petite enquête sur le retraitement des piles : que deviennent-elles ?

11 Comment fabriquer un jeu électrique ?

📖 p. 23

Niveau ciblé

Enquête réalisable dès le CP. Des élèves de CE1 peuvent la mener seuls, sans l'aide de l'enseignant pour la lecture des consignes et la compréhension du vocabulaire.

Objectif

On continue ici à structurer la notion de circuit électrique en l'appliquant au cas d'un jeu.

Documents

Dessins du jeu électrique (à photocopier p. 221).

Les clés de l'enquête

Il s'agit de réinvestir la notion de circuit électrique en imaginant les éléments reliés entre eux sans pouvoir voir concrètement la totalité des connexions. Si les élèves ne sont pas capables de dessiner correctement la position des fils derrière le carton des documents 1 à 3, on peut alors leur proposer des cartons tout prêts et leur demander celui qui permet d'obtenir l'allumage de l'ampoule comme indiqué dans les trois documents.

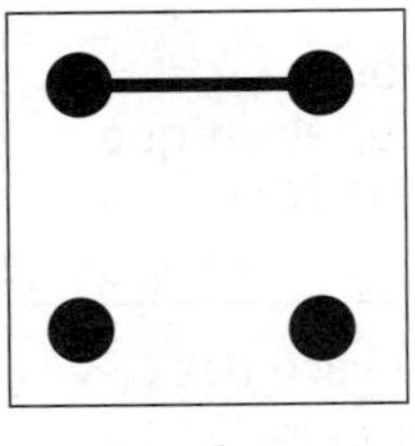

1

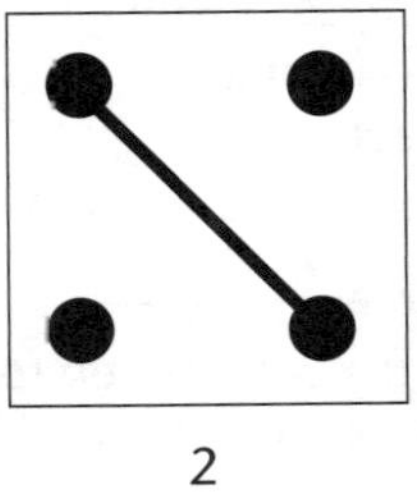

2

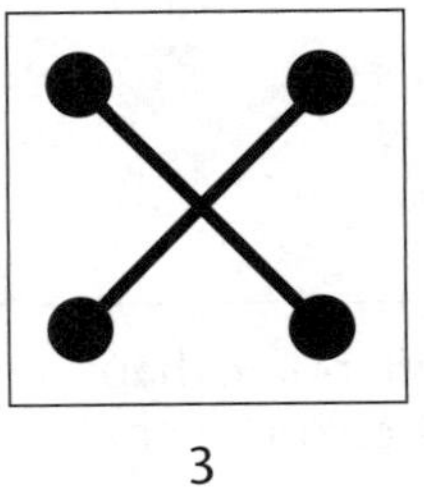

3

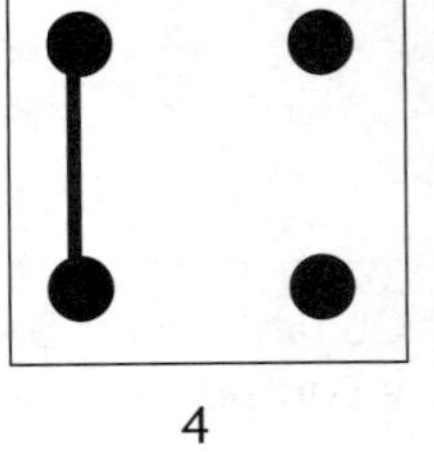

4

Seul le carton 3 répond aux critères des documents 1 à 3.

3. Scientifiquement parlant, la production de son est une production de mouvement : c'est le mouvement d'une membrane qui provoque la mise en vibration de l'air. Ici aussi, l'âge des élèves justifie de ne pas s'engager dans des détails inutiles.

Exemple de trace écrite

Comment fabriquer un jeu électrique ?

Mon hypothèse

Chaque élève propose un montage en le dessinant. Il écrit quelques mots pour le préciser.

La conclusion de la classe

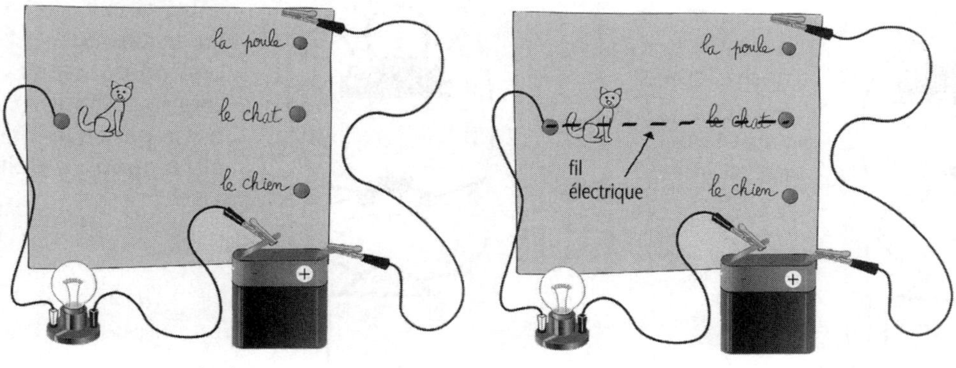

Le jeu — Ce qui est caché derrière

Afin de pouvoir réaliser un jeu électrique, il faut que tous les appareils soient reliés entre eux à la suite les uns des autres.

Pile ↔ Fil électrique visible ↔ Douille/Ampoule ↔ Fil électrique visible ↔ Attache parisienne ↔ Fil électrique caché ↔ Attache parisienne ↔ Fil électrique visible ↔ Pile

12 Comment installer une sonnette à la porte d'une maison ?

📖 p. 24

Niveau ciblé

Enquête réalisable dès le CP. Des élèves de CE1 peuvent la mener seuls, sans l'aide de l'enseignant pour la lecture des consignes et la compréhension du vocabulaire.

Objectif

Enrichissement de la notion de circuit électrique avec l'introduction d'un bouton-poussoir pour le commander (c'est-à-dire l'ouvrir et le fermer).

Les clés de l'enquête

C'est la position de l'interrupteur dans le circuit qui pose problème. Les dessins ci-dessous représentent respectivement le bon montage et celui qu'une forte proportion d'élèves réalisent effectivement.

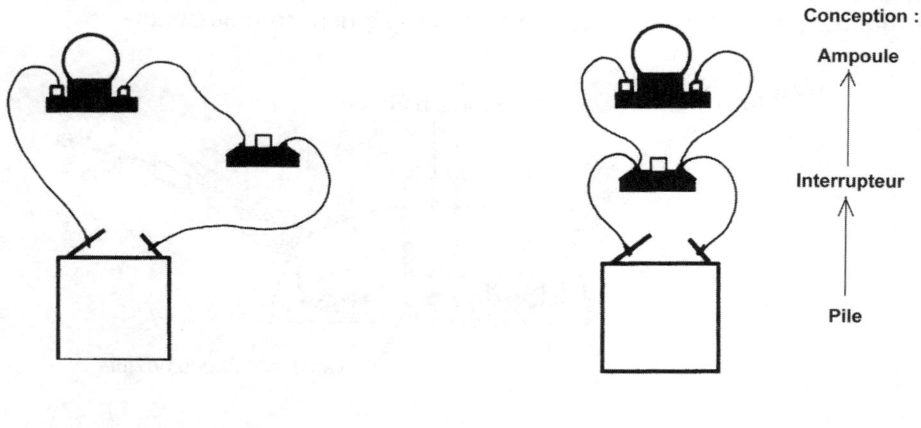

L'erreur est logique. Elle trouve son fondement dans l'idée que l'électricité va de la pile vers l'ampoule, l'interrupteur se trouvant au milieu pour la stopper ou la laisser passer.

En procédant avec un bouton-poussoir, on permet aux élèves de comprendre que le deuxième montage fonctionne à l'envers.

Bouton relâché : le courant parcourt normalement le circuit ; l'ampoule est allumée.

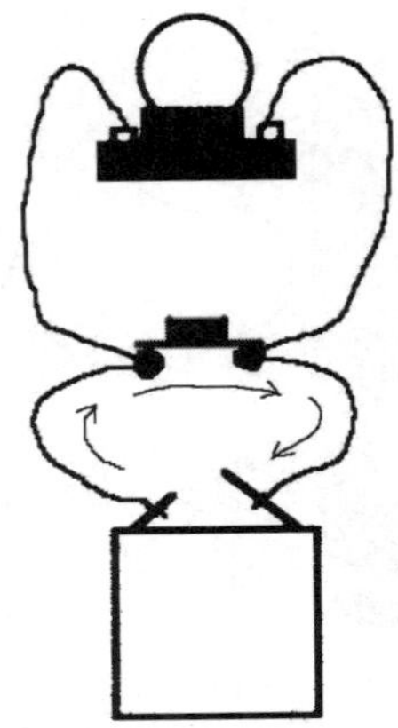

Bouton enfoncé : court-circuit au niveau du bouton-poussoir ; tout le courant passe par celui-ci et l'ampoule s'éteint.

13 Qu'y a-t-il dans un interrupteur ?

📖 p. 25

Niveau ciblé

CP avec lecture de consignes faites par l'enseignant, surtout en début d'année. Il est toutefois indispensable d'avoir mené un travail approfondi sur la notion de circuit électrique (enquêtes 9 à 11).

Objectif

Il s'agit ici de montrer concrètement comment l'interrupteur assure la fermeture et l'ouverture du circuit.

Les clés de l'enquête

Il est important, au moment de la conclusion, de démonter un interrupteur pour voir l'action du bouton qui met en contact deux lamelles afin de fermer le circuit électrique. Il est même tout à fait envisageable d'en casser un si le démontage n'est pas possible. Il faudra alors prévoir un système de rotation pour que chaque groupe ait le temps d'observer et de dessiner l'intérieur.

L'observation de l'intérieur d'une lampe de poche, où l'on voit clairement le dispositif qui assure l'ouverture ou la fermeture du circuit, est un complément tout aussi utile.

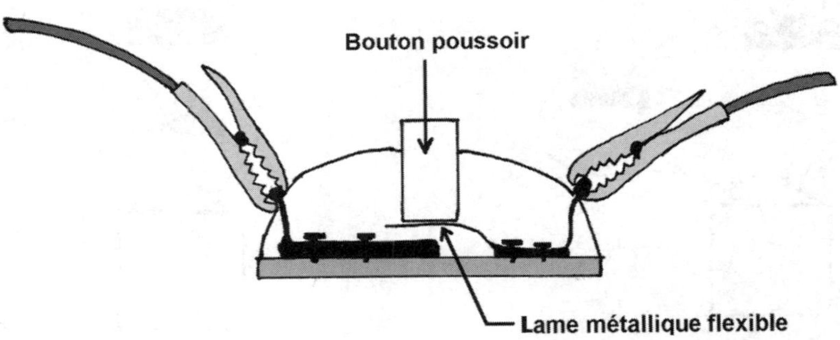

Exemple de trace écrite

Qu'y a-t-il dans un interrupteur ?

Mon hypothèse

Dessin individuel accompagné si possible de la rédaction d'un texte court.

Notre expérience

Dessin simplifié de l'expérience du document 4, accompagné du texte suivant, dont une partie peut être rédigée par les élèves.

– Si les languettes se touchent, alors ……………………………………………………

– Si les languettes ne se touchent pas, alors ……………………………………………

La conclusion de la classe

– Photo ou dessin d'un interrupteur démonté en position d'arrêt puis en position de marche.

– Tableau récapitulatif tel que le suivant (les précisions de la troisième ligne sont à adapter en fonction de la classe).

Un interrupteur permet de mettre en contact deux parties métalliques dans un circuit électrique	
Les languettes se touchent.	Les languettes ne se touchent pas.
L'ampoule est allumée.	L'ampoule est éteinte.
Le circuit est fermé (la boucle est fermée).	Le circuit est ouvert (la boucle est ouverte comme dans la photo 3 lorsqu'on a coupé les fils).

Prolongements possibles

• Il convient d'insister encore et toujours sur les questions de sécurité :

– ne pas toucher des fils électriques tombés à terre, même s'ils sont coupés ;

– ne jamais toucher les circuits électriques des maisons notamment lorsqu'ils sont abîmés ;

– ne pas couper les fils électriques des maisons.

• Il est intéressant d'aborder la notion de conducteur et d'isolant à partir de la panne provoquée par la section du fil par les ciseaux. Que peut-on mettre pour rétablir la boucle ? Remplir un tableau à deux colonnes (ce qui est conducteur et ce qui est isolant).

• Enfin, prolongement logique, il est intéressant de s'interroger sur le circuit électrique à l'intérieur d'une ampoule (voir schéma ci-après).

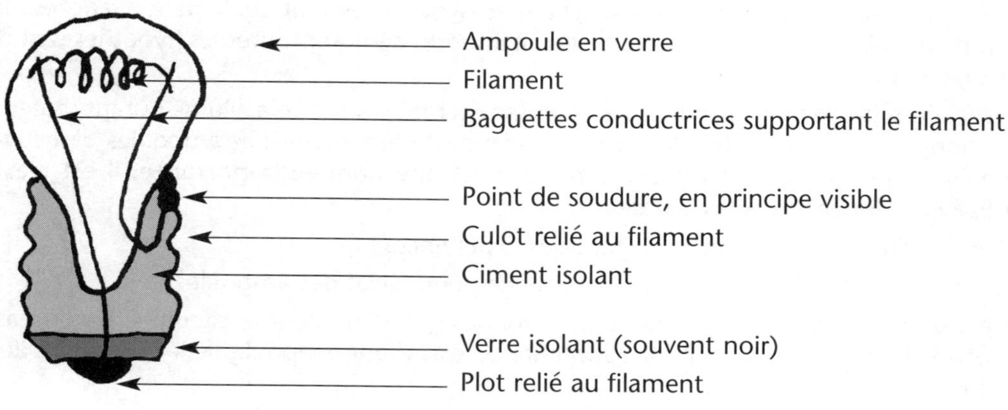

Mais les élèves, en général, ne soupçonnent pas la continuité du circuit dans l'ampoule comme le montrent ces deux dessins réalisés dans une classe de CE1.

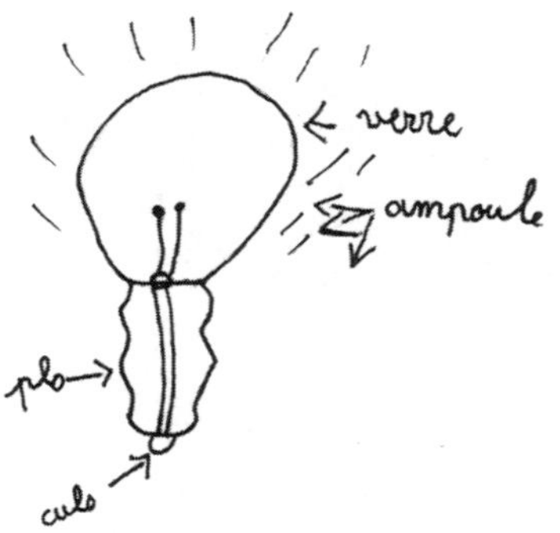

L'enseignant peut « désosser » une ampoule afin que les élèves puissent visualiser l'intérieur, et comparer avec leurs hypothèses.

Conseil expérimental : comment « désosser » une ampoule ?

L'opération demande un peu de patience et de prudence (tout au long du travail, tenir l'ampoule dans un chiffon, afin de se protéger des fausses manœuvres : un tournevis qui ripe, ou le verre de l'ampoule qui se brise...).

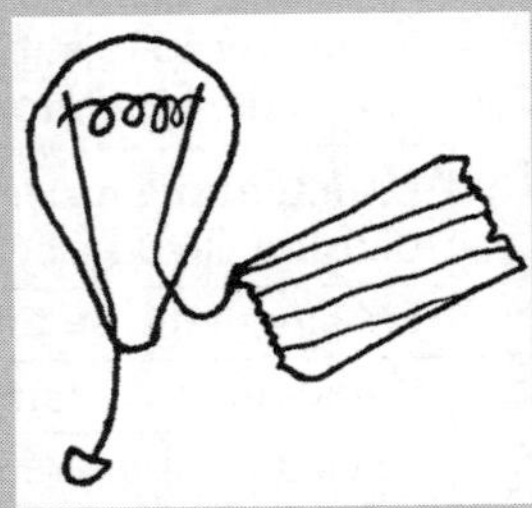

1. Couper le culot et briser le verre isolant noir (pince coupante).
2. Gratter l'intérieur (petit tournevis) pour dégager le ciment ; continuer à découper le culot.
3. Décoller le verre de l'ampoule du culot (tournevis).
4. Dégager les fils.
5. C'est fini : l'ampoule fonctionne encore...

14 Comment augmenter l'éclat d'une ampoule ?

📖 p. 26-27

Niveau ciblé

Les manipulations ne sont pas difficiles, mais la répartition des différentes enquêtes dans le cycle conduit à conseiller plutôt celle-ci à des élèves de CE1.

Les clés de l'enquête

• Lorsqu'on connecte une ampoule à une pile ronde, elle est sous-alimentée (voir page 45) et brille donc avec une faible intensité lumineuse. La première réaction des élèves est de penser qu'un des deux composants est usé. D'autres hypothèses sont également avancées : la pile est trop petite, elle n'a pas assez de volts, etc. Il importe de noter toutes les hypothèses et de les tester une à une.

Il est nécessaire de mettre en place un montage témoin qui restera allumé durant toutes les manipulations afin de permettre de comparer l'intensité lumineuse des ampoules objectivement et non sur des souvenirs. **Ce montage témoin est une donnée importante. Il est très souvent utilisé en sciences expérimentales.**

• Les conclusions sont donc dégagées des expériences :

– la grosseur des piles n'a aucune importance pour l'éclat des ampoules ;

– ce dernier dépend du nombre de piles rondes qui alimentent le circuit. C'est l'occasion d'insister sur les signes + et – : pour augmenter l'éclat d'une ampoule, le + d'une pile doit correspondre au – de la suivante.

• Lors de la recherche de la manière de brancher ensemble deux ou trois piles rondes, entraîner les élèves à dessiner les associations de piles (que l'on peut appeler les « trains ») avant de vérifier par l'expérience.

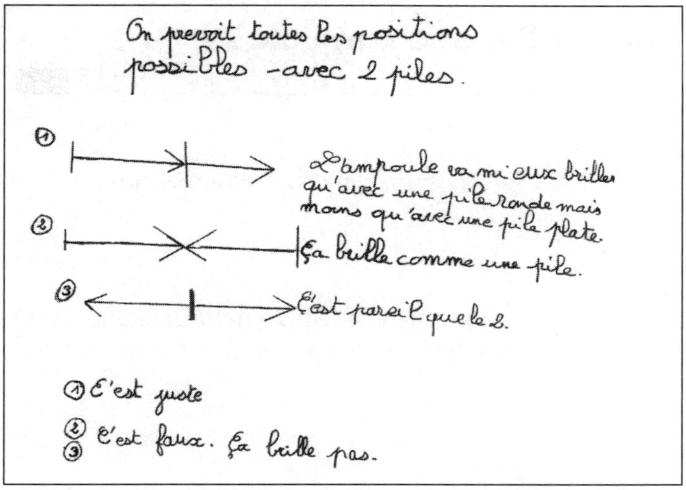

La classe s'est mis d'accord sur le codage des piles rondes par des flèches (pour que ce soit plus vite dessiné).

← Les prévisions.

← Les résultats, après expérimentation.

Prolongements possibles

• Comparer la durée de vie de deux piles de grosseur différente.

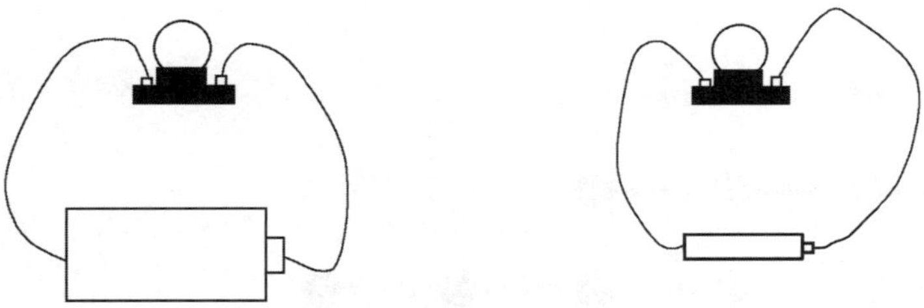

Grosse pile, petite pile,... l'éclat de l'ampoule est toujours le même. Ce qui compte, c'est le nombre de volts de la pile, ici 1,5 V. À faire remarquer aux élèves. En revanche, la durée de fonctionnement d'une grosse pile est supérieure à celle d'une petite.

• Comment faire pour associer deux piles plates dans un même circuit ? Que constate-t-on pour l'ampoule ?

15 Comment faire griller une ampoule ?

p. 28

Niveau ciblé

Cette enquête est adaptée à une classe de CE1, du fait des implications mathématiques accompagnant les associations de piles.

Objectif

C'est l'éducation à la sécurité qui est ici visée en montrant, sur un exemple ne présentant aucune conséquence fâcheuse (faire griller une ampoule), les effets (donc les dangers potentiels) d'un voltage élevé.

Les clés de l'enquête

• Nous conseillons de procéder avec un nombre pair de piles rondes. Ainsi, on évite de se trouver confronté aux nombres décimaux (1,5 V) et à des opérations mathématiques hors programme de cycle 2. De ce fait, chaque groupement de deux piles rondes ajouté aux précédents augmente le voltage de 3 V.

C'est ce que propose le tableau de la page 28 dont nous reproduisons ici le principe pour bien fixer les idées.

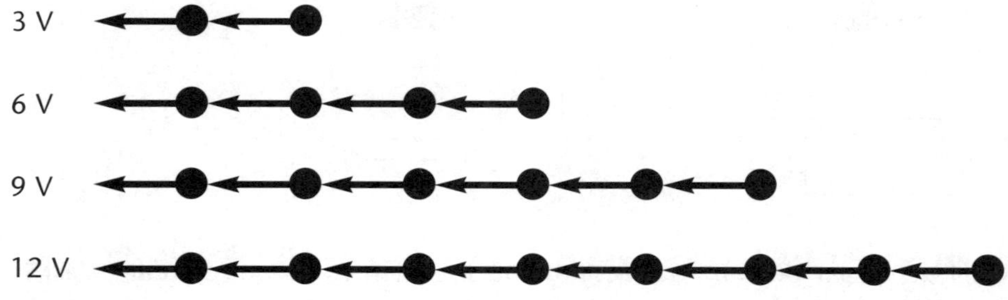

Au-delà d'un certain nombre de piles rondes associées dans le circuit, l'ampoule grille : parcouru par un courant électrique trop intense, le filament s'échauffe et fond. Cela se produit généralement entre 12 et 18 V (soit entre huit et douze piles rondes) selon la qualité de l'ampoule utilisée. Il est clair que cette expérience doit être menée collectivement vu le nombre de piles requis. Le cas échéant, elle peut être reproduite plusieurs fois devant des élèves réunis autour de l'enseignant en petits groupes de cinq ou six qui se succèdent. Les conséquences budgétaires de la détérioration de cinq ou six ampoules (si l'expérience est répétée cinq ou six fois) ne sont pas déraisonnables.

• Il importe de conclure sur ce que signifie « griller ». Même si les élèves ne peuvent pas totalement comprendre les effets thermiques du courant électrique qui provoque la fusion du filament, il est facile d'observer que ce dernier est coupé lorsque l'ampoule est grillée. Cela se voit sans difficulté à l'œil nu. L'observation à la loupe fournit un relief supplémentaire. Avec les élèves, il est intéressant de faire le parallèle avec la coupure du circuit aux ciseaux de l'enquête 13.

Prolongements possibles

Avec une classe de fin de cycle ou de CE1-CE2, on peut faire chercher aux élèves combien de piles équivalent à une prise du secteur. Des tableaux tels que les suivants, à compléter par les élèves, constituent la méthode la plus facile.

Nombre de piles rondes	Nombre de volts
10 piles rondes	15 V
150 piles rondes	?

Nombre de piles plates	Nombre de volts
10 piles plates	45 V
50 piles plates	?

Ainsi, on voit qu'une prise électrique est équivalente à environ cent cinquante piles rondes ou encore cinquante piles plates. Le contact de la langue avec une seule pile plate provoque déjà des picotements. Par cette comparaison, les élèves peuvent ainsi mieux se rendre compte du danger de mort présenté par les prises électriques.

16 Comment tester un circuit en panne ?

📖 p. 29

Niveau ciblé

Enquête à proposer en CE1 ou en fin de CP après avoir déjà travaillé sur les enquêtes 9 à 12.

Objectif

Il est essentiellement méthodologique. Pour tester un circuit en panne, il convient de ne changer qu'un composant à la fois.

Les clés de l'enquête

• La première partie de l'enquête consiste à exploiter les documents 1 à 3 pour identifier la panne (ici, c'est le fil rouge qui est défectueux). La réalisation, par les élèves, du tableau présenté à la page 31 est une aide méthodologique importante pour aider à prendre conscience de la démarche de recherche à suivre et du raisonnement qui permet d'être sûr de la conclusion.

• Il s'agit ensuite de proposer aux élèves d'orchestrer eux-mêmes des pannes dans un circuit électrique. On peut imaginer de travailler soit avec le matériel habituel soit avec des lampes de poche ordinaires (format rectangulaire) soit encore avec des lampes torches si l'enquête sur les associations de piles a été réalisée.

Nous proposons le déroulement suivant.

– En collectif, faire une liste de toutes les pannes pouvant être imaginées : pile usée, ampoule grillée, ampoule mal vissée, interrupteur défectueux, fil électrique défectueux, pile ronde montée à l'envers (dans une lampe torche), etc.

– Les élèves, répartis en petits groupes de deux ou trois, dessinent le montage et la panne qu'ils proposent. Dans la consigne, l'enseignant précise que chaque montage ne doit comporter qu'une seule panne.

– La séance peut s'interrompre de manière à permettre au maître de vérifier les propositions et de préparer le matériel, dont une réserve de composants défectueux.

– Chaque groupe réalise son montage et le repère par un numéro. Ce dernier, ainsi que la nature de la panne, sont indiqués sur une feuille de papier remise à l'enseignant. Simultanément, chaque groupe prépare un tableau de suivi de l'activité sur lequel figureront le numéro du montage et la panne identifiée.

– Chaque groupe se confronte alors à une première panne. Lorsqu'il l'a découverte, il la note sur sa feuille de suivi de l'activité et reconstruit le circuit avec sa panne initiale.

– Chaque groupe revient au montage qu'il a imaginé afin de vérifier que la panne qu'il a prévue a été correctement réintroduite.

– Une première rotation peut alors s'opérer.

– À la fin des rotations, une comparaison est faite entre les pannes identifiées par les différents groupes et ce qui a été prévu. En cas de litige, le montage peut être testé collectivement. Le maître jugera de l'opportunité de poursuivre l'activité jusqu'à la dernière rotation, ou de l'interrompre après trois ou quatre ce qui suffit pour la poursuite de l'objectif, mais frustre souvent les élèves et provoque des protestations…

Notons que le système de rotation des groupes mérite beaucoup de discipline de la part des élèves, donc une grande attention de l'enseignant. Il est en particulier indispensable que la remise en état de la panne soit vérifiée pour ne pas désorganiser la suite de l'activité.

Comment gérer collectivement la diversité des expériences ?

Dans une démarche ouverte conçue justement pour laisser les élèves suivre leurs idées jusqu'au bout, l'enseignant se trouve parfois confronté à la difficulté de gérer à la fois une classe dans son ensemble et des élèves dont les idées sont parfois très diverses.

Il se retrouve dans la majorité des cas face à différents groupes ayant des propositions d'expériences différentes. Il peut choisir l'une des trois organisations suivantes.

1. Chaque groupe a toute latitude pour mettre en œuvre son expérience

Les élèves manipulent au même moment du matériel souvent différent. Ils travaillent à des rythmes différents et terminent avec des décalages inévitables. Ce choix nécessite donc une bonne maîtrise de la classe, assortie d'une confiance suffisante dans le comportement de ses élèves.

Si cette formule se prête bien à certains cas (par exemple la réalisation d'une construction dans laquelle chaque groupe s'engage dans des projets très différents), elle n'est pas nécessairement la meilleure, en ce sens que souvent les élèves ne s'intéressent qu'à leur réalisation et suivent difficilement celle des autres lors des mises en commun.

2. Chaque idée est mise en place par toute la classe

Dans cette organisation, le maître récapitule les différentes idées et les met en mémoire (au tableau ou sur une affiche). La première expérience est alors mise en place par tous les groupes. Toute la classe travaille donc simultanément sur le même sujet avec le même matériel. La conclusion est dégagée collectivement. Une trace écrite est éventuellement élaborée et portée sur le cahier de découverte du monde.

Lors d'une autre séance, une deuxième idée est testée toujours par toute la classe, jusqu'à sa conclusion et à une trace écrite.

On procède ainsi pour toutes les idées qui, au demeurant, sont rarement très nombreuses (deux ou trois).

Dans cette organisation, la gestion de la classe est plus facile et les discussions souvent plus intéressantes car chaque groupe a le même vécu.

3. Chaque groupe réalise son expérience devant le reste de la classe qui observe

Tout comme dans la formule précédente, il y a récapitulation des différentes idées. Mais ici, le groupe qui fait une proposition vient la réaliser devant les autres qui sont observateurs.

Les différents groupes se succèdent. L'ensemble ne se déroule pas nécessairement sur une seule séance, surtout si chaque idée s'accompagne d'une trace écrite.

Dans cette organisation, la conduite de la classe est plus facile tout en maintenant l'essentiel : chaque groupe a l'opportunité d'aller au bout de son idée.

L'eau 3

Liens avec les programmes

Enquêtes 17 à 27

Compétences devant être acquises en fin de cycle	Enquête										
	17	18	19	20	21	22	23	24	25	26	27
Matières et objets Utiliser des thermomètres dans quelques situations de la vie courante ([1] p. 123).										×	
Reconnaître les états solide et liquide de l'eau et leurs manifestations dans divers phénomènes naturels ([1] p. 124).		×			×					×	
L'eau (liquide) et la glace sont deux états d'une même substance ([1] p. 124).		×								×	
L'eau gèle (ou reste solide) lorsqu'elle est portée à une température inférieure à 0° C. La glace fond (ou l'eau reste liquide) lorsqu'elle est portée à une température supérieure à 0° C ([2] p. 9).										×	
Existence de règles de sécurité ([1] p. 124).									×		×
Quelques réalisations techniques élémentaires ([1] p. 121).											×
Vivant Percevoir la fragilité des équilibres observés ([1] p. 120).			×	×		×	×	×			
Avoir compris et retenu quelques règles d'hygiène relatives à la propreté, à l'alimentation… ([1] p. 123).	×					×		×	×		
Grandeurs et mesures Identifier quelques grandeurs, mesure de ces grandeurs, unités usuelles ([1] p. 109).					×			×		×	
Espace Lire, en la comprenant, la description d'un paysage, d'un environnement ([1] p. 122).					×						
Savoir que les espaces sont représentés sur un globe terrestre et sur des cartes ([2] p. 7).		×									
Situer les milieux étudiés sur une carte ou sur un globe ([1] p. 122).		×									
Quelques aspects de la diversité des milieux et des modes de vie ([1] p. 117), des formes de végétation… ([1] p. 122).			×		×						
Maîtrise du langage et de la langue française Parler sur des images.	×			×	×	×					
Vivre ensemble Respect de l'environnement et du cadre de vie ([1] p. 98).						×	×	×			

[1] : *Qu'apprend-on à l'école ? Les nouveaux programmes,* Paris, CNDP-XO Éditions, 2002.
[2] : *Documents d'application des programmes,* Découvrir le monde, cycle 2, DESCO SCEREN (CNDP), 2003.

Précisions sur le contenu disciplinaire

L'abondance de l'eau sur la planète

L'eau des océans recouvre les 4/5 de la planète Terre. L'eau douce, quant à elle, ne présente pas la même abondance. En outre, elle se trouve pour l'essentiel sous forme de glace qui recouvre les continents gelés (Antarctique, Groenland) ou dans le sous-sol, à des profondeurs variables.

La répartition de l'eau sur la Terre	
Océans	> 97 %
Sous-sol	0,5 %
Glaciers	2 %
Fleuves et lacs	0,01 %

La gestion de l'eau

Si l'eau est abondante, c'est donc surtout sous forme d'eau de mer. L'importance des océans est évidente : c'est la plus grande réserve alimentaire de la planète (animaux marins mais aussi zooplancton et phytoplancton qui constituent le départ de nombreuses chaînes alimentaires). Malheureusement, l'eau salée n'est pas consommable par les hommes. Elle n'est pas potable : on peut mourir de soif en mer. Comme le montre l'enquête 19, elle ne permet pas l'arrosage de la plupart des végétaux (il y a quelques exceptions comme les salicornes qui poussent au voisinage des marais salants). Des régions entières sont devenues stériles à la suite de l'augmentation de la salinité des sols comme en Irak, en aval des grands barrages turcs ou dans la région de l'ex-mer d'Aral. Enfin, l'eau salée est peu utile à l'hygiène : elle dissout mal les savons ou autres détergents.

La question de la gestion de l'eau se ramène donc essentiellement à celle de l'eau douce. En France, elle est puisée dans les cours d'eau, dans les lacs et dans le sous-sol. Elle est acheminée vers des usines de traitement d'où elle ressort théoriquement potable (le traitement de l'eau est une opération complexe que l'on ne détaillera pas ici[1]). Elle est ensuite stockée dans des réservoirs d'altitude ou dans des châteaux d'eau.

De nombreux pays ne disposent pas de ressources suffisantes en eau douce. Pourtant, on sait depuis longtemps dessaler l'eau de mer. Le principe n'est pas compliqué : il suffit de la distiller.

Eau de mer (eau + sel)

Chauffage → Évaporation (seule l'eau douce s'évapore)

↓

Vapeur d'eau

Refroidissement → Condensation de la vapeur

↓

Eau douce

Ce sont des raisons économiques qui limitent encore considérablement cette possibilité. Le chauffage de l'eau de mer demande en effet une source d'énergie et des installations qui, sans être d'une grande complexité technique, sont volumineuses donc onéreuses. La source de chaleur est le pétrole ou le soleil. Dans ce dernier cas, il faut, à l'image des marais salants, des étendues considérables qui doivent être surmontées d'un vitrage laissant passer le rayonnement solaire mais retenant la vapeur d'eau. Que le principe soit fondé sur l'énergie solaire ou sur celle du pétrole, le coût et l'encombrement de ces installations ne sont véritablement à la portée que de quelques pays riches comme par exemple ceux du golfe Persique.

La fragilité de l'eau douce

Elle tient à deux facteurs principaux.

• L'eau est un excellent solvant. Elle peut dissoudre en plus ou moins grande quantité de nombreuses substances. C'est une chance car elle dissout ainsi des sels minéraux indispensables aux organismes. Les nitrates, par exemple, participent naturellement à la nutrition des végétaux. Ils sont véhiculés dans les plantes par l'eau, *via* leurs racines. Leur solubilité, et plus généralement celle de tous les engrais naturels ou additionnels, est ce qui permet leur transfert dans les végétaux. Mais évidemment, la contrepartie est que l'eau peut dissoudre des substances au-delà de ce qui est strictement nécessaire aux organismes. Elle peut également dissoudre d'autres substances toxiques comme les pesticides qui, eux, ne participent pas aux cycles naturels.

1. On peut se reporter au manuel de l'élève *Sciences cycle 3*, Magnard, 2003, où un chapitre développe ce sujet (p. 87).

Quelques définitions

Mélange : résultat de l'opération consistant à mélanger deux matières.
Mélange homogène : mélange dans lequel on ne peut pas, à l'œil nu, distinguer les constituants initiaux.
Mélange hétérogène : mélange dans lequel on peut, à l'œil nu, distinguer les constituants initiaux.
Solution : mélange homogène d'un liquide (de l'eau par exemple) à une autre matière. Par exemple, après avoir mélangé un peu de sel à de l'eau, on obtient une solution d'eau salée.
Soluble : caractérise une substance qui, mélangée à un liquide (par exemple de l'eau), donne un résultat homogène (le sel est soluble dans l'eau).
Saturation : dans certains cas, on ne peut dissoudre qu'une quantité limitée d'une matière dans un liquide. Lorsque cette quantité est atteinte, on dit qu'on a atteint la saturation. La solution est dite saturée. Par exemple, l'eau salée est saturée lorsque sa concentration en sel atteint environ 350 g/L.
Le langage courant entretient une confusion entre « **se dissoudre** » et « **fondre** ». Alors que la dissolution est un mélange qui met en jeu deux substances (voir ci-dessus), la fusion est un changement d'état. Elle ne concerne qu'un corps pur (par exemple l'eau) et nécessite un apport de chaleur.

• Le deuxième facteur est que l'eau est liquide et qu'elle coule vers le bas. Elle s'accumule ainsi dans les creux : les lacs et les rivières au creux des vallées ; les nappes phréatiques dans le sous-sol. Ces accumulations se font donc souvent au-dessous de notre milieu de vie, ce qui tend à acheminer vers l'eau toutes les formes de pollution que nous engendrons.

Eau propre, eau potable, eau pure… ?

• Le qualificatif « propre » est tout relatif et dépend de l'utilisation envisagée. Par exemple, un lac peut être propre pour la baignade mais sale pour la consommation directe.

• Le caractère potable d'une eau est défini par le pourcentage maximal des substances qui s'y trouvent généralement et qui ne doit pas être dépassé.

• Le concept d'eau pure est facile à définir : aucune autre substance, inerte ou vivante, ne doit s'y trouver. On précise parfois chimiquement pure (qui ne contient aucune autre substance inerte) ou bactériologiquement pure (qui ne contient aucun organisme). Mais obtenir de l'eau réellement pure est quasiment impossible compte tenu de sa grande aptitude à dissoudre les substances avec lesquelles elle est en contact (les gaz constituant l'air par exemple).

États et changements de l'eau

L'eau existe sous trois états physiques : liquide (le plus habituel), solide (la glace) et gazeux (la vapeur d'eau).

• La vapeur d'eau, incolore et inodore, est imperceptible. Elle se mélange par ailleurs à l'air qui est, lui-même, une matière invisible. On fait souvent la confusion entre la vapeur d'eau (invisible) et la buée ou le brouillard (eau sous forme de gouttes minuscules, donc à l'état liquide)[2]. L'étude de la vapeur d'eau n'est pas au programme du cycle 2, ce qui se comprend au regard des difficultés signalées ci-dessus.

• L'eau existe aussi sous forme solide : la glace. Dans certaines régions froides, les hommes l'ont longtemps utilisée pour la conservation des aliments. C'est moins le cas aujourd'hui, hormis dans certaines activités comme la pêche artisanale ou dans le tiers-monde où les infrastructures électriques sont insuffisantes pour généraliser l'installation de machines réfrigérées (comme par exemple sur de nombreux marchés africains).

• Seules la fusion et la solidification de l'eau sont au programme du cycle 2[3]. Ces deux transformations s'effectuent à une température constante, et égale à 0° Celsius.

2. Pour de plus amples détails, voir le guide du maître accompagnant le manuel de cycle 3, p. 27-29.
3. Pour de plus amples détails, voir le guide du maître accompagnant le manuel de cycle 3, p. 27-29.

Conseils pour organiser son enseignement

Le sens des apprentissages

Donner du sens aux apprentissages, c'est mettre en relation un contexte culturel et des concepts qui permettent de le comprendre. Par exemple, pour comprendre pleinement les problèmes de pollution de l'eau (registre culturel) il faut maîtriser le concept de dissolution qui doit d'abord être considéré comme un outil au service de cette compréhension.

Dans un second temps (le plus souvent après l'école élémentaire), les concepts deviennent des objets d'étude. Par exemple, au lycée, on étudie les propriétés du courant électrique, abstraction faite des contextes qu'il permet de comprendre. À l'école (mais plutôt au cycle 3), on pourrait étudier « les dissolutions » en menant une étude systématique du comportement d'un certain nombre de substances lorsqu'elles sont mélangées à l'eau.

L'intérêt est d'une part de former à l'abstraction, d'autre part (et surtout) de rendre les concepts étudiés disponibles pour comprendre d'autres contextes (phase de recontextualisation) ce qui étend ainsi leur champ de validité. Reprenons par exemple le cas de la dissolution. Lorsque le concept est maîtrisé, il permet aussi de comprendre les marais salants, le fait que certains vêtements déteignent, que l'eau minérale ne soit pas pure (contrairement à ce que prétendent certaines publicités, etc.). Cette vision unifiée (par un petit nombre de concepts) d'un ensemble important de situations est une caractéristique importante de l'apprentissage scientifique.

La démarche allant du contexte vers la décontextualisation des concepts puis vers la recontextualisation n'est pas à mener dans son ensemble sur une seule séquence, mais sur l'année scolaire, le cycle, voire même la scolarité entière.

Donner du sens aux apprentissages, c'est donc étudier des concepts non pas pour eux-mêmes (objets d'étude), mais en relation étroite avec un ou des contextes (outils pour comprendre).

La place des concepts

L'objectif de cette partie est de donner aux élèves les moyens de comprendre les problèmes de gestion de l'eau potable. Mais, pour ce faire, ils doivent peu à peu maîtriser les concepts de mélange et de dissolution qui contribuent de manière indispensable à cette compréhension.

Conséquence pédagogique

Il serait particulièrement utile, en fin de cycle, de récapituler les différentes enquêtes traitées sur cette partie, et de les interpréter à la lumière des concepts de mélange et de dissolution en cours d'élaboration. Un tableau récapitulatif tel que le suivant serait intéressant à faire remplir aux élèves.

Enquête 19	L'eau de mer est salée.	Le sel se dissout dans l'eau.	Le sel est invisible.
Enquête 22	La pollution.	L'encre se dissout dans l'eau.	L'encre s'infiltre en même temps que l'eau.
Enquête 23	Les difficultés pour nettoyer l'eau.	Les graviers, la terre, ne se dissolvent pas dans l'eau.	Ils sont arrêtés par les passoires ou par les filtres.
		L'encre, le sel, se dissolvent dans l'eau.	Ils passent avec l'eau à travers les passoires et les filtres.

17 À quoi sert l'eau ?

📖 p. 32

Niveau ciblé

CP si l'on fait abstraction de l'activité de maîtrise de la langue plutôt destinée à des élèves de fin de cycle.

Matériel et documents

Les six vignettes du manuel, à photocopier p. 223.

Objectifs

- Appréhender différentes utilisations de l'eau par l'homme.
- Les regrouper selon un classement déterminé par l'enseignant : *s'amuser* ; *laver/se laver* ; *boire/manger* ; *transporter* ; *fabriquer* ; autre.
- Les hiérarchiser : toutes ces utilisations ne sont pas d'égale importance.

Compétences transversales

Parler sur des images	Énoncer la fonction de l'eau dans chacune des vignettes 1 à 6.
Enrichir son vocabulaire	*S'amuser/les loisirs* ; *laver, se laver/l'hygiène* ; *fabriquer/les fabrications, les constructions* ; *boire, manger/l'alimentation* ; *transporter/les transports.*
Naviguer dans un livre	Utiliser un sommaire pour retrouver les enquêtes où il est question d'hygiène (enquêtes 41 et 42), de plantations (enquête 43), d'activités en bord de mer (enquête 63).
Classer	Comprendre qu'en fonction des critères choisis, des éléments identiques peuvent être classés différemment.

Les clés de l'enquête

- Recueillir les idées des élèves à partir de leur vécu personnel, donc sans l'aide du livre. Apporter le complément dans un second temps par les photos du manuel et, éventuellement, par d'autres documents.
- Le classement peut se faire directement en indiquant les critères aux élèves ou à l'issue d'un travail plus approfondi destiné à montrer qu'en fonction des critères choisis, les mêmes éléments peuvent aboutir à des classements différents (voir prolongements ci-dessous).
- Il est important d'inclure l'arrosage du potager et l'abreuvement des vaches dans le critère « alimentation ». C'est en effet ainsi que les élèves pourront plus tard comprendre qu'au-delà des 2 à 3 L d'eau bue quotidiennement, nous consommons indirectement des quantités plus importantes.
- En conclusion, hiérarchiser les différentes utilisations : toutes n'ont pas une importance vitale pour les hommes.

Exemple de trace écrite

À quoi sert l'eau ?

Mon hypothèse

Chaque élève écrit quelques mots pour les préciser.

Le classement de la classe

S'amuser	Laver, se laver	Fabriquer	Boire, manger	Transporter	Autre chose
Collage des vignettes dans la bonne colonne.					

Prolongements possibles

• Des liens peuvent être établis avec d'autres enquêtes du manuel (voir dans les compétences transversales).

• Cette enquête fournit l'occasion de travailler sur la notion de classement. Proposer alors aux élèves différents critères et les laisser réaliser effectivement le classement. Par exemple :

– les photos prises à l'extérieur (docs. 1 à 5) et les photos prises à l'intérieur (doc. 6) ;

– les photos où l'on voit des animaux (doc. 3) et celles où l'on n'en voit pas (docs. 1, 2, 4, 5 et 6).

Rien n'exclut d'imaginer d'autres critères encore. La conclusion de ces activités, qui devra être explicitement dégagée, est alors la suivante : **pour classer, il faut toujours savoir par rapport à quoi**.

18 Où y a-t-il de l'eau sur Terre ?

p. 33

Niveau ciblé

L'enquête est plutôt destinée à des élèves de CE1. L'expérience de fusion du glaçon est réalisable dès le début du cycle.

Matériel et documents

• Des glaçons, à fabriquer dans l'école ou à apporter dans un sac isotherme.

• Le planisphère non légendé (à photocopier p. 223).

Objectifs

• Les diverses formes de l'eau à la surface de la planète (mers, océans, fleuves, rivières, lacs, glaciers).

• La glace et l'eau : deux états d'une même substance.

• L'abondance de l'eau sur la planète : l'énorme réserve constituée par les océans.

Compétences transversales

Lire une carte	Repérer l'eau sur un planisphère.
Expérimenter	Vérifier qu'un glaçon se transforme en eau à l'état liquide.
Dessiner	Le glaçon à différents instants.
Enrichir son vocabulaire	*Rivières, lacs, océans, mers, glaciers, continents…*

Les clés de l'enquête

• Peu de difficulté pour cette enquête si ce n'est la lecture du planisphère.

• Il faut toutefois veiller à l'ambiguïté de vocabulaire entre la *terre* (signifiant le sol) et la *Terre* (la planète), comme par exemple dans les deux phrases suivantes : *il y a beaucoup d'eau sur Terre* (ici, l'eau des mers fait partie de la Terre) ; *il y a de la terre dans l'eau* (ici, la terre s'oppose à l'eau).

• L'expérience de fusion du glaçon doit bien être reliée à l'objectif qu'elle sert : la glace se transforme en eau liquide, ce qui montre que les glaciers constituent une réserve d'eau.

• On pourra aider les élèves à dessiner la fusion du glaçon en mettant à leur disposition des dessins du récipient déjà réalisés par l'enseignant. La tâche des élèves se borne alors à dessiner le contenu (glaçon + eau). Dessiner un récipient en perspective n'est en effet pas facile au cycle 2 et nécessite un apprentissage spécifique qui peut être mené à l'occasion de nombreuses enquêtes.

Exemple de trace écrite

Où y a-t-il de l'eau sur Terre ?

Photocopie du planisphère non légendé, collé et légendé par les élèves.

Il y a de l'eau sur Terre

Écriture de quelques lieux choisis en partie dans l'environnement proche (lac ou rivière locale) et en partie dans la légende du planisphère.

Conclusion

Il y a beaucoup d'eau sur Terre. Elle est surtout dans les océans et dans les glaciers. La glace, c'est de l'eau à l'état solide.

Prolongements possibles

• Il est utile de compléter l'examen du planisphère par celui d'un globe terrestre qui montre mieux qu'un planisphère la proportion occupée par les océans par rapport aux terres émergées.

• Cette étude est à mettre en perspective avec l'enquête 59 du manuel (*À quoi servent les cartes ?*).

19 À quoi peut servir l'eau de mer ?

📖 p. 34

Niveau ciblé

Élèves de fin de cycle ayant déjà une première connaissance des besoins en eau des végétaux.

Matériel et documents

• Des plants de n'importe quel végétal (salades, fleurs des champs, etc.). De l'eau fortement salée à préparer.

Objectifs

• L'océan regorge de vie. Pourtant, son eau n'est pas directement consommable ni propice à l'arrosage des végétaux courants.

Compétences transversales

Expérimenter	Tester l'influence d'une variable (arrosage à l'eau douce ou à l'eau salée) en comparant deux montages.
Structurer le temps	Assurer le suivi d'une expérience sur plusieurs jours. En conserver la mémoire.
Acquérir une meilleure maîtrise de la langue	Rédiger le compte rendu d'une expérience (voir « Exemple de trace écrite » p. 68).

Les clés de l'enquête

• La problématique de cette enquête est facile à poser si on la réalise à la suite de l'enquête 18 : il y a énormément d'eau sur Terre, mais c'est l'eau salée des océans. À quoi peut-on l'utiliser ?

• Il importe dans un premier temps que les élèves comprennent parfaitement l'utilité des océans, première réserve alimentaire de la planète. La photo 1 est destinée à cela. Mais on peut aussi compléter par d'autres documents de la partie « Espace » : documents 2 et 5 de l'enquête 63 ; photo de la page 119.

• Le fait que l'eau salée ne soit pas propice à la consommation directe ne peut pas être prouvé. Tout au plus peut-on dire, après avoir bu de l'eau salée, qu'on a encore soif et que ce n'est pas bon… L'apport magistral du maître est ici nécessaire.

• L'expérience consistant à tester l'influence de l'arrosage à l'eau salée est le point fort de cette enquête. Les élèves doivent comprendre qu'il y a lieu de comparer deux montages : un montage test (arrosage à l'eau salée) et un montage témoin (arrosage à l'eau douce). Cette démarche doit donner lieu à un apprentissage (voir l'encart pédagogique *Comment organiser l'apprentissage d'une démarche expérimentale ?* p. 80). L'expérience se déroule sur une durée de 8 à 10 jours et il importe d'en conserver la mémoire en notant régulièrement les observations (photos possibles). Un **tableau d'expérience** tel que le suivant constitue une aide importante pour aider les élèves à prendre pleinement conscience de leur démarche.

On prend…	une salade dans un pot.	une salade dans un pot.
On arrose avec…	de l'eau douce.	de l'eau salée.
On en met…	un petit pot chaque jour.	un petit pot chaque jour.
On observe…	la salade ne meurt pas.	la salade meurt.

Précautions expérimentales

• Utiliser des pots de petite dimension afin que l'eau d'arrosage ne se disperse pas dans un trop grand volume. Laisser le pot baigner dans le surplus d'eau d'arrosage recueilli dans une soucoupe ou un couvercle. Utiliser de l'eau très fortement salée pour accélérer le processus (ne pas hésiter à saler l'eau jusqu'à saturation).

• Il est intéressant de procéder avec plusieurs végétaux : plants de légumes et de fleurs. Le temps de réaction est variable. Le myosotis dépérit très rapidement (un ou deux jours). C'est plus long pour la primevère ou le plant de salade (une semaine environ).

Exemple de trace écrite

Il n'est pas indispensable de conserver la mémoire écrite de l'ensemble de l'enquête pour ne pas alourdir outre mesure les moments de rédaction. Nous proposons de limiter la trace écrite au compte rendu de l'expérience.

Les plantes peuvent-elles vivre si on les arrose avec de l'eau salée ?

Mon hypothèse

Rédaction individuelle.

L'expérience réalisée

Deux dessins datés : dispositif test et dispositif témoin.

Le résultat

Deux autres dessins à une date ultérieure.

La conclusion

• Tableau d'expérience (voir ci-dessus) rempli par les élèves.

• Cette expérience prouve que l'eau salée fait mourir les plantes.

Prolongements possibles

• Dans la perspective de l'éducation à l'environnement, cette enquête est l'occasion de tester l'influence d'autres substances sur le développement des végétaux. Il faut toutefois être prudent dans la manipulation des produits dangereux (une seule expérience pour la classe ; produits manipulés par l'enseignant). En outre, les résultats sont souvent beaucoup moins spectaculaires qu'avec l'eau salée : certains produits ont plutôt tendance à engraisser qu'à faire dépérir (les lessives) ; d'autres ont subi des améliorations de composition depuis ces dernières années dans le but, justement, de protéger l'environnement (eau de Javel).

• Dans tous les cas, une mise en perspective est intéressante avec l'enquête 25 (*Peut-on boire n'importe quel liquide ?*).

• Enfin, dans les régions côtières, il est souhaitable de montrer qu'il existe des exceptions à la conclusion dégagée. Certains végétaux, comme les salicornes, supportent au contraire l'arrosage à l'eau salée.

20 D'où vient l'eau douce ?

p. 35

Niveau ciblé

Peut s'adapter à tout le cycle.

Matériel et documents

• Les six vignettes photocopiables, page 224.

Objectifs

• Ce sont les précipitations (pluie, neige) qui fournissent l'essentiel de l'eau douce utilisable. Lorsqu'elles sont insuffisantes, l'eau douce peut venir à manquer.

Compétences transversales

Structurer l'espace	Reconstituer un puzzle.
Enrichir son vocabulaire	*Cours d'eau, fleuve, rivière, torrent, glacier,* etc. *L'amont, l'aval.*

Les clés de l'enquête

• S'il existe une rivière ou un plan d'eau à proximité, il est tout indiqué de demander aux élèves d'imaginer, par le dessin, ce qu'il y a en amont, puis d'en discuter pour faire apparaître les points d'accord et de divergence.

• La reconstitution du puzzle, activité principale de l'enquête, est là pour valider les idées.

• Une fois le puzzle reconstitué, il s'agit d'identifier la provenance de l'eau douce puis de comprendre qu'elle vient de la pluie et de la neige. Elle peut donc manquer en période de sécheresse ou, ce qui introduira l'enquête suivante, dans les régions où la pluviométrie est insuffisante.

Prolongements possibles

En rassemblant des revues, des catalogues ou encore des dépliants touristiques, les élèves peuvent rechercher et découper des photos qui correspondent aux six vignettes de la page : (1) glaciers, névés, torrents de montagne ; (5) ruisseaux de moyenne montagne ; (2) petites rivières de campagne ; (4) rivières plus importantes avec aménagements (plan d'eau, base nautique) ; (3) fleuve navigable ; (6) embouchure du fleuve. Elles peuvent être collées dans le cahier de découverte du monde ou sur un poster réalisable par petits groupes de deux ou trois élèves.

21 Quelle quantité de pluie tombe-t-il ?

pp. 36-37

Niveau ciblé

Nous conseillons de mener des relevés météorologiques réguliers au cours de l'année de CP mais d'attendre la classe de CE1 pour aborder la problématique générale de l'enquête.

Matériel et documents

- Des récipients transparents cylindriques ou parallélépipédiques.

Objectifs

- Comprendre comment s'effectuent des relevés de pluviométrie.
- Savoir les traduire par des graphiques.
- Les exploiter et les mettre en relation avec des documents.
- Comprendre que le problème de la pluie (défaut ou excès) est essentiel dans certains pays.

Compétences transversales

Mathématiques	Exploiter graphiquement des données.
Mesure	Reporter des longueurs.
Espace	Connaître quelques caractéristiques des milieux lointains.
Enrichir son vocabulaire	*Sécheresse* (*sec, sécher, séchage...*), *inondation* (*inonder, inondable...*).
Acquérir une meilleure maîtrise de la langue	Formuler des relations de causalité en introduisant la notion de probabilité : *il pleut beaucoup, donc* : – *il y a un risque d'inondation* ; – *il peut y avoir des inondations...* ; – *des inondations sont possibles...*

Les clés de l'enquête

- Une fois le premier graphique réalisé, il y a lieu de consacrer une durée suffisante à des exercices de lecture comme ceux qui sont proposés autour du document 4. C'est essentiel pour la compréhension de la double page.
- La fin de l'enquête ne présente pas de difficulté particulière. Il faut bien veiller à ce que les élèves comprennent que l'insuffisance de la pluie est la cause de la sécheresse.
- Lors du bilan, demander aux élèves de lister tout ce que les gens ne peuvent pas faire dans les pays où l'eau fait défaut. On peut alors revenir sur l'enquête 17 qui abordait les différentes utilisations possibles de l'eau. C'est une nouvelle occasion d'opérer une hiérarchie entre celles-ci.

Précautions expérimentales

- La hauteur d'eau recueillie au cours d'une journée peut être négligeable lorsque la pluie n'est pas abondante. À titre indicatif, il tombe entre 1 et 2 cm au cours d'une journée de pluie soutenue. Des valeurs supérieures sont exceptionnelles. Il est donc conseillé d'attendre une période fortement pluvieuse pour entreprendre ces activités.
- Le vent accompagne souvent la pluie, ce qui peut renverser le pluviomètre. Il faut donc penser à le caler. En classe de CE1, il est possible de proposer aux élèves de le stabiliser par des cailloux placés à l'intérieur. La méthode de mesure est alors à adapter (voir ci-après les prolongements possibles).

Prolongements possibles

• L'examen d'atlas géographiques existant dans l'école ou prêtés par les familles, sous forme imprimée ou numérique, montre aux élèves le lien entre l'apprentissage scolaire et les pratiques adultes. Tous, en effet, présentent les données pluviométriques sous la forme apprise dans cette enquête.

• Lorsqu'on stabilise le pluviomètre par des cailloux placés à l'intérieur, il faut alors adapter la méthode de mesure.

Le pluviomètre est stabilisé par des cailloux.

Le volume occupé par les cailloux fausse la mesure. Problème posé aux élèves : comment effectuer la mesure ?

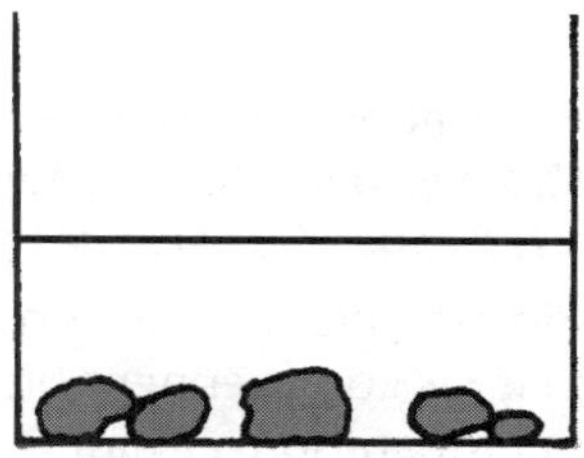

Solution 1 : enlever les cailloux et mesurer (peu précis car en enlevant les cailloux, on enlève aussi de l'eau).

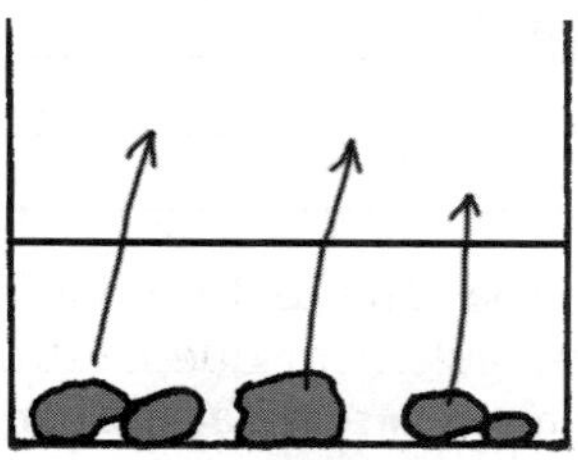

Solution 2 : procéder par différence.
– Mettre dès le début de l'eau au-delà des cailloux et mesurer la hauteur initiale.
– Après la pluie, mesurer de nouveau.
– Déduire par différence la hauteur de pluie tombée.

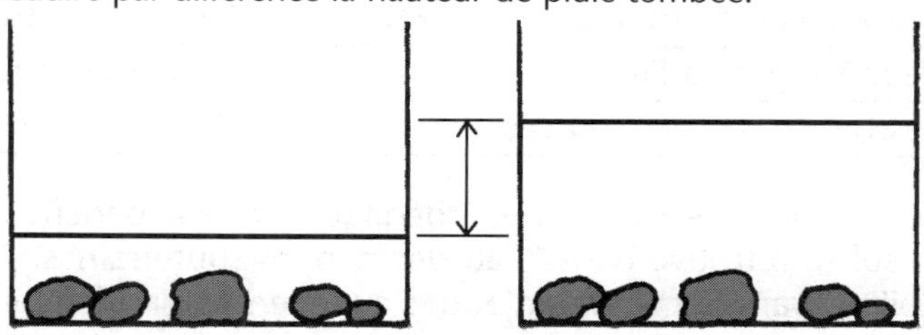

22 Qu'est-ce qui peut salir l'eau ?

📖 p. 38

Niveau ciblé

Cette enquête vise essentiellement les classes de CE1 du fait des références nécessaires pour comprendre le document 1 et pour établir une corrélation avec l'expérience du document 2.

Matériel et documents

• Des fonds de bouteilles en plastique percés. Des graviers, de la terre, de l'herbe, de l'encre.

Objectifs

• La notion de mélange. Ce qui se mélange à l'eau peut la rendre non potable.

• Le mélange peut s'effectuer directement en versant des produits dans des cours d'eau. Il peut aussi s'effectuer de manière indirecte à cause du ruissellement ou de l'infiltration.

Compétences transversales

Expérimenter, modéliser	Représenter la réalité par un montage expérimental.
Dessiner	Produire un dessin simplifié de l'expérience du document 2.
Parler sur des images	Imaginer ce qui peut arriver au produit répandu sur le champ.
Enrichir son vocabulaire	*Pollution, polluer ; infiltration, s'infiltrer ; potable.*

Les clés de l'enquête

• Nous proposons de faire la liste des différentes façons de salir l'eau en tirant profit des idées produites par l'ensemble des élèves de la classe. Cette liste peut être mise en forme sur une affiche, enrichie au fil de l'avancement de la réflexion, et être exposée dans la classe ou dans l'école.

• L'étude du document 1 aboutira ensuite à la formulation d'une question : un produit répandu sur le sol peut-il se retrouver dans l'eau souterraine ? La modélisation proposée dans l'expérience du document 2 montrera que c'est en effet possible.

• L'exploitation des documents 1 et 2 constitue la partie difficile (mais importante) de cette enquête. Afin que les élèves comprennent bien la relation entre eux, nous proposons de leur faire remplir le tableau de comparaison suivant.

Document 1 : la réalité	**Document 2 : l'expérience**
Le vrai sol.	De la terre, de l'herbe et des graviers dans un pot.
Des produits sont répandus sur le sol.	De l'encre est versée sur la terre.
Il pleut.	On arrose.
Les produits s'infiltrent et ruissellent.	L'encre s'infiltre et ruisselle.
Ils se mélangent à l'eau.	Elle se mélange à l'eau.
Ils ressortent par des sources.	Elle ressort par le trou.

• La conclusion n'est pas facile à dégager. Cette expérience ne prouve pas que tout produit mis sur le sol se retrouve dans l'eau des nappes souterraines. Elle montre seulement que c'est une possibilité. Dans le manuel, d'autres expériences simulent ainsi la réalité en la remplaçant par du matériel expérimental (voir par exemple la simulation des articulations des membres dans l'enquête 29). Il est intéressant de former les élèves à ce procédé scientifique.

Exemple de trace écrite

À titre tout à fait indicatif, voici à quoi pourrait ressembler le cahier d'un élève à l'issue de cette enquête :

Qu'est-ce qui peut salir l'eau ?

Mon hypothèse

Chaque élève écrit une ou deux phrases pour exprimer ses idées.

Les hypothèses de la classe

Collage d'une photocopie récapitulant toutes les idées de la classe.

Notre expérience

Dessin de l'expérience réalisée. La légende et le résultat sont portés par les élèves.

La conclusion

Cette expérience prouve que des produits peuvent s'infiltrer avec la pluie et se mélanger à l'eau des sources ou des rivières.

Prolongements possibles

• On peut reproduire l'expérience du document 2 avec d'autres produits :
– du savon liquide, mis en évidence par le toucher ;
– de l'eau de Cologne, dont la présence est attestée par l'odorat.

• Il est aussi intéressant d'utiliser des substances solubles dans l'eau comme le sel. On ne pourra pas montrer sa présence en goûtant l'eau d'écoulement : ce ne serait guère prudent, compte tenu de la terre qu'elle a traversée ; en outre, puisqu'il s'agit de simuler le passage d'un polluant dans les eaux souterraines, il n'est pas question de goûter. La solution consiste à laisser évaporer l'eau pour mettre en évidence les cristaux de sel.

Ce dernier prolongement est à réserver aux classes de fin de CE1 ou aux cours doubles CE1-CE2.

Conseil expérimental

• Utiliser un fond de bouteille percé à 2 ou 3 cm du fond. Ainsi, la terre qui sera immanquablement entraînée par l'eau d'arrosage aura tendance à s'accumuler au fond de la bouteille. L'eau qui ressortira par le trou sera ainsi moins boueuse.

• Pour percer le plastique : utiliser un clou chauffé tenu avec une pince.

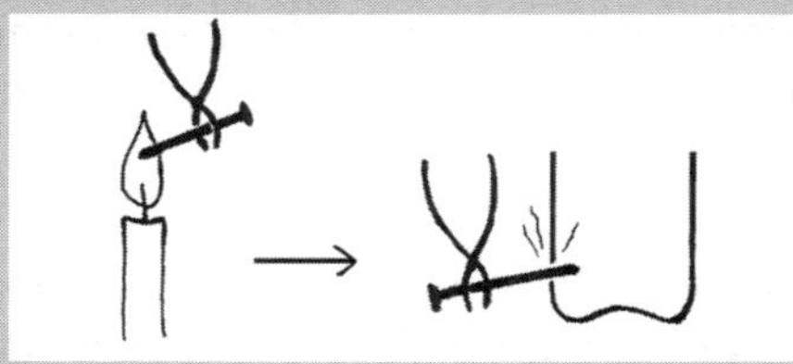

23 Est-il facile de nettoyer l'eau ?

p. 39

Niveau ciblé

Enquête facile à mener, dès le CP.

Matériel et documents

• Une réserve d'eau boueuse. Du matériel divers, utile ou non : petites cuillères, passoires plus ou moins fines, filtres à café, autres papiers absorbants, etc.

• Les documents 4 à 6 du manuel représentant du matériel à choisir (à photocopier p. 224).

Objectifs

• La notion de mélange : il est facile de mélanger des produits à l'eau mais il n'est pas toujours facile, ensuite, de les enlever.

• Le procédé de filtration : les liquides coulent à travers les trous. Les morceaux solides sont arrêtés s'ils sont plus gros que les trous, ils passent à travers s'ils sont plus petits.

Compétences transversales

Expérimenter	Tester et comparer différents procédés pour rendre l'eau plus claire.
Dessiner	Produire un dessin simplifié d'une des expériences réalisées.
Enrichir son vocabulaire	*Filtre/filtrer/filtration* ; *passoire/passer/passage* ; *claire*, *transparent*, *boueux*, *trouble*, etc.
Formuler des comparaisons	Telle manière de faire est plus efficace que telle autre… (ou aussi efficace… moins efficace…). Telle eau est plus claire qu'avant…

Les clés de l'enquête

• Les élèves les plus jeunes ne vont pas spontanément penser à filtrer l'eau. Le plus souvent, ils proposent d'utiliser des cuillères et des passoires. Mais on peut également recueillir des idées qui, si elles semblent surprenantes à première vue, n'en sont pas moins logiques pour les élèves : mettre du savon, de la lessive (blanche de préférence), du sucre, de la peinture (souvent ce qui peut avoir pour effet de blanchir l'eau). S'il n'est pas facile d'expérimenter systématiquement toutes les idées des élèves, il convient de les soumettre au débat, puis de vérifier celles qui ont passé cette première sélection. (Voir à ce propos l'encart pédagogique *Comment gérer la diversité des hypothèses individuelles* p. 26.)

• Si c'est nécessaire, et après avoir invalidé les premières hypothèses, on peut mettre les élèves sur la voie en leur présentant du matériel inducteur destiné à guider leur réflexion. Pour leur laisser une part de réflexion, nous proposons de fournir du matériel utile (filtres à café, papier absorbant) et du matériel inutile (ficelle, élastiques, etc.). L'enseignant pourra s'aider des vignettes photocopiables proposées (à photocopier p. 224).

• Le mélange obtenu après filtration avec des filtres à café n'est jamais parfaitement clair. C'est très bien ainsi car il est alors facile de conclure qu'il n'a pas été possible de nettoyer l'eau totalement. Bien insister toutefois, en conclusion, sur le fait que même si l'eau obtenue était parfaitement claire, il ne faudrait pas la boire car elle ne serait pas nécessairement potable.

Exemple de trace écrite

En CP, certaines de ces phrases peuvent être écrites par le maître, photocopiées et collées par les élèves sur leur cahier. Mais il est important qu'il y ait régulièrement des activités d'écriture, le rôle de l'enseignant étant de trouver la juste mesure, compte tenu des capacités de sa classe.

Est-il facile de nettoyer l'eau ?

Mon expérience
Chaque élève choisit le matériel qu'il compte utiliser parmi les vignettes fournies.

Il colle la vignette sur son cahier.

L'expérience de la classe
Dessin de l'expérience de filtration ou collage de la bonne vignette. Légende écrite par les élèves.

Notre résultat
L'eau est plus claire mais il reste de la terre.

La conclusion de la classe
Avec un filtre, on peut rendre de l'eau plus claire, mais il reste de la terre.

Prolongements possibles

En classe de CE1, il peut être intéressant de tester le procédé de filtration sur de l'eau salée. Beaucoup d'élèves pensent que le sel devrait être retenu par le filtre. L'expérience montre le contraire. Cela permet d'insister encore et toujours sur la sécurité : le sel ne se voit pas dans l'eau, donc de l'eau claire peut contenir des produits qu'on ne voit pas et qui ne sont pas retenus par les filtres.

Il est par ailleurs important de traiter assez rapidement par la suite l'enquête 25 : *Peut-on boire n'importe quel liquide ?*

24 Comment économiser l'eau ?

p. 40

Niveau ciblé

Les activités sont très faciles à réaliser ce qui rend l'enquête faisable dès le CP.

Matériel et documents

• Un point d'eau, des cuvettes. Des gobelets (utilisés comme unité de mesure) ou des verres mesureurs.

• Le tableau de la page 40 prêt à être complété (à photocopier p. 225).

Objectifs

• Seule l'eau utilisée dans l'alimentation a besoin d'être parfaitement potable. En revanche, on peut utiliser l'eau de pluie ou d'autres eaux pour certains usages comme laver sa voiture, son chien ou arroser son jardin.

• Un petit nombre de gestes simples peuvent occasionner des économies significatives d'eau potable (par exemple, fermer le robinet d'eau à chaque occasion).

Compétences transversales

Mettre en relation	Associer une eau d'une provenance donnée à un usage possible. Présentation dans un tableau.
Expérimenter, mesurer	Effectuer une mesure de capacité en utilisant une unité arbitraire (la contenance d'un gobelet) ou usuelle (le litre).
Enrichir son vocabulaire	*Économie/économiser ; gaspillage/gaspiller.*
Acquérir une meilleure maîtrise de la langue	Formuler des phrases rendant compte : – d'un résultat qu'on sait approximatif : *environ ; approximativement ; à peu près…* – de résultats d'ordres de grandeur très différents : *nettement plus ; beaucoup plus ; très supérieur…*

Les clés de l'enquête

• Bien rappeler aux élèves les données de la problématique : l'eau potable n'est pas facile à obtenir ; de nombreux êtres humains n'en disposent pas suffisamment. Il est donc nécessaire de ne pas la gaspiller.

• Les laisser ensuite réfléchir aux moyens qu'ils imaginent pour y parvenir. On pourra les classer en deux catégories : celles dont la mise en œuvre dépend des autorités publiques ; celles qui peuvent être appliquées par tout le monde.

• Les images du manuel vont compléter le répertoire d'idées qui pourra faire l'objet d'un affichage à destination des autres classes de l'école.

• L'expérience du document 4 peut être réalisée de différentes manières selon la classe concernée.

– Avec de très jeunes élèves (GS ou CP), on se contentera de mesurer avec un verre étalon ou tout simplement de comparer visuellement la quantité d'eau recueillie dans deux récipients identiques.

– Avec une classe de CE1 qui doit s'initier aux mesures de capacités, on pourra utiliser un verre mesureur et fournir le résultat en litres.

Prolongements possibles

Réaliser une grande affiche, à mettre en commun avec les autres classes de l'école, présentant les idées des élèves de la classe.

25 Peut-on boire n'importe quel liquide ?

p. 41

Niveau ciblé

Cette enquête est adaptée à des élèves de CP si l'on excepte l'activité langagière présentée dans le tableau des compétences transversales, davantage destinée à des CE1.

Matériel et documents

• Des petits pots transparents. Différents produits domestiques, transparents ou colorés, consommables ou non.

• Quatre photos représentant les produits dangereux (à photocopier p. 225).

Objectifs

• Connaître et nommer différents liquides.

• Éduquer à la sécurité :

– ce n'est pas parce qu'un liquide est transparent que c'est de l'eau ;

– ce n'est pas parce qu'un liquide est appétissant qu'il peut être bu ;

– il faut absolument se méfier des liquides inconnus et surtout ne jamais les goûter.

• Savoir que les vignettes portées sur les emballages renseignent sur le caractère dangereux du contenu. Connaître leur aspect général : dessin noir sur fond orange.

Compétences transversales

Mettre en relation	Associer les photos 2 à 5 aux petits pots du document 1. Présenter les résultats dans un tableau.
Enrichir son vocabulaire	*Danger/dangereux ; irritant ; corrosif ; polluant.* *Transparent/coloré.*
Acquérir une meilleure maîtrise de la langue	Formuler et comprendre des relations de cause à effet lorsqu'une des propositions est une phrase négative : – tout ce qui est coloré n'est pas du sirop ; – tout ce qui est transparent n'est pas de l'eau.

Les clés de l'enquête

• Laisser les élèves s'exprimer sur le contenu des pots du document 1. Si nécessaire, préparer des petits pots similaires pour que les élèves n'aient pas immédiatement les documents 2 à 5 sous leurs yeux.

• Dans l'enquête précédente, le tableau permettant de présenter les résultats de la réflexion a été fourni aux élèves. Dans celle-ci, nous proposons de l'élaborer avec eux. Il pourra prendre la forme achevée suivante.

Couleur du liquide	Transparent	Rouge	Bleu	Marron
Numéro du document				
Nom du produit				

Prolongements possibles

• Cette enquête constitue un prolongement logique et intéressant de celles sur les sens.

• La MAIF propose des fiches pédagogiques d'éducation à la sécurité, téléchargeables sur son site à l'adresse suivante (se munir de son numéro de sociétaire) :

http ://www.maif.fr/site1/enseignant/enseignant.htm

26 Comment fabriquer de la glace ?

📖 p. 42-43

Niveau ciblé

Classe de CP.

Matériel et documents

• Des récipients, un point d'eau dans l'école ou une réserve d'eau amenée par l'enseignant.

• Un thermomètre pour les expériences collectives. D'autres thermomètres (pouvant être empruntés) sont utiles pour les prolongements.

• Le document 5 représentant la photo d'un thermomètre à légender (à photocopier p. 226).

Objectifs

• Lorsque la température est au-dessus de zéro degré, l'eau est à l'état liquide. Lorsque la température est au-dessous de zéro degré, l'eau est à l'état solide.

• L'état solide de l'eau s'appelle la glace.

Compétences transversales

Mesurer	Utiliser un thermomètre. Repérer une graduation comme sur une bande numérique.
Parler sur des images	Décoder les différentes composantes du document de la page 42.
Enrichir son vocabulaire	La polysémie des mots *glace* et *geler/gelée*.
Acquérir une meilleure maîtrise de la langue	Formuler des phrases présentant la structure « si ..., alors... » : *si la température est au-dessus de zéro, alors l'eau est liquide.*

Les clés de l'enquête

• Le décodage du document de la page 42 est un moment clé de l'enquête. Les élèves doivent repérer que les trois colonnes représentent trois situations expérimentales différentes. Ils doivent distinguer les parties figuratives du dessin (le réfrigérateur, son contenu, le paysage derrière la fenêtre) et les parties codées (flèches oranges pour indiquer le lieu de l'expérience ; flèche bleue pour désigner la transformation subie ou non ; glaçon barré dans ce dernier cas). Les échelles différentes auxquelles sont représentés le verre, la glace et le réfrigérateur, augmentent la difficulté.

Pourtant, derrière cette complexité, on retrouve des caractéristiques importantes des schémas scientifiques qui juxtaposent savamment des aspects figuratifs et des aspects codés de manière totalement conventionnelle.

• Après avoir observé et décodé ce document, les élèves font des hypothèses pour tenter d'expliquer le résultat de chacune des trois expériences. Plus généralement, le maître les engage à donner leur avis sur les conditions à réunir pour transformer de l'eau en glace.

• Des expériences sont ensuite mises en place pour vérifier les différentes hypothèses. Elles dépendent de l'équipement de l'école (présence éventuelle d'un réfrigérateur ou d'un congélateur ; accès facile à la cour ; possibilité de laisser une expérience sur le rebord extérieur d'une fenêtre ou dans la cour).

• L'idée est de placer de l'eau en différents endroits froids afin de montrer qu'elle gèle dans certains cas, mais pas dans d'autres. Ainsi, les élèves vont relativiser la notion de « froid » et comprendre qu'un instrument de mesure (le thermomètre) est nécessaire.

• En expérimentant ensuite à l'extérieur, et en multipliant les essais, on parviendra, peu à peu, à approcher la caractéristique du changement d'état. Si les élèves sont trop jeunes pour lire directement la température, on pourra simplement distinguer deux zones et les repérer par les couleurs conventionnelles habituelles : celle au-dessus de zéro (rouge) et celle au-dessous (bleue).

Prolongements possibles

• Il est possible d'apprendre aux élèves à lire des températures dès le CP, même si celles-ci sont négatives. On procédera en utilisant deux droites numériques orientées, l'une dans le sens positif (on lira alors par exemple 5 degrés au-dessus de zéro), l'autre dans le sens négatif. Dans ce second cas, on apprendra aux élèves à compter les graduations de droite à gauche ou de haut en bas, puis à indiquer le résultat sans employer les valeurs négatives (dire 5° C au-dessous de 0 et non – 5° C).

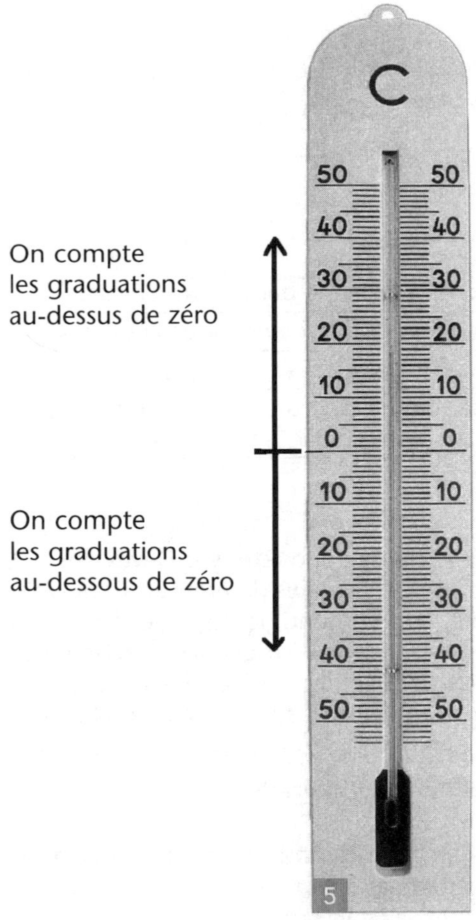

• Lors de cet apprentissage, il est intéressant de disposer plusieurs thermomètres à différents endroits de la classe ou de l'école (si c'est possible). À titre indicatif, voici quelques idées : scotché sur un mur à l'intérieur de la classe ; scotché sur une fenêtre mais à l'extérieur, partie graduée visible sans ouvrir la fenêtre ; placé dans un récipient d'eau froide ; placé dans un récipient d'eau tiède ; scotché sur la porte de la classe mais à l'extérieur, côté couloir ; etc.

Ainsi, on peut facilement faire tourner les élèves sur les différents ateliers. Munis de schémas représentant la colonne graduée d'un thermomètre, ils ont pour consigne de la colorier à la bonne hauteur et d'indiquer la température dans chaque emplacement.

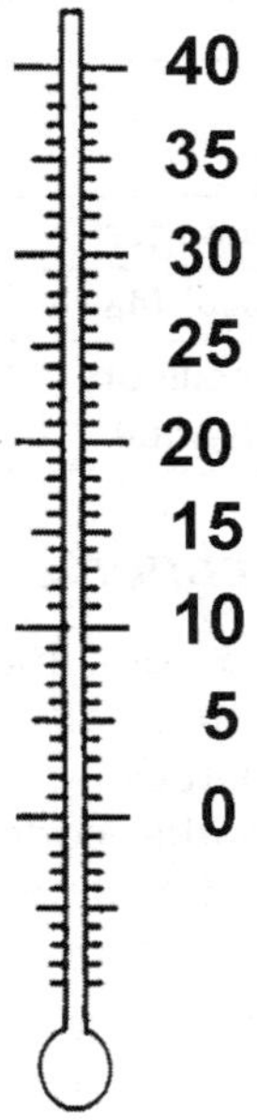

Les relevés météorologiques réguliers constituent une occasion supplémentaire de mener à bien cet apprentissage.

Exemple de trace écrite

Elle peut tout simplement prendre la forme d'un tableau rempli en plusieurs temps.

Comment fabriquer de la glace ?

Dans quelle endroit l'eau gèle-t-elle ?	Mon avis	Le résultat	La mesure de la température
Un congélateur			
Le bac à glace d'un réfrigérateur			
Un réfrigérateur			
Une glacière			
Dehors au soleil			
Dehors à l'ombre			
Dehors la nuit			

Conclusion

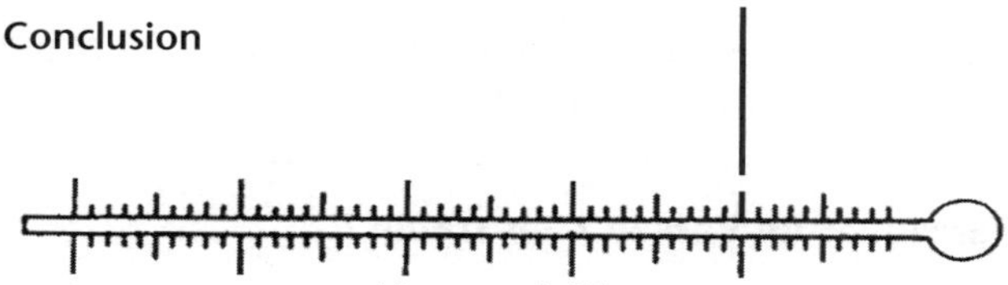

27 Comment fabriquer un voilier bien stable ?

📖 p. 44-45

Niveau ciblé

Élèves de CP.

Matériel et documents

• Une vrille de menuisier, des ciseaux. Du matériel divers, dont des bouchons, des cure-dents, du plastique, des vis, des élastiques.

• Les documents 12 à 15 représentant différents modèles de bateaux à essayer (à photocopier p. 226).

Objectifs

• Lire et suivre une fiche de fabrication. Transformer l'objet fabriqué pour qu'il satisfasse aux contraintes d'un voilier : flotter en restant stable.

Compétences transversales

Fabriquer	Utiliser du matériel et des outils Imaginer une solution originale à un problème technologique.
Enrichir son vocabulaire	*Flotter, couler, chavirer ou se renverser…*

Les clés de l'enquête

• Les élèves se rendent compte, en général, que le modèle proposé dans le document 6 ne pourra pas se comporter correctement et ils pronostiquent souvent, avant même d'essayer, qu'il va se renverser. C'est la phase de recherche ultérieure qui constitue le cœur de l'enquête.

• Laisser dans un premier temps les élèves proposer des améliorations. Utiliser les modèles du manuel pour aider ceux qui manqueraient d'idée. Leur proposer éventuellement du matériel comme dans les documents 7 à 11.

• Les images 12 à 15 serviront à élaborer la conclusion de cette activité.
• Enfin, il est particulièrement intéressant de terminer cette enquête en proposant aux élèves des photos de véritables voiliers en cale sèche afin qu'ils se rendent compte que les solutions qu'ils ont imaginées correspondent à de véritables solutions professionnelles.

Les classes qui peuvent se déplacer dans un port ou une base nautique pourront observer par eux-mêmes des quillards et des multicoques.

Précaution expérimentale

Afin que le perçage des bouchons se fasse sans danger, l'enseignant prendra la précaution de se procurer des petites percerettes (encore appelées « vrilles »). Il y a en effet un risque à essayer de mettre en place des cure-dents ou des vis en procédant en force, sans avant-trou.

Exemple de trace écrite

Les élèves collent les vignettes photocopiées représentant les documents 12 à 17 et, sous chaque modèle, écrivent le comportement du bateau : flotte, chavire, coule.

Comment fabriquer un bateau bien stable ?

Mon idée de solution

Dessin légendé du modèle réalisé.

Que font ces bateaux ?

Collage des vignettes (p. 226).

flotte

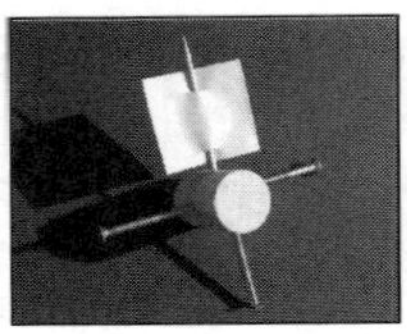
coule

chavire

flotte

Comment organiser l'apprentissage d'une démarche expérimentale ?

Cette démarche consistant à comparer un montage test et un montage témoin intervient lorsqu'il s'agit d'élaborer une expérience destinée à prouver quelque chose. Exemples : prouver que l'arrosage à l'eau salée fait mourir les végétaux (enquête 19) ; prouver qu'une plante a besoin d'eau pour vivre, etc.
Le principe consiste à laisser les élèves se tromper une première fois, de manière à ce qu'ils s'en rendent compte puis qu'ils analysent les erreurs commises. Ainsi, le déroulement est approximativement le suivant :

• *Une séance d'expérimentation volontairement désordonnée…*
– Ne pas aider les groupes à s'organiser. Limiter les interventions à la gestion de l'ordre et de la sécurité (déplacements, disputes, etc.).
– Laisser les expériences se dérouler. Il est certain que des erreurs méthodologiques seront commises et que les résultats de l'ensemble des groupes seront contradictoires.

• *Une séance d'analyse*
– Faire remarquer les contradictions et laisser les élèves essayer de les comprendre.
– Introduire le tableau d'expérience (un exemple est donné dans l'enquête 19, page 68 de ce guide) et le compléter.

• *Une deuxième séance d'expérimentation guidée par le tableau d'expérience*
– Laisser les élèves refaire, par groupes, la même expérience.
– Contrôler qu'ils respectent le mode opératoire résumé dans leur tableau d'expérience.

• *De nombreuses séances d'expérimentations*

Comme tout apprentissage, il doit être réinvesti plusieurs fois, tout au long du cycle. Les enquêtes proposées dans le manuel donnent différentes opportunités.

L'enfant et son corps 4

Liens avec les programmes

Enquêtes 28 à 42

Compétences devant être acquises en fin de cycle	Enquête														
	28	29	30	31	32	33	34	35	36	37	38	39	40	41	42
Monde vivant Avoir compris et retenu quelques caractéristiques du fonctionnement de son corps ([1] p. 123).	×	×	×	×	×	×	×	×	×	×	×	×	×	×	×
Avoir compris et retenu les différentes caractéristiques des cinq sens ([1] p. 123).					×	×	×	×	×						
Avoir compris et retenu quelques règles d'hygiène relatives à la propreté, à l'alimentation et au sommeil ([1] p. 123).											×	×		×	×
Savoir que le corps humain peut capter certaines caractéristiques des objets du monde qui nous entoure ([2] p. 11).				×	×	×	×	×	×						
Connaître la structure du squelette ([2] p. 12).		×	×												
Savoir distinguer la place et le rôle des articulations dans les mouvements du corps ([2] p. 12).	×	×	×												
Être capable de nommer les articulations des membres ([2] p. 12).	×														
Être capable de constater la consolidation d'un os après une fracture simple ([2] p. 12).			×												
Savoir qu'il y a succession de deux dentitions ([2] p. 12).													×		
Connaître les fondements d'une hygiène dentaire ([2] p. 12).											×				
Identifier les principaux groupes d'aliments ([2] p. 12).														×	
Être capable de comprendre le fondement de quelques principes d'hygiène et quelques règles de diététique ([2] p. 12).		×												×	×
Vivre ensemble Avoir compris et retenu quelques règles simples de sécurité routière ([1] p. 99).								×	×						
Éducation physique et sportive Exprimer corporellement des personnages, des images… ([1] p. 148).	×	×													

[1] : *Qu'apprend-on à l'école ? Les nouveaux programmes,* Paris, CNDP - XO Éditions, 2002.
[2] : *Documents d'application des programmes,* Découvrir le monde, cycle 2, DESCO SCEREN (CNDP), 2003.

Précisions sur le contenu disciplinaire

En fin de cycle 2, les élèves doivent connaître la structure du squelette, le rôle des organes des sens, le rôle et la forme des articulations et des dents ; avoir des notions simples d'hygiène et de diététique.

Liens avec les autres cycles

Au cycle 1, les élèves ont pris conscience des différentes parties de leur corps à l'aide d'observations sur eux-mêmes, de dessins grandeur nature de leur propre silhouette et de reconstitutions de leur corps avec divers matériaux.

Au cycle 2, c'est l'intérieur du corps, en particulier le squelette, qui est abordé. À la fin de ce cycle, seuls les noms des os principaux des bras et des jambes sont à connaître. En revanche, les élèves doivent avoir compris que le squelette des membres est constitué de deux parties rigides avec des articulations.

Grâce à ces acquis, les enseignants de cycle 3 pourront travailler sur l'emplacement et le rôle des muscles. En effet, pour envisager les mouvements de flexion et d'extension du bras, il faut savoir placer les os correctement. Sur cette base, les élèves de cycle 3 peuvent découvrir, discuter et argumenter sur les points d'attache et le fonctionnement antagoniste des muscles du bras. Le phénomène de réparation des os lors des cassures permet de comprendre, en cycle 2, que l'os est vivant. Au cycle 3, les élèves enrichissent cette notion grâce au travail sur la croissance des os.

Les dents sont étudiées au cycle 2 : c'est l'époque où les élèves les perdent et cela les questionne beaucoup. Au cycle 3, digestion, respiration et circulation seront envisagées afin de comprendre pourquoi l'on mange et pourquoi l'on respire. En cycle 2, l'alimentation sera abordée en partant du vécu des élèves et en liaison avec les organes des sens. L'important est qu'ils aient compris l'importance du petit déjeuner et qu'ils connaissent quelques groupes d'aliments. L'équilibre des repas n'est à envisager qu'au niveau qualitatif, l'aspect quantitatif ne sera étudié qu'au cycle 3. Les aliments sont classés en sept groupes (voir p. 85). Le groupe « sucres » y apparaît comme un groupe à part entière, afin de marquer le danger d'un excès de sucres rapides (sans oublier le plaisir de manger !).

Précisions scientifiques

Au cycle 2, le corps humain n'est étudié que globalement, en liaison avec la santé et l'hygiène.

– Le squelette pour comprendre les mouvements et pour éviter les chocs.

– Les sens pour percevoir le monde, et en particulier pour savoir se protéger les yeux et les oreilles.

– Les dents pour comprendre leurs rôles, leur mode de remplacement et pour prendre de bonnes habitudes (visite régulière chez le dentiste, brossage, alimentation).

– Une alimentation équilibrée, surtout concernant le petit déjeuner.

– Un sommeil suffisant et de qualité et une bonne hygiène de vie.

Le squelette

Le membre supérieur (bras et avant-bras) est appelé dans le langage courant le *bras*.

Le membre inférieur (jambe et cuisse) est appelé dans le langage courant la *jambe*.

Il existe trois sortes d'os : les os longs (humérus), les os courts (vertèbres), et les os plats (omoplates).

Structure et croissance des os longs

• Les os sont vivants car :

– par les trous nourriciers, pénètrent des nerfs et des vaisseaux sanguins ;

– ils peuvent se réparer après une fracture ;

– ils grandissent en longueur et en épaisseur.

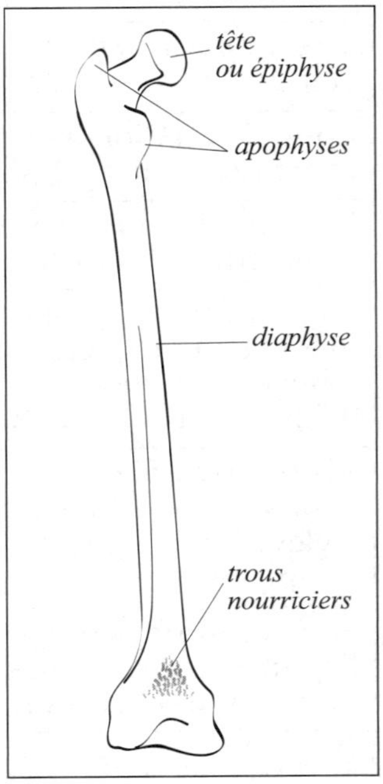

Le fémur humain.

• Le cartilage articulaire favorise le glissement entre les os (dans l'enquête 29, il est visible aux extrémités des os de la patte antérieure du lapin sur le document 5). De plus, entre les os, un liquide huileux (la synovie) contenu dans un sac clos joue le rôle de lubrifiant.

À l'intérieur du canal médullaire, il y a de la moelle jaune qui sert de réserve de graisse. Dans les épiphyses, les lamelles de l'os spongieux sont remplies de moelle rouge qui sert à fabriquer les globules rouges, les globules blancs et les plaquettes.

• **Le périoste** est une membrane qui permet **la croissance en épaisseur des os**. Cette activité du périoste est très importante chez les jeunes et elle se ralentit lors de la vieillesse. Lors des fractures, le périoste produit de la matière osseuse et forme un cal qui soude les deux parties cassées de l'os. Le ralentissement de l'activité du périoste chez les personnes âgées explique la fragilité de leurs os et les durées plus longues nécessaires à la guérison de leurs fractures.

• **Le cartilage de croissance** n'est présent que chez les jeunes et il est responsable de **la croissance en longueur des os**.

Pour que le squelette se développe normalement il faut une alimentation riche en calcium, en phosphore (substances minérales qui constituent les 2/3 de la composition de l'os) et en protéines (la protéine de l'os, l'osséine constitue 1/3 de la composition de l'os). Mais pour utiliser ces matériaux, l'organisme doit disposer de vitamines et d'hormones. Les vitamines A (bêta carotène) et D sont apportées par les lipides (beurre, poisson, etc.). La vitamine D est aussi synthétisée dans la peau sous l'action des rayons ultraviolets. L'hormone de croissance de l'hypophyse et l'hormone thyroïdienne permettent une bonne croissance du squelette. Les hormones parathyroïdiennes permettent une bonne fixation des sels de calcium et de phosphore.

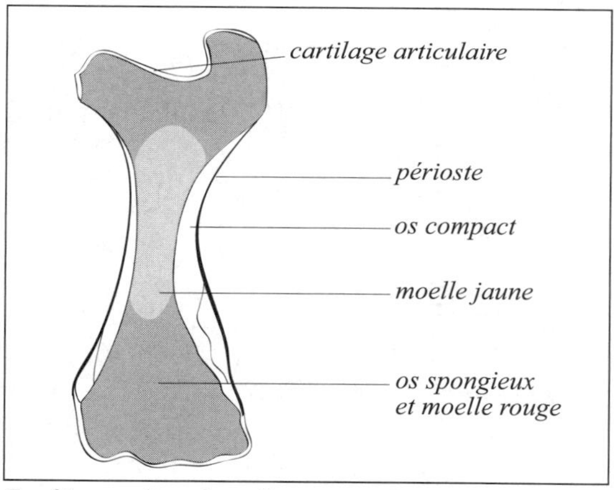

Le fémur d'un bœuf.

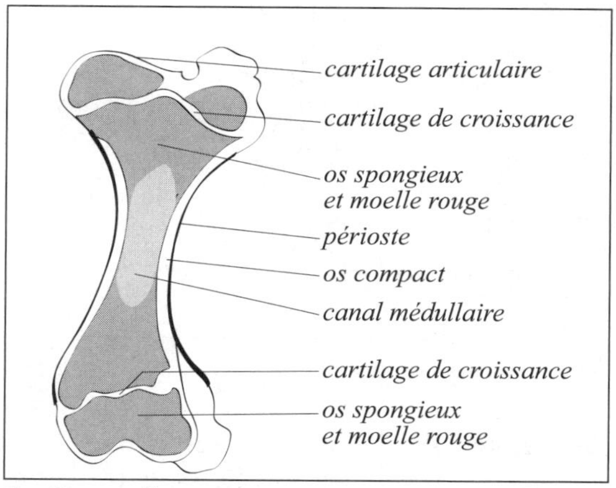

Le fémur d'un veau.

Les sens

Les sens / Les caractères observés	**La vue**	**L'ouïe**	**Le toucher**	**L'odorat**	**Le goût**	**L'équilibre**
Les stimuli physico-chimiques extérieurs	Lumière visible (ondes électromagnétiques).	Son (ondes de matière).	Pression, température, forme.	Molécules chimiques dans l'air, dissoutes dans le mucus nasal.	Molécules chimiques dissoutes dans l'eau et dans les aliments.	Gravité et mouvements accélérés.
Les récepteurs sensoriels	Cellules de la rétine : cônes (couleur) et bâtonnets (noir et blanc).	Cellules ciliées de l'oreille interne (cochlée).	Terminaisons nerveuses dans la peau.	Cellules nasales ciliées.	Cellules ciliées dans les bourgeons gustatifs de la langue.	Cellules ciliées de l'oreille interne (canaux semi-circulaires).

Il existe aussi d'autres sens : des récepteurs musculaires nous renseignent sur nos mouvements et position, d'autres dans les viscères et dans les vaisseaux sanguins informent l'organisme sur la température, la pression…

Dans tous les cas, les messages consistent en impulsions électriques (influx nerveux) qui parviennent toutes au cerveau au niveau du cortex, dans des aires bien différenciées : par exemple, les influx visuels arrivent dans la partie postérieure (zone occipitale).

Les dents

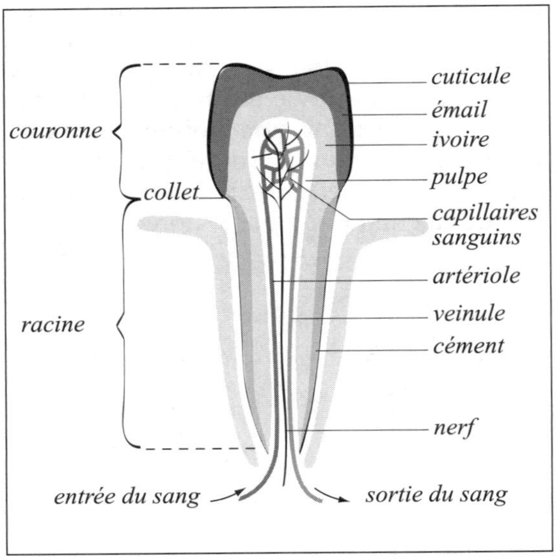

Dessin d'une dent.

Les dangers pour les dents sont :
– les excès de sucre : les microbes transforment le sucre en acide qui attaque les dents et provoque les caries ;
– les différences de température successives : manger un plat brûlant et juste après une boisson froide ;
– les chocs, les rayures avec des objets divers et les dentifrices trop abrasifs.

Apparition des dents définitives

Les incisives centrales apparaissent entre 6 et 8 ans, les incisives latérales entre 7 et 9 ans, les canines entre 10 et 12 ans, les premières prémolaires entre 9 et 11 ans, les secondes prémolaires entre 10 et 12 ans, les premières molaires (dents de 6 ans) entre 5 et 7 ans, les secondes molaires (dents de 12 ans) entre 11 et 13 ans, les troisièmes molaires (dents de sagesse) entre 17 et 22 ans.

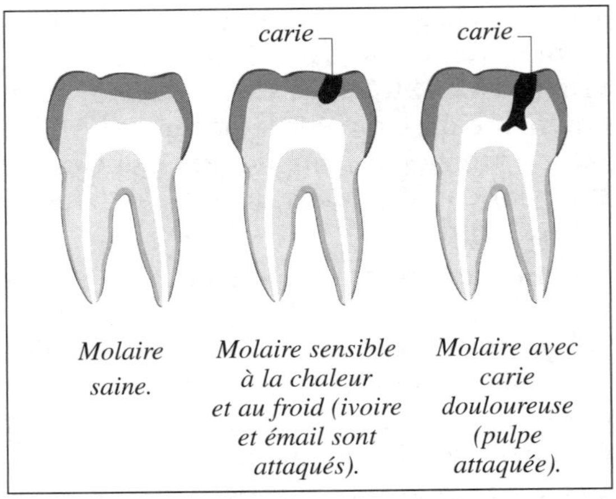

Les différents stades d'une carie dentaire.

Dentitions d'adulte et d'enfant.

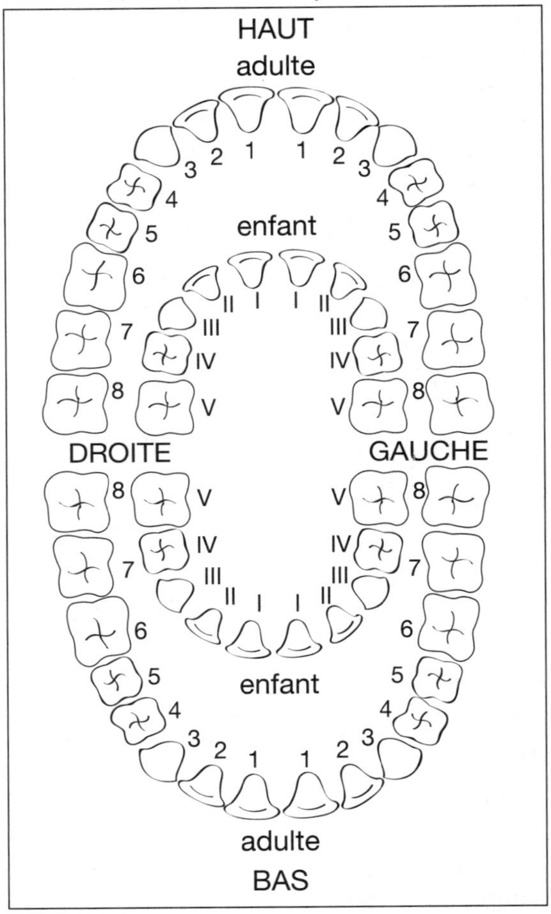

Incisives : 1, 2 ; I, II
Canines : 3 ; III
Prémolaires : 4, 5 ; IV, V
Molaires : 6, 7, 8
(Dents de sagesse : 8)
Dentition adulte : 32 dents
Dentition enfant : 20 dents

L'alimentation

• Rappel de la classification des aliments en sept groupes (à partir du cycle 3) :
– Les boissons apportent l'eau indispensable au bon fonctionnement du corps (en bleu).
– Les produits laitiers apportent de tout, notamment le calcium qui sert à construire et fortifier les os et les dents (en blanc).
– Les viandes, œufs et poissons contiennent des protéines qui servent à fabriquer des muscles et des organes (en rouge).
– les produits sucrés apportent des sucres rapides qui donnent de l'énergie rapidement (en rose).
– Les céréales et féculents fournissent des sucres lents qui donnent de l'énergie pour toute la journée (en brun).
– Les matières grasses sont des graisses qui permettent au cerveau de bien fonctionner et qui stockent de l'énergie (en jaune).
– Les légumes et les fruits apportent des vitamines et des fibres qui permettent au corps de bien fonctionner (en vert) et protègent de certaines maladies comme les cancers.

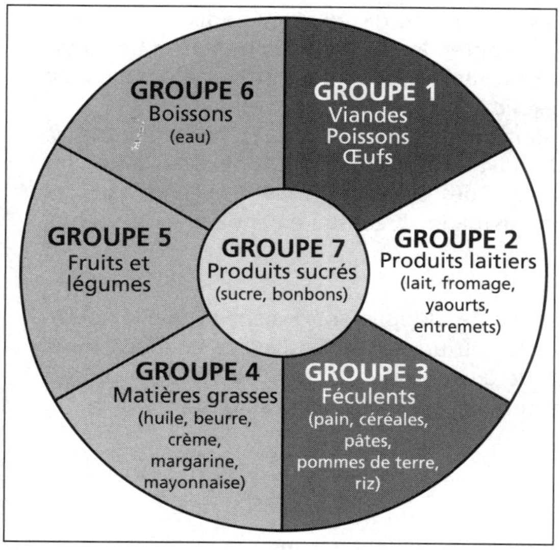

La classification des aliments.

• Règle des diététiciens : pour être en bonne santé, nous devons consommer chaque jour au moins un aliment de chacun des sept groupes. Un groupe peut être représenté plusieurs fois (surtout le groupe des fruits et légumes). Avec des élèves de cycle 2, l'équilibre sur une journée est trop complexe. On essayera déjà d'élaborer l'équilibre d'un repas, en suivant la même règle que pour l'équilibre au niveau d'une journée.
Le petit déjeuner devrait comporter les quatre groupes suivants : produits laitiers, produits sucrés, céréales, fruits ou jus de fruits. Les quatre couleurs d'un petit déjeuner équilibré sont donc le blanc, le rose, le brun et le vert.

• Allergies alimentaires

Les aliments les plus allergisants sont les cacahuètes, les bananes, les kiwis, les crevettes…
Il faut lire attentivement les étiquettes des boîtes de biscuits et de bonbons… avant de les manger. En particulier, il faut regarder s'il n'y a pas de traces possibles d'arachide (allergie aux cacahuètes) ou de certains colorants très souvent allergisants comme le E 124 (rouge cochenille).

• Sucres et diabète

Un excès de sucres rapides (souvent cachés dans les boissons sucrées qui contiennent de 110 à 140 g de sucre par litre !) peut provoquer un diabète gras. Quand il y a un apport brusque de sucres rapides dans le sang, le pancréas produit une hormone régulatrice, l'insuline. Ces sucres sont transformés et stockés sous forme de graisse. Trop stimulé, ce système insulinique devient moins efficace. Le taux de sucre dans le sang augmente, c'est la caractéristique du diabète.

Comment organiser un emploi du temps en respectant les rythmes des élèves ?

1 Informations scientifiques

• Collation de la matinée et petit déjeuner

La collation est à éviter absolument car elle coupe l'appétit des enfants qui ne mangent plus correctement à midi et compensent par des aliments sucrés au goûter. Très souvent à base de produits sucrés, la collation favorise l'obésité, de plus en plus fréquente actuellement, surtout chez les jeunes. Toutefois, il est possible de proposer avant l'entrée en classe un plateau avec des aliments (pommes coupées en quartiers, morceaux de pain, morceaux de chocolat… et de l'eau) où les élèves peuvent se servir selon leurs désirs. Cela permet un apport d'énergie nécessaire aux élèves qui n'ont pas pris de petits déjeuners. Les autres seront peu tentés à ce moment-là.
Il est important de discuter avec les élèves de l'importance d'un petit déjeuner équilibré le matin, avec toujours une boisson car il est fondamental de réhydrater le corps. Il faut éviter aussi que les élèves consomment lors de la récréation du matin des boissons sucrées et des gâteaux amenés de la maison.

• Sommeil, sieste et durées des activités en cycle 2

Les élèves du cycle 2 doivent dormir environ 10 heures. Il est conseillé de se coucher vers 20 heures, car la qualité du sommeil avant minuit est différente de celle du sommeil de fin de nuit. L'hormone de croissance est sécrétée surtout avant minuit *.

En début d'après-midi, les élèves sont fatigués, certains ont sommeil. Il est conseillé de proposer un temps calme de 15 à 20 minutes au cours duquel les élèves peuvent se reposer en écoutant par exemple de la musique, une histoire… Après les moments d'agitation de la récréation de midi cela permet un retour au calme bénéfique pour tous. Cette pause de début d'après-midi diminue la fatigue des élèves. Après la récréation de l'après-midi, on pourra ainsi conduire des activités intellectuelles plus soutenues.

Il est possible de laisser s'isoler les quelques élèves qui ont sommeil afin qu'ils puissent faire une mini-sieste pendant ce temps calme. Des études* ont mis en évidence le caractère très bénéfique de cette mini-sieste pour des enfants n'ayant pas assez dormi la nuit précédente. La durée de celle-ci ne doit pas dépasser 15 à 20 minutes : elle permet ainsi aux élèves qui se sont endormis d'être en forme pour l'après-midi, mais surtout de se réveiller facilement. Au-delà de cette durée, les élèves tomberaient dans un sommeil profond puis paradoxal, et il serait à ce moment-là préférable de les laisser effectuer un cycle complet de sommeil de 1 heure 30 à 2 heures, ce qui est difficilement compatible avec la gestion de la classe. Il est important de noter que la sieste ne diminue pas sensiblement la durée du sommeil nocturne si elle est faite en début d'après-midi après le déjeuner et si elle ne dépasse pas la durée d'un cycle.

Dans les enquêtes proposées, les durées des séances sont de 30 à 40 minutes. En cycle 2, les durées d'attention des élèves pour une activité sont environ de 15 minutes. Aussi, dans ces séances de 30 ou 40 minutes, il y a toujours plusieurs types d'activités proposées (recherche, expérimentation, construction de maquettes, analyse de documents). De plus, le changement de mode de travail (individuel, en binôme, en groupe, la classe entière) favorise un regain d'attention des élèves.

Par ailleurs, il faut garder à l'esprit que certains jeunes enfants ont des difficultés à fixer leur attention durant 15 minutes et souvent ils peuvent écouter, comprendre puis rêvasser un temps très court et redevenir vigilant ensuite. Si les explications sont trop rapides, elles peuvent coïncider avec un court moment d'inattention, d'où l'importance des explications lentes et répétées.

Plusieurs pauses courtes et répétées de 5 minutes sont préférables à une seule pause longue, le temps de récupération après une longue période de travail étant plus important. Il est aussi très important de prendre en compte que les performances des élèves sont les meilleures dans les tranches horaires suivantes : entre 9 heures et 11 heures le matin et, contrairement à une idée reçue, entre 15 heures et 17 heures l'après-midi.

• Récréations

Les récréations sont aussi indispensables à l'équilibre et au développement des enfant que la nourriture et le sommeil. La récréation, « avec ses activités de jeu un peu explosives et essentiellement libres n'est pas remplaçable exactement par la leçon de gymnastique, ni par l'exercice sportif, car elle est la seule qui précisément mette en jeu tous les muscles du corps, dans un désordre utile »**

2 Proposition d'un emploi du temps

• Matin : 9 h à 12 h

- À 9 h, pendant l'entrée en classe : un en-cas pour ceux qui en ont besoin.
- Après l'entrée en classe : 10 à 15 minutes de gym douce ou moment calme.
- Jusqu'à 10 h 30 : activités intellectuelles avec des pauses courtes de 5 min quand nécessaire.
- Récréation de 20 à 30 minutes.
- Après la récréation : 5 minutes d'activités calmes puis 1 heure d'activités plus faciles avec des pauses courtes de 5 minutes quand nécessaire.

• Repas

La durée de 1 h 30 est préférable à celle de 2 heures. Une récréation trop longue favorise les énervements et les agressions.

• Après-midi : 13 h 30 à 16 h 30

- Après l'entrée en classe : 15 à 20 minutes de temps calme ou mini-sieste.
- 14h à 15 h : activités plus faciles avec des pauses courtes de 5 min quand nécessaire.
- Récréation de 20 à 30 minutes.
- 15 h 30 à 16 h 30 : activités intellectuelles avec des pauses courtes de 5 minutes quand nécessaire.

*Pierre Crépon, *Les rythmes de vie chez l'enfant*, Retz, Hubert Montagner, *Les rythmes de l'enfant et de l'adolescent*, Stock/ Laurence Pernoud.

**Guy Vermeil, *La fatigue à l'école*, Stock.

Documentation

– *La santé vient en bougeant, La santé vient en mangeant* : ces livrets sont édités par le ministère de la Santé et de la Protection sociale (2004). Bien illustrés, simples et faciles d'utilisation, ils envisagent les problèmes actuels de l'alimentation.
– Un site complet sur l'alimentation : www.cndp.fr/themadoc/besoins/accueil.htm.
– Un site belge sur le sommeil des enfants : www.sommeil.org/adultes/index.html.

Conseils pour organiser son enseignement

Prise en compte des conceptions des élèves

• En ce qui concerne leur corps, les élèves ont des idées, des certitudes, des conceptions, mais aussi de nombreuses questions. Ceci provient de leur vécu, de leur imaginaire, de leur affectif, de leur éducation ainsi que des idées diffusées par les médias et plus ou moins bien assimilées.

Avant de commencer tout travail sur le corps, il est indispensable de recueillir leurs conceptions.

Cela permet à l'enseignant de connaître où en sont les élèves, de voir leurs erreurs, leurs obstacles à la compréhension ainsi que leurs centres d'intérêt.

Quant à l'élève, il peut ainsi exprimer ses idées, ses préoccupations, ses curiosités, prendre conscience de ce qu'il ne sait pas ainsi que des points de désaccord avec les autres élèves. Ces confrontations d'avis différents entre élèves sont des moteurs très forts pour les recherches ultérieures.

• Si l'on plaque un savoir, en demandant aux élèves de le mémoriser sans prendre en compte leurs conceptions, cela occulte le fait qu'ils possèdent une foule de connaissances empiriques sur les sujets traités (Giordan et De Vecchi, *L'enseignement scientifique, comment faire pour que « ça marche » ?* Delagrave Éditions). À la fin d'un cours ne prenant pas en compte leurs conceptions, les élèves vont avoir deux systèmes d'explications en parallèle : le savoir transmis par l'enseignant et le savoir vécu par l'élève. Non pris en compte, ce dernier va souvent rester gravé dans la tête des élèves. Le savoir de l'élève n'aura donc pas progressé. Aucun pont n'aura été construit entre le savoir initial et les connaissances réelles.

Ce fait est particulièrement bien mis en évidence par les évaluations. Faites juste à la fin du cours, elles sont en général bien réussies, que l'on ait pris en compte ou non les conceptions. En revanche, les évaluations faites trois mois après un cours montrent que les élèves se sont mieux appropriés des connaissances lorsque leurs conceptions ont été prises en compte. Dans le cas contraire, on retrouve dans les évaluations les conceptions initiales, ce qui montre que les élèves ne se sont pas appropriés le savoir. Chez l'adulte, on retrouvera aussi parfois les mêmes erreurs car les conceptions initiales non remises en cause persistent longtemps.

• Lors de la confrontation des conceptions, des conflits apparaissent : les élèves ne sont pas d'accord entre eux. Pour savoir qui a raison, des recherches sont nécessaires. Ils se sont donc approprié le travail, et les activités qu'ils vont mettre en œuvre vont leur permettre de :
– vérifier leurs idées ;
– développer leur esprit critique ;
– construire activement leur savoir en intégrant de nouvelles données ;
– élaborer une explication, une connaissance plus juste, plus fonctionnelle sur le sujet traité, mais pas nécessairement complète. L'important est de donner des niveaux de formulation adaptés aux élèves ;
– rechercher et découvrir un phénomène avec plaisir ;
– mémoriser.

• **En pratique**

On ne doit pas passer trop de temps à recueillir ces conceptions (dessins ou textes écrits) : 10 à 15 minutes sont souvent largement suffisantes. Ce recueil peut se faire par le biais d'une discussion orale, mais il est préférable que chaque élève puisse avoir une trace de son idée personnelle dans son cahier. Les élèves peuvent ainsi à tout moment les relire, visualiser leur progression, se remettre en tête leurs premières hypothèses et constater l'évolution de leurs idées. Ils apprécieront eux-mêmes leur cheminement, leur progrès. Lors des présentations des conceptions, l'enseignant doit surtout repérer les avis extrêmes pour susciter des conflits dans la classe, et non chercher un consensus !

Lors des mises en commun, les élèves rencontrent souvent des difficultés pour se comprendre, communiquer leurs résultats ou échanger leurs découvertes. À ce moment-là, et seulement à ce moment-là, on leur donnera des mots de vocabulaire appropriés, qui leur permettront d'échanger rapidement et de se comprendre plus efficacement. Les nouveaux mots appris en situation de demande seront bien mémorisés.

Comment utiliser une visite de musée comme outil pédagogique ?

1 Situation de départ

La visite est un moyen de vérifier des hypothèses lors d'une recherche. Elle peut être préparée en classe grâce à la lecture de documents du musée. Un ou des questionnaires peuvent être élaborés. La visite en elle-même peut servir de déclencheur dans une démarche de découverte.

2 La visite elle-même

a. Encadrements possibles

Différents types d'encadrement peuvent se succéder lors d'une visite : un guide tout public, un animateur adapté au niveau de la classe, une conférence en salle, un atelier ou une visite libre.

b. Activités pendant la visite

Elles peuvent se faire avec différents supports et différentes consignes : une fiche d'aide à la visite avec ou sans parcours fléché ; une question-enquête avec un plan précis du lieu ; un interview avec un questionnaire établi auparavant ; une photo à localiser dans le musée ou un parcours photo, etc.

3 Exploitations ultérieures

On peut élaborer des comptes-rendus écrits, un exposé oral, des posters afin de réaliser une petite exposition pour les autres classes, les parents, le quartier, etc.

4 Les fiches d'aide à la visite

Les exemples mis en italique viennent des *Cité-doc* de la Cité des Enfants à la Cité des Sciences et de l'Industrie à la Villette (C. S. I.), espace 5-12 ans (en vente à la librairie de la C. S. I.).

a. Les objectifs des fiches d'aide à la visite sont de permettre aux élèves :

– de s'approprier le lieu ;
– de travailler en autonomie ;
– de mieux observer et de faire des comparaisons ;
En montant sur un vélo et en pédalant, les enfants découvrent à travers une glace sans tain, un squelette qui pédale (qu'il prenne d'abord pour le leur !). L'observation qui suit les induit en particulier à regarder attentivement les squelettes des jambes qui seules bougent et ainsi de voir leur constitution. Sur le dessin du squelette à vélo de la fiche, ils auront ensuite à indiquer le squelette de la jambe qui a volontairement été omis.
– de réfléchir lors de manipulations ;
Des attelles sont proposées aux enfants et ils comparent ensuite des parcours avec ou sans elles. Puis, les attelles étant mises sur un membre précis, ils cocheront les parcours possibles avec celles-ci (parcours écrits sous forme de phrases très courtes).
– de récolter des informations utiles ;
– de rapporter en classe un vécu commun afin de l'exploiter.

b. Conceptions des fiches d'aide à la visite afin d'atteindre ces objectifs

• Au niveau du questionnement :
Poser des questions courtes, simples induisant l'observation, la réflexion.
Mettre des dessins simples aidant à la lecture et permettant de bien voir les éléments importants.
Laisser assez de place pour répondre.
Éviter les questions auxquelles on peut répondre sans regarder les éléments du musée.

• Au niveau de l'écrit demandé aux élèves :
Écrire un mot, une phrase courte.
Remplir des tableaux.
Relier par des traits des mots et/ou des dessins entre eux.
Cocher une réponse parmi un choix de plusieurs ou choisir un dessin.
Compléter, légender un dessin ou un schéma.
Éviter le recopiage d'informations.
Éviter les dessins à faire car dans un musée les conditions sont loin d'être idéales pour ce travail.

28 Où se plie ton corps ?

p. 48-49

Niveau ciblé

Enquête facile à mener dès le CP mais elle peut être réalisée dans tout le cycle.
Cette enquête peut se faire avec la 29 et la 30.

Matériel et documents

- Gommettes, carton ondulé, Velcro, agrafes, ruban adhésif.
- Silhouette du corps humain (à photocopier p. 227).

Objectifs notionnels

- La place et le rôle des articulations du corps.
- Connaître le nom des articulations des membres.

Compétences transversales

Exposer son point de vue	Produire oralement des phrases correctes utilisant le vocabulaire proposé.
Observer	Rechercher sur soi les zones d'articulations du corps et analyser des images.
Expérimenter	Vérifier ses hypothèses à l'aide des attelles et prendre conscience des zones d'articulations du corps en vivant soi-même les contraintes des attelles.
Acquérir une meilleure maîtrise de la langue	Argumenter la place des gommettes et le rôle des attelles. Enrichir son vocabulaire.
Présenter ses résultats par un dessin légendé	Indiquer par des points les articulations et les nommer.

Les clés de l'enquête

Cette enquête nécessite deux ou trois séances de 30 à 40 minutes environ.

- **Situation de départ :** on peut profiter des séances de motricité ou d'EPS pour s'interroger sur le mécanisme des mouvements du corps puis utiliser la photo 1 du manuel pour s'exprimer avec des mots précis en classe.
- **Recueil des hypothèses :** les enfants doivent poser des gommettes sur tous les endroits où ils pensent que leur corps se plie. Ce travail peut se faire par binôme. Les emplacements des gommettes indiquent leurs hypothèses. Après une discussion en grand groupe, on obtient une diversité d'hypothèses.
- **Recherches :** les élèves vont mener des expériences avec les attelles afin de vérifier quelles hypothèses sont justes ou non. L'activité avec les attelles est à réaliser de préférence en salle de motricité afin d'avoir de l'espace pour expérimenter. Il est préférable de travailler par demi-groupe afin de limiter le nombre d'attelles à construire. Cette activité est à mener de préférence par binôme, les élèves se mettant les attelles mutuellement et discutant entre eux de leurs propositions. Le fait de ressentir par eux-mêmes l'impossibilité de certains mouvements avec les attelles leur permet de prendre conscience des zones d'articulations et donc de s'approprier un nouveau savoir.

Après ces expériences, on peut demander à chaque élève d'indiquer par un point ou par un trait les articulations sur une silhouette (document photocopiable p. 227), lorsqu'il a pu valider ses hypothèses.

Un regroupement des élèves est ensuite indispensable afin qu'ils présentent et confrontent leurs résultats (silhouettes avec points d'articulations) suite à leurs expériences. Dans le cas d'un avis divergent, une nouvelle expérience peut être faite par un élève face à tout le groupe.

• **Bilan** : en fin d'activité, les articulations seront nommées avec précision et les élèves pourront corriger et légender leur silhouette.

Exemple de trace écrite

« Où se plie ton corps ? »

Au début, je pensais que :

Photo de l'élève avec les gommettes mises sur son corps (ou une silhouette, document photocopiable p. 227, sur laquelle l'élève aurait mis des gommettes aux mêmes endroits que sur son corps).

J'ai manipulé des attelles :

Dessin de l'élève se représentant avec une attelle (ou une photo de l'élève avec une attelle).
Photos d'attelles de doigt et de jambe en place.

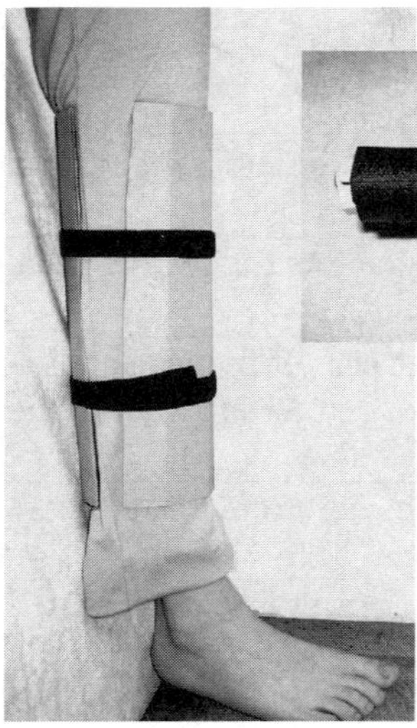

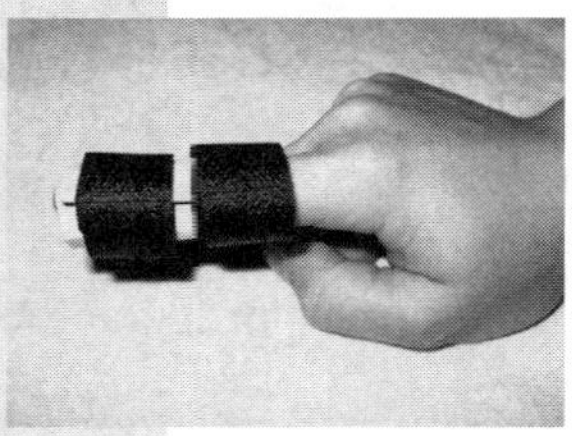

Maintenant, je sais que :

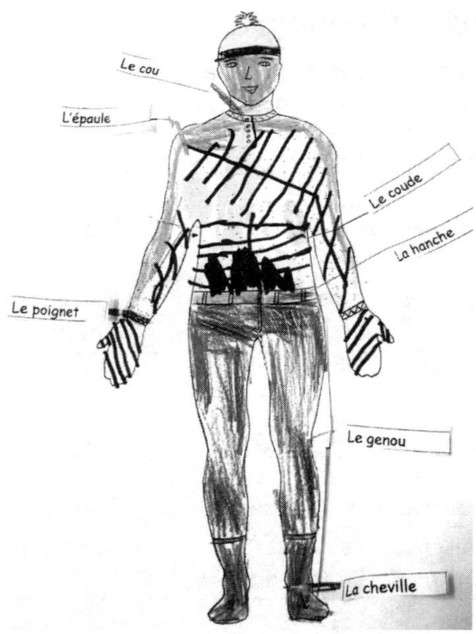

Silhouette avec les points d'articulations indiqués et leurs noms

Construction des attelles

Couper des morceaux de carton ondulé qui puissent entourer largement un bras ou une jambe d'enfant et ne pas dépasser la longueur de l'avant-bras ou de la jambe.

Prendre du carton rigide pour les attelles du doigt.

Dans tous les cas mettre le Velcro en vérifiant, avant de le fixer avec des agrafes, que celui-ci est mis correctement (on se trompe très facilement).

Précautions expérimentales

Mettre du ruban adhésif sur les agrafes afin que celles-ci ne griffent pas la peau ou n'accrochent pas le pull.

Dans le cas des attelles mises à la jambe (une seule à la fois afin de pouvoir comparer), attention aux chutes et éventuellement prévoir un tapis si l'on est en salle de motricité.

29 Comment se plie ton bras ?

📖 p. 50-51

Niveau ciblé

Enquête facile à mener dès le CP mais elle peut être réalisée dans tout le cycle.

Cette enquête peut se faire après la 28 et avant la 30.

Matériels et documents

- Pailles, chenillettes, ciseaux, Scotch.
- Silhouette du bras (à photocopier p. 227).

Objectifs notionnels

- Savoir que dans un bras il y a deux parties rigidifiées par des os et trois points d'articulations qui sont des espaces entre les os.
- Comprendre que la forme des articulations permet certains mouvements.

Compétences transversales

Exposer son point de vue	Dessiner comment on conçoit l'intérieur de son bras en observant attentivement son propre corps.
Expérimenter	Vérifier par la construction de maquette la validité ou non de ses hypothèses.
Comparer	Comparer le fonctionnement de sa maquette avec son propre corps et y apporter des modifications si nécessaire.
Analyser	Observer et comprendre une radiographie, une photographie.
Acquérir une meilleure maîtrise de la langue	Comprendre les informations explicites d'un texte documentaire.

Les clés de l'enquête

Cette enquête nécessite deux ou trois séances de 30 à 40 minutes environ.

- **Pour démarrer :** une observation sur soi peut être faite. Il faut penser à enlever son pull ou autres vêtements gênant l'observation.
- **Recueil des hypothèses :** que peut-il bien y avoir à l'intérieur de son bras ? La représentation de l'intérieur du bras doit être personnelle et l'enseignant peut noter sur chaque dessin des informations données par l'élève.

Les dessins affichés au tableau montrent la diversité des avis et donnent aux élèves l'envie de vérifier, grâce à l'activité suivante, la pertinence ou non de leur avis.

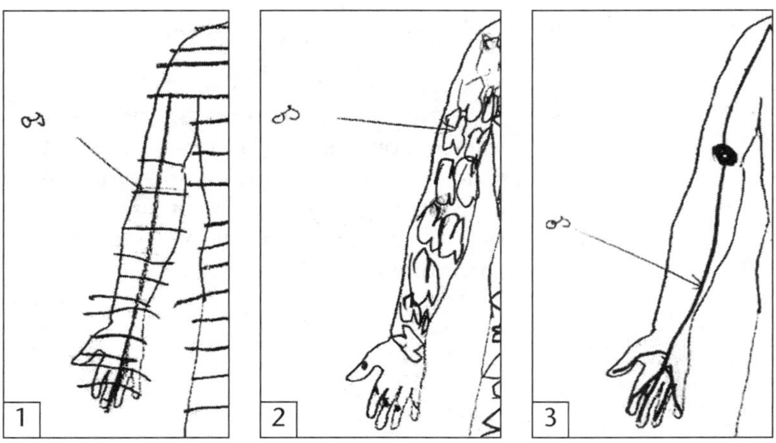

Exemples de dessins d'élèves

1. Nombreux os disposés comme les arêtes de poisson, ne permettant pas le mouvement.

2. Nombreux os stéréotypés dont le nombre et la position ne permettent pas les mouvements.

3. Un os unique flexible en certains endroits.

• **Recherches :** le matériel est fourni à chaque élève dans une barquette. Les pailles représenteront les parties dures (à couper par eux-mêmes en fonction des longueurs qu'ils imaginent) et les chenillettes ou le scotch matérialiseront les articulations. Il est plus aisé de travailler avec une demi-classe pour ces constructions.

Exemples de maquettes d'élèves

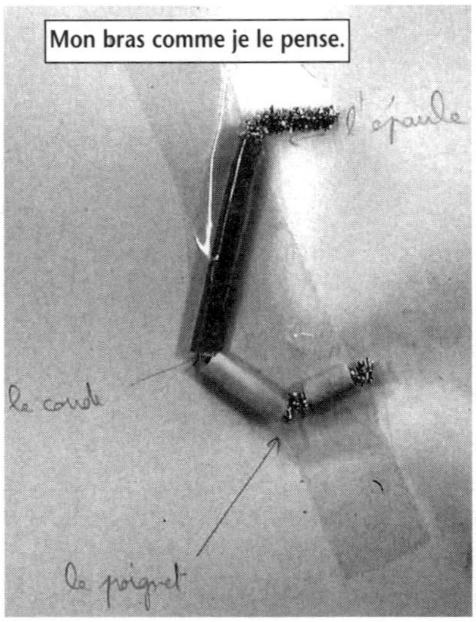

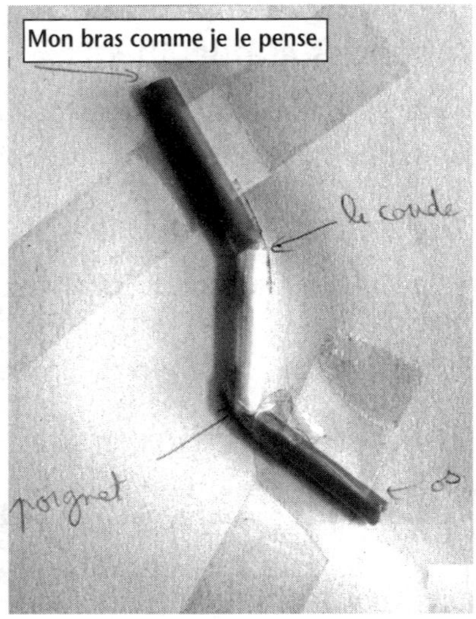

L'objectif est de comprendre que le bras n'est pas formé d'une multitude d'os mais de deux parties longues et rigides. Il est intéressant que l'élève compare dans un premier temps le fonctionnement de sa maquette avec celui de son bras. Il expliquera ensuite les différences observées. Un moment de confrontation des différentes maquettes est indispensable.

Dans un second temps, on peut demander à l'élève de modifier sa maquette afin qu'elle fonctionne comme son bras.

L'analyse de documents (radio et photo) permettra ensuite de préciser l'intérieur du bras.

Afin de bien comprendre le fonctionnement de l'articulation du coude, l'idéal serait d'amener un squelette de patte avant de lapin que les élèves manipuleraient. Ils pourraient ainsi voir la forme arrondie de l'articulation, l'emboîtement parfait des os et la présence de cartilage très lisse.

Exemple de trace écrite

Comment se plie ton bras ?

Au début, je pensais que :

Dessin de l'élève représentant son avis sur l'intérieur de son bras.

J'ai construit une maquette

Maquette réalisée par l'élève.

Maintenant, je sais que :

Dans mon bras il y a deux parties longues et rigides séparées par une articulation au niveau du coude.

Nouveau dessin de l'intérieur du bras.

Conseils pratiques

Les chenillettes s'achètent dans les bureaux de tabac car elles servent à nettoyer les pipes.

Prolongement possible

L'observation et la manipulation d'un squelette de bras humain aideraient à mieux comprendre l'organisation et le fonctionnement du bras, et notamment de constater qu'il y a deux os dans l'avant-bras qui permettent à la main de tourner sur son axe.

30 Peux-tu reconnaître les os d'une radio ?

p. 52-53

Niveau ciblé

Enquête à mener dès le CP mais elle peut être réalisée dans tout le cycle.
Cette enquête est à faire après la 28 et la 29.

Matériels et documents

- Post-it, feutres effaçables, feuilles transparentes de rétroprojecteur, plastique dur ou Rhodoïd.
- Squelette du corps humain (à photocopier p. 228).
- Morceaux de squelette du bras et de la jambe (à photocopier p. 230).
- Éléments pour la construction d'un pantin (à photocopier p. 229).

Objectifs notionnels

- Connaître le squelette globalement et les diverses zones d'articulations.
- Savoir que les os sont vivants.

Compétences transversales

Analyser	Observer et comprendre des radiographies.
Réinvestir des connaissances	Retrouver des zones d'articulations.
Présenter ses résultats par un dessin légendé	Indiquer les différentes parties du corps, les nommer et retrouver l'emplacement des différentes radiographies.
Enrichir son vocabulaire	Nommer les différentes parties du corps.

Les clés de l'enquête

Cette enquête peut être menée en deux séances de 30 à 40 minutes environ.
Titres des radios (radios d'adultes) : 1 : mains, 2 : genou plié, 3 : colonne vertébrale, 4 : pieds, 5 : jambe tendue et genou, 6 : jambe et pied, 7 : crâne, 8 : fracture des deux os de l'avant-bras, 9 : bassin.

- **Recueil des hypothèses :** préciser aux élèves que ces radios ne sont pas à la bonne échelle.

D'autres radiographies, grandeur nature, peuvent être montrées dans la classe. Elles sont facilement observables par toute la classe si on les scotche aux fenêtres.
Attention, les radiographies d'enfant sont plus délicates à analyser que celles d'adultes : en effet, la croissance des os n'est pas terminée et les os apparaissent en plusieurs morceaux (l'humérus apparaît comme formé de trois os alors que ce n'est qu'un seul os). En effet, dans les os longs des enfants, il y a une zone de cartilage de croissance à quelques centimètres de chaque extrémité. Ces zones apparaissent plus claires dans les radios, au point qu'elles peuvent être interprétées comme des absences d'os ou des articulations.

- **Recherches :** demander aux élèves d'argumenter la place de leurs Post-it.

Avec un certain nombre de radios du corps humain, les élèves peuvent essayer de reconstituer un squelette. Un mini-squelette en plastique peut aider à la compréhension. Quelques adresses pour s'en procurer : Celda (celui de petite taille suffit largement), Jeulin, Nature et découverte ou Nathan (boîte Anatolab : le squelette à monter est assez fragile mais bien représentatif).

Conseils pratiques

Pour l'activité « Tu es un radiologue », prendre un plastique rigide entouré de ruban adhésif noir qui représentera le cadre. Mettre dessus un plastique transparent (de rétroprojecteur par exemple), maintenu en place par du ruban adhésif. L'élève dessinera avec un feutre effaçable afin de pouvoir corriger s'il le désire.
Les dessins seront mis sur des feuilles blanches pour être montrés aux autres élèves. On valide ou non ces dessins en les comparant aux radios correspondantes.

Prolongements possibles

• **Premier prolongement**

1. Demander aux élèves d'indiquer et de nommer (à l'aide d'étiquettes par exemple) sur une silhouette les articulations et les différentes parties du corps (doc. 1 ci-dessous).
2. Leur donner une autre silhouette avec à l'intérieur seulement le squelette du torse et de la tête (enlever les os des bras et des jambes dans le squelette proposé en photocopie). Leur demander de mettre à leur place les os des bras et des jambes prédécoupés à l'avance.
Les élèves pourront s'aider de petits squelettes en plastique et de radios scotchées aux fenêtres. Après la validation de l'enseignant, ils pourront coller les morceaux à l'intérieur de la silhouette (doc. 2).
3. Agrafer le document 1 sur le document 2. Découper dans le document 1 des volets que l'on peut rabattre. L'élève en soulevant les volets pourra découvrir les morceaux du squelette correspondant aux membres (doc. 3).

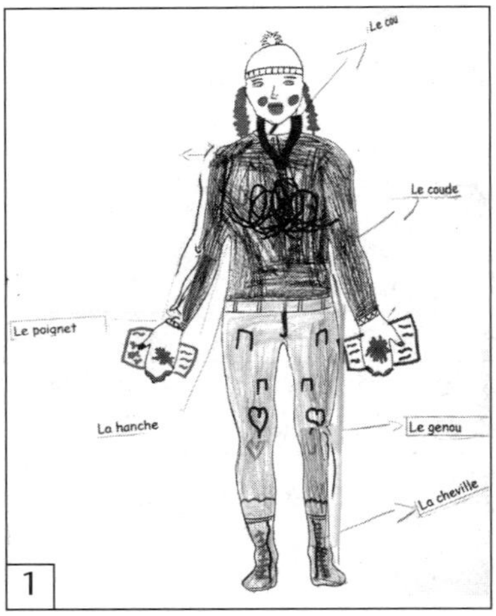

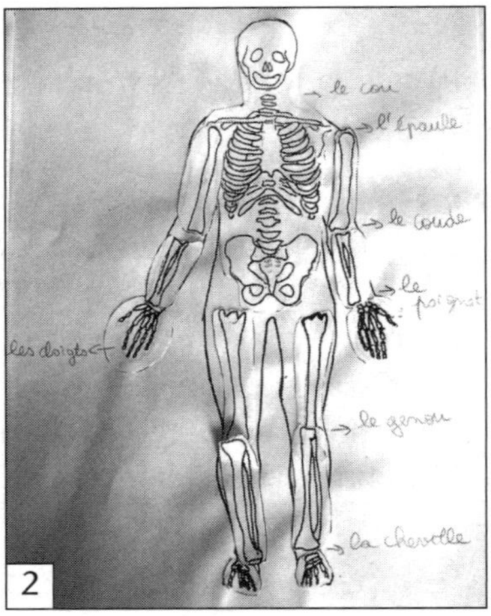

• **Second prolongement :** construire un pantin à l'aide des éléments à photocopier page 229. Le pantin est de profil afin d'avoir des mouvements plus proches de ceux du corps que dans le cas d'un pantin de face. Expérimenter et voir les mouvements communs et distincts entre l'homme et le pantin.

Documentation

Véritables radiographies du corps humain, 18 radios permettant de reconstituer en entier un corps humain de 1,5 m de haut – ROYLCO Ltd (Canada) 30 Northland Road Waterloo, Ont. N2V 1Y1, www.roylco.com, 31,50 euros.

Les photos de travaux d'élèves et les idées de présentation des exemples de traces écrites ont été réalisées dans la classe de Catherine Demazière, PEMF, Paris.

31 Comment fais-tu pour savoir ce qui t'entoure ?

📖 p. 54

Niveau ciblé

Enquête facile, niveau CP, introduisant les enquêtes 32 à 36.

Matériels et documents

• Une rose, un verre d'eau tiède, un réveil, un verre d'eau froide, un verre d'eau salée, un verre de menthe.
• Silhouette du corps humain, celle de l'enquête 28 (à photocopier p. 227).
• Dessins de « À toi de chercher » et dessins des cinq organes des sens en vignettes (à photocopier p. 230).

Objectifs notionnels

- Savoir que le corps humain peut percevoir certaines caractéristiques des objets du monde qui nous entoure.
- Comprendre la complémentarité des cinq sens.

Compétences transversales

Analyser une photographie	Produire oralement des phrases correctes utilisant le vocabulaire proposé.
Exposer son point de vue	Indiquer le nom des organes des sens sur une silhouette.
Expérimenter	Reconnaître des objets en utilisant différents sens.
Élaborer un poster	Rechercher une présentation compréhensible et attractive.
Enrichir son vocabulaire	Nommer les différents organes des sens et leurs rôles.

Les clés de l'enquête

Cette enquête se fait en une séance de 30 minutes environ.

- **Situation de départ :** le maître peut proposer un jeu, comme attraper une bille en mouvement sur la table les yeux bandés, les oreilles bouchées ou les deux. À partir de là, les élèves se posent la question de l'enquête.
- **Recueil des hypothèses :** les dessins du bonhomme avec les organes des sens sont d'abord comparés entre eux, puis aux découvertes faites par les élèves lors des recherches. À la fin de cette enquête, une affiche comme celle présentée ci-dessous peut être élaborée collectivement.
- **Recherches :** pour la rose, par exemple, les élèves recherchent quels organes des sens donnent des informations qui permettent de la reconnaître le plus précisément possible : la vue, l'odeur et le toucher. Par contre, pour le réveil ce sont la vue, le toucher et l'ouïe qui interviennent.

Exemple de trace écrite

Les élèves peuvent associer les dessins de la rubrique « À toi de chercher » avec les dessins des organes des sens utilisés pour les reconnaître.

Exemples de présentation dans la classe

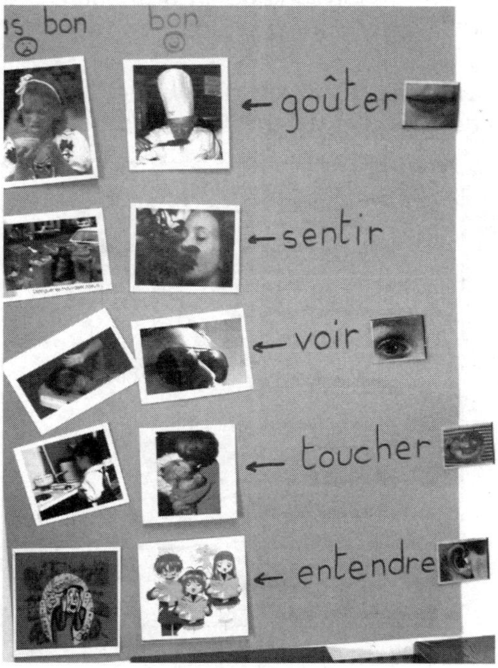

Cette présentation a été réalisée dans la classe de Catherine Demazière, PEMF à Paris.

Précautions

Attention aux allergies alimentaires (voir la partie théorique de ce guide p. 85).

32 Avec quoi peux-tu toucher ?

📖 p. 55

Niveau ciblé

Enquête facile, niveau CP, à mener après l'enquête 31 et avec les 33, 34, 35, 36.

Matériels et documents

- Boîte en carton, morceaux de carton, de tissu, de papier de verre et un verre.
- Si possible, un exemple de page en braille ou un livre en braille.

Objectifs notionnels

- Avoir compris et retenu quelques caractéristiques du toucher.

Compétences transversales

Analyser un document	Observer ou toucher une page en braille.
Expérimenter	Vérifier ses hypothèses par l'expérimentation.
Acquérir une meilleure maîtrise de la langue	Comprendre les différentes étapes d'une consigne et les effectuer dans l'ordre. Utiliser à bon escient des adjectifs précis pour décrire des objets. Enrichir son vocabulaire en même temps que l'on développe une finesse de perception.

Les clés de l'enquête

- **Situation de départ :** si possible, amener en classe un livre en braille (en bibliothèque, il existe très souvent des pages en braille dans les livres pour enfants sur les cinq sens).
- **Recueil des hypothèses :** les enfants vont nommer différentes parties du corps (coude, pied, genou, nez, dos, etc.). Au cours de cette enquête ils vont progressivement être amenés à comprendre que l'organe du toucher est la peau présente sur tout le corps, mais que la sensibilité de la peau est variable selon les endroits.
- **Recherches :** il est très important de bien expliciter la consigne : décrire les objets (avec des adjectifs) avant de proposer un nom. Cet exercice peut être rendu ludique en distribuant des points lorsque les adjectifs sont proposés en premier. À l'inverse, donner le nom tout de suite, correct ou incorrect, est éliminatoire.

Selon les objets et le niveau des élèves, cette recherche va permettre un réel travail sur le langage oral puis écrit (dessins réalisés par les élèves, associés à des adjectifs, affichés dans la classe).

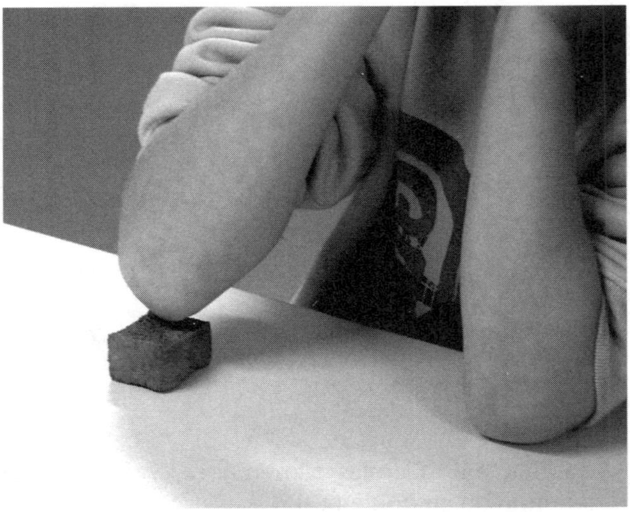

Exemples de dessins.

Des adjectifs concernant la forme et la taille peuvent être rajoutés dans un premier temps, pour les objets proposés dans le manuel. Ensuite d'autres objets différents peuvent être rajoutés dans la boîte (éponge pour gratter, gomme, moquette, papier plastique avec « bulles », éponges sèche et humide, flacons avec de l'eau chaude et froide, etc.).

• **Bilan :** organiser une discussion orale sur les différences de sensibilité selon les endroits et sur les différentes sensations perçues par la peau (forme, température, relief, taille, contact).

Prolongements possibles

• **Éducation à la sécurité :** différents dessins représentant des situations dangereuses ou non peuvent être distribués aux élèves pour :
– les sensibiliser aux différents dangers et à la fragilité de la peau ;
– leur faire connaître quelques produits dangereux du quotidien, avec des pictogrammes indiquant le danger.

Exemples de dessins : couteau sur le bord d'une table, couteau dans un étui de protection, eau bouillante sur la gazinière, queue de la casserole à l'intérieur et à l'extérieur de la gazinière.

On peut donner par binôme des lots de dessins identiques et demander aux élèves de les trier selon des critères à trouver eux-mêmes, puis d'expliciter et d'argumenter entre eux. Différents tris sont possibles, l'important est que les critères choisis soient cohérents les uns par rapport aux autres (dangereux/non dangereux...).

L'idée est de reconnaître des situations dangereuses et de proposer des attitudes à avoir dans ces cas-là ou des solutions pour éviter le risque. Mais il est aussi très important de discuter autour des images présentant des situations complexes (par exemple : dans la cuisine).

• **Attitudes que les élèves peuvent comprendre et mettre en œuvre en cas de problèmes :**
– Appeler le 15 (SAMU), le 18 (les pompiers, souvent plus rapides) et le 17 (la police) si nécessaire.

– Sur une brûlure : faire couler de l'eau froide au moins 10 minutes même à travers les vêtements (les enlever peut arracher la peau), ne pas mettre de produit sur la brûlure...

Documentation

– *Attention dangers !*, Belin : livre traitant des dangers à l'aide de dessins adaptés aux élèves.

– Livres sur l'apprentissage des premiers secours à l'aide de situations réalisables en classe : *Apprendre à porter secours*, livret édité par le ministère de l'Éducation nationale pour les trois cycles de l'école primaire, 1998.

– *Porter secours*, guide de l'enseignant de la maternelle au collège de C. Ammirati et R. Gagnaye, Éd. Maloine, 2001.

– Site Internet : www.educnet.education.fr/securite/index.htm

33 Quelles odeurs reconnais-tu ?

📖 p. 56

Niveau ciblé

Enquête facile, niveau CP, à mener après l'enquête 31 et avec les 32, 34, 35, 36.

Matériel et documents

• Gobelets opaques et identiques, papier d'aluminium, crayon, carton, des feuilles de menthe, une rose, de la lavande en sachets, du chocolat, un citron, une gousse de vanille.

Objectifs notionnels

- Avoir compris et retenu quelques caractéristiques de l'odorat.
- Prendre conscience qu'il existe des sensibilités olfactives différentes selon les individus.
- Découvrir et identifier des odeurs nouvelles.
- Savoir qu'il existe des milliers d'odeurs différentes.

Compétences transversales

Expérimenter	Réaliser le matériel nécessaire aux expérimentations. Effectuer dans l'ordre les différentes étapes d'une consigne.
Comparer	Comparer et analyser les résultats des élèves.
Acquérir une meilleure maîtrise de la langue	Comprendre les différentes étapes d'une consigne. Enrichir son vocabulaire.

Les clés de l'enquête

• **Recueil des hypothèses** : il est aussi possible, avec les yeux fermés et sans toucher, d'essayer de reconnaître un objet de la classe (peinture, crayon, colle, craie…) ou un lieu dans l'école (cantine, toilettes…).

• **Recherches** : les odeurs proposées ne sont que des exemples : les élèves peuvent amener d'autres produits afin de diversifier les recherches (fromage, orange, banane, bonbons, chewing-gums, lessive, parfums...).
Pour les cartes d'identification, penser à associer les noms avec les dessins (travail sur la lecture).
Les reconnaissances d'odeurs sont parfois délicates. Il ne faut pas hésiter à recommencer les expériences après avoir identifié les produits en ouvrant les gobelets. Ainsi, les élèves vont s'apercevoir que l'apprentissage des odeurs est possible et qu'ils progressent au cours des expériences.

Prolongements possibles

• **Safari « odeurs » dans l'école** : on peut proposer aux élèves de partir par binôme dans toute l'école à la recherche de cinq ou dix odeurs différentes. Pour communiquer leurs découvertes aux autres, ils utiliseront des adjectifs ou le nom des objets.

• **Collecte d'objets odorants dans la forêt** : lors d'une sortie en forêt, les élèves doivent rechercher le maximum d'objets odorants (feuilles, humus, écorces, champignons, fleurs…). De retour en classe, il est agréable de reconstituer l'ambiance odorante de la forêt puis de travailler dans cette ambiance.

• **Réalisation d'un loto des odeurs** (à échanger éventuellement avec un autre jeu sur les sens construit par une autre classe) :
– mettre divers produits dans des gobelets opaques recouverts de papier d'aluminium percé de trous ;
– construire des planches de loto avec des cases sur lesquelles les produits sont dessinés et nommés.
Les gobelets sont au centre. Un élève en sent un et le met sur sa planche s'il reconnaît l'odeur sinon il remet le gobelet au centre. Puis un autre élève fait de même.
Quand les planches sont remplies, on arrête et on vérifie si c'est juste en ouvrant les gobelets.
Les épices peuvent être choisies pour ce jeu.
Les élèves apprennent à reconnaître de nouvelles odeurs que des parents utilisent pour cuisiner. Selon l'origine, les parents n'utilisent pas les mêmes épices et donc les élèves apprennent à mieux les connaître.
On peut faire ensuite un travail sur l'origine botanique de quelques épices (écorce pour la cannelle, fruit pour la vanille, graine pour la noix de muscade, feuilles pour le thym et le laurier, etc.) en achetant les produits dans leur aspect d'origine et non pas sous l'aspect de poudres.

Il existe un loto des odeurs dans le commerce (*Loto des odeurs* chez Sentosphère, 59, bd du Général-Valin 75015 Paris), mais les odeurs sont synthétiques et assez loin des odeurs naturelles pour certaines.

34 Comment faire pour bien goûter ?

p. 57

Niveau ciblé

Enquête facile, niveau CP, à mener après l'enquête 31 et avec les 32, 33, 35, 36.

Matériels et documents

- Verres, eau salée, eau sucrée, eau + café, eau + citron, jus d'orange, jus de raisin.

Objectifs notionnels

- Avoir compris et retenu quelques caractéristiques du goût.
- Prendre conscience qu'il existe des sensibilités gustatives diverses selon les individus.
- Découvrir et identifier des goûts nouveaux.
- Savoir qu'il existe quatre goûts principaux.

Compétences transversales

Exposer son point de vue	Réfléchir sur la manière de reconnaître un aliment au goût.
Expérimenter	Réaliser le matériel nécessaire aux expérimentations. Effectuer dans l'ordre les différentes étapes d'une consigne.
Acquérir une meilleure maîtrise de la langue	Comprendre les différentes étapes d'une consigne. Enrichir son vocabulaire.

Les clés de l'enquête

Recherches

1. Expériences des quatre liquides :
Numérotez les quatre verres afin de pouvoir vérifier facilement les résultats des élèves.
Les quatre goûts principaux ayant été mis en évidence, les élèves peuvent comparer avec leurs avis initiaux.

2. Les expériences avec le nez bouché sont assez délicates, il ne faut pas hésiter à les refaire.
Attention, il faut nommer le liquide **avant** de se déboucher le nez.
Lorsque nous sommes enrhumés, nous reconnaissons moins bien les aliments que nous mangeons. En effet, il y a moins de communication entre la bouche et la cavité nasale.

3. Comparer la différence entre les nombreuses odeurs perçues et le petit nombre de goûts perçus.

Précautions

Attention aux allergies alimentaires (voir la partie théorique de ce guide p. 85).
Envoyez aux parents un texte prévenant de l'expérimentation en classe afin d'avoir leur avis (possibilité d'une allergie non signalée ou survenue depuis la rentrée).
Rassurer les goûteurs avant les expériences et prévoir toujours de quoi cracher ainsi que de l'eau afin de se rincer la bouche.

Prolongements possibles

- **Sensibilité au sucre** (mettre en relation avec l'enquête 41)

Préparer des bouteilles numérotées remplies d'eau contenant des doses de sucre différentes : 100, 50, 10, 5, 1 ou 0 grammes de sucre par litre d'eau.
Faire goûter les eaux de la moins sucrée à la plus sucrée. Le dispositif le plus simple est de donner six gobelets numérotés par groupe de quatre et trois Cotons-Tiges coupés en deux par élève. Demander aux élèves de noter le numéro du gobelet avec lequel ils perçoivent le goût sucré pour la première fois. Comparer les résultats entre les élèves. Demander aux élèves de réfléchir à ce qu'ils mangent et voir qui mange beaucoup de sucre habituellement.

Ils pourront ainsi constater que le fait de manger très sucré conduit à moins bien percevoir le goût sucré : il y a accoutumance.
Pour ressentir le goût sucré nous devons alors manger ou boire de plus en plus sucré. Ces excès de consommation de produits sucrés entraînent l'obésité.

• **Les sens nous trompent**

Colorer des boissons ou des aliments avec des colorants alimentaires.
Faire émettre des avis sur le goût de ces aliments ou boissons simplement en les regardant.
Ensuite les goûter et mettre en évidence l'influence de la vue sur la perception du goût des aliments.

35 À quoi servent tes deux oreilles ?

📖 p. 58

Niveau ciblé

Enquête facile, niveau CP, à faire après l'enquête 31 et avec les 32, 33, 34, 36.

Objectifs notionnels

• Avoir compris et retenu quelques caractéristiques de l'ouïe.

Compétences transversales

Analyser une image	Pour appréhender un handicap.
Expérimenter	Comparer deux expériences en faisant varier un facteur. Voir les possibilités et les limites de l'ouïe.
Acquérir une meilleure maîtrise de la langue	Comprendre les informations d'un texte documentaire.

Les clés de l'enquête

• **Recueil des hypothèses :** cette analyse de l'image permet de reconnaître un handicap et d'envisager les manières d'en tenir compte dans une situation de la vie quotidienne.

• **Recherches :** ces expériences menées en binôme permettent une coopération réelle et une comparaison rapide des résultats entre les deux élèves. Ne pas hésiter à recommencer les expériences si nécessaire.

L'écoute des bruits de la classe est à mener en parallèle avec les observations d'élèves ayant gardé les yeux ouverts. La comparaison des deux résultats permet de mettre en évidence la meilleure qualité d'écoute les yeux fermés et l'importance des autres informations amenées par la vue.

Précautions

Attention aux bruits trop forts, trop près de l'oreille ou pouvant déranger les classes voisines.

Prolongements possibles

• **Jeu Nathan « Quel est ce bruit ? ».** Ce jeu comprend six planches thématiques dessinées (cuisine, jardin public, rue, etc.), des jetons (six par planche) avec des dessins qui correspondent à des parties des planches et aux sons enregistrés sur la cassette, une cassette avec tous les sons correspondant aux jetons. Le but de ce jeu est d'associer le son d'un objet à sa représentation visuelle et d'apprendre le nom et le son de nouveaux objets.

Voici une proposition d'utilisation de ce jeu afin de pouvoir faire travailler en autonomie un groupe de six élèves :

1. Donner une planche à chaque élève. Mettre les jetons avec dessins au centre de la table occupée par les six élèves. Après avoir observé attentivement leur planche, les élèves doivent retrouver les jetons de leur planche et les placer dessus. Lorsqu'ils ont terminé, ils échangent leur planche ; certains élèves étant plus rapides que d'autres, ils doivent savoir patienter.
En synthèse, avec l'enseignant, les élèves vont nommer précisément les différents éléments des planches.
Cet exercice préalable à l'écoute des sons est indispensable sinon il y a trop de difficultés en même temps : repérer visuellement les éléments dans les planches, les nommer et reconnaître auditivement les éléments des planches.

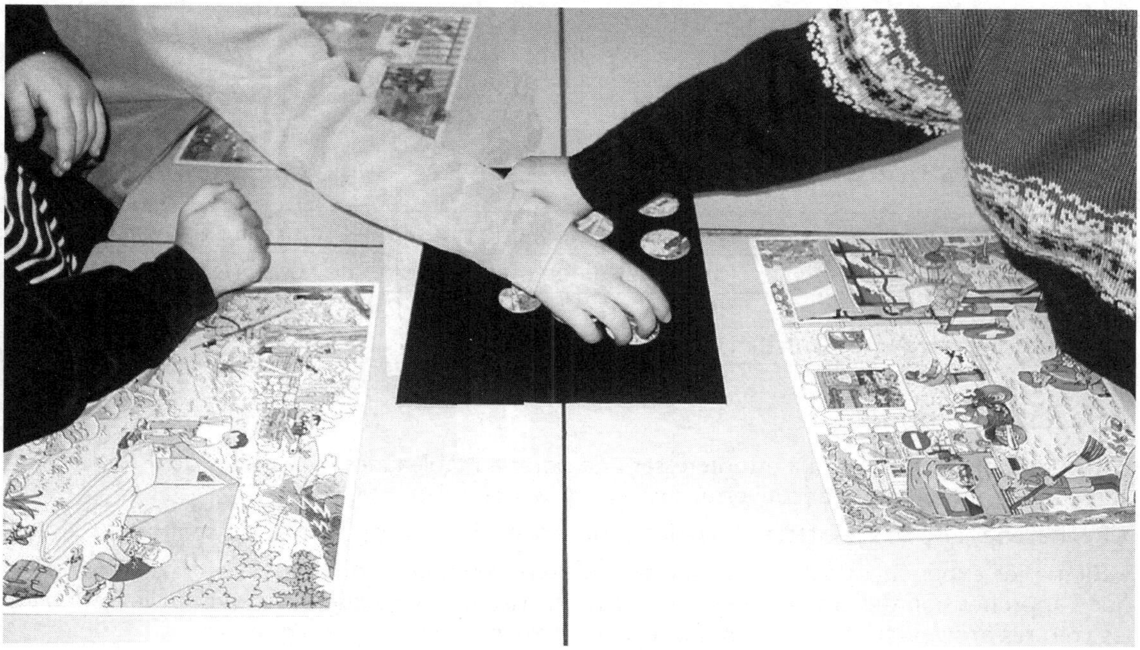

2. Donner une planche et six jetons numérotés de 1 à 6 par élève et la cassette.

En première écoute, ils découvrent les sons sans manipuler.

Ensuite, le jeu commence. Le premier son est émis et la cassette est arrêtée par un élève. L'élève qui a le dessin correspondant sur sa planche doit poser le jeton numéro 1. Ainsi de suite jusqu'à la fin de la bande-son.

Dans ce second exercice, chaque élève a des jetons numérotés. Lors de la correction, l'enseignant peut vérifier que les sons ont été reconnus au moment du passage de la bande-son.

Cette activité a été réalisée dans la classe de Catherine Demazière, PEMF à Paris.

Sécurité routière (voir l'enquête 36).

Document utilisable en classe

Promenons notre oreille… à la campagne, de Joël Genetay, Éditions Fuzeau, B. P. 406 Courlay, 79306 Bressuire Cedex.

Ce document comprend deux CD (un premier avec des sons mélangés de la campagne et un second avec des sons isolés de bruits divers d'oiseaux, de pas, de pluie…), un livret pédagogique très clair et de nombreuses idées avec soixante cartes plastifiées permettant d'associer sons et dessins au cours de l'écoute.

36 Quel est l'intérêt d'avoir deux yeux ?

📖 p. 59

Niveau ciblé

Enquête facile, niveau CP, à faire après l'enquête 31 et avec les 32, 33, 34, 35.

Matériels et documents

- Stylos avec capuchons.

Objectifs notionnels

- Avoir compris et retenu qu'avec deux yeux, on peut estimer les distances, élargir son champ latéral et percevoir le relief.

Compétences transversales

Analyser des images	Pour répondre à une question et pour faire une expérience.
Expérimenter	Suivre les différentes étapes d'une consigne.
Prendre conscience de la nécessité de protéger ses sens	Protéger ses yeux du soleil.

Les clés de l'enquête

- **Recueil des hypothèses :** il est intéressant de noter au tableau les hypothèses de toute la classe afin de les comparer aux découvertes des élèves lors du bilan.
- **Recherches :** ne pas hésiter à refaire les expériences de perception avec un seul œil.
- **Bilan :** les expériences montrent qu'avec les deux yeux, la vision latérale est plus étendue et que l'appréhension des distances est plus juste. En vision binoculaire, il est plus facile de repérer les voitures arrivant sur le côté. On apprécie également mieux leur éloignement.

On peut aussi mettre en évidence le fait qu'avec deux yeux, on perçoit le relief. Pour voir en relief, on peut utiliser les cartes postales à déplier de chez *Nature et découverte* (dessins en noir et blanc). À travers les trous prévus, regarder avec un œil, puis l'autre, l'image apparaît plate ; regarder ensuite avec les deux yeux, l'image apparaît en relief.

Prolongements possibles

- **Les illusions visuelles**

Montrer quelques exemples d'illusions visuelles (utiliser les sites Internet : le site www.illusions-optiques.be.tf est excellent) en document papier ou mieux au rétroprojecteur. En effet, avec le rétroprojecteur, les élèves peuvent venir montrer par eux-mêmes ce qu'ils croient voir sur l'écran et comparer ainsi leurs analyses et leurs compréhensions des images.

De très belles illusions visuelles sont dans le numéro 39 hors-série, avril 2003, de la revue *Pour la science,* intitulé *Les illusions des sens.*

- **Les sens des animaux**

Une recherche sur les sens chez les animaux, puis une comparaison entre l'homme et les animaux, intéressent beaucoup d'élèves. Par exemple, l'homme ne voit pas bien la nuit, en revanche les chouettes et les chats ont une vision nocturne excellente.

- **Expérience des poudres et produits blancs**

Cette expérience permet de comprendre que plusieurs sens sont nécessaires pour reconnaître exactement un produit. Mettre diverses poudres blanches (sel, sucre en poudre, sucre glace, farine, bicarbonate, Maïzena, levure…) ou des produits laitiers blancs (crème, yaourt nature, yaourt sucré, fromage blanc, lait concentré sucré…) dans des récipients transparents et fermés, et essayer de les reconnaître.

A. Les récipients sont fermés. Essayer de nommer les différents produits juste en regardant puis en secouant les récipients.

B. Les récipients sont ouverts. Essayer de nommer les différents produits en les sentant ; en les touchant… en les goûtant. Attention aux allergies alimentaires — voir la partie théorique de ce guide — et à l'hygiène.

Au fur et à mesure des expériences, les produits sont de mieux en mieux différenciés les uns des autres. On prend ainsi conscience de la collaboration de tous les sens pour reconnaître exactement un produit.

• **Sécurité routière**

Afin de devenir un piéton autonome et responsable, des règles sont à connaître pour traverser les rues (feux, signalisations, passages cloutés, croisements de rues). Pour évaluer les risques dans une situation quotidienne complexe, la vue et l'ouïe sont complémentaires.

Un bon document sur la sécurité routière a été réalisé par la MAIF pour les trois cycles, avec de nombreuses activités pratiques réalisables en classe et explicitées clairement.

La sécurité routière à l'école primaire, année scolaire 2004/2005.

L'intégralité de ce document est disponible sur : eduscol.education.fr/default.htm

37 Comment sont tes dents ?

📖 p. 60

Niveau ciblé

Plutôt niveau CE1, la réalisation et le dessin de l'empreinte demandant une manipulation soignée, une observation fine et une bonne précision dans le dessin. À mener avec les trois enquêtes suivantes, 38, 39, 40.

Matériels et documents

• Ciseaux, carton, gommettes, pâte à modeler, petits miroirs.

Objectifs notionnels

• Connaître le nom des dents, leur nombre, leur forme et leur position dans la bouche.

Compétences transversales

S'exprimer par un dessin	Réaliser un dessin de ses conceptions.
Observer	Pour répondre à une question, identifier et comparer.
Confronter	Argumenter son avis.
Expérimenter	Vérifier son avis par la réalisation d'empreintes.
Analyser	Expliquer oralement son empreinte et la traduire par un dessin.
Enrichir son vocabulaire	Utiliser à bon escient mots et adjectifs précis au sujet des dents.
Développer l'autonomie	Manipuler seul et gérer son temps.
Mathématiques	Travailler sur la symétrie au niveau des dessins (gauche et droite).

Les clés de l'enquête

Cette enquête nécessite deux séances de 30 à 40 minutes environ.

• **Pour démarrer :** l'observation de la photo des dents, p. 60 du manuel, et celle de leur propre dentition vont permettre aux élèves d'échanger plus efficacement, grâce à des mots exacts.

• **Recueil des hypothèses :** leur fournir éventuellement de petits miroirs pour observer leurs dents.

Mise en commun (deux possibilités) :

1. Afficher au tableau quelques-uns des dessins afin de voir les différentes conceptions.

2. Prendre en photo, avec un appareil photo numérique des dessins d'élèves et les montrer à la classe entière en les passant sur l'écran de télé (avec le zoom, on voit parfaitement les détails des dessins).

Dans les deux cas, noter sur une grande feuille les questions soulevées : cela permettra d'organiser les séances suivantes en fonction de ces questions.

Demander aux élèves de proposer une expérience permettant de se mettre d'accord sur le nombre de dents et leur forme respective. Si l'idée de prendre des empreintes n'émerge pas, la proposer aux élèves.

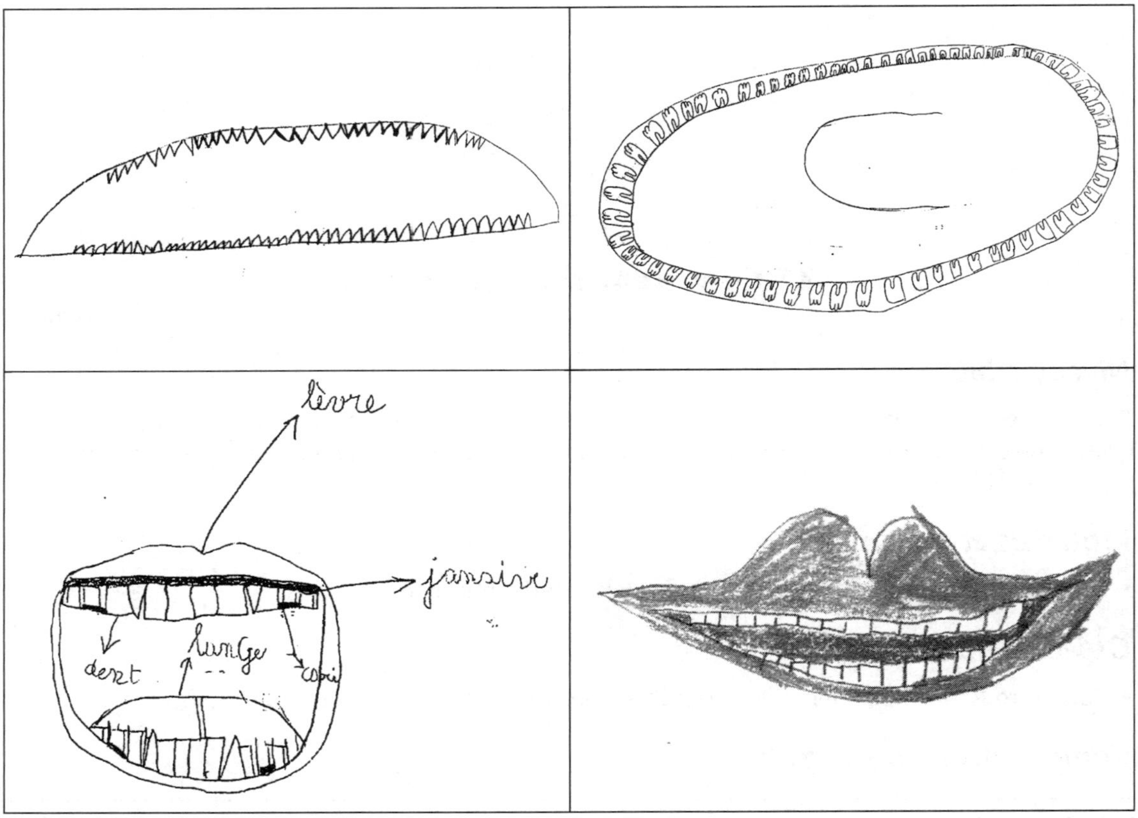

Dessins d'élèves de CE1.

• **Recherches :** faire expliciter les photos montrant la réalisation de l'empreinte avant de leur donner le matériel afin qu'ils s'approprient l'activité.

Une analyse précise et une comparaison des empreintes seront faites avec les mots appropriés. Les élèves dessineront ensuite leur empreinte en s'aidant des symboles proposés dans le manuel. Le codage proposé (une possibilité parmi d'autres) permet aux élèves de comprendre leurs empreintes et de les comparer. Ce codage est utilisé dans la page bilan. Pour les dents tombées, les élèves vont rechercher un symbole commun pour toute la classe.

Exemple de trace écrite

Comment sont tes dents ?

Au début, je pensais que :

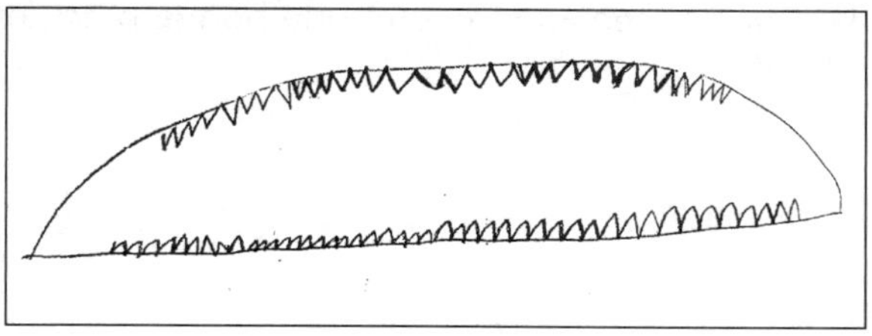

Dessin de l'élève.

J'ai réalisé une empreinte :

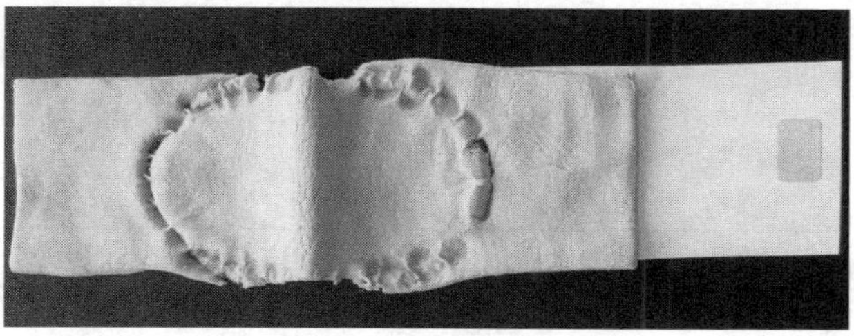

Photo de son empreinte ou dessin de son empreinte avec les légendes.

Maintenant, je sais que :

En ce moment il y a dans ma bouche : 7 incisives, 4 canines, 8 molaires.
J'ai en tout 19 dents.

Conseils pratiques

• Pour les enseignants

Les dimensions du petit morceau de carton sont à rechercher avant la séance avec les élèves. On peut donner une petite boule de pâte à modeler ou la languette déjà toute faite. La languette de pâte à modeler doit avoir une épaisseur uniforme.

• Pour les élèves

Après discussion sur les photos on peut soit les laisser libre, soit leur proposer le protocole suivant :
– Entourez le carton avec la pâte à modeler puis tenez le tout de telle sorte que vous voyiez la gommette.
– Mordez une seule fois en enfonçant le carton avec la languette dans la bouche afin d'avoir toutes vos dents.
– Si le premier essai est raté, cela n'est pas grave, il suffit de raplatir la languette et de recommencer.
– Dépliez la languette délicatement en la laissant sur le morceau de carton de façon à reconnaître la mâchoire du haut et celle du bas grâce à la gommette.
– Mettez votre nom sur la languette et laissez sécher 24 heures pour que cela soit parfaitement dur.

Précautions expérimentales

Afin d'éviter les allergies aux colorants alimentaires, prendre de la pâte à modeler blanche.
La plus appropriée pour ce travail est *Plastiroc* de chez Omyacolor qui durcit à l'air en 24 heures, ne colle pas aux dents et à un goût agréable.
La pâte à sel peut être utilisée pour réaliser des empreintes, mais il faut prévoir un verre d'eau et de quoi cracher car le goût salé n'est pas toujours apprécié ! La pâte à tarte est bien aussi mais là le problème est inverse : les élèves ont tendance à manger la pâte !

Prolongements possibles

Réaliser un moulage des dents en déposant du plâtre dans l'empreinte.

38 Tes dents sont-elles vivantes ?

p. 61

Niveau ciblé

Niveau CE1, le dessin des radios demandant une observation fine et une bonne précision dans le dessin. À mener avec les enquêtes 37, 39, 40.

Matériels et documents

- Radios de dents si possible, calque.

Objectifs notionnels

- Savoir que les dents sont vivantes.
- Comprendre la formation des caries.
- Éduquer à l'hygiène dentaire.

Compétences transversales

Observer et comparer	Comprendre la structure d'une dent et l'évolution des caries.
S'exprimer par un dessin légendé	Décalquer une radio et la légender.
Acquérir une meilleure maîtrise de la langue	Enrichir son vocabulaire. Analyser des textes documentaires.

Les clés de l'enquête

Cette enquête peut être menée en une ou deux séances de 30 minutes environ.

• **Pour démarrer :** en s'exprimant sur la photo 1 p. 61 du manuel, les élèves font part de leurs connaissances mais aussi de leurs appréhensions !

• **Recueil des hypothèses :** lors de la discussion, il est intéressant de noter les avis des élèves pour motiver les activités de recherche de cette enquête et de l'enquête 40. Celles-ci montrent bien le caractère vivant des dents, à rapprocher des phénomènes de croissance et de réparation des os des enquêtes 28, 29 et 30.

• **Recherches :** le travail de décalque des radios est assez délicat, il demande que le calque soit bien maintenu en place, avec des trombones par exemple.

On peut comparer les radios du manuel avec des radios amenées par les enfants et reconnaître les dents saines, les dents cariées plus ou moins profondément et les dents soignées.

Exemple de trace écrite

Tes dents sont-elles vivantes ?

- Coller les calques avec les légendes.
- Écrire la définition d'une carie.
- Écrire un petit texte sur le brossage des dents avec des dessins explicatifs (possibilité d'un poster collectif exposé dans la classe).

Prolongements possibles

Une recherche de documentation sur le brossage des dents (durée, fréquence, manière, etc.) et une visite chez un dentiste permettent de prolonger cette enquête. La visite chez le dentiste et ses explications sur le rôle des différents outils et machines dédramatisent ce lieu.

39 A quoi servent tes dents ?

📖 p. 62-63

Niveau ciblé

Enquête facile à mener en CE1 avec les enquêtes 37, 38, 40.

Matériels et documents

• Pommes, pain, sucre, certains outils dessinés p. 62, apportés « en vrai », calque, vraies dents, différentes si possible.

• Tableau à remplir pour le rôle des dents (à photocopier p. 231).

Objectifs notionnels

• Connaître le rôle des différentes dents.

Compétences transversales

Observer	Pour comprendre le fonctionnement des dents. Pour comparer les dents entre elles et avec des outils.
S'exprimer par un dessin légendé	Décalquer une photo et la légender.
Acquérir une meilleure maîtrise de la langue	Rechercher les termes les plus adaptés dans une liste (verbes sur le rôle des dents). Comprendre un texte documentaire et sa traduction sous forme de photos.
Mathématiques	Lire un tableau simple et un tableau à double entrée.

Les clés de l'enquête

Cette enquête peut se faire en deux séances de 30 à 40 minutes environ.

• **Recueil des hypothèses :** les hypothèses des élèves sur le rôle des dents peuvent être notées sur une affiche à laquelle on pourra se référer au cours de la séance.

• **Recherches :** pour faciliter les observations des élèves, on peut leur proposer de remplir le tableau (à photocopier p. 231).
Donner et expliquer le tableau en remplissant la première case ensemble.
Proposer les aliments un par un (travail individuel de 10 minutes environ).
Après avoir récupéré les aliments restants, une mise en commun peut se faire en affichant au tableau le même document que celui distribué aux élèves. On note toutes les réponses avec des traits verticaux, par exemple, pour avoir une approche statistique. Globalement on constate une cohérence des réponses : on utilise davantage telle dent pour tel aliment.
Afin d'aider le travail sur le document « outils et dents » du manuel, il est souhaitable d'apporter les outils dessinés.
La discussion et la mise en commun sont facilitées par l'affichage au tableau du document « outils et dents ».
D'autres essais sur des aliments variés peuvent être proposés afin de vérifier le rôle des dents : viande de grison, pistaches, etc.

• **Bilan :** Expliciter clairement le rôle des dents avec un vocabulaire adapté et conclure sur le régime alimentaire omnivore de l'homme.

Comprendre la relation entre dentition et régime alimentaire chez l'éléphant. Les défenses (incisives) n'ont aucun rôle alimentaire, en revanche les quatre molaires broient les herbes et les feuilles comme des meules.

Exemple de trace écrite

À quoi servent tes dents ?

Au début, je pensais que :

Phrase expliquant son avis sur le rôle des dents.

J'ai observé comment je mange des aliments :

Tableau à double entrée avec ses réponses.

Dessins décalqués des trois dents.

Maintenant, je sais que :

Les incisives servent à couper comme la pince coupante.
Les canines servent à déchirer comme un poignard.
Les molaires servent à broyer comme le casse-noix.
Grâce à ses trois types de dents, l'homme est omnivore : il mange toutes sortes d'aliments.

Précautions

Attention aux allergies alimentaires (voir la partie théorique de ce guide p. 85).

Les aliments proposés ici sont très peu allergisants, mais il est préférable de demander par courrier avant la séance si les élèves n'ont pas de problème. Par ailleurs, l'utilisation de saucisson est à éviter à cause des interdits religieux.

Prolongements possibles (avec l'enquête 50)

Comparer avec des mâchoires d'animaux et faire observer les adaptations en fonction des régimes alimentaires (canines très développées chez les carnivores, molaires en râpe chez les herbivores).

40 Comment passe-t-on de la dent de lait à la dent définitive ?

📖 p. 64-65

Niveau ciblé

Enquête à mener en CE1.

Cette enquête est à faire après les enquêtes 37, 38 et 39.

Matériels et documents

- Calques, loupes à main, radios panoramiques de dentitions d'enfants si possible, vraies dents de lait si possible.
- Dessin de la radio panoramique (à photocopier p. 231).

Objectifs notionnels

- Savoir qu'il y a une succession de deux dentitions, dentition de lait puis dentition définitive.

Compétences transversales

Observer et analyser	Comprendre par quelques indices une imagerie scientifique complexe (radio des mâchoires).
Réinvestir des connaissances	Interpréter une radio permettant de mieux comprendre la structure des dents.
Acquérir une meilleure maîtrise de la langue	Interpréter un texte documentaire.

Les clés de l'enquête

Cette enquête se réalise en une ou deux séances de 30 à 40 minutes environ.

• **Pour démarrer** : demander aux élèves d'apporter leurs dents de lait afin qu'ils puissent les manipuler et les observer, avec une loupe éventuellement.

Ces documents permettent de poser le problème du remplacement et de voir l'aspect particulier des dents de lait (pas de racines).

• **Recueil des hypothèses** : suite au recueil des conceptions, demander aux élèves quels types de recherches pourraient donner des réponses. Suggérer les radios panoramiques s'ils n'y pensent pas.

• **Recherches** : pour la mise en commun du travail demandé sur le dessin de la radio panoramique, l'idéal serait de montrer ce dessin sur plastique au rétroprojecteur. Cela permettrait à différents élèves de venir localiser les mâchoires, la langue et la dent cariée sur le rétroprojecteur puis de venir colorier les différentes dents en argumentant leur choix face au groupe classe.

Après deux activités (la radio et son dessin), il serait intéressant de montrer une vraie radio panoramique d'enfant sur laquelle les élèves pourraient réinvestir les observations faites auparavant.

Exemple de trace écrite

Comment passe-t-on de la dent de lait à la dent définitive ?

Au début, je pensais que :

Dessin de l'élève représentant son avis sur l'endroit où se trouvent ses futures dents.

J'ai observé des radios.

Maintenant, je sais que :

Dessin colorié de la radio panoramique.

À partir de 6 ans, les dents définitives poussent les dents de lait qui finissent par tomber.

Conseils pratiques

Pour le rétroprojecteur utiliser des stylos feutres effaçables.

Prolongements possibles

Lecture d'albums, par exemple *Dents d'acier* de Claude Boujon, École des loisirs, 1997.

41 Quel petit déjeuner pour être en forme ?

p. 66-67

Niveau ciblé

CE1, réalisable en CP.

Matériels et documents

- Papier, ciseaux, colle.
- Dessins des quatre petits déjeuners du manuel (à photocopier p. 233).
- Vignettes d'aliments pour le petit déjeuner (à photocopier p. 232).

Objectifs notionnels

- Savoir élaborer un petit déjeuner équilibré.
- Identifier quelques groupes d'aliments.
- Prendre conscience qu'une alimentation trop sucrée et trop grasse conduit souvent à l'obésité.

Compétences transversales

Analyser des dessins	Rechercher des indices permettant d'argumenter son avis.
Comparer	Comprendre la notion de petit déjeuner équilibré en comparant des petits déjeuners entre eux.
Élaborer une affiche	Présenter son petit déjeuner.
Acquérir une meilleure maîtrise de la langue	Interpréter un texte documentaire.

Les clés de l'enquête

Cette enquête se réalise en une ou deux séances de 30 minutes.

• **Pour démarrer :** avant cette séance, penser à demander aux élèves de rapporter en classe des publicités distribuées par les magasins d'alimentation qui contiennent beaucoup de photos d'aliments. Les élèves y rechercheront les aliments de leur petit déjeuner et les colleront sur une feuille. Plus facilement, on peut utiliser les vignettes d'aliments page 232 de ce guide.

• **Recueil des hypothèses :** les dessins 1 à 4 du manuel permettent un échange, une discussion entre les élèves ainsi qu'une réelle confrontation des avis.

• **Recherches :** la récréation a lieu après 10 heures dans l'école de Marine.
L'analyse des petits déjeuners présentés par la grenouille peut se faire avec le groupe-classe. Cette analyse doit permettre de dégager la constitution d'un petit déjeuner équilibré de manière globale. La comparaison avec les quatre petits déjeuners de la page 66 sera ensuite réalisable sans trop de problème par les élèves en travail individuel.
On peut utiliser les vignettes des petits déjeuners de ce guide pour rajouter ce qui manque éventuellement aux quatre petits déjeuners de la page 66, pour être équilibrés.
Un petit déjeuner équilibré comporte toujours une boisson (indispensable pour réhydrater le corps après la nuit) sous la forme que l'on préfère (lait, eau, jus de fruits…). Les quatre constituants d'un petit déjeuner sont un produit laitier (contenant du calcium pour fortifier les os), des céréales (pour donner de l'énergie pendant toute la matinée), un produit sucré (pour donner de l'énergie immédiatement mais aussi pour le plaisir), un fruit ou un jus de fruits (pour apporter des vitamines). L'important est que ces quatre constituants soient présents au moins une fois dans un petit déjeuner. Certains des aliments peuvent éventuellement se retrouver présents sous deux formes différentes (par exemple, on peut avoir des céréales et une tartine de pain, cela ne pose pas de problème du moment que les quantités ne sont pas exorbitantes).
Ici, le petit déjeuner de Thomas est équilibré ; il manque un fruit ou un verre de jus de fruits à celui de Mehdi ; il manque un fruit ou un verre de jus de fruits et un laitage à celui de Lola (mais

surtout c'est la boisson qui lui manque quelle que soit sa forme : cela pourrait aussi être un verre d'eau) ; il manque un laitage et des céréales à celui de Marine (le manque de céréales explique son malaise étant donné qu'elle n'a mangé à son petit déjeuner que des sucres rapides et pas de sucres lents).
Les sucres rapides mangés au petit déjeuner sont très vite utilisés par l'organisme. En revanche, des sucres rapides mangés le soir ou en en-cas ne sont pas utilisés tout de suite par l'organisme, mais sont stockés en grande partie sous forme de graisses.

• **Bilan** : après réflexion, quelques élèves peuvent présenter au groupe classe leurs petits déjeuners qu'ils auront ou non rééquilibrés. Les discussions qui s'en suivront permettront d'affiner cette notion de petit déjeuner équilibré.

Prolongements possibles

• **Fabrication de produits en classe**

On peut lire des recettes et fabriquer des aliments ensuite, par exemple des pâtes, du pain, du beurre…

• **Analyse de films montrant la fabrication de produits**

Comment c'est fait ?, plusieurs petits films du CNDP (www.cndp.fr), de 5 minutes environ (le poisson pané, le chocolat, les pâtes, le petit pain du hamburger…) montrent la fabrication de produits sans commentaire, avec des images à interpréter par les élèves. Ils sont tout à fait adapté à des élèves du cycle 2.
Du jardin à la table, trois cassettes du CNDP présentent quelques plantes alimentaires communes avec deux approches : de la graine à la graine, un cycle complet avec fleurs et fruits en images réelles accélérées 30 000 fois et une approche culinaire avec la fabrication de deux produits à partir de cette plante (une fabrication artisanale et une industrielle). Exemple : à partir du maïs sont présentées la fabrication artisanale de galettes de maïs et la fabrication industrielle de popcorn. Pour des élèves du cycle 2, le commentaire est un peu complexe mais une analyse des images est tout à fait pertinente.

• **Sensibilité au sucre** (en relation avec l'enquête 34) **et problèmes d'obésité** (voir p. 85).

• **Élaboration collective d'un vrai petit déjeuner en classe.**

Apporter différents produits en classe pour réaliser des petits déjeuners qui soient équilibrés et agréables en même temps, puis les déguster ensemble.

Attention aux allergies alimentaires (voir la partie théorique de ce guide p. 85).

• **Recherche documentaire sur l'apport et le rôle des quatre groupes d'aliments du petit déjeuner.**

42 Comment être en forme toute la journée ?

📖 p. 68-69

Niveau ciblé

CE1, mais réalisable en CP aussi.

Matériels et documents

• Papier, ciseaux, colle.
• Les 15 dessins du manuel, en noir et blanc (à photocopier p. 233-234).

Objectifs notionnels

• Avoir compris et retenu quelques règles d'hygiène relatives à la propreté, à l'alimentation et au sommeil ainsi que leurs fondements.

Compétences transversales

Analyser des images	Repérer tous les indices utiles des diverses images.
Classer	Rechercher des critères pertinents pour effectuer un tri.
Acquérir une meilleure maîtrise de la langue	Élaborer une frise chronologique ainsi que le texte explicatif de cette frise.

Les clés de l'enquête

• **Pour démarrer :** une discussion entre élèves va permettre de décrire avec précision les différentes vignettes.

• **Recherches :** bien évidemment des vignettes vont poser des problèmes, ce qui est le but recherché.

Vignette 2 : des sucreries lors des fêtes peuvent être acceptées, car il ne faut pas oublier le plaisir festif.

Vignette 6 : l'horaire est indiqué afin de mettre en évidence l'importance de prendre du temps pour manger son petit déjeuner calmement. Ce petit déjeuner équilibré est à mettre en relation avec l'enquête 41.

Vignette 10 : le sport est très important. On peut discuter du rôle fondamental des récréations qui permettent de faire bouger son corps librement, sans aucune contrainte. Sport et récréation sont deux activités physiques non pas identiques mais complémentaires.

Vignette 12 : il faut discuter des rôles fondamentaux du sommeil qui apporte le repos physique et psychique, permet la mémorisation et favorise la croissance. Sa durée totale doit être au moins de 10 heures en cycle 2.

Vignette 14 : mettre en évidence le déséquilibre de ce repas de midi. Éventuellement un travail sur l'équilibre quantitatif des repas peut être mené ensuite en donnant comme document la classification des aliments en sept groupes (voir la partie *Précisions scientifiques*, p. 85).

Exemple de trace écrite

Un tableau de trois colonnes avec les vignettes collées sera réalisé dans chaque cahier après discussion en groupe classe.

Exemples de présentation dans la classe

Une frise chronologique de la journée peut être affichée en classe à partir des vignettes agrandies et suite à une mise en commun.

Prolongements possibles

• L'équilibre quantitatif des repas de la cantine.
À partir des repas de la cantine, les élèves mènent une recherche pour essayer de trouver une classification pertinente des aliments avec leurs critères.

• **Recherche documentaire** sur l'apport et le rôle des sept groupes d'aliments (éléments de réponse donnés dans la partie théorique de ce guide).

Les végétaux et les animaux 5

Liens avec les programmes

Enquêtes 43 à 53

Compétences devant être acquises en fin de cycle	Enquête										
	43	44	45	46	47	48	49	50	51	52	53
L'espace Avoir compris et retenu quelques caractéristiques de son environnement proche ([1] p. 123).	×	×	×	×		×			×		
Le temps Utilisation… du calendrier ([1] p. 118). Être capable d'utiliser une horloge et de fabriquer un calendrier, y situer les événements étudiés ([2] p. 8).	×	×	×	×			×				
Le monde du vivant Être capable d'observer, d'identifier et de décrire quelques caractéristiques de la vie… végétale : naissance et croissance, nutrition, reproduction ([1] p. 123).	×	×	×	×							
Être capable d'indiquer des repères temporels et climatiques pour observer au fil des saisons, la naissance et le développement de différentes plantes ([2] p. 13).	×	×	×	×							
Savoir décrire la diversité du monde végétal et des organes végétaux ([2] p. 13).	×	×	×	×	×						
Être capable d'observer, d'identifier et de décrire quelques caractéristiques de la vie animale : naissance et croissance, nutrition, reproduction, locomotion (animaux) ([1] p. 123). Savoir rechercher, identifier et comparer quelques régimes alimentaires ([2] p. 13).						×	×	×	×		×
Être capable de proposer et de réaliser, en respectant la vie de l'animal et son intégrité, des expériences simples relatives à son comportement ([2] p. 13). Savoir respecter la vie animale par la compréhension des soins nécessaires aux animaux ([2] p. 13).						×					
Être capable de déterminer et de classer quelques animaux et végétaux en fonction de critères morphologiques ([1] p. 123). Savoir décrire la variété des espèces animales et végétales du milieu ([2] p. 13). Savoir décrire la diversité du monde végétal et des organes végétaux ([2] p. 13). Savoir décrire la diversité du monde animal ([2] p. 14).	×	×	×	×	×	×	×	×	×	×	×
Savoir observer les animaux et les végétaux dans leur milieu ([2] p. 15).		×	×	×	×	×	×	×	×	×	×

Avoir compris et retenu ce qui distingue le vivant du non-vivant en se référant aux manifestations de la vie animale et végétale ([1] p. 123).	×	×									
Avoir compris et retenu quelques critères élémentaires de classification ([1] p. 123).									×		

[1] : *Qu'apprend-on à l'école ? Les nouveaux programmes,* Paris, CNDP-XO Éditions, 2002.
[2] : *Documents d'application des programmes,* Découvrir le monde, cycle 2, DESCO SCEREN (CNDP), 2003.

Précisions sur le contenu disciplinaire

Les manifestations de la vie chez les animaux et les végétaux.

• La nutrition

Tous les animaux, végétariens, carnivores ou omnivores, consomment de l'eau, des sels minéraux (calcium, iode…) et des matières organiques comme les glucides, les protides ou les lipides. Ces matières organiques sont digérées, transformées en éléments plus petits appelés les nutriments (le glucose, les acides aminés ou les acides gras), qui sont distribués aux différents organes. Une partie de ces nutriments est utilisée pour fabriquer de la matière nécessaire à la croissance, à la reproduction, à la fabrication de réserves. Une autre partie est dégradée et produit de l'énergie (doc. 1). La réaction de dégradation de la matière organique qui fournit de l'énergie nécessite l'apport d'oxygène (ou dioxygène) et dégage du gaz carbonique (ou dioxyde de carbone). C'est la **respiration cellulaire**.

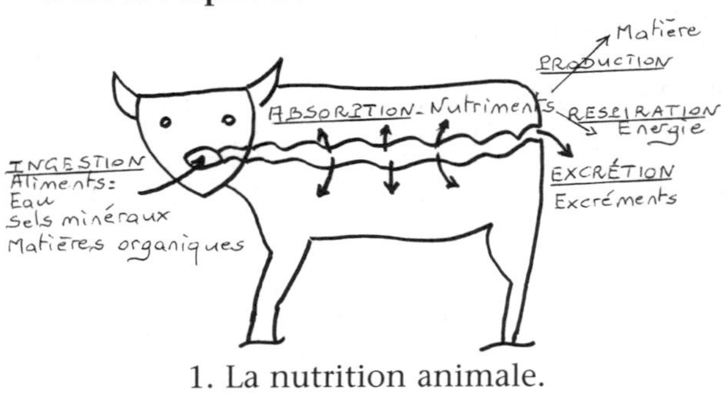

1. La nutrition animale.

> **Réaction bilan de la respiration :**
> Glucose + oxygène → Énergie + gaz carbonique + eau

Les **plantes** ne consomment pas de matières organiques. Elles la fabriquent à partir d'eau et de sels minéraux prélevés dans le sol, du gaz carbonique de l'air et en utilisant l'énergie lumineuse captée par des pigments, dont la chlorophylle. Cette réaction, la **photosynthèse**, se déroule essentiellement dans les feuilles.

> **Réaction bilan de la photosynthèse** :
> Gaz carbonique + eau + énergie lumineuse → matière organique + oxygène

Lors de la photosynthèse, du dioxygène (ou oxygène) est rejeté dans l'atmosphère.

La photosynthèse produit des matières organiques : glucides, lipides, protides. Ces produits sont évacués et circulent dans toute la plante au sein de la sève élaborée. Ces matières organiques sont utilisées par la plante pour fabriquer sa propre matière végétale et donc pour grandir, pour se reproduire, pour faire des réserves (graines, fruits, bulbes, tubercules…). Une partie de ces matières organiques est dégradée lors de réactions chimiques, qui constituent la respiration, pour produire de l'énergie indispensable à la vie de la plante. La plante verte respire en permanence, le jour et la nuit. Elle ne fait sa photosynthèse que le jour. Globalement au cours de sa vie, elle fabrique plus de matières organiques qu'elle n'en dégrade, donc la photosynthèse est plus intense que la respiration. Globalement la plante verte rejette de l'oxygène et consomme du gaz carbonique (doc. 2 p. 115 : *La nutrition végétale*).

• La procréation

Chez les animaux, la plupart des êtres vivants se développe à partir d'une seule cellule : la cellule œuf ou zygote. Cette cellule résulte de la rencontre et de la fusion d'un gamète mâle et d'un gamète femelle. Cet événement s'appelle la fécondation. Le jeune est donc différent de son père et de sa mère : il y a eu un brassage des gènes. Quand la rencontre des gamètes se fait à l'extérieur du corps de la femelle, dans l'eau par exemple, la fécondation est dite externe. Si la rencontre entre le gamète femelle (ovule) et le gamète mâle (spermatozoïde) se fait

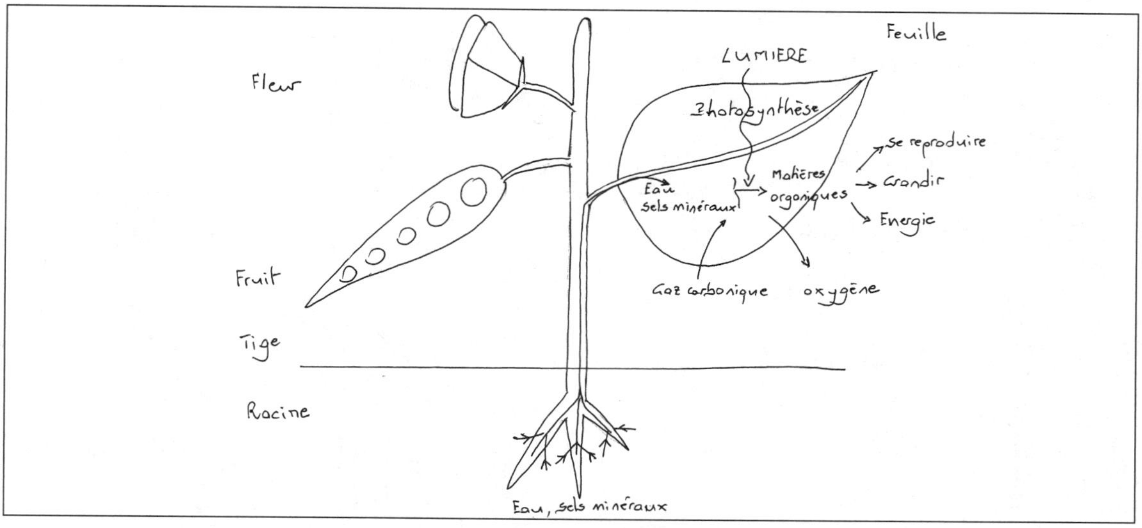

2. La nutrition végétale.

dans les voies génitales de la femelle, la fécondation est dite interne.

La cellule œuf se divise et donne peu à peu de nombreuses cellules qui s'organisent en un embryon. Chez les **ovipares**, le développement embryonnaire se fait dans un œuf situé à l'extérieur du corps de la femelle et le jeune sort d'un œuf. C'est le cas des animaux à fécondation externe et des espèces à fécondation interne qui pondent l'œuf fécondé, comme les oiseaux, les insectes... Chez les **vivipares** comme les mammifères, le jeune sort des voies génitales de la femelle. Dans ce cas, la cellule œuf se divise et le petit massif de cellules qui en résulte vient se fixer dans la paroi de l'utérus. Un embryon se développe, nourri par l'organisme maternel grâce au placenta auquel il est relié par le cordon ombilical.

Parfois le jeune est très différent de l'adulte, il s'agit d'une larve (insectes, grenouille). Au cours de leur croissance, ces larves vont subir une métamorphose, un profond changement, pour devenir adulte.

Chez de nombreuses espèces, les parents prennent soin des jeunes : chez les oiseaux nidicoles, les jeunes naissent aveugles, incapables de se nourrir ; chez les mammifères, les jeunes sont allaités par la mère.

Chez les végétaux, il y a également une fécondation qui donne un zygote, qui produit l'embryon puis le germe de la graine.

La fleur contient des organes mâles, les étamines, et des organes femelles, le pistil. Le pistil présente différentes parties : le style, le stigmate et l'ovaire qui contient un ou plusieurs ovules. Chez certaines plantes comme la courgette, le melon, il y a des fleurs mâles et des fleurs femelles.

Les étamines libèrent les grains de pollen qui sont transportés sur le stigmate. Le grain de pollen germe et fabrique un tube pollinique qui s'enfonce dans le style et atteint les ovules. Le grain de pollen produit deux gamètes mâles. La fécondation chez les végétaux est plus complexe que chez les animaux. Pour simplifier, on peut dire qu'un des deux spermatozoïdes vient féconder le gamète femelle contenu dans l'ovule. Alors l'ovule se transforme en graine et l'ovaire évolue en un fruit.

La graine contient des réserves et renferme très peu d'eau. C'est un organe qui résiste au froid de l'hiver. Par ailleurs c'est un organe qui est déplacé par les animaux ou le vent. Il assure la dissémination de l'espèce et la conquête de nouveaux milieux. La graine ne germe que si les conditions climatiques sont favorables : assez d'eau, température assez élevée, bonne aération du sol. La germination se traduit par une reprise de la vie active grâce à l'hydratation. Les réserves contenues dans la graine sont utilisées pour fabriquer la nouvelle petite plante. Peu à peu la plante fabrique des feuilles vertes qui lui permettent de se nourrir par photosynthèse (doc. 3 p. 116 : *Le cycle de vie du petit pois*).

• **La multiplication végétative**

D'une façon générale, la multiplication végétative correspond à la production d'une nouvelle plante à partir d'une partie de l'appareil végétatif de la plante mère qui redonne une nouvelle plante. Celle-ci est

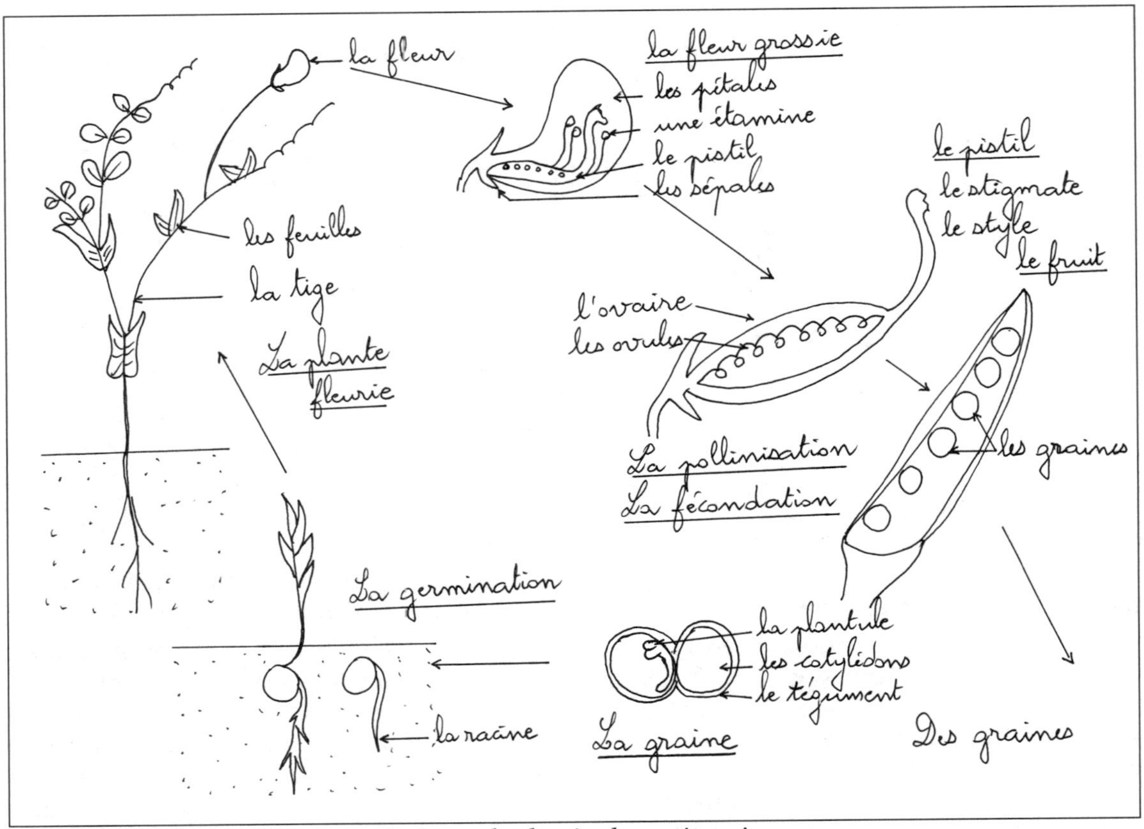

3. Le cycle de vie du petit pois.

donc strictement identique à la plante mère. C'est un clone. La multiplication est très utilisée en agriculture et en horticulture car elle permet de multiplier des variétés intéressantes pour l'homme.

Ainsi le tubercule de pomme de terre est une partie de tige souterraine qui redonne une plante identique à la plante de départ.

Diversité du vivant

Les organismes vivants qui peuvent se reproduire ensemble et donner des descendants qui leur ressemblent et qui eux-mêmes peuvent se reproduire, font partie de la même espèce. Au sein d'une même espèce, tous les individus ne sont pas identiques : il y a une variabilité génétique. Les espèces sont regroupées en des ensembles plus vastes : genre, ordre, classe et embranchement. Depuis Linné (en 1738) tout organisme est nommé avec deux noms : un nom de genre et un nom d'espèce. Par exemple, l'homme est désigné sous le nom d'*Homo sapiens*. Le genre englobe en général plusieurs espèces.

Les classifications anciennes sont actuellement critiquées et modifiées.

Ainsi, on ne distingue plus deux règnes : le règne animal et le règne végétal qui réunirait les plantes, les algues et les champignons. Les champignons sont mis à part. En effet ils ne possèdent pas de chlorophylle et leur mode de nutrition est plus proche de celui des animaux que de celui des végétaux.

Les animaux sont regroupés en quelques grands groupes, notamment les vertébrés, les échinodermes, les cnidaires, les annélides, les mollusques, les arthropodes. Il n'y a pas un groupe des invertébrés.

Ces grands embranchements présentent diverses classes. Chez les vertébrés, il y a les amphibiens, les oiseaux, les mammifères. Deux classes font problème : les poissons constituent un ensemble très hétérogène avec des poissons cartilagineux, comme le requin, et des poissons osseux, comme la truite ; et l'ancienne classe des reptiles n'existe plus car les crocodiles présentent plus de points communs avec les oiseaux qu'avec les tortues.

À la place de l'ancienne classe des reptiles, on trouve trois ensembles : les tortues, les serpents et lézards, les crocodiles.

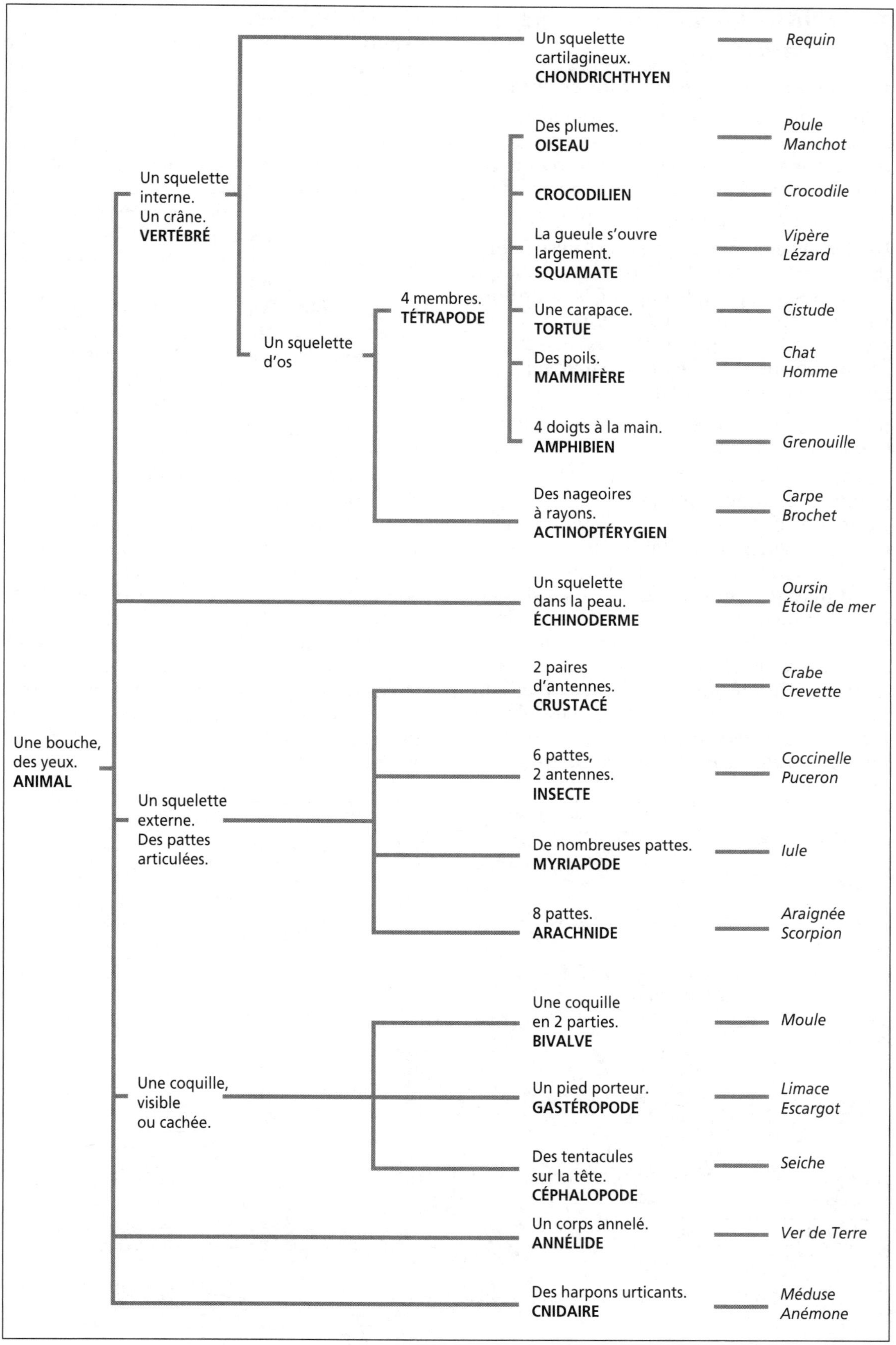

4. Une classification simplifiée.

Sensibilisation aux problèmes de l'environnement

• Les chaînes et le réseau alimentaire

Dans la forêt, par exemple, la chouette mange le campagnol qui consomme le fruit d'une plante verte. On a choisi d'écrire cela d'une manière rapide et claire à l'aide de flèches :

plante verte → campagnol → chouette

La flèche remplace l'expression « est mangé par » : l'intérêt d'une telle convention est que ces flèches indiquent le trajet de la nourriture. La chouette mange également des musaraignes qui consomment des insectes et parmi ces insectes, certains mangent des feuilles vertes d'une plante.

plante verte → insecte → musaraigne → chouette

Le campagnol peut être mangé par d'autres animaux comme le renard.
Dans un écosystème, il existe de nombreuses chaînes alimentaires qui s'entrecroisent ; en effet un même prédateur consomme différentes proies et une proie est mangée par plusieurs prédateurs. L'ensemble de ces chaînes alimentaires constitue le réseau alimentaire ou réseau trophique. Toutes les chaînes alimentaires débutent par une plante verte vivante ou non. Les plantes nourrissent directement les animaux végétariens et indirectement les carnivores.

• Le gaz carbonique

Depuis la révolution industrielle, le taux de gaz carbonique dans l'air augmente. Il est passé de 280 ppm (parties par million en volume) au début de l'ère industrielle à 354 ppm en 1990. D'ici 2050, on prévoit un doublement de la concentration du gaz carbonique. C'est un gaz à effet de serre, c'est-à-dire qu'il entraîne une augmentation de la température à la surface du globe. Ces dernières années, la température à la surface de la terre a augmenté (de +0,5 °C à +0,7 °C depuis 1860). Pour de nombreux scientifiques, les deux phénomènes sont liés et c'est l'augmentation des rejets des gaz à effet serre, gaz carbonique mais aussi méthane, qui sont la cause de l'augmentation de la température.
D'autres problèmes s'accumulent : l'eau devient rare dans certains pays ; elle est parfois polluée en France ; des déchets toxiques s'entassent ; certaines espèces sont menacées et d'autres ont disparu. Depuis la conférence de Rio en 1992, le développement durable est un concept qui peine à s'imposer même si 173 gouvernements ont adopté le texte. Le développement durable est « un développement qui répond aux besoins présents sans compromettre la capacité des générations futures de répondre aux leurs ».
Voir les sites internet de l'ademe : www.ademe.fr et de météo-France : www.meteo.fr

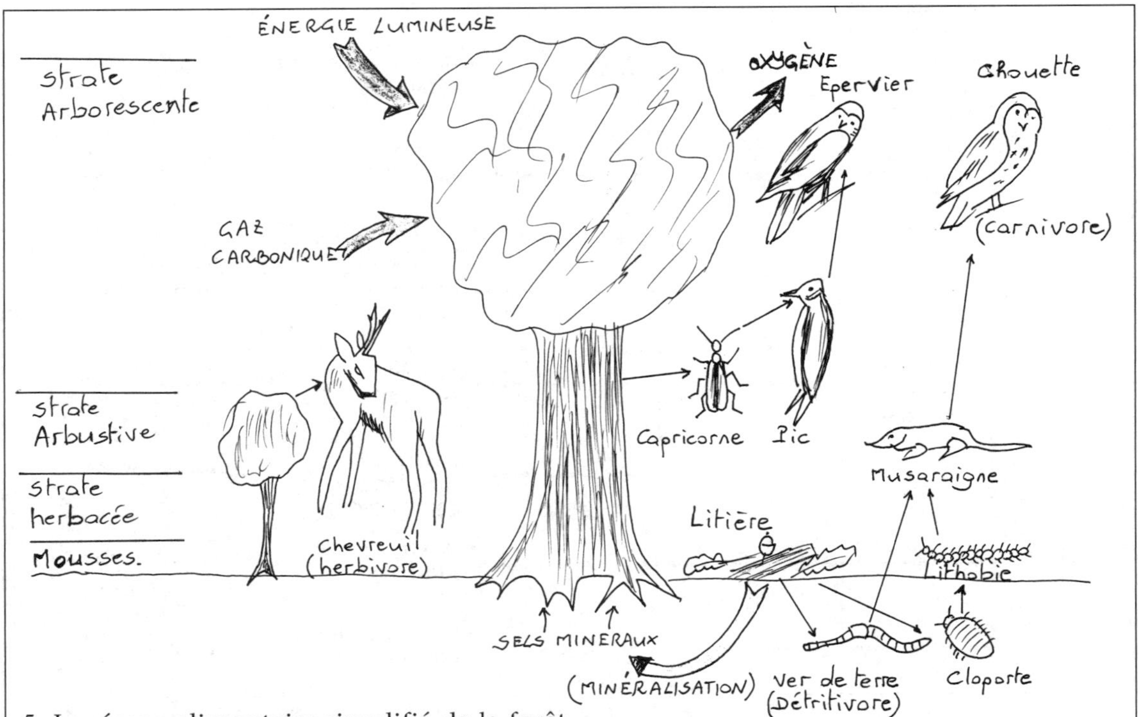

5. Le réseau alimentaire simplifié de la forêt.

Conseils pour organiser son enseignement

• Du questionnement aux connaissances en passant par l'investigation

Découvrir une ferme et ses animaux, jardiner, prendre soin de petits animaux, de plantations, etc. sont des activités essentielles car elles suscitent la curiosité, le questionnement et font naître le désir de chercher pour mieux comprendre.

À partir de ces situations, les élèves échangent et formulent leurs **observations** et leurs **questions**. Ces questions débouchent sur un temps de réflexion durant lequel des **hypothèses** sont explicitées. Un travail plus approfondi permet de recueillir les conceptions des élèves. La mise en commun peut se faire à partir de quelques productions d'élèves, sélectionnées par le maître : par exemple, un élève observe, décrit trois ou quatre productions et essaie de dire ce qui se ressemble et ce qui diffère. Ceci amène à énoncer les divergences, les points de désaccord et à préciser le questionnement. Ces questions sont notées, voire affichées dans la classe : elles vont structurer le déroulement des activités.

Pour chacune de ces questions, les élèves disposent d'un **temps d'investigation**. Souvent, ils vont mener ce travail en groupe (de quatre élèves par exemple) ; l'investigation présente diverses formes : réaliser des expériences ; faire des observations ; faire une recherche dans des documents, livres ou films ; réaliser une modélisation ; faire une enquête ou une visite.

Quand cela est possible, ce travail est accompagné par un **temps consacré à écrire ce qui a été fait** : la question traitée, les hypothèses, les moyens de l'investigation, les résultats du travail. Ce peut être quelques lignes, un dessin d'observation, un tableau de résultats, etc. Ces écrits permettent, entre autres, de garder en mémoire le travail mené. Ils sont conservés dans le « carnet de découverte du monde ». Une **mise en commun des résultats** s'impose : un groupe ou un élève peut venir exposer son travail, puis les autres échangent, disent ce qu'ils ont obtenu, formulent des objections, des points de désaccord, des questions.

Un **temps de synthèse** est indispensable : il permet de préciser ce que l'on a appris (les connaissances) ou ce que l'on a appris à faire (le savoir-faire). Il se traduit par un écrit validé par le maître.

• Sortir de la classe

La sortie est un temps fort de la vie de classe, un événement qui élargit le champ d'investigation des élèves. Cette sortie peut se faire :

– dans la cour de l'école. Au pied d'un arbre, on découvre de nombreux petits animaux : des gendarmes, des fourmis, des vers de terre, des escargots, des cloportes, des mille-pattes ;

– près de l'école, dans un parc, sur un chemin, ou dans un pré, une forêt ;

– dans une ferme, une vraie ferme ou une ferme pédagogique ;

– au zoo, à l'aquarium, au marché, au musée (voir encart p. 88)…

• Installer un « espace nature »

Pour les cultures, le mieux est évidemment d'entretenir un jardin dans l'école. Si cela n'est pas possible, on organise un « espace nature » dans la classe. Pour obtenir des plantes qui grandissent et se développent bien, il faut planter dans des jardinières assez grandes et profondes pour pouvoir mettre assez de terre. Les récoltes faites au cours de la sortie seront entreposées dans cet espace : un terrarium ou une boîte d'élevage pour mettre des animaux (vers de terre, escargots…) ; des jardinières avec des plantes, des germinations récoltées (jeunes chênes,…).

Il faut attirer l'attention des élèves sur le soin que l'on doit apporter à ces animaux. Ces animaux seront remis dans la nature après l'étude.

• Aménager un espace consacré aux documents

La démarche qui permet « la découverte du monde » présente des points communs avec la démarche du scientifique. Or, un point essentiel dans la démarche scientifique est le travail de lecture qui permet déjà de « se tenir au courant ». Dans ces séances, la place du « lire, dire et écrire » est centrale. Les élèves doivent pouvoir trouver des informations dans des livres, des albums, des films, sur Internet. Les petites encyclopédies des éditions Milan, Gallimard, les films du CNDP, les émissions *C'est pas sorcier* sont des ressources tout à fait complémentaires de l'observation. Dans la classe, un espace présentera un ensemble de documents, livres, revues, traitant du thème abordé.

43 Comment faire pousser des plantes ?

📖 p. 72-73

Niveau ciblé

CP ou CE1. La partie observation et description de l'intérieur de la graine est plus accessible en CE1.

Matériel et documents

• Jardinière (une pour 4 élèves) ; terreau ; plusieurs espèces de graines : haricots, petits pois, fèves, blé, radis, soja, lentilles... ; quelques outils de petite taille pour jardiner : pelle, fourche... ; verre ; eau.

• Dessins de quatre stades de germination (à photocopier p. 235).

Objectifs notionnels

• Comment naît et se développe une plante (la naissance, la croissance d'une plante).

• Quelques conditions favorables à la germination.

• Comment sont organisées les plantes et les graines.

Compétences transversales

Acquérir une meilleure maîtrise de la langue	– Enrichir le vocabulaire. – Observer avec une loupe et noter ses observations sous la forme de phrases et de dessins.
Mathématiques	– Utiliser une règle ou un mètre de couturière dans une activité de mesurage. – Utiliser un calendrier pour déterminer des durées.

Les clés de l'enquête

Cette enquête nécessite plusieurs séances, au moins 5, espacées dans le temps.

• **Pour démarrer :** un élève commente les deux photographies p. 72 du manuel, puis les autres réagissent à ses propos.

• **Recueil des conceptions :** à partir des deux questions suivantes : que donnent les graines mises dans la terre ? que contient la graine ? les élèves explicitent leurs conceptions avec des dessins. Puis ils constatent qu'ils sont en désaccord et formulent clairement quelques problèmes.

• **Recherches :**

– Que donnent les graines mises en terre ?

Les élèves travaillent en groupe. Ils sèment librement quelques graines de diverses espèces : haricots, petits pois, fèves, blé, soja, lentilles..., avec le matériel suivant : jardinière, terre, graines, pelle miniature ou cuillère. Dans leur cahier, ils dessinent, puis ils disent comment ils ont semé. Ils réalisent une affiche avec des dessins, des phrases, les graines collées avec du Scotch, des photos des élèves au travail et des « jardins ». Ils écrivent un titre comme : ***Le... avril, on a semé.***

Les élèves observent et décrivent les semis, une ou deux fois par semaine, durant un mois environ. Dans un premier temps, ils dessinent ou écrivent librement (doc. 1 p. 121). Puis, durant une séance, ils échangent et avec l'aide du maître ils se mettent d'accord sur la manière de décrire ce qu'ils observent.

On peut par exemple décider de compléter un tableau.

Date	Nombre de jours	Aspect des semis
7 mai	0	

Pour décrire l'aspect des semis, on peut nommer les organes visibles (tige, feuilles), la couleur, compter le nombre de plantes, le nombre de feuilles sur une plante, mesurer en utilisant une bande de papier. Attention, il faut repérer la plante que l'on mesure en mettant un fil de couleur autour de la tige. En collant les différentes bandes papier sur un trait horizontal et en mettant la date de chaque mesure, on visualise mieux la croissance de la tige au cours du temps.

Pour se rappeler et pour communiquer le travail réalisé, on fait régulièrement des affiches avec les mêmes éléments : dessins et phrases d'élèves, photos des petites plantes et des « jardins », petites plantes déterrées et collées avec du Scotch et un titre, comme : *Le... avril, on a observé.*

Remarque

Il faut semer dans la terre et non sur le coton. En effet, dans la terre, la graine donnera une plante qui donnera des fleurs qui deviendront des fruits contenant des graines. Ainsi les élèves verront le cycle de vie de la plante et sa procréation. Sur le coton, les graines donnent de petites plantes minuscules qui meurent très vite.

En plus des plantations faites dans la terre, on peut mettre quelques graines sur du coton pour voir que l'organe qui apparaît en premier est la racine.

Penser à récolter des graines et des germinations d'arbres (chêne, marronnier), pour amener les élèves à formuler que les arbres aussi proviennent de graines qui ont germé.

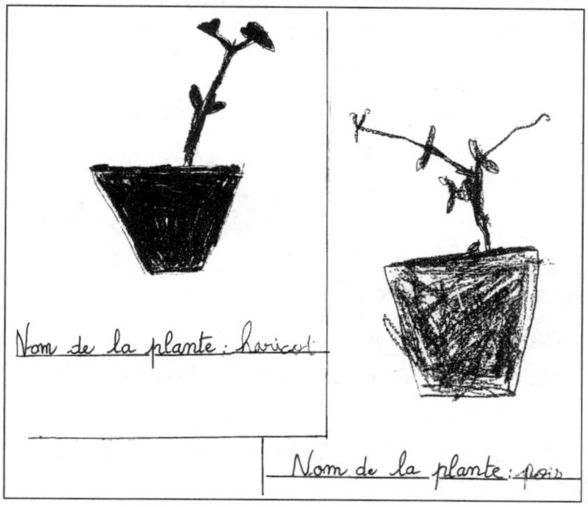

1. Dessin d'une germination.

– Que contient la graine ?

Un ou deux jours avant la séance, des graines sont mises dans un verre avec de l'eau. Les graines choisies sont assez grosses comme la fève, le petit pois, le haricot. Les élèves travaillent sur deux ou trois espèces différentes pour dégager d'emblée les points communs à toutes les graines.

Pour recueillir les conceptions des élèves, on demande de dessiner une graine en montrant ce qui se trouve à l'intérieur. L'analyse de ces conceptions permet de les trier et d'en retenir quelques-unes. Par exemple, à l'intérieur il y a : une plante/une fleur/rien.

Les élèves, après analyse, disent ce qui diffère.

Des graines ouvertes en deux sont distribuées, accompagnées d'une feuille présentant trois dessins différents ; graine vide, graine contenant une plante entière, graine contenant un germe (doc. 2 p. 122). Les élèves observent les graines ouvertes avec une loupe et choisissent le bon dessin. Ils le découpent et mettent les légendes au bon endroit en recopiant les mots : la plantule, le tégument, le cotylédon.

Durant la mise en commun un élève présente son travail, les autres critiquent et complètent.

La synthèse qui suit permet de dégager ce qu'est une graine et d'énoncer comment on réalise un dessin d'observation.

Une fiche méthode « Pour faire un dessin » (voir manuel p. 93) est distribuée et collée dans le cahier. Une affiche est mise sur les murs de la classe.

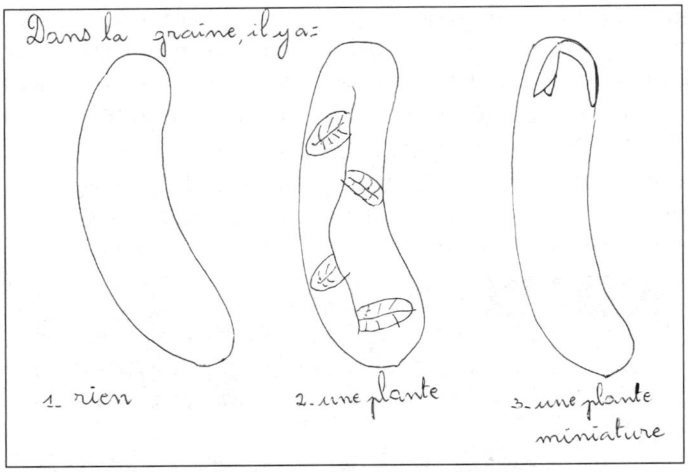

2. Guide d'aide à l'observation de la graine.

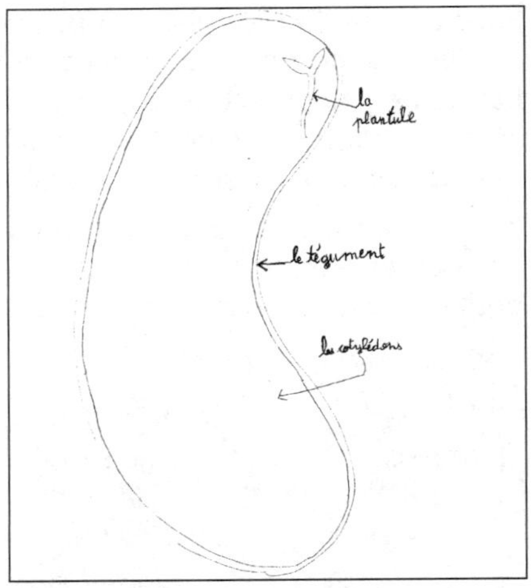

3. La graine de haricot.

– Comment passe-t-on d'une graine à une plante ?

Le maître fait des semis décalés dans le temps. Il organise une séance à partir de germinations d'âges différents (voir manuel p. 73). Les élèves mettent dans l'ordre chronologique les diverses étapes. Ils observent ce que sont devenues les différentes parties de la graine :

– le tégument tombe et pourrit ;

– le germe se développe et donne une plante verte avec racines, tiges, feuilles, et fleurs ;

– les cotylédons se vident et tombent.

Exemple de trace écrite

Comment faire pousser des plantes ?

- Dessin de la jeune plante avec les légendes : *la racine, la tige, les feuilles.*
- Dessin de la graine ouverte avec les légendes : *le tégument, les réserves de nourriture ou les cotylédons, la plante miniature ou la plantule* (doc. 3 ci-dessus).
- Deux ou trois phrases simples : *La graine germe et donne une plante. La plante a une racine, une tige et des feuilles. La graine contient une plante miniature.*

Prolongements possibles

• Expérimenter pour connaître les facteurs de la germination, au CE1

De quoi la graine a-t-elle besoin pour germer ?

Les élèves vont constater que certaines graines n'ont pas germé. Poser la question ci-dessus et recueillir les hypothèses.

Attention, il s'agit de bien formuler la question : *de quoi la graine a besoin pour germer ?* et non *de quoi la plante a besoin pour pousser ?* Régulièrement les élèves disent qu'il faut de la terre, de l'eau, de la chaleur (en fait une température pas trop basse) et de la lumière.

C'est cette dernière hypothèse qui est la plus intéressante, car elle sera infirmée par les expériences.

Les élèves notent la question puis les hypothèses et écrivent ce qu'ils proposent de faire. Lors de la mise en commun, avec l'aide du maître, ils valident le dispositif : il faut faire deux montages où un seul paramètre varie. Par exemple : faire deux pots remplis de terre avec trois ou quatre graines de la même espèce chacun, mettre un verre d'eau tous les deux jours. Placer un pot à la lumière et l'autre dans un placard obscur, à la même température.

On retient également un dispositif pour écrire un compte rendu d'expérience. Par exemple, écrire : la question, les hypothèses, ce que l'on a fait, ce que l'on observe, l'interprétation et les conclusions.

Pour décrire ce que l'on fait et ce que l'on observe, on retient qu'il est souvent utile de faire à la fois des dessins et des phrases.

Les élèves réalisent les expériences. Une dizaine de jours après, une séance est organisée pour observer et décrire les résultats obtenus. La mise en commun et la synthèse permettent d'énoncer et d'écrire que pour germer la graine a besoin : d'eau et d'une température assez élevée. Elle germe à l'obscurité, mais la plante obtenue est toute jaune.

• Observer et décrire la germination à partir d'un film

Les cassettes VHS, *Du jardin à la table*, du CNDP présentent plusieurs espèces : le petit pois, la fraise, la pomme de terre, le maïs, la courgette. Deux films, d'environ 5 minutes chacun, sont consacrés à chaque espèce : le premier décrit le cycle de vie de la plante et le second présente une utilisation de la plante dans le domaine culinaire. Les films dédiés au cycle de vie de la plante abordent la germination avec des vues accélérées ; celui sur le petit pois permet de compléter notre étude. Voir *Comment aider les élèves à analyser un film ?* p. 141.

Les deux DVD *Des milieux et des hommes*, du CNDP contiennent des séquences qui présentent la germination de plusieurs graines, notamment le petit pois.

44 D'où viennent les fruits ?

p. 74-75

Niveau ciblé

Cette enquête est possible dès le CP, mais elle peut être réalisée dans tout le cycle.

Ces activités seront menées à la suite de celles sur la germination afin de compléter l'étude du cycle de vie de la plante et de son mode de procréation.

Matériel et documents

• Divers rameaux de poirier présentant : des fleurs, une fleur fanée avec un début de poire, de jeunes poires, des poires mûres. Des tomates, courgettes, pêches, cosses de petits pois, pommes.

• Dessins de l'évolution de la fleur en fruit pour la poire (à photocopier p. 235).

Objectifs notionnels

• Une plante présente divers organes : la racine, la tige, les feuilles, les fleurs.

• Les fleurs se transforment en fruits.

• Les fruits contiennent des graines.

Compétences transversales

Exposer son point de vue	Expliciter ses conceptions.
Observer	Observer les arbres fruitiers au printemps et en été. Observer des fruits coupés en deux. Observer avec une loupe. Rapporter ces observations en se faisant clairement comprendre.
Faire un dessin	Dessiner un fruit coupé en deux.
Écrire un texte	Écrire de manière autonome un texte explicatif pour dire d'où vient le fruit.

Les clés de l'enquête

Cette enquête nécessite 4 ou 5 séances.

• **Pour démarrer :** un élève décrit les photos 1 et 2 (page 74).

Ou :

– on demande aux élèves de rapporter des fleurs et des fruits ;

– on observe un arbre fruitier en fleur, puis on constate qu'apparemment toutes les fleurs finissent par tomber.

• **Recueil des conceptions :** demander aux élèves d'expliquer ce que deviennent les fleurs, d'où viennent les fruits et ce que contiennent les fruits.

• **Recherches :**

– **Que deviennent les fleurs ?**

Commencer par un exemple où les fruits sont reconnus d'emblée comme tels par les élèves (cerises, pommes, poires...).

Les élèves observent à l'œil nu et avec une loupe, décrivent des rameaux présentant des fleurs, de jeunes fruits et des fruits mûrs. Ils vont avoir du mal à échanger car ils n'ont pas les mots exacts pour nommer ce qu'ils voient. Le maître donne les mots précis qui permettent de décrire : *fleurs, fruits, sépales, pétales, étamines, ovaire, pollen.*

Ils collent différents stades dans l'ordre chronologique et proposent un titre pour chacun. Puis ils font le même travail avec d'autres espèces comme le haricot, le coquelicot, la giroflée.

Ils découvrent que les fleurs de haricot, coquelicot et giroflée, donnent des fruits et réalisent que tous les fruits ne sont pas comestibles.

– **Que contiennent les fruits ?**

Les élèves coupent différents fruits, poires, pommes, cerises, raisins, et observent. Ils dessinent un fruit coupé en montrant bien qu'il contient des graines. Ils font le même travail avec des « légumes » (haricot, tomates, courgettes) et des fruits non comestibles.

La synthèse permet de préciser que le fruit provient de la transformation d'une fleur et qu'il contient une ou plusieurs graines. Mais les fruits ne sont pas tous sucrés ni même comestibles. Le terme légume a un sens dans la vie courante, mais il n'a pas de sens en biologie.

Prolongements

• **Comment sont faites les fleurs ?** (en CE1)

Les élèves décortiquent une fleur assez grosse, cerisier, tulipe ou giroflée. Ils placent sur quatre cercles concentriques ces différentes pièces, de l'extérieur vers l'intérieur : les sépales, les pétales, les étamines et enfin au centre le pistil.

Ils écrivent les légendes, indiquent le nombre de sépales, de pétales et d'étamines.

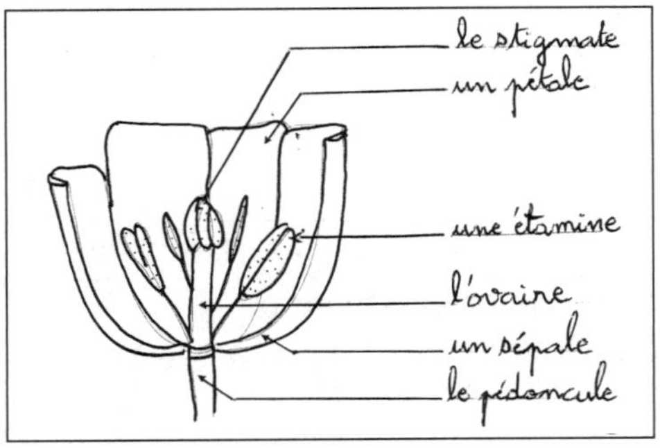

1. La fleur de tulipe.

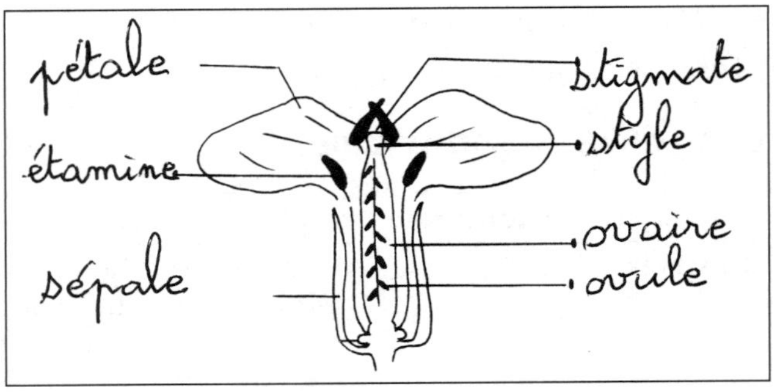

2. La fleur de giroflée.

• **Observer et décrire la formation du fruit à partir d'un film.** (CP ou CE1)

Les cassettes VHS, *Du jardin à la table*, du CNDP présentent des séquences où l'on voit la fleur se transformer en un fruit avec des vues en accéléré, ce qui permet de mieux comprendre que le fruit se forme à partir de l'ovaire. Voir *Comment aider les élèves à analyser un film ?* p. 141.

45 Comment cultiver des pommes de terre ?

📖 p. 76

Niveau ciblé

CE1, mais réalisable dès le CP.

Matériel et documents

• Tubercules de pomme de terre, jardinière, terreau, à défaut de jardin dans l'école.

Objectifs notionnels

• Une plante présente divers organes : la racine, la tige, les feuilles, les fleurs.

• Pour obtenir de nouvelles plantes, on peut planter des organes végétaux comme les tubercules ou les bulbes.

• Le tubercule n'est pas une graine.

• Une plante comme la pomme de terre peut se reproduire à partir de graines et à partir de tubercules.

Compétences transversales

Exposer son point de vue	Expliciter ses conceptions.
Observer	Observer des pieds de pomme de terre à différents moments. Observer des tubercules. Rapporter ces observations en se faisant clairement comprendre.
Faire un dessin	Dessiner un pied de pomme de terre.
Comprendre un texte	Trouver une information dans un texte documentaire.

Les clés de l'enquête

Cette enquête nécessite 3 ou 4 séances de 30 à 40 minutes.

• **Pour démarrer :** le projet de cultiver et de récolter des pommes de terre est sûrement le plus motivant.
Avant de commencer cette plantation, les élèves observent, analysent les documents 1 et 2 et disent ce que fait le jardinier pour planter ses pommes de terre.

• **Recherches :**

– Que deviennent les pommes de terre mises dans la terre ?

Les élèves plantent les pommes de terre, si possible dans un jardin conçu dans l'enceinte de l'école. À défaut, ils réalisent cette culture dans de grandes caisses en bois ou dans de très grandes jardinières. S'ils plantent en même temps divers organes (autres tubercules, bulbes, graines), ils mettent des repères (étiquettes) ; ils peuvent aussi établir un plan de ce jardin.

Entre le moment de la plantation (en avril) et celui de la récolte (fin juin), les élèves observent et décrivent le pied de pomme de terre. Ils peuvent dessiner, mesurer, compléter un tableau (voir enquête 43) ou prendre des photos avec un appareil numérique qui permettra de voir les photos sur un ordinateur ou sur la télévision, et de reconstituer la chronologie. Ne pas déterrer les pieds avant d'avoir obtenu des fleurs. Cela permettra de mettre en évidence les deux modes de reproduction.

Les élèves réalisent que le pied de pomme de terre est une plante verte comme une autre, qui présente des racines, des tiges, des feuilles et des fleurs.

– Que se passe-t-il dans la terre ?

Gratter la terre au pied du plant et demander aux élèves de noter ce qu'ils observent : ils voient de petites pommes de terre.

Quand ces tubercules sont assez gros, les élèves déterrent le pied de pomme de terre. Ils doivent observer que les tubercules sont accrochés au pied de pomme de terre. Parfois, le vieux tubercule est visible : il est ratatiné, vidé de ses réserves (doc. 1 ci-dessous).

Ils doivent formuler clairement qu'une pomme de terre donne un pied de pomme de terre qui redonne plusieurs pommes de terre.

On peut couper une pomme de terre en deux et faire observer qu'elle ne contient ni graine, ni plante miniature. Une pomme de terre n'est pas un fruit ni une graine. C'est un tubercule.

À la surface de la pomme de terre, on peut observer les « yeux » avec une loupe et voir les bourgeons.

1. Le cycle de vie de la pomme de terre.

Prolongements

• Observer et décrire le cycle de vie de la pomme de terre à partir d'un film.

Une cassette VHS *Du jardin à la table*, du CNDP, est consacrée à la pomme de terre. Le premier film montre comment on cultive la pomme de terre. Voir *Comment aider les élèves à analyser un film ?* p. 141.

• Semer des bulbes tubercules ou rhizomes variés.

Planter à l'automne : crocus, jacinthes, tulipes, iris.

Planter au printemps : oignons comestibles, pommes de terre.

46 Comment grandissent les arbres ?

p. 77

Niveau ciblé

Dès le CP.

Matériel et documents

• Rameaux de marronnier prélevés en hiver ; seau, eau. Rameaux de marronnier prélevés aux autres saisons.

Objectifs notionnels

• En automne, certains arbres (les feuillus) perdent leurs feuilles.

• En hiver, ils n'ont plus de feuilles, ils ont des branches et des tiges qui portent des bourgeons.

• Au printemps, les bourgeons s'ouvrent et de petits rameaux qui portent des feuilles (et parfois des fleurs) apparaissent et grandissent.

Compétences transversales

Observer et décrire	Observer et décrire un ou plusieurs arbres de la cour de l'école aux différentes saisons, en particulier en hiver et au printemps. Établir des comparaisons, faire ressortir des points communs, des différences.
Parler sur des images fixes	Décrire les photos d'arbres aux différentes saisons. Décrire l'expérience réalisée.
Exposer son point de vue	Présenter le travail de son groupe. Argumenter lors de la mise en commun.
Comprendre les informations d'un texte	Effectuer une recherche dans des documents.
Écrire un texte de quelques lignes	Écrire de manière autonome un texte explicatif.

Les clés de l'enquête

Plusieurs séances de 30 à 40 minutes espacées dans le temps, à la fois en automne, en hiver et au printemps.

• **Pour démarrer et recueil des hypothèses :** les élèves observent et décrivent un arbre de la cour de l'école, un marronnier par exemple, à différents moments de l'année : en automne, en hiver, au printemps. Ils peuvent faire des photos, récolter des échantillons : un rameau feuillé, un rameau sans feuilles. Ils présentent leurs observations. À partir de la question : « D'où viennent les feuilles et les fleurs qui apparaissent au printemps ? », ils formulent des hypothèses.

• **Recherches :** les élèves réalisent l'expérience décrite et observent l'évolution de ces rameaux. Ils peuvent faire des photos en utilisant un appareil numérique, faire des dessins, mesurer la longueur des jeunes tiges à différents moments en coupant des bandes de papier de la longueur de la tige ou en utilisant une règle graduée.
Ils écrivent les résultats dans un tableau dont la première colonne est la date de l'observation. Ils peuvent aussi faire une affiche de l'arbre à chaque saison avec : la date de l'observation, des photos de l'arbre, des photos des élèves en train de travailler, des dessins, des rameaux de l'arbre, une ou deux phrases courtes.
Ils dissèquent un bourgeon du marronnier, observent à l'œil nu et avec une loupe, et dessinent.

La mise en commun fera apparaître les points suivants :
– Les bourgeons s'ouvrent et une tige qui portent des feuilles et des fleurs apparaît. Cette tige grandit et présente des feuilles qui elles aussi grandissent.

– L'arbre devient plus grand car les branches deviennent de plus en plus longues, année après année.
– Les bourgeons s'ouvrent dans la classe car il y fait plus chaud que dehors et la tige peut prélever de l'eau.
– En hiver la tige se termine par un bourgeon. À l'intérieur se trouve une toute petite tige qui est protégée du froid.

Remarque : le fait que les arbres n'ont plus de feuilles en hiver est une adaptation à la vie sous nos climats car en hiver, il fait froid et souvent il n'y a pas d'eau dans le sol. L'arbre dépourvu de feuilles mène une vie ralentie.

Prolongements

• **Rechercher des informations dans un film**

La cassette VHS *Comment ça pousse*, du CNDP, présente un court film, consacré au marronnier, où l'on voit au ralenti l'éclosion des bourgeons. Voir *Comment aider les élèves à analyser un film ?* p. 141.

• **Comparer la vie d'un arbre feuillu et d'un conifère**

Faire une affiche pour chacun, montrant l'aspect de l'arbre à chaque saison.

On constatera que la plupart des conifères ne perdent pas toutes leurs feuilles en hiver ; par contre, ils perdent leurs feuilles en permanence.

• **Observer la croissance en épaisseur**

Les élèves de CE1 peuvent observer des coupes transversales de tronc ou de branches d'arbres, voir les cernes, les compter et retrouver l'âge de l'arbre. (Voir *La Hulotte* n° 22 sur le chêne.)

47 Comment reconnaître un arbre ?

p. 78-79

Niveau ciblé

CE1.

Matériel et documents

• Les feuilles présentées dans le manuel (doc. 3 p. 78-79).

Objectifs notionnels

• Les arbres présentent divers organes : racines, tronc, branches, feuilles, fleurs.
• Les fleurs donnent des fruits.
• Il existe diverses espèces d'arbres qu'on peut reconnaître en observant les feuilles, notamment.
• Les arbres sont utilisés par l'homme.

Compétences transversales

Exposer son point de vue	Expliciter ses conceptions.
Observer	Observer divers arbres à différents moments de l'année : au printemps, en hiver. Observer des feuilles, proposer des regroupements. Rapporter ces observations en se faisant clairement comprendre.
Classer	Rechercher des critères pertinents de classification.
Faire un dessin	Observer et dessiner différentes feuilles.
Écrire un texte	Écrire de manière autonome un texte explicatif pour dire à quoi l'homme peut utiliser un arbre.

Les clés de l'enquête

Consacrer 4 ou 5 séances à cette progression.

• **Pour démarrer :** il faut observer autour de l'école deux arbres différents, comme par exemple le châtaignier et le tilleul. Le travail sera plus riche en observant ces arbres à différentes saisons.

Les élèves réalisent que les arbres diffèrent par divers caractères : les fruits, les fleurs, l'écorce, les bourgeons en hiver, et aussi les feuilles qui sont relativement faciles à observer.

• **Recherches :**

– **Quelle est l'allure de ces feuilles ?**

Les élèves observent, dessinent les feuilles. Ils décrivent ce qui différencie les feuilles : la longueur, la largeur, la couleur, la forme, le découpage du limbe, etc. On sélectionne les caractères retenus : feuilles simples ou composées ; alternées ou opposées ; forme des feuilles, etc.

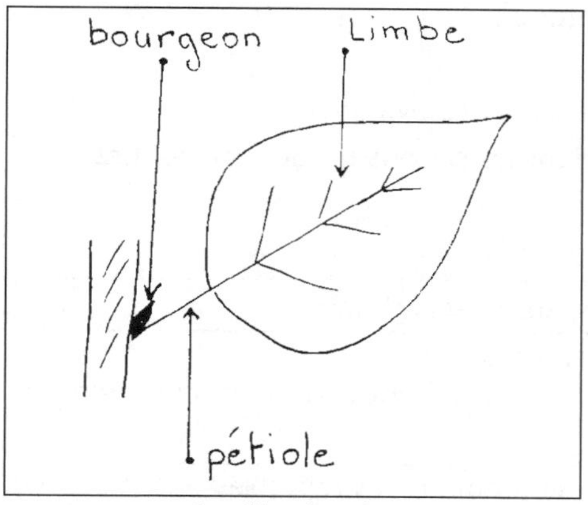

Feuille simple.

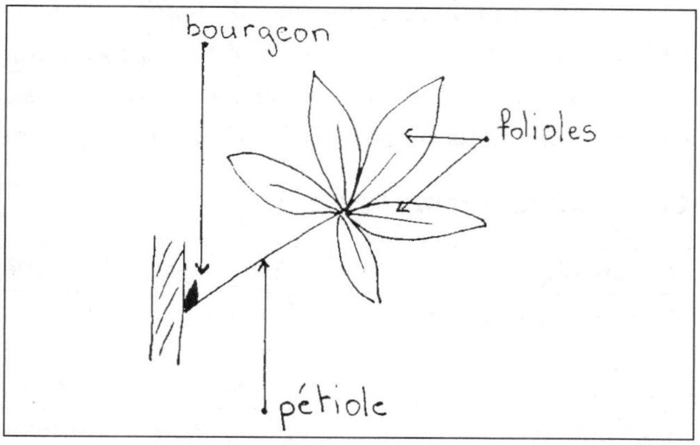

Feuille composée.

Dans le cas de la feuille composée, le limbe est divisé en plusieurs folioles.

– **Comment regrouper ces feuilles ?**

À partir des feuilles ou des photos des feuilles, les élèves travaillent en groupe et constituent des ensembles. La mise en commun permet de voir quels critères ont été retenus par les différents groupes : couleur, taille, forme du limbe, etc. Puis avec l'ensemble des élèves, les critères pertinents sont sélectionnés et ordonnés.

La comparaison avec un classement fourni par le maître permet de préciser les critères utiles pour décrire la feuille et nommer l'arbre. Pour plus d'informations, consulter l'ouvrage *Arbre, quel est ton nom ?*, Bordas.

– **Quel est le nom de cet arbre ?**

Les élèves peuvent retrouver le nom de l'arbre en comparant sa feuille avec celles du document 3. Si la feuille n'est pas présente dans le document 3, consulter le livre cité ci-dessus. L'enquête permettra de savoir à quoi est utilisé l'arbre choisi : agrément, production de poudres, de lames de parquet, fabrication de meubles, etc. On verra que les utilisations dépendent de l'espèce, car un arbre produit un type de bois plus ou moins dur : le chêne donne un bois dur et solide, le bouleau donne un bois tendre.

Prolongements possibles

• **Jeu de reconnaissance**

Les élèves sont en groupe de six ; trois élèves choisissent une feuille, les trois autres vont devoir la nommer sans la voir, en posant des questions. Ensuite on inverse les rôles. Le groupe gagnant est celui qui nomme le plus rapidement la feuille.

• **La déforestation et le développement durable.**

Après avoir souligné l'intérêt des arbres dans la vie de l'homme, on peut rappeler que la déforestation est très importante, ce qui pose de multiples problèmes. Pour préserver la planète Terre, il faudrait cesser de l'exploiter de manière abusive.

48 Comment accueillir au mieux des escargots dans notre classe ?

p. 80-81

Niveau ciblé

Dès le CP.

Matériel et documents

- Escargots. Boîte d'élevage, terre, salade et autres aliments que l'on veut tester.

Objectifs notionnels

- Les animaux pour vivre ont besoin de manger. Ils se nourrissent.
- Certains animaux mangent des végétaux. Ils sont végétariens.
- Les animaux donnent des petits. Ils se reproduisent.
- Certains pondent des œufs d'où sortent des jeunes. Ce sont des ovipares.
- Certains animaux hibernent, ou vivent au ralenti, pendant les saisons froides ou fraîches.

Compétences transversales

Communiquer	Expliciter ses hypothèses, ses observations.
Observer, utiliser une loupe	Observer, décrire des escargots. Rapporter ces observations en se faisant clairement comprendre.
Faire un dessin	Dessiner un escargot.
Écrire un texte	Trouver dans un texte documentaire les réponses à des questions simples.
Comprendre un texte	Écrire de manière autonome les résultats d'une expérience. Écrire un texte explicatif.

Les clés de l'enquête

Plusieurs séances (4 ou 5) espacées dans le temps, au printemps et en hiver.

- **Pour démarrer :** récolter des escargots près de l'école — escargots de Bourgogne, escargots des haies ou d'autres espèces.
- **Recueil des hypothèses :** décrire l'escargot au printemps. Comparer son allure avec celle qu'il a en hiver. Écrire la liste de ses besoins
- **Recherches :**

– Comment est fait l'escargot ?

Les élèves dessinent l'escargot. On sélectionne quelques dessins différents qui représentent la diversité des productions. Les élèves échangent pour dégager ce qui se ressemble et ce qui diffère entre les dessins.

La mise en commun permet de préciser quelques critères essentiels qui vont guider l'observation.

L'enseignant fait trois dessins de l'escargot : deux représentent des productions d'élèves et le troisième est un "dessin scientifique". Les élèves sélectionnent le dessin qui convient et écrivent des légendes : *le pied, la coquille, les tentacules, la bouche* (voir *Comment aider les élèves à observer ?* p. 140).

– Que mange-t-il ?

Les élèves écrivent un compte rendu en notant : la question ; les hypothèses ; ce que l'on fait ; ce que l'on observe ; la conclusion. Les résultats peuvent être écrits dans un tableau à double entrée :

	La salade			
L'escargot en mange	oui			

La mise en commun permet de préciser que l'escargot mange des végétaux, c'est un végétarien.

Pour broyer les feuilles, il a une langue râpeuse.

– Peut-il avoir des petits ?

L'observation directe ou l'analyse de la photo 4 montre que l'escargot pond des œufs. De ces œufs sortent de petits escargots. L'escargot est un ovipare, comme les oiseaux et bien d'autres animaux : insectes, nombreux poissons…

– Exemple de terrarium pour escargots :

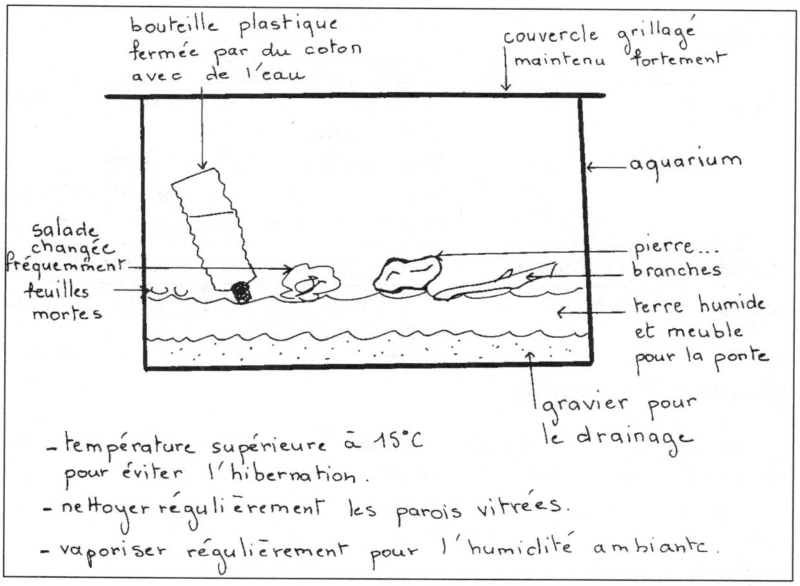

Prolongements

• Pour compléter cette étude, un travail peut être mené à partir de la cassette *Les œufs* ou d'un extrait du film *Escargot et compagnie* de la cassette *Portrait de groupe chez les animaux* (CNDP). Cette cassette contient d'autres films consacrés à des animaux que l'on peut élever, comme les vers de terre, la coccinelle, etc.

• Réaliser d'autres élevages.

Plusieurs animaux sont faciles et intéressants à élever :

– les vers de terre, qui vivent dans le sol en creusant des galeries. Ce sont des animaux bénéfiques pour le sol et les cultures ;

– des insectes comme les vers de farine particulièrement résistants et peu exigeants ; des papillons comme le bombyx du troène dont les larves se nourrissent uniquement de feuilles de troène ; les phasmes ; les criquets ; les grillons… Contacter l'Office pour la Protection des Insectes et de l'Environnement (OPIE).

• La cassette *Naissances* (du CNDP) consacrée aux animaux dépourvus de squelette interne (anciennement regroupés en invertébrés) contient des films courts traitant de la reproduction.

49 Comment naissent les animaux ?

📖 p. 82-83

Niveau ciblé

Dès le CP.

Matériel et documents

• Quatre vignettes représentant : cane et canetons ; brebis et agneaux ; oie et oisons ; truie et porcelets (à photocopier p. 236).

Objectifs notionnels

• Les animaux naissent, grandissent, se reproduisent.
• Chez certains animaux, les jeunes sortent d'un œuf : ce sont les ovipares. Chez d'autres, les jeunes sortent du ventre de la femelle : ce sont les vivipares.

Compétences transversales

Communiquer	Décrire une photographie. Formuler des hypothèses.
Observer	Observer des oiseaux et des mammifères dans une ferme, au printemps, en été. Observer si possible des éclosions de poussins, des mises bas (à défaut, observer ces phénomènes à travers des films). Rapporter ces observations en se faisant clairement comprendre.
Enrichir son vocabulaire	Utiliser correctement quelques mots précis.
Comprendre un texte	Trouver dans un texte documentaire les réponses à des questions simples.

Les clés de l'enquête

• **Pour démarrer :** demander aux élèves de commenter la première photographie. Ils sont amenés à utiliser les mots : poule, œuf, poussin.

• **Recueil des hypothèses :** à partir des questions, les élèves formulent des hypothèses, échangent, argumentent leurs affirmations.

• **Recherches :**

– Comment naissent les poussins ?
À défaut d'une visite dans une ferme, les élèves observent les photographies du manuel, lisent le texte. Une mise en commun permet de dégager quelques points essentiels : les poussins sortent d'un œuf ; il y a des poules et des coqs qui se distinguent nettement ; les poules pondent les œufs, mais pour obtenir des poussins il faut un coq dans la basse-cour.

S'ils savent écrire, ils peuvent remettre les photographies dans un ordre chronologique et écrire dans leur cahier les numéros des photographies, en mettant un titre à chacune, comme :
1. *La poule couve* ; 2. *Le poussin sort de l'œuf* ; 4. *Le poussin mange et grandit* ; 3. *Le coq chante*
Cette dernière photographie peut être mise au début. En fait c'est le texte qui permet aux élèves de comprendre que le coq joue aussi un rôle.

– Comment naissent les veaux ?
On fait le même travail avec les photographies concernant la vache, pour que les élèves formulent clairement que : le veau naît en sortant du ventre de la vache ; le jeune veau se nourrit du lait de la vache et grandit ; il deviendra à son tour soit une vache soit un taureau ; la vache et le taureau sont différents ; pour obtenir des veaux il faut des vaches, mais aussi des taureaux.
Enfin, les élèves classent les animaux de la ferme en deux catégories. S'ils ont visité une ferme, ils peuvent classer les animaux qu'ils ont vus lors de la sortie.
La synthèse doit être l'occasion de formuler clairement que dans la ferme, il y a :
– des animaux qui naissent en sortant du ventre de la mère. Par ailleurs, ils ont une peau couverte de poils et les mères présentent des mamelles qui permettent d'allaiter les petits. Ce sont les mammifères.
– des animaux qui naissent en sortant d'un œuf. Ils portent des plumes et ils peuvent voler (plus ou moins selon l'espèce). Ce sont des oiseaux.

Prolongements

• **Voir naître et grandir des animaux**

Le plus pertinent est de faire une ou deux sorties dans une ferme : une sortie en hiver et une autre au printemps.

On peut aussi aller visiter un poney-club.

Pour faire éclore des œufs dans l'école, il faut acheter une couveuse dans une coopérative agricole, se procurer des œufs dans une ferme et les mettre à incuber.

• Travailler à partir de films

Les cassettes VHS *Les œufs* (en particulier la naissance des poussins), *Naissances 1* et *Naissances 2*, le DVD *Des milieux et des hommes*, du CNDP présentent des films montrant des mises bas chez des mammifères comme le chat, et des éclosions chez des oiseaux comme les mouettes, les manchots, etc.

50 Comment se nourrissent les animaux ?

p. 84-85

Niveau ciblé

Dès le CP.

Matériel et documents

• Crânes de vache, poule, chat.

Objectifs notionnels

• Les animaux, pour vivre, se nourrissent.

• Ceux qui mangent d'autres animaux sont des carnivores. Ceux qui mangent des végétaux sont végétariens. Les omnivores mangent à la fois des végétaux et des animaux.

• Les carnivores ont des dents en forme de poignard. Les végétariens ont des dents en forme de râpe.

Compétences transversales

Exposer son point de vue	Expliciter ses conceptions.
Observer	Observer différents crânes. Rapporter ces observations en se faisant clairement comprendre.
Faire un dessin	Observer les dents et les dessiner.
Comprendre un texte	Comprendre les informations explicites d'un texte documentaire.
Écrire un texte	Écrire de manière autonome un texte explicatif pour dire comment se nourrissent les animaux.

Les clés de l'enquête

Cette enquête peut être menée en 2 ou 3 séances de 30 à 40 minutes.

• Pour démarrer : les élèves regardent attentivement les photos 1, 2 et 3 et écrivent trois phrases pour dire ce que mangent la vache, la poule et le chat. Ils recherchent dans le dictionnaire le sens des mots : *carnivore, omnivore et végétarien*. Mieux, lors d'une sortie dans une ferme, ils observent ces animaux en train de manger. Au cours de ces échanges, ils formulent des questions. Certaines sont retenues et écrites au tableau.

• Recueil des hypothèses : à partir des deux questions du manuel, les élèves donnent leur avis, échangent et retiennent quelques propositions. Noter que les canines pointues du chat sont bien visibles sur la photo 3.

• Recherches :

– Tous les animaux ont-ils les mêmes dents ?

Après avoir associé le crâne et l'animal, les élèves expliquent comment ils ont reconnu chaque crâne et précisent les critères qu'ils ont retenus : présence ou absence de dents, présence ou absence de canines pointues, etc.

– À quoi ressemblent les dents du chat ?

Les élèves décalquent la canine et une partie de la mâchoire supérieure. Ils mettent les légendes sur ce dessin en recopiant les mots proposés. Ils comparent cette dent avec les outils dessinés : elle ressemble à un couteau. Faire le même travail avec les molaires : elles sont tranchantes et pointues ; elles fonctionnent un peu comme une paire de ciseaux. Elles permettent au chat de découper des morceaux de viande. La manipulation d'un crâne de chat montre bien que la mâchoire inférieure ne bouge que dans le sens vertical. L'utilisation d'un film permet de voir le fonctionnement de ces mâchoires et de ces dents.

– À quoi ressemble les molaires de la vache ?

Faire le même travail avec les molaires de la vache. Les élèves peuvent manipuler une râpe pour mieux comprendre le fonctionnement des molaires.

L'herbe est un aliment difficile à broyer. Les molaires de la vache présentent des crêtes dures qui constituent une sorte de râpe. La manipulation du crâne de la vache montre que le mouvement de la mâchoire inférieure fait que les molaires frottent les unes sur les autres.

– La poule peut-elle écraser les graines qu'elle mange ?

Amener les élèves à formuler le problème suivant : la poule mange des graines relativement dures et elle n'a pas de dents. Peut-elle écraser ces graines et si oui, comment ?

La réponse est apportée dans le texte du *Sais-tu que...* p. 85 du manuel. Il est possible de récupérer des gésiers, de les ouvrir et de demander aux élèves de trier le contenu avec des pinces. Ce travail doit permettre de formuler deux points essentiels : la paroi du gésier est épaisse ; le gésier contient de petits cailloux. Le gésier est une poche dont la paroi renferme un muscle puissant. Les contractions de ce muscle font que les cailloux écrasent les aliments qui s'y trouvent.

Prolongements

• Travailler à partir de films

Les cassettes VHS *Qui mange qui ?*, *À table*, le DVD *Des milieux et des hommes*, du CNDP présentent des films montrant différents animaux en train de manger.

51 Comment classer les animaux ?

p. 86-87

Niveau ciblé

CE1.

Matériel et documents

• Squelette de chat, de poule, de grenouille, de poisson, de serpent. Crâne de vache. Photos d'animaux présentés dans le manuel. Encyclopédies pour enfants (Gallimard, Milan).

• 12 vignettes (reproduction des dessins du manuel à photocopier p. 236).

Objectifs notionnels

• Il y a de nombreuses sortes d'animaux à la surface de la terre. Chaque animal présente différents caractères.

• En observant ces animaux et en les comparant, on peut mettre en évidence des différences et des points communs. On peut les regrouper sur la base de critères précis : lieu de vie, régime alimentaire, mode de reproduction, ressemblances physiques.

• Les animaux sont classés scientifiquement à partir de leurs caractères, visibles (pattes ou nageoires) ou non (squelette interne).

Compétences transversales

Observer et décrire	Observer et décrire des animaux. Aboutir à une description biologique. Établir des comparaisons, faire ressortir des points communs, des différences.
Comparer, classer	Faire une classification des animaux à partir de certains de leurs caractères. Réaliser la classification d'un ensemble d'animaux.
Parler sur des images fixes	Décrire les animaux, les nommer. Comparer deux dessins.
Exposer son point vue	Présenter le travail de son groupe. Argumenter lors de la mise en commun.
Comprendre les informations d'un texte	Effectuer une recherche dans des documents pour décrire un animal.
Écrire un texte de quelques lignes	Écrire de manière autonome un texte explicatif.

Les clés de l'enquête

Enquête à mener en fin de cycle 2 qui nécessite au moins 4 séances de 30 à 40 minutes.

• **Pour démarrer :** les élèves rappellent le nom des animaux qu'ils ont découverts lors d'une sortie, par exemple dans une ferme. Ils comparent avec ce qu'ils voient sur les documents 1 et 2.

Ils peuvent aussi nommer les animaux présents dans les documents 1 et 2 sans avoir fait de sortie. Ils découvrent un premier tri : ceux qui vivent le jour et ceux qui vivent la nuit.

• **Recueil des conceptions :** le texte sur la chauve-souris p. 87 (un animal qui vole et qui n'a pas de plumes mais qui a des poils) amène les élèves à s'interroger : Quels animaux peuvent voler ? Quels sont les organes qui leur permettent de voler ? Quels sont les caractéristiques de la chauve-souris ? Quels animaux ressemblent à la chauve-souris ?

• **Recherches :**

– Élaborer des critères de classification.

Avec les dessins des animaux de la ferme, les élèves travaillent en groupe (de 4). Ils peuvent consulter des encyclopédies pour les enfants pour avoir des réponses à des questions qu'ils se posent sur les animaux. La mise en commun permet de confronter les diverses propositions. Il s'agit d'expliciter les critères retenus et d'évaluer la pertinence de la proposition. Par exemple, si on fait un ensemble « avec des poils » et un autre « qui vole », alors on a du mal à placer la chauve-souris.

Certains caractères ne sont pas faciles à voir sur des dessins. Pour préciser la description, on peut lancer une recherche sur quelques animaux rencontrés dans la ferme.

– Observer et décrire quelques animaux.

Exemple de collection : la carpe, la poule, le chat.

Les élèves travaillent en groupe sur des encyclopédies pour les enfants, des squelettes (poisson, poule, chat) et dégagent les caractères qui leur semblent essentiels. Après une première mise en commun, des caractères sont sélectionnés. Par exemple : ont-ils un squelette interne ? Ont-ils des nageoires ou des pattes (membres) ? Ont-ils des poils ou des plumes ?

Attention, les élèves doivent comprendre que les oiseaux ont quatre membres : deux pattes et deux ailes.

– Découvrir une classification scientifique

Les élèves reprennent leur travail de classement. Ils cherchent des informations sur les animaux présentés et proposent un nouveau classement. Ils peuvent aussi constituer des ensembles inclusifs.

Exemple de trace écrite

Les différents ensembles

Squelette à l'intérieur du corps				
4 membres : 4 pattes ou 2 pattes et 2 ailes				Nageoires. Carpe, brochet.
Des poils, des mamelles. Renard, vache, chauve-souris.	Des plumes. Poule, chouette, moineau.	Peau avec des écailles soudées sur tout le corps. Bouche qui s'ouvre largement. Lézard.	Peau nue sur tout. le corps. Quatre doigts à la main. Grenouille, salamandre.	

Après une mise en commun ils comparent leur classement avec une classification de scientifiques (pages 90-91).

Remarque

Nous avons choisi de présenter une collection thématique sur la ferme, car les élèves peuvent facilement en visiter une. Nous avons également choisi de travailler uniquement sur les vertébrés, ce qui évite de commettre l'erreur d'opposer vertébrés et invertébrés. Nous avons enfin choisi d'introduire les grandes classes des vertébrés : poissons, amphibiens, serpents et lézards, oiseaux, mammifères. Avec ces exemples, on ne regroupe pas les tortues, les crocodiles et les lézards donc on peut éviter de parler de « reptile ».

Dans la collection proposée, la vipère pose problème, car elle n'a pas de membres. Cependant elle doit être rapprochée du lézard, car ses ancêtres avaient quatre membres, et elle a des écailles soudées sur tout le corps. On peut simplifier la collection en la supprimant. Les amphibiens aussi posent un problème car soit on les définit par une absence de caractère « la peau lisse » mais les oiseaux et les mammifères aussi ont la peau lisse entre les poils ou les plumes, soit on introduit le caractère quatre doigts à la main, ce qui n'est pas facile à observer.

En fait les critères « peau lisse » et « peau avec écailles » devraient être supprimés car les oiseaux ont à la fois la peau lisse (entre les plumes) et des écailles sur les pattes. Le critère « peau lisse » devrait réunir : les amphibiens, les oiseaux, les mammifères.

Les critères « ovipares » et « vivipares » sont à éviter car ils regroupent des animaux très différents et très nombreux : les poissons, les oiseaux, les insectes et d'autres sont ovipares. La remarque est la même pour les régimes alimentaires ; par exemple la catégorie « carnivores » regroupe des animaux très différents : des oiseaux, des mammifères, des amphibiens, des insectes…

Prolongements.

- Si on souhaite développer une approche plus actuelle, plus rigoureuse, il faut y consacrer beaucoup plus de temps. Pour cela, consulter l'ouvrage *Comprendre et enseigner la classification du vivant*, Belin.
- Travailler à partir de films

La cassette VHS, *Portraits de groupes chez les animaux*, du CNDP présente une série de films d'environ 6 minutes ; chacun d'eux est consacré à un animal et à des animaux qui lui ressemblent plus ou moins. Des extraits courts de certains de ces films permettent d'observer et de décrire un animal. Pour les animaux rencontrés près de la ferme, il faut visionner : *Souris et compagnie* qui présente des souris et d'autres rongeurs : rats, campagnol, mulots, etc. et *Grenouille et compagnie* qui traite des grenouilles, des crapauds, des tritons et des salamandres.

52 Comment sont produits nos aliments ?

📖 p. 88

Niveau ciblé

CP

Matériel et documents

• Des aliments ou des emballages d'aliments : lait, fromage, sucre, pain, sachet de purée, petits pois, jambon, viande, pomme.

• Vignettes (reproduction des dessins du manuel, à photocopier p. 237).

Objectifs notionnels

• Les aliments sont d'origine végétale ou d'origine animale.

• Les plantes vertes nourrissent directement les animaux végétariens et indirectement les carnivores.

Compétences transversales

Observer et décrire	Observer et décrire des animaux et des aliments.
Exposer son point vue	Présenter le travail de son groupe. Argumenter lors de la mise en commun.
Comprendre les informations d'un texte	Lire des emballages simples. Effectuer une recherche dans des documents pour comprendre comment est fabriqué un aliment.

Les clés de l'enquête

Environ 2 séances, plus si on veut faire les prolongements.

• **Pour démarrer :** ramener divers aliments variés, certains d'origine animale et d'autres d'origine végétale.

Éviter l'eau et le sel qui n'ont ni origine animale ni une origine végétale ; ce sont des produits d'origine minérale.

• **Recueil des hypothèses :** les élèves observent les images des aliments et celles des animaux ou des végétaux et formulent des hypothèses sur l'origine de chacun.

• **Recherches :**

– D'où vient chaque aliment ?

Les élèves travaillent en groupe et cherchent l'origine de quelques aliments en consultant des extraits de livres (encyclopédies pour enfants). Les groupes travaillent sur des aliments différents : les produits laitiers, le sucre, le pain, les viandes, etc. et réalisent une affiche simple à partir des dessins ou des photos fournis.

– Quels aliments sont produits par la brebis ? (ou par un autre organisme)

De la même façon, les élèves travaillent en groupe et chaque groupe peut mener des recherches sur un organisme en particulier : la brebis, la vache, etc.

La mise en commun doit faire apparaître que tous les aliments sont soit d'origine animale soit d'origine végétale. Les aliments sont plus ou moins transformés par l'industrie : la pomme est prélevée directement sur l'arbre ; le sucre ou les sachets de purée sont fabriqués dans de véritables usines.

Remarque : les cassettes VHS *Du jardin à la table* présentent pour chaque plante traitée un film court (environ 5 minutes) sur la transformation et sur la façon dont elle est utilisée pour faire des aliments ou des plats cuisinés. Le film consacré à la pomme de terre montre une usine où l'on fabrique des chips ou des flocons de purée ; celui qui traite de la fraise montre comment l'on fait des confitures.

À la suite du visionnage, on peut proposer aux élèves de décrire et de remettre dans l'ordre une série de dessins présentant la fabrication d'un produit. Puis ils peuvent y mettre des légendes soit en écrivant soit en utilisant des vignettes déjà écrites.

La cassette *Comment c'est fait ?* propose des fabrications expliquées plus simplement et donc bien adaptées à des élèves du CP. Voir en particulier, la fabrication des pâtes, du chocolat et du poisson pané.

Prolongements

• **Fabriquer un aliment : du blé au pain**

Semer des grains de blé pour obtenir des pieds de blé, si possible dans un jardin à l'extérieur.

On obtient des plants de blé, certains peuvent avoir des épis. On peut remplacer cette étape par la visite d'une ferme.

Écraser des grains de blé dans un mortier ou dans un moulin à café (enquêtes 69 et 70) pour obtenir de la farine.

Faire du pain. On mélange de la farine, de l'eau et un peu de sel ; on ajoute de la levure et on pétrit bien. On laisse reposer puis on fait cuire dans un four.

Penser aussi à la fabrication de pâtes, de beurre, et de yaourts réalisables en classe.

Certaines fermes pédagogiques proposent, en plus de la visite, des ateliers de fabrication d'aliments. Consulter par exemple le site de la ferme de Gally : www.gally.com

53 Comment protéger les cultures ?

p. 89

Niveau ciblé

CE1

Matériel et documents

• Pieds de rosier.
• Larves de coccinelle (à acheter à l'OPIE).

Objectifs notionnels

• Les plantes nourrissent directement les animaux végétariens et indirectement les carnivores.
• On peut prendre soin de certaines cultures en utilisant des animaux et donc sans mettre de produits chimiques.
• Il faut prendre soin de notre environnement.

Compétences transversales

Observer et décrire	Observer et décrire des animaux.
Parler sur des images fixes	Décrire les animaux, les nommer. Décrire ce qu'ils font.
Exposer son point vue	Présenter le travail de son groupe. Argumenter lors de la mise en commun.
Comprendre les informations d'un texte	Comprendre les informations explicites d'un texte documentaire.
Écrire un texte de quelques lignes	Écrire de manière autonome un texte explicatif.

Les clés de l'enquête

Prévoir plusieurs séances, 4 ou 5, espacées dans le temps.

• **Pour démarrer :** le mieux est de faire un jardin dans lequel on cultive des pommes de terre et de voir s'installer des doryphores, ce qui risque d'arriver sans faire quoi que ce soit. Le défi à lancer est de se débarrasser des doryphores.

Sinon, les élèves analysent seuls ou en groupe les documents : le texte et les deux photos.

• **Recueil des hypothèses :** la mise en commun permet de préciser que les larves de doryphores sont des végétariens qui mangent les feuilles de la pomme de terre. Or, sans les feuilles, les pieds de pommes de terre ne donneront pas de tubercules. Les doryphores sont des ravageurs qui risquent de gâcher la récolte.

Les élèves proposent des hypothèses pour venir à bout des doryphores.

On peut aussi demander aux élèves de faire une enquête chez eux, surtout s'ils habitent à la campagne.

• **Recherches :**

– Que font les larves de coccinelles ?

Les pucerons s'installent très facilement sur un pied de rosier. On achète des larves de coccinelles, par exemple à l'Office pour la Protection des Insectes (OPIE).

Consulter le site de l'OPIE (www.inra.fr) pour avoir toutes les informations sur les insectes et leur élevage.

Les élèves en groupe observent et décrivent ce que font les pucerons. La mise en commun permet d'énoncer que :

– les pucerons s'installent sur les plantes, enfoncent leur rostre dans la tige et prélèvent de la sève ;

– les larves de coccinelles dévorent les pucerons. Ce sont des carnivores.

– Comment peut-on obtenir de bonnes récoltes ?

Quand des pucerons sont installés ils prélèvent la sève, et donc la plante est moins bien nourrie, souffre et produit moins de fruits. Les larves de coccinelles peuvent limiter le développement des pucerons et améliorer la santé et la production des plantes. Cette technique de lutte contre les ravageurs est la lutte biologique. Elle évite de répandre des insecticides et d'autres produits chimiques qui polluent l'environnement.

C'est une technique de développement durable qui permet de produire et donc de nourrir les populations sans abîmer l'environnement et donc sans hypothéquer l'avenir.

Prolongements possibles

• **Travailler à partir d'un film**

Les élèves peuvent compléter leurs recherches en travaillant sur un extrait de film.

La cassette VHS du CNDP *Portraits de groupes chez les animaux*, contient un film intitulé *Coccinelles et compagnie* dont le début montre bien des pucerons en train de se nourrir, des fourmis qui les nettoient car elles se nourrissent du liquide sucré rejeté par ces pucerons et des larves de coccinelles qui dévorent les pucerons.

• **Travail sur le thème de l'eau**

Pour faire un travail approfondi sur ce thème, il faut penser à consulter l'agence de bassin de la région. En effet, certaines de ces agences aident à monter un projet, appelé une « classe d'eau ».

Une classe d'eau propose à la fois des ateliers d'investigation, des rencontres avec des acteurs de l'eau (maire, utilisateurs...), des visites de sites comme les stations d'épuration.

Consulter le site de votre agence en tapant les mots-clés : *agence de bassin, eau.*

Par exemple le site de l'agence du bassin de Seine-Normandie est : www.eau-seine-normandie.fr

Comment aider les élèves à observer ?

• L'observation scientifique n'est pas le simple enregistrement des informations que nos sens transmettent à notre cerveau. Elle présente en général deux caractéristiques essentielles :

– elle est finalisée par un problème ou une question à résoudre ;

– elle est traitée selon un processus actif au cours duquel le cerveau sélectionne les informations qu'il estime pertinentes et établit des liens avec ce qu'il connaît déjà.

Un scientifique possède une base de connaissances qui lui permet de sélectionner les informations, de dégager les critères essentiels à observer. Et même s'il observe sans véritable problème à résoudre, quand il perçoit un aspect qui n'est pas conforme à ses connaissances, il l'identifie.

Un élève n'a pas la base de connaissances dont dispose un scientifique ou un enseignant. Quand il observe un objet ou un organisme vivant, son intention n'est pas forcément d'acquérir une connaissance scientifique. Et même si c'est le cas, il ne peut pas dégager les critères essentiels qui doivent guider son observation.

• Pour aider les élèves à observer, il est important :

– de dégager un problème ou une question à résoudre auquel l'observation va s'efforcer de répondre ;

– de les amener à construire des critères qui vont guider l'observation.

Par exemple :

Question	**Critères**	**Réponse à la question**
Que trouve-t-on dans le petit pois ?	Présence d'un tégument, des cotylédons mais surtout d'une plante miniature.	Le petit pois contient une plante miniature, c'est une graine.
À quel groupe appartient le ver de terre ?	Corps allongé, mou. Présence d'anneaux.	Le ver de terre est un ver annelé ou un annélide.
À quel groupe appartient le ver de farine ou la chenille ?	Présence de six pattes articulées.	Le ver de farine, la chenille, sont des insectes.

• Le déroulement concret des activités peut varier selon la place de la séance dans la progression, selon les connaissances préalables des élèves.

Par exemple, pour observer, décrire et trouver à quel groupe appartient le ver de terre, l'enseignant peut :

– demander aux élèves de dessiner un ver de terre, sans le voir ;

– trier seul les productions selon des critères pertinents : présence d'une bouche et d'un anus ; corps allongé avec des anneaux ; absence de pattes.

– proposer aux élèves quelques dessins représentatifs des différentes productions ;

– demander aux élèves de dire ce qui diffère entre ces différents dessins ;

– faire une fiche avec trois dessins du ver de terre : deux représentent des productions d'élèves et le troisième est le dessin attendu ;

– faire observer l'animal, demander de sélectionner le bon dessin et d'expliciter son choix.

À partir des productions, une grille d'aide à l'observation est conçue et proposée aux élèves. Elle comprend les trois dessins de la page 141 et le dessin attendu avec le corps allongé présentant des anneaux.

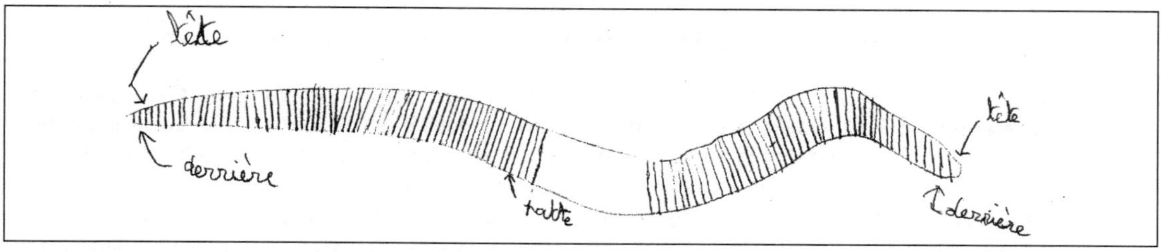

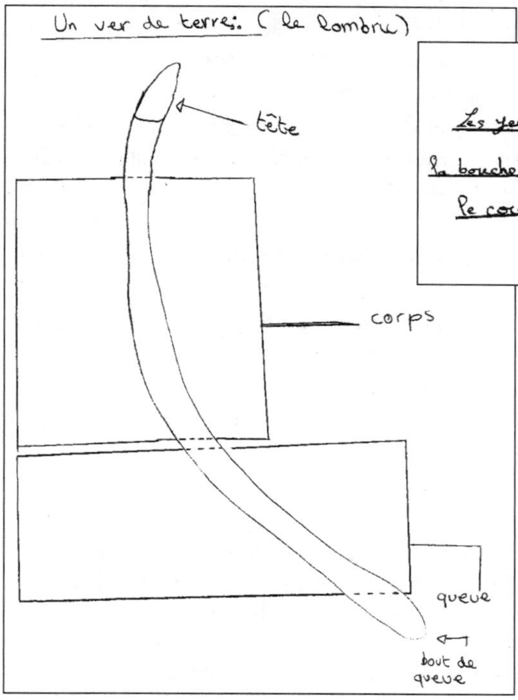

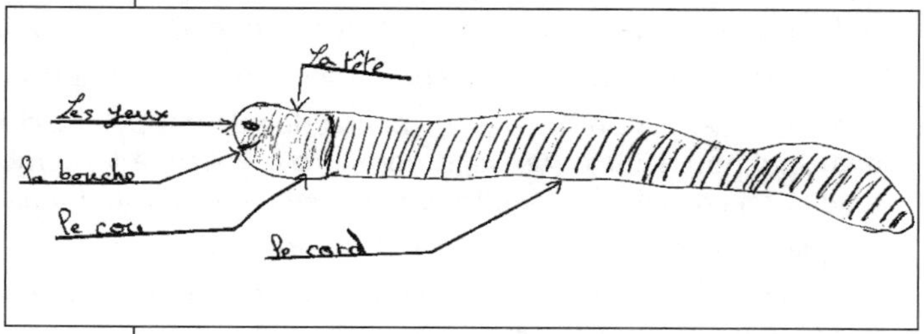

Comment aider les élèves à analyser un film ?

• Dégager clairement un problème ou une question à résoudre. Par exemple : que donne la graine mise dans la terre ? Quel organe apparaît en premier ?

• Travailler sur une séquence relativement courte (3, 4 minutes), centrée sur le problème traité.

Préférer les lecteurs de DVD, car les arrêts sur image sont parfaits.

• Préparer éventuellement un document qui permettra aux élèves d'écrire pour garder en mémoire les informations essentielles. Par exemple, l'enseignant peut décalquer des images sur l'écran lors d'arrêts du film. On peut demander aux élèves de remettre les dessins dans l'ordre, de leur donner un titre, de les commenter…

Avant le visionnage, donner les consignes et s'assurer que les élèves comprennent ce qu'ils auront à faire.

Visionner plusieurs fois la séquence.

Lors du premier visionnage, il est parfois intéressant de couper le son, pour plusieurs raisons : le commentaire distrait, accapare en partie l'attention et fait que les images ne sont pas bien vues ; le commentaire apporte parfois directement la réponse qu'il faut chercher. Le visionnage ultérieur avec le son permettra de valider les propos des élèves.

Lors du second visionnage, faire des arrêts sur image.

Distribuer le document et demander aux élèves de le compléter.

Comment organiser l'apprentissage d'une recherche documentaire ?

La « recherche documentaire » ne se confond pas avec la « lecture documentaire ». Cette dernière peut s'apparenter à de la « lecture plaisir » sans intention préalable nettement définie. La « recherche documentaire » est une modalité d'investigation dont la fonction est proche de celle d'une expérience ou d'une observation : apporter une contribution à l'examen d'un problème défini préalablement ou, dans certains cas, fournir des informations ou des illustrations qui le prolongent.

Une recherche documentaire est un processus complexe pour des élèves de cycle 2 qui demande d'articuler de nombreuses phases et d'utiliser parfois différents outils sans perdre le fil de la recherche. Ils ne peuvent y parvenir de but en blanc : un apprentissage est nécessaire.

Structure d'une recherche documentaire en début d'apprentissage

- Commencer par un sujet qui ne demande que très peu de compétences langagières : la recherche d'images pour illustrer un sujet donné (par exemple les tempêtes, le squelette, telle ville ou telle région, tel animal, tel objet, tel événement, telle activité humaine, etc.).
- Expliquer la consigne aux élèves et l'écrire au tableau.
- Fournir les documents préalablement sélectionnés par le maître en fonction de leur complexité (nombre de pages, illustrations, lisibilité, etc.).
- Pendant la phase de recherche, l'enseignant circule et guide les élèves pour qu'ils ne perdent pas de vue l'objet de la recherche.
- Fournir des marque-pages que les élèves glisseront dans le document.
- Lors d'un regroupement ultérieur, examiner les différentes illustrations trouvées et les faire valider par la classe (les images trouvées répondent-elles à ce qu'on cherchait ?).

Évolutions progressives

On peut très progressivement complexifier la démarche pour aller, peu à peu, vers des recherches plus authentiques. Ce sont les compétences langagières des élèves et la durée pendant laquelle ils peuvent rester concentrés sur une même tâche qui déterminent le degré de complexité de la démarche. Les évolutions sont donc à penser sur le cycle et non sur le court terme.

- À mesure que les élèves fréquenteront des documentaires (dans le cadre de la découverte du monde) et des albums (dans celui de la littérature), ils deviendront peu à peu capables de différencier ces deux types d'ouvrage et bâtiront des critères pour les reconnaître.
- Une approche du sommaire et de l'index est possible en fin de cycle.
- Les documents peuvent en partie être amenés par les élèves.
- La tâche peut évoluer de la recherche d'images vers la recherche d'informations nécessitant une lecture sélective des textes. Il faut, bien sûr, commencer par des documents présentant des textes courts et très bien structurés.
- Au moment de la recherche, les marque-pages pourront être remplacés par la prise en notes du titre du document et de la page sur laquelle se trouve l'objet de la recherche.
- En fin de cycle, une recherche en BCD ou sur Internet est envisageable à condition de fournir aux élèves un guide méthodologique et de les encadrer au cours des premières recherches.

Apprendre à lire et à représenter l'espace 6-1

Liens avec les programmes

Enquêtes 54 à 61

Compétences devant être acquises en fin de cycle	Enquête							
	54	55	56	57	58	59	60	61
Espace Décrire oralement et localiser les différents éléments d'un espace organisé ([1] p. 122).	×	×	×		×			
Repérer les éléments étudiés sur des photographies prises de différents points de vue, sur des plans ([1] p. 122).	×	×		×		×	×	
Apprendre à représenter l'espace ([1] p. 117).			×	×	×			
Situer les milieux étudiés sur une carte simple ([1] p. 117).		×			×			
Découvrir des espaces lointains ([1] p. 117).					×			
Découvrir quelques aspects de la diversité des formes de végétation, de la vie animale et des habitats ([1] p. 123).				×	×			
Découvrir quelques facteurs de différenciation, naturels et humains (influence du relief, du climat et des saisons, ou l'état de développement des sociétés) ([1] p. 117).				×	×			
Avoir compris et retenu la position (sur une carte ou sur un globe) de sa région, de la France, de l'Europe et des autres continents ([1] p. 122).						×		
Arts visuels Décrire et comparer des images en utilisant un vocabulaire approprié ([1] p. 136).		×						
Expérimenter quelques techniques de saisie en jouant sur les notions de cadrage et de point de vue ([1] p. 135).		×						
Produire des images en visant la maîtrise des effets et du sens ([1] p. 136).		×						
Utiliser le dessin dans ses diverses fonctions (croquis explicatif, schéma) ([1] p. 133 et 136).			×	×	×	×		×
Espace et géométrie (repérage, orientation) Connaître et utiliser le vocabulaire lié aux positions relatives d'objets *(devant, derrière, entre, à gauche de, à droite de, sur, sous, au-dessus de, en dessous de)*, aux déplacements ([1] p. 112).	×	×					×	×
Utiliser des plans ([1] p. 108).							×	×
Situer des objets d'un espace réel sur un plan ([1] p. 112).							×	×
Utiliser des instruments (gabarits de longueur, règles) et des techniques (calque, papier quadrillé) ([1] p. 108).						×		×
Grandeurs et mesures Mesurer à l'aide d'un étalon, d'une règle graduée ou d'un mètre de couturière ([1] p. 109 et 113).						×	×	
Comparer des longueurs ([1] p. 109).					×			

[1] : *Qu'apprend-on à l'école ? Les nouveaux programmes,* Paris, CNDP-XO Éditions, 2002.
[2] : *Documents d'application des programmes,* Découvrir le monde, cycle 2, DESCO SCEREN (CNDP), 2003.

Précisions sur le contenu disciplinaire

Étymologiquement, la géographie est la description de la Terre, des lieux et des formes de la surface du globe. Son objet actuel — au carrefour des sciences sociales et naturelles — est l'**organisation des territoires par les sociétés humaines**. La géographie observe, décrit, fait des hypothèses, définit et utilise des lois, quantifie et s'aventure parfois jusqu'à réaliser des modèles. Plusieurs paradigmes éclairent son regard :

- celui des **milieux** avec lesquels l'homme doit composer ;
- celui de l'**écologie**, particulièrement présent autour de la question du développement durable ;
- celui de la **géopolitique** qui essaye d'expliquer les conflits ;
- celui de la **citoyenneté** enfin, lorsqu'il s'agit de former des personnes capables de prendre des décisions en matière d'aménagement des territoires.

Dans cette nouvelle approche, l'homme est clairement placé au centre, comme acteur social, décideur politique, individu, gestionnaire… Il a délimité des territoires, qu'il transforme en composant avec le milieu, le passé, ses représentations. Faire de la géographie, c'est donc essayer de prendre en compte les interactions entre éléments naturels et humains pour comprendre des systèmes.

Au cycle 2, il n'est pas possible d'aller si loin : la géographie n'est pas même constituée en champ disciplinaire ! L'effort doit porter sur l'esprit : l'acquisition des grands principes de la démarche ; la découverte, par de premières manipulations, des outils ; la construction des bases d'un savoir pertinent. L'idéal serait de partir du local, connu des élèves. Une telle démarche est difficile à mettre en œuvre par les enseignants non-géographes. C'est pourquoi **le manuel construit des postures, donne des clés de lecture, apporte des connaissances** en s'ancrant d'abord sur les espaces de vie d'enfants du monde : Benjamin, Safia, Bachar et les autres. Puis, il incite les lecteurs à **transférer ces approches à leur espace familier**, pour mieux l'explorer et le comprendre. Cet aller-retour entre les territoires permet aux jeunes enfants de s'approprier les notions et de cheminer vers l'abstraction. Ainsi préparent-ils, par des activités appropriées à leur âge, leur entrée en géographie.

L'image : un outil pour le géographe

• Qu'est-ce qu'une image ?

L'image est une représentation subjective

L'image est avant tout une représentation, d'une personne, d'un objet, ou d'un espace. Cette représentation est obligatoirement subjective car la personne qui a réalisé l'image a dû faire des choix, conscients ou inconscients, afin de pouvoir représenter le sujet : des choix de cadrage, de forme de représentation, de support de représentation, de schématisation, d'objets à supprimer ou au contraire à mettre en valeur, etc.

L'image est codée

L'image est un langage, et comme tout langage, elle est codée. Pour pouvoir la lire, il faut donc disposer du code. Ce code s'appuie sur les formes, les tailles, les couleurs, les textures. Ce code semble parfois évident, c'est le cas en photographie, mais en fait, s'il est évident pour l'adulte, il ne l'est pas du tout pour l'enfant auquel il va falloir apporter les clés de lecture. Ce code est parfois donné : c'est la légende de la carte.
Il est parfois inconscient ou culturel : ainsi, dans les sociétés occidentales, une image est lue de façon diagonale du haut à gauche, vers le bas à droite : ce qui est sur ce trajet de l'œil sera mieux perçu que ce qui en est éloigné. Les personnes qui vont fabriquer l'image vont donc placer les objets essentiels pour eux, sur le parcours de l'œil et les points de lecture forts : c'est la peinture, l'affiche, la photographie d'art, la publicité. Mais dans les pays musulmans, le sens de lecture n'est pas le même, la même affiche ne sera donc pas décodée de la même manière.

L'image est destinée à un public

La présence de ce code traduit le fait que l'image est destinée à un public cible. Ce public est celui qui est capable de la décoder. Ainsi, l'amateur d'art sera plus sensible à tel ou tel tableau que le profane, car il dispose du code qui permet de le lire et d'en apprécier le contenu.
Les images utilisées par les géographes n'ont pas toujours été réalisées pour être utilisées par des géographes. Pour certaines, cela ne fait pas de doute : les cartes, les photographies, les schémas des publications scientifiques sont à classer dans cette catégorie, mais elles sont les seules. Toutes les autres peuvent être classées dans deux catégories :

– les images produites par des géographes, pour un public plus large : il s'agit des cartes et schémas présents dans les guides, les cartes routières, topographiques, etc. ;
– les images produites par des non-géographes à destination d'un public large ou spécifique et que le géographe va détourner de leur usage premier afin de les exploiter de son point de vue.

L'image est un document

En effet, pour le géographe, l'image est d'abord un document, souvent composite : image et texte associés. Ce document peut se substituer à la réalité : c'est une utilisation courante dans le cadre scolaire, elle remplace le paysage que l'on ne peut étudier sur place car trop éloigné de la salle de classe (voir la partie sur le paysage p. 147).
Lorsque le géographe travaille à partir d'images détournées de leur fonction première, il peut le faire de différentes manières :
– Il peut se contenter de prendre les informations que l'image contient : la carte postale montre un paysage qui contient un certain nombre de composantes que l'on pourra étudier, le plan touristique centre sur les ressources touristiques de l'espace représenté.
– Il peut aussi les prendre sous la forme d'une représentation de cet espace par l'acteur qui l'a réalisée : une carte postale traduit que tel élément est important pour l'auteur de la carte postale, car représentatif de la région. *De la même manière, si le logo d'Annecy présente le château et des poissons, c'est que pour les autorités municipales, les éléments phares d'Annecy sont le château et le lac.*
Chacun de ces documents représente donc une vision subjective et incomplète d'un espace. Le géographe se doit de les croiser pour être en mesure de construire sa propre représentation de l'espace.

• Le paysage

Le paysage est une notion de géographie

Étymologiquement, le terme de « paysage » est apparu à la Renaissance (*paesagio*) en même temps que sa figuration dans les tableaux des peintres. Il est donc, lui aussi, une représentation. Toutefois, le géographe a quelque peu modifié cette définition pour englober l'espace directement embrassé par l'œil de l'observateur. Cet espace est organisé d'une certaine manière par les sociétés humaines qui l'occupent. Ainsi, l'analyse du paysage est un des éléments centraux de l'analyse géographique, c'est pourquoi nous la retrouvons dans les programmes scolaires, du primaire à l'université. La meilleure approche se fait sur le terrain, face au dit paysage, mais cela n'est pas toujours possible, le géographe s'appuie alors sur une représentation : la photographie.
Il existe des différences considérables entre un paysage photographié et un paysage observé directement. La photographie impose d'abord un point de vue unique : le paysage est observé sous un angle précis, choisi par la personne qui a pris la photo. La photographie impose ensuite un cadre qui exclut de l'image une partie du paysage, place au centre ou dans des points forts de lecture des éléments spécifiques. Enfin, la photographie est une représentation figée du paysage : aucun mouvement n'en émane, aucun son, aucune odeur, qui sont autant d'informations perdues.

Pourquoi lire un paysage ?

La géographie est la science de l'organisation du territoire par les sociétés humaines. Même si l'espace présenté par un paysage n'est qu'une portion de territoire, l'analyse du paysage permet d'observer comment les hommes organisent cet espace, et par cela d'essayer de comprendre pourquoi les sociétés humaines ont occupé le territoire de cette manière et non d'une autre. Analyser le paysage c'est donc chercher ces clés de lecture, identifier les constantes, ou au contraire les exceptions, chercher les explications à ces constantes ou ces exceptions.

Apprendre à lire un paysage

La lecture du paysage doit se faire en trois temps :
– Un premier temps de découverte, où est jeté en vrac tout ce qui est observé.
– Un deuxième temps de structuration des observations, c'est celui de la description ordonnée. Celle-ci peut se faire de façon orale ou écrite, de façon textuelle ou graphique.
– Un troisième temps qui est celui de l'analyse dans lequel on va tenter d'expliquer ce qui a été observé et pour lequel il va falloir aller chercher des informations complémentaires. En cycle 2, cette explication va rester à un niveau élémentaire mais elle permettra de montrer que ce paysage s'organise en fonction de critères humains, physiques, économiques, etc.

• **Le langage cartographique**

La carte est un outil de repérage dans l'espace

La carte est une représentation simplifiée de la terre ou d'une portion de la terre. Elle sert à localiser des objets fixes sur un espace défini. Ceci induit deux éléments :
– en tant que représentation, elle est subjective car l'auteur a fait des choix : choix de ce qu'il allait représenter, choix de la manière de le représenter. La carte est donc accompagnée d'une légende qui donne les clés du code utilisé par l'auteur pour représenter les différents objets ;
– pour présenter un espace sur une feuille, l'auteur a dû le réduire. La carte est donc accompagnée d'une échelle qui indique la valeur de cette réduction.

Pourtant la carte est une représentation déformée de l'espace

En effet, le cartographe représente sur une surface plane — généralement une feuille de papier, de plus en plus souvent, un écran d'ordinateur — un espace qui n'est pas plan : la portion de surface terrestre. Cet espace est en effet marqué par :
– la rotondité de la terre ;
– les déformations du relief : montagnes, collines, vallées, etc.
Le cartographe doit donc effectuer des corrections. Pour corriger la rotondité, le cartographe fait appel à des projections, c'est-à-dire qu'il projette sur une surface plane les limites des objets qu'il représente selon une règle unique sur l'ensemble de la carte.
Pour représenter le relief, le cartographe utilise les courbes de niveau, c'est-à-dire qu'il trace sur la carte, les lignes rejoignant les points se trouvant à la même altitude.

• **L'échelle des cartes**

La carte étant une représentation de l'espace sur un plan, il est indispensable d'indiquer la valeur de la réduction effectuée : cette valeur est l'échelle de la carte.

Qu'est-ce que l'échelle ?

Sur un plan mathématique, l'échelle est le rapport entre une distance sur le terrain et cette même distance sur la carte. Elle s'exprime donc sous la forme d'une fraction : 1/50 000 par exemple. Dans cet exemple, 1 centimètre sur la carte est égal à 50 000 centimètres sur le terrain, soit 500 mètres. Les échelles les plus courantes sont :
– 1/10 000 000 utilisée pour les planisphères. Mais attention, cette échelle n'est généralement valable que sur l'équateur en raison des importantes déformations liées à la projection choisie ;
– 1/1 000 000 qui sert à représenter la France en carte murale ou pliante : à cette échelle, très pratique, un centimètre sur la carte est égal à 10 kilomètres sur le terrain ;
– 1/100 000 utilisée dans la série verte de l'IGN ;
– 1/25 000 qui sert pour les cartes topographiques actuelles ;
– 1/1 000 qui sert pour le plan cadastral.
Si le géographe utilise ces fractions, il utilise en fait plus souvent les termes de « petite », « moyenne » ou « grande » échelle. Une carte à petite échelle présente le monde, un continent, voire un pays, en effet, 1 divisé par 10 millions, c'est petit... Une grande échelle sert à réaliser un plan d'aménagement d'un quartier, d'un carrefour : 1/1 000, est dix mille fois plus grand que 1/10 000 000. Entre les deux se situent les cartes à moyenne échelle.

Emboîter les échelles

Mais en fait, bien souvent, le géographe n'étudie pas un phénomène à une seule échelle. Pour comprendre, il a besoin de changer d'échelle. Ainsi, une carte de la répartition mondiale de la population permet d'observer des pleins et des vides à l'échelle planétaire. L'Europe et l'Asie orientale y apparaissent comme des foyers de peuplement majeurs, sans différence majeure. Pourtant si l'on passe à une échelle plus grande, on s'aperçoit rapidement, qu'en Asie les campagnes sont très peuplées, alors qu'en Europe, elles le sont peu. Des densités moyennes peu différentes à petite échelle traduisent des réalités très différentes à moyenne ou grande échelle.

Le choix de l'échelle est induit par le choix de ce que l'on veut représenter

Une carte de randonnée doit permettre de se repérer sur un espace réduit, elle doit donc donner des détails sur cet espace : un arbre caractéristique, un coude de chemin, une barre rocheuse. Pour pouvoir représenter ces objets, elle doit obligatoirement être à grande échelle, sans quoi, il sera impossible de les représenter : un point noir d'un millimètre de diamètre représentant un arbre sur une carte au 1/1 000 000, correspondrait sur le terrain, à un disque de

1 kilomètre de diamètre : cela n'aurait pas beaucoup de sens... Inversement, prendre une série de cartes topographiques pour traverser la France en voiture, conduirait à transporter plusieurs dizaines de cartes de grande taille sur lesquelles seraient portées des informations totalement inutiles pour la navigation à vive allure. Le choix de l'échelle est donc primordial lorsque l'on cherche à construire ou utiliser une carte.
Certaines cartes ont toutefois un usage multiple : c'est le cas des cartes topographiques qui représentent l'essentiel des éléments constitutifs d'un paysage : le relief, l'habitat, les voies de communication, les cours d'eau, la végétation. Mais même ces cartes sont très incomplètes, car, par exemple, elles ne donnent pas la nature des arbres représentés.

La carte doit être lisible

Le cartographe doit aussi veiller à ce que la carte reste lisible. Il ne peut donc pas tout représenter et doit trouver des figurés qui rendent la lecture claire. Ces choix sont liés au thème de la carte : sur une carte de la végétation, on va représenter les différentes essences végétales présentes sur un espace. Sur une carte touristique, on va représenter les hôtels et les sites touristiques. Une carte sélectionne donc les informations dans une optique de lisibilité.
La lisibilité est aussi améliorée par la schématisation des objets représentés en utilisant des figurés. Ces figurés sont simples et utilisent des codes de couleur : la végétation est généralement en vert, les cours d'eau en bleu, etc. Il existe trois familles de figurés auxquelles s'ajoute parfois une quatrième. Les trois familles principales sont :
– **les figurés de surface :** ils représentent un phénomène qui présente une emprise spatiale importante (forêt, région peuplée, mer, etc.) ;
– **les figurés ponctuels :** ils représentent des objets isolés (villes, bloc rocheux ou arbre caractéristique, etc.) ;
– **les figurés linéaires :** ils représentent des limites ou des axes (routes, voies ferrées, bordures de falaise, etc.).
Sur certaines cartes s'ajoutent des **figurés sagittaux** (en forme de flèche) qui permettent de représenter des dynamiques (sens des vents sur les cartes météorologiques, sens des flux de circulation, courants migratoires, etc.). Le sens de l'ensemble de ces figurés est expliqué dans la légende.
Toutefois, pour certaines cartes thématiques, tous les signes de la carte ne sont pas présents dans la légende.
En sont parfois exclus :
– tout ce qui est considéré comme faisant partie du « fond de carte », c'est-à-dire ce qui ne fait pas partie du sujet de la carte, mais qui doit être présent pour la rendre intelligible, soit :
➢ les limites territoriales (départements, régions pour la carte administrative ; frontières pour toutes les cartes) ;
➢ la mer qui est en bleu ou en gris clair sur les cartes en noir et blanc ;
➢ le liseré des côtes : trait bleu fin ;
➢ les fleuves : trait bleu fin. D'autre part, ceux-ci sont identifiés par leur nom ;
➢ les pays étrangers généralement en gris clair (carte administrative et des régions agricoles).
– ce qui pourrait offrir une redondance avec la nomenclature : par exemple les couleurs des continents sur le planisphère.

Pour conclure, une carte s'accompagne d'un certain nombre d'éléments indispensables sans lesquels elle n'a que peu de sens :
– **un titre** qui définit son thème ;
– **une échelle** qui définit la taille de l'espace représenté ;
– **une légende** qui décrit les signes utilisés.

Confronter paysages et cartes pour comprendre l'espace

	Paysage *in situ*	**Paysage en photographie**	**Carte**
Échelle	Du proche au lointain.	Du proche au lointain.	Unique => nécessité de prendre des cartes à des échelles différentes.
Angle	Oblique.	Oblique.	Vertical.
Date	Au moment de l'obser- et sur sa durée.	L'instant i de la prise de vue.	La plupart du temps, une année spécifiée.
Sens porteurs d'informations	Vue, ouïe, odorat, toucher éventuellement.	Vue.	Vue.

	Paysage *in situ*	Paysage en photographie	Carte
Objets	Tous y compris mobiles.	Tous y compris mobiles mais de façon figée.	Objets sélectionnés en fonction d'un thème et pas obligatoirement visibles sur le terrain.
Personnes	Visibles et mobiles.	Visibles.	Absentes.
Type de représentation	Visuel humain.	Construction proche du visuel humain.	Construction symbolique.

Commentaire : le travail de confrontation de ces deux ressources documentaires permet de croiser des informations qui vont se conforter ou s'opposer. L'analyse va consister en une série d'allers-retours entre les documents de façon à construire du sens : le paysage va montrer une route, la carte va dire d'où elle vient et où elle va, le paysage va dire si elle est fréquentée à l'heure de la prise de vue, la carte va peut-être donner l'importance de son trafic, ou qui l'entretient. Mais bien souvent, elle ne suffit pas pour comprendre le paysage et il faut avoir recours à d'autres sources : témoignages, études de géographes ou d'historiens, images satellitales, etc.

Conseils pour organiser son enseignement

Quels objectifs viser au fil des enquêtes ?

• Construire une première distance à l'image

Outil du géographe, l'image, pour se mettre à parler, doit faire l'objet d'un questionnement et d'une analyse. Or, chez beaucoup de jeunes enfants, l'effet de réalité est tel, que l'image est vue sans aucune distanciation. Elle se substitue complètement au réel. L'acquisition d'une première forme de distance critique, posture essentielle à l'interprétation, passe par la prise de conscience qu'espace et représentations de l'espace, ce n'est pas la même chose.

En manipulant, en triant et en identifiant des images, en jouant sur les notions de cadrage et de point de vue, les élèves comprennent :

– que les hommes fabriquent toutes sortes d'images de la Terre ;
– que l'on peut extraire de multiples informations de ces images ;
– qu'une image, toujours utile n'est jamais suffisante pour rendre compte d'un espace ;
– qu'en géographie, l'image a besoin d'être accompagnée d'une légende, qui précise son sens et forme un tout avec elle.

• Acquérir quelques clés de représentation et de lecture des paysages

L'analyse du paysage est une activité complexe : elle demande de saisir des signes d'organisation de l'espace, de les corréler pour les interpréter.

– Séquence 1 : apprendre à observer le paysage en le dessinant (enquête 56).

Observer des enfants de cycle 2 en train de dessiner le paysage permet de mesurer la distance qui les sépare du géographe en train de faire un croquis ! Leurs dessins sont dynamiques, précis, avec tous les détails nécessaires à l'identification des personnages et des objets. Mais leur pensée fortement égocentrique et leur manque de connaissances entravent leur saisie de la scène visuelle : ils sélectionnent et surdimensionnent les objets qui leur parlent, en oublient certains, en ajoutent d'autres ; ils juxtaposent les éléments sans souci de leur position relative car ils accordent peu d'importance aux informations topologiques. Au fond, ils ne cherchent pas à rendre objectivement le paysage (l'espace n'est pas encore l'objet de leur observation), ils s'emploient à montrer ce qu'ils aiment et ce qu'ils savent. Heureusement, ils sont avides de progresser et d'intégrer tous les procédés leur permettant de mieux représenter leur environnement.

L'entrée par les arts plastiques est la plus propre à transformer leur regard. Ils doivent passer par le « faire » pour progresser, alterner jeux d'observation sur le terrain, essais de représentation en classe, temps d'analyse pour mesurer l'écart entre ce qu'ils voulaient réaliser et ce qu'ils ont produit, apports culturels ouvrant des voies de résolution à leurs problèmes. (*cf.* tableau p. 157 de ce guide)

Au bout du cycle d'activités, les possibilités d'expression, l'acuité du regard et l'aptitude à décrire se seront développées de concert.

On ne reviendra jamais assez sur l'impor-

tance pour l'enseignant d'installer du vocabulaire durant ce processus. La perception est dirigée par les concepts que nous avons en mémoire. Avec le travail sur le paysage, l'enseignant est confronté à ce problème à chaque pas. Tant qu'ils ne savent pas, les enfants ne voient pas ! Le travail est donc de les amener à voir par tous les moyens sans se cantonner à des catégories fermées d'informations, bien au contraire.
Un exemple l'illustre :
Tout d'abord, les enfants de Groisy ne représentaient pas les collines, comme s'ils ne les voyaient pas (dessin 1 p. 98 du manuel). Par des jeux de lecture du paysage focalisant leur attention sur des aspects qu'ils n'avaient pas relevés (jeu de « Qu'y a-t-il à la place du trou ? », clés de l'enquête 56 p. 157) ils repèrent les « **taches sur** la **bande devant** la montagne ». L'enseignante renforce leurs découvertes en verbalisant : la bande, ce sont les **collines entre** le village et la montagne, et les taches blanches, ce sont les **prés**. De retour en classe, avec l'appui de la photo, elle localise ces collines comme étant au **second plan** du paysage (photo 2 p. 98 du manuel). Dès lors, les collines et les champs s'installent durablement dans les représentations des enfants. On le voit, la maîtresse a combiné trois catégories de savoirs pour que les enfants assimilent le réel ; elle a travaillé tout à la fois :
– leur aptitude à percevoir les **caractéristiques plastiques** d'un paysage : contours, formes, contrastes, brillance, grain, etc. => *la bande* ;
– leur capacité à saisir son organisation : **informations topologiques** qui disent où est situé un élément par rapport à un autre. => *sur, entre, devant, second plan* ;
– leurs possibilités de **traitement sémantique** de l'image permettant d'interpréter, de donner une signification aux éléments repérés. => *collines*.

Ainsi, la saisie de l'espace par l'enfant s'enrichit au fur et à mesure qu'il développe un cadre interprétatif **dans ces trois directions**. Il y a toujours des risques à l'enfermer dans des catégories simples et réductrices de la réalité. Un travail en lecture de paysages qui se cantonnerait à l'étude des plans par exemple (premier, second, arrière plan), si utiles pour lire les paysages de montagne, ne préparerait pas les élèves à structurer un paysage aux lignes fuyantes : espace rural comme celui de la Beauce par exemple (photo 2 p. 110 du manuel) ou paysage urbain (exemple : photo 4 p. 99 du manuel). Dans ce dernier cas, c'est par le sens, que certains enfants structurent le paysage (« je vois de l'**eau**, une **route** et des **immeubles** le long de l'eau, je vois le **ciel** ») tandis que d'autres sont tout d'abord sensibles aux contrastes de couleurs, de surface et de matière, aux lignes (« il y a **beaucoup de bleu** en haut et en bas, une **bande** de maisons **rugueuses** et la **grande** route **lisse collée** »).

C'est tout cela que l'enfant travaille en arts plastiques. Il ne perd pas son temps : il construit des représentations cohérentes et opérantes du monde environnant, celles-là même qui lui permettront d'accéder à la démarche géographique. À l'issue de la séquence d'apprentissage centrée sur l'art plastique, il ne sera pas encore capable de faire des croquis de paysages mais il pourra entrer dans logique des croquis qui lui seront proposés parce qu'il aura conquis une vision du paysage plus objective, à travers le dessin d'observation.

– Séquence 2 : découvrir que les paysages peuvent exprimer la vie des hommes à condition qu'on les questionne (enquête 57).
Lire un paysage, c'est avoir réalisé que l'on peut comprendre la vie des hommes à partir de quelques signes prélevés dans leur espace. Comment l'exprimer à de jeunes enfants ?
Le manuel s'appuie sur le **récit de paysage** : Benjamin et Safia racontent leur vie en interpellant le lecteur : « Est-ce que tu peux trouver nos traces sur une photo ? » Leurs récits contiennent de fortes références spatiales, expriment le fonctionnement de leur espace et sont donc thématiques : Benjamin est centré sur ses vaches, Safia sur le mouvement pendulaire de ses parents entre ville et campagne.
La démarche consiste à :
– **partir** de cette **information construite** ;
– **la détricoter** pour **aller chercher sous quelle forme elle se présente dans l'espace** (activités de lecture de photos, de schématisation, de coloriage de croquis) ;
– **trier ce qu'on a observé** de manière à **regrouper ces informations en quelques catégories générales** : végétation, habitat, voies de communication, etc.
À cette étape, on a dégagé quelques composantes du paysage, quelques invariants.

Ces cadres conceptuels seront des points d'appui pour questionner d'autres paysages et les observer méthodiquement. À partir de ces quelques lignes directrices, les élèves pourront désormais décrypter — au moins en partie — des informations géographiques nouvelles présentant des habillages très différents de ceux qu'ils connaissaient déjà. C'est à quoi s'emploie l'enquête 58.

– Séquence 3 : établir des liens entre les informations récoltées (enquête 58).
Avec les fabrications, cette enquête entraîne les enfants à observer les paysages selon les lignes directrices dégagées à l'enquête précédente.
Elle les pousse ensuite à établir des liens entre les informations récoltées.
Ils en viennent, en synthèse, à raconter une tranche de vie « argumentée » de leurs copains du bout du monde : Bachar, Kari ou Yoko.
La grille de construction de ces récits pourra être la suivante :
– Qu'est-ce que je veux dire d'important sur ce paysage ? => Thème de mon récit.
– Qu'est-ce qui me le montre ? => Références spatiales.
– Qu'est-ce que j'en déduis sur la vie des hommes ? => Fonctionnement de l'espace
De façon générale, le « récit de paysage » sera la voie royale des enfants de cycle 2 pour exprimer ce qu'ils ont compris d'un paysage. Ces récits constituent des étapes vers la description de paysages : ils n'en respectent pas la lettre mais bien l'esprit.

• Comprendre le langage des cartes
Sur ce registre, la contribution du manuel résulte d'un compromis entre deux contraintes : la commande des programmes et la place réservée à l'espace dans les enquêtes.
Les programmes de 2002, — et c'est la différence avec ceux de 1995 — demandent à l'élève de fin de cycle 2 d'avoir travaillé la représentation plane aux différentes échelles, *« d'avoir compris et retenu la position (sur une carte ou sur un globe) de sa région, de la France, de l'Europe et des autres continents ».*
Quelles coupes opérer ?
Résolument, celle de l'espace proche : non que nous considérions ce travail comme inutile, bien au contraire ! Fondamental, il reste incontournable. Mais la séquence de structuration de l'espace autour du plan, généralement menée entre la GS et le CP, met autant en jeu les mathématiques, l'EPS et les indicateurs spatiaux du langage que la géographie. Elle est centrée sur le milieu de vie des élèves ; part du concret : la classe, la cour de l'école et le quartier. Elle n'a pas besoin d'un manuel pour être mise en œuvre, d'autant que des ressources pédagogiques de qualité, présentant démarches et progressions, sont à la disposition des enseignants.
Citons l'ouvrage de Didier Terrier, Marie-Dominique Vandenweghe-Bauden, *L'Espace et la diversité des paysages, cycle des apprentissages fondamentaux*, CRDP Lille/Démarches et outils pour la classe, Lille, 1996, 129 p.

Voici donc une partie de l'activité de CP sur l'espace que le manuel ne couvre pas. Elle ne l'écarte pas cependant, puisqu'elle la considère comme un prérequis quand elle reprend l'approche des plans et des cartes au CE1.

Le manuel ne présente pas non plus de sujet d'étude centré sur l'utilisation de cartes politiques à différentes échelles. (exemple : *La France, La France en Europe, La France dans le monde*) pour des raisons semblables. Ces approches classiques sont à la disposition des enseignants.

Alors qu'apporte le manuel ? En trois double pages et quelques ressources documentaires (un planisphère, trois cartes thématiques et une carte de situation), il s'efforce de donner aux cartes et aux plans leur statut d'outil.
Il établit leur identité, leurs points communs :
– tous représentent la Terre ou une portion de la Terre ;
– tous traduisent le réel à l'aide de figurés.

Il pointe leurs différences : chaque carte, chaque plan est construit avec une intention particulière qui induit :
– le choix d'une échelle adaptée ;
– la sélection d'objets caractéristiques ;
– la présence d'un titre et d'une légende, clés de lecture de la carte.

• Découvrir des mondes
Enfin, le manuel propose aux élèves des sujets d'études sur des mondes qu'ils connaissent où peuvent rencontrer : la campagne, le littoral et la ville. À chaque fois, en s'appuyant sur les habiletés acquises en

lecture de paysages et de cartes, il les invite à chercher comment les hommes organisent ou utilisent ces espaces. Il encourage leurs premiers efforts de généralisation afin qu'ils se construisent un socle de connaissances organisatrices, utiles pour demain.

Comment utiliser le manuel

• Des enfants au fil des pages ? Pour quoi faire ? Quoi en faire ?

Les parties Espace/Temps du manuel sont composées autour d'enfants, d'hommes et de femmes. Ils sont là pour rappeler que c'est toujours la vie des sociétés humaines que cherchent à recomposer l'histoire et la géographie.

L'enseignant prendra soin de donner corps à ces personnages, en y faisant référence, en comparant leur vie à celle de leurs élèves.

Aucun d'entre eux cependant ne remplacera les copains « en chair et en os » découverts au travers d'une correspondance scolaire. Qu'on y songe : le seul fait d'échanger avec d'autres motivera la plupart des activités proposées dans le manuel : présentation, représentation et compréhension de l'espace où l'on vit ; recherche d'informations sur des espaces différents.

• Le manuel : tremplin vers le milieu, espace de synthèse.

La construction des connaissances et des habiletés nécessaires à « l'entrée en géographie » relève autant de la découverte du monde, que des mathématiques, des arts visuels, de l'EPS et du domaine de la langue. Le manuel ne peut donc se suffire à lui-même. Il est une invitation à travailler sur le milieu et à recourir aux médias, une aide à la programmation d'activités, un espace de synthèse enfin, où élèves et enseignants trouveront un cadre propre à structurer les découvertes faites en classes.

• Exemple de programmation des activités sur deux ans :

<table>
<tr><th></th><th>Période 1</th><th>Période 2</th><th>Période 3</th><th>Période 4</th><th>Période 5</th></tr>
<tr><td rowspan="2">CP</td><td colspan="2">Comprendre que les images sont des documents.</td><td colspan="2">Représenter l'espace</td><td>Découvrir quelques composantes de l'espace</td></tr>
<tr><td>Unité d'apprentissage autour de l'enquête 54 « À quoi servent les images ? »</td><td>Unité d'apprentissage autour de l'enquête 55 « Que racontent les images ? »</td><td>Travailler sur l'espace proche : vers une représentation plan de l'espace.</td><td>Unité d'apprentissage autour de l'enquête 56 « Comment dessiner ce que l'on voit ? »</td><td>Unité d'apprentissage autour de l'enquête 57 « Que regarder autour de soi pour comprendre la vie des hommes ? »</td></tr>
<tr><td rowspan="2">CE1</td><td>Établir des liens entre les composantes de l'espace.</td><td colspan="2">De l'intention à la carte.
Lire et construire des cartes en changeant les échelles, les symboles, et les thèmes.</td><td colspan="2">Décrire la diversité des milieux et des modes de vie à travers cartes et paysages.</td></tr>
<tr><td>Retour sur les composantes de l'espace.
Unité d'apprentissage autour de l'enquête 58 « Que disent les maisons dans le paysage ? »</td><td>Unité d'apprentissage autour de l'enquête 59 « À quoi servent les cartes ? »</td><td>Unité d'apprentissage autour des enquêtes 60 et 61.</td><td>Unité d'apprentissage autour d'une des enquêtes 62 à 64.</td><td>Unité d'apprentissage autour d'une des enquêtes 62 à 64.</td></tr>
</table>

54 À quoi servent les images ?

p. 94-95

Niveau ciblé

CP et CE1 n'ayant pas été initiés au travail.

Matériel et documents

- Représentations de l'espace permettant des activités de tris : cartes postales, plans, œuvres d'art, photos personnelles, dépliants ou affiches touristiques, bulletins municipaux, etc. (séance 1).
- Images de la commune des élèves (dernières séances).

Objectifs

- Découvrir le monde de Benjamin (voir les *Conseils pour organiser son enseignement* p. 151).
- Construire une première distance à l'image :

– découvrir que les hommes fabriquent toutes sortes d'images représentant l'espace. Commencer à les classer ;
– extraire de multiples informations d'un même corpus d'images en les interrogeant de différentes manières.

Les clés de l'enquête

Le travail sur les images pourra s'étendre sur 6 à 7 semaines. Nous regroupons les conseils par thèmes, mais dans les faits, séances d'extraction d'informations sur les images et de fabrication du répertoire d'images alterneront, suivant la progression de l'enquête.

• Faire connaissance avec Benjamin à partir des images du manuel (séance préliminaire)

On cherchera ce que l'on peut apprendre de Benjamin en feuilletant le manuel.
La recherche individuelle sera suivie d'une synthèse collective.
Les élèves prendront soin de noter sur leur cahier le numéro des enquêtes dans lesquelles ils trouvent des informations pour y faire référence lors de la mise en commun.

• Extraire de multiples informations d'un même corpus d'images en les interrogeant de différentes manières (2 ou 3 séances)

La double page, construite sur cinq images, propose différentes activités de décodage, à forte spécificité géographique. Le tableau ci-dessous les recense. Elles seront reprises dans les autres enquêtes :

Objectifs visés	Activités proposées
Identifier un espace représenté sur une image en prélevant des indices à l'intérieur de cette image.	Trouver quelle ville Benjamin est allé visiter par repérage du mot « Annecy ».
Trouver les caractéristiques d'un espace.	Chercher ce que les photos apprennent de la ville, repérer les éléments communs à plusieurs images (montagne, château, lac).
Décoder un document grâce à des informations déjà mises en mémoire. Raisonner par inférence.	Trouver la signification du logo d'Annecy.
Émettre des hypothèses sur l'activité des hommes à partir d'informations avérées sur l'espace. Extrapoler.	Imaginer ce qu'a fait Benjamin pendant ses vacances. On encouragera la formulation d'autres hypothèses que celles suggérées dans les dessins : sports nautiques, promenades, randonnées.
Faire la synthèse d'informations apportées par des documents. En cerner les limites.	Les photos nous ont-elles tout appris sur la ville ?

On veillera à pousser l'argumentation des enfants et on encouragera l'utilisation d'un vocabulaire topologique en cours de description.
Décoder des logos permet de travailler sur la **simplification** et la **symbolisation** d'une idée, savoir-faire essentiels pour représenter l'espace.
L'activité nécessite d'utiliser des informations puisées dans les documents 1, 2, 3 et 4, lors des activités précédentes. Les élèves rencontrent parfois des difficultés d'interprétation :
– Ils reconnaissent facilement le poisson et l'expliquent par la présence du lac. Ils admettent plus difficilement qu'il le symbolise. On observera le **redoublement des contours** de ce poisson qui **figure les vagues du lac** et on expliquera que le poisson est le symbole de la ville d'Annecy depuis le temps des châteaux forts. (On retrouve le blason du poisson, taillé dans la pierre des portes de la ville médiévale.)
– Il leur faut plus de temps pour reconnaître le **château**. Pour les enfants en difficulté, revenir sur les éléments caractéristiques de la ville, repérés précédemment.
– On insistera sur **l'idée de choix**, de **message** à faire passer par le logo. Un **logo ne dit pas tout** sur la ville. Il y a beaucoup d'éléments qu'on ne connaît pas. Y a-t-il des usines à Annecy ? des cités ? des autoroutes ? des écoles ? des magasins, etc.
– On conclura sur la nécessité de chercher d'autres sources d'informations pour en savoir plus. **Comment en savoir plus** sur une ville ? Les propositions des enfants sont nombreuses : **personnes ressources, dictionnaire, mairie**, etc. On peut parler de la **recherche d'informations en ligne** ou au **syndicat d'initiative** du lieu.

• Se construire un premier répertoire d'images représentant l'espace (plan, affiche, cartes postales, etc.)

Apprendre à connaître les sources d'information disponibles est une étape importante du processus de recherche documentaire.
L'observation des photos 3 et 4 lancera cette activité de sériation d'images. Elle sera poursuivie sur une collection préparée par l'enseignant.
Le travail permettra de préciser la nature des différentes représentations de l'espace et leur fonction. Durant la séance, on manipulera toutes sortes d'images en réfléchissant à ce qu'elles apportent. On proposera des exercices de tris, des devinettes, des jeux d'association, des jeux de l'intrus, des phrases Vrai/Faux, etc.

On conclura par une première trace écrite collective, sous la forme d'un tableau qui sera complété et réutilisé en cours d'année, les définitions étant susceptibles d'évoluer au fil des séances.

Répertoire des images donnant des informations sur l'espace

Exemples concrets collés	**Qu'est-ce que c'est ?** (Nature du document)	**A quoi ça sert ?** (Fonction)
	Le plan	Sert à trouver son chemin.
	Etc.	Etc.

On s'appuiera sur ce tableau pour lancer la collecte d'images sur le milieu proche, proposée à la fin de l'enquête.

Un tel répertoire trouvera aussi sa place dans le cahier individuel de « découverte du monde » à la rubrique : les outils du géographe, « J'apprends à trouver l'information ».

55 Que racontent les images ?

📖 p. 96-97

Niveau ciblé

CP, CE1 n'ayant pas été initiés au travail.

Matériel et documents

• **Séance 2**

– Des cadres de formats différents, découpés dans des emballages de médicaments (emballages en carton de sirop, de pommade…) Aplatir les boîtes et les découper en tranches de 1,5 cm ; en leur redonnant forme, on obtient des cadres carrés et rectangulaires.

– Des élastiques.

• **Séance 3**

– Par enfant, deux équerres découpées dans du papier cartonné et plastifié.

– Diverses photos de paysages.

– Photos de Groisy et du bec d'Ambès (à photocopier p. 238-239).

Objectifs

• Construire une première distance à l'image.
• Changer le sens d'une image en jouant sur la notion de cadrage.
• Introduire la légende comme clé de l'image.

Compétences transversales

Vivre ensemble	S'écouter, coopérer, échanger pour mener à bien un travail.
Préciser son vocabulaire pour exprimer ses découvertes	*Cadrage, point de vue, arrière-plan, plan général, plan moyen, gros plan.* Vocabulaire topologique (*en haut, en bas, à l'avant, à l'arrière,* etc.).
Expérimenter	Obtenir les effets recherchés par tâtonnements successifs.

Les clés de l'enquête

• **Se laisser piéger par des photos (1 séance)**

En un premier temps, on pousse les enfants à trouver les caractéristiques des deux espaces (photos 1 et 2) en reprenant les méthodes utilisées dans l'enquête 54 :

– extraire des informations de chaque photo (immeubles, voitures, vieille maison, campagne, montagne) ;

– établir les contrastes et extrapoler (Où vit Safia ? Où vit Benjamin ? À la campagne ? À la montagne ? En ville ?) ;

– préciser les informations pour chaque image à l'aide d'une légende.

• **Découvrir son erreur, en comprendre l'origine (2 séances)**

Pour aider les élèves à comprendre pourquoi « il était difficile de deviner que Safia et Benjamin étaient voisins », on organisera des activités de cadrage mettant en jeu la notion de zoom et celle de composition.

L'effet de zoom

À sa table, choisir un sujet d'observation (gomme, taille-crayon…). L'observer à travers son cadre, Chercher ce qu'il faut changer pour que cet objet apparaisse tout petit dans le cadre ou au contraire prenne toute la place. (Les enfants trouvent vite ce qui se passe selon qu'ils tiennent le cadre à bout de bras ou le rapprochent de leur œil).

Énoncer le principe découvert

« Plus on se rapproche de l'objet observé, plus il apparaît gros dans le cadre ».
Renouveler l'expérience en changeant de sujet et d'échelle d'observation. (exemple : un camarade à distance moyenne ; un élément du paysage plus éloigné : arbre, voiture, panneau d'affichage, maison, etc.).
Introduire les termes de *plan général, plan moyen, gros plan* pour aider les élèves à exprimer ce qu'ils ont découvert.
Revenir aux photos du manuel. Donner des explications. On pourra guider le raisonnement des élèves : Où était le photographe quand il a pris les images 1 et 2, quand il a pris l'image 3 ? Que voit-on sur un plan général ? Quelles informations perd-on, gagne-t-on sur des plans moyens, sur des gros plans ?

La notion de composition

Placer des élastiques sur les médianes du cadre pour obtenir un point de mire.
Choisir un sujet d'observation. Sans varier la distance à l'objet observé, jouer à le centrer et le décentrer dans le cadre. (Exemple : le placer en bas à droite du cadre, en haut à gauche, etc.)
Observer que « la portion d'espace saisie par l'image change ».
Énoncer le principe découvert.
Revenir aux photos du manuel. Donner des explications. (On pourra guider le raisonnement des élèves : définir la place de l'épicéa dans le cadre ou hors du cadre sur les photos 1,2 et 3.)
À cette étape de la séquence, on peut déjà répondre à la question posée en bilan.
On pourra revenir à ces activités de cadrage dans l'enquête 59, pour travailler la notion d'échelle.

• Jouer sur la notion de cadrage pour changer le sens d'une image. Introduire la légende comme clé de l'image, en géographie (2 séances)

(Cf. activités proposées avec les équerres) Sur des photos diverses ou sur les photocopies de Groisy et du bec d'Ambès, on encouragera les enfants à montrer différents points de vue d'un même espace en variant les cadrages.
On pourra même leur demander de trouver les cadrages correspondant à des sujets imposés :
Exemple : pour le Bec d'Ambès ; on proposera les légendes suivantes : *Des vignes, une plaine, Deux rivières se rencontrent.*
Si l'école dispose de l'équipement nécessaire, on pourra mener cette activité dans le cadre des TICE : « Utiliser un logiciel de photos pour rogner ou recadrer des images numériques. »

• Apprendre à légender des images (1 séance)

Le travail conduit en amont aura amené les élèves à s'interroger sur les limites de l'image, sur ses manipulations possibles.
La nécessité de préciser le sens des images par des informations complémentaires utiles sera alors introduite.
On cherchera un groupe de mots précisant les photos 1 et 2. Pour cela, on ira puiser des informations dans la phrase ouvrant l'enquête 56 : « Benjamin habite à Groisy, dans les Alpes ». Ce nom de montagne parlera à certains élèves. Pas à d'autres. Tous comprendront en tout cas que les indications d'une légende peuvent entraîner vers d'autres documents : les cartes, qui aident à localiser un site. (On repérera par tâtonnements « les Alpes » sur la carte du relief.)
À l'issue de ce travail de recherche, on confrontera les phrases trouvées pour préciser les photos 1 et 2. Les informations précisant le lieu et le sujet de la photo seront retenues (Où ? Qui ? Quoi ?) comme étant importantes.
Les termes *légende/légender* une image pourront être présentés et définis à cette occasion.

Prolongements possibles

• Croiser le travail mené en géographie avec un travail sur l'expression des points de vue dans le domaine de la langue ou en arts visuels. Exemple : cycle sur la bande dessinée, sur le portrait, témoignages donnant différents points de vue sur un même événement, etc.

• Travailler sur l'album de Istvan BANYAI, *Zoom*, Circonflexe, 2002.

56 Comment dessiner ce que l'on voit ?

📖 p. 98-99

Niveau ciblé

GS, CP, CE1.

Matériel et documents

- Crayons à papier, carnets de dessin.
- Photos de paysages extraites de revues, mises sous pochettes plastiques ou plastifiées. (L'entraînement sur des paysages différents et contrastés aiguise l'œil des enfants.)
- Ou, à défaut, une photo du bec d'Ambès par élève, une photo de Groisy par élève (à photocopier p. 238-239).
- Feutres pour ardoises.
- Pâte à modeler, lacets.
- Au fil des séances d'arts plastiques, différents médiums, outils, supports.

Objectifs

Aider les enfants, dans leur effort de traduction du réel, à représenter le paysage le plus objectivement possible :

– apprendre à repérer les grandes lignes d'un paysage ;

– découvrir et expérimenter quelques principes de représentation.

Compétences transversales

Vivre ensemble	S'écouter, coopérer, échanger.
Acquérir du vocabulaire	*Ligne d'horizon, ligne du paysage, surface, zone, plan.* Vocabulaire topologique.
Comparer	Le réel et ses productions ; des photos, des œuvres.

Les clés de l'enquête

- Cette double page correspond à la première séquence de l'unité d'apprentissage sur le paysage. (voir les *Conseils pour organiser son enseignement* p. 148). Elle est centrée sur l'approche plastique. Elle ne doit pas être survolée. Elle peut s'étendre sur 6 à 7 semaines.
- Pour que le travail soit fructueux, on veillera à combiner jeux d'observation du paysage, essais de représentation et efforts de verbalisation.
- La double page s'ouvre sur un problème, celui de Benjamin qui souhaite représenter son espace proche « avec le souci de la ressemblance ». L'observation de deux de ses œuvres, l'une réalisée en début de séquence et l'autre à la fin, prêtera à discussion. Beaucoup d'enfants, animés par leur souci de réalisme et de précision, trouveront le premier dessin plus représentatif du paysage que le second.
- La confrontation méthodique de la photo et des représentations de Benjamin suggérera une voie pour progresser : « représenter ce que l'on observe, non ce que l'on sait ».
- Alors pourra s'enclencher le travail de recherche des lignes du paysage sur des photographies.

Il ne s'arrêtera pas là : le tableau ci-dessous recense les principales conceptions, repérables dans les productions enfantines en début de cycle, conceptions à dépasser pour accéder à l'analyse géographique.

Écarts observés entre les productions enfantines et le réel	Principes de représentation de l'espace à introduire	Médiations possibles	Activités à mettre en œuvre
Le ciel est figuré par une bande continue au sommet du dessin.	Découverte de la **ligne d'horizon**.	**Observer** : – l'espace autour de l'école ; – des œuvres d'art, des illustrations d'albums ; – des photos de paysages.	La **peinture 6** (Moyenne Section), **p. 99 du manuel,** révèle une première organisation hiérarchisée de l'espace à deux dimensions : le ciel et la terre de part et d'autre de la ligne d'horizon. Pour travailler ce partage du plan en deux surfaces, l'enseignant peut varier les consignes sur le paysage, dessiner la mer et le ciel (voir le document 1 p. 158), le désert et le ciel, etc.
Seuls les sujets ou les objets principaux sont représentés sans que l'espace environnant ne soit figuré. Si celui-ci l'est, c'est juxtaposé ou hors d'échelle.	Découverte des **grandes lignes du paysage**. Découverte des **éléments oubliés dans le paysage (collines, bois, immeubles...)**. Inscription de ces différents éléments dans les zones ainsi mises en relief.	• La **photo**, en écrasant le paysage, en réduisant l'espace au plan, révèle son organisation. • **Sur le paysage observable** depuis l'école, **jeux de lecture :** – Qu'y a-t-il à la place du trou ? On distribue aux enfants des photos du paysage qu'ils ont sous les yeux. Dans les photos, on évide les parties qu'ils n'avaient pas repérées lors de leur première sortie, pour focaliser leur attention dessus. – Jeu du portrait : À quoi penses-tu ? Un enfant choisit un élément du paysage. Par questions successives engageant des informations topologiques, ses camarades retrouvent cet élément dans le paysage.	**Activités proposées dans le manuel,** prolongées en dessin et en peinture. **Ateliers de recherche d'organisation** des éléments (exemple : arbres, immeubles) => concentration, dispersion, équilibre, superposition...
Les proportions ne sont pas respectées (exemple : dans le dessin de Benjamin, maisons surdimensionnées).	**1. Plus un objet est loin, plus on le dessine petit.**	**L'album** : en analysant les procédés utilisés par les illustrateurs pour figurer l'espace, les enfants **pointent et énoncent** aisément ces trois **principes**. Ils vont les **vérifier dans le réel**, puis les **mettent à l'épreuve dans leurs productions plastiques**.	**Atelier de recherche de composition.** On distribue aux enfants trois feuilles de formats différents induisant des dessins de tailles différentes. Les enfants reproduisent sur chacune de ces feuilles le même

		On place les enfants devant différentes photocopies d'un même personnage détouré, extraites d'un album. Sur certaines, le personnage est minuscule, d'autres fois, il est énorme. Interpellés par ces différences de tailles qu'ils n'avaient pas repérées durant les activités de lecture, les enfants apparient photocopies et pages de l'album. C'est ainsi qu'ils découvrent ce premier principe de perspective. Les autres principes sont découverts sur la lancée (les albums cités à la page 59 permettent de travailler dans cette direction).	élément de paysage (maison, arbre) puis les disposent sur une feuille plus vaste de manière à composer un tableau. (voir le document 2) ci-dessous.
Il n'y a aucun effet de profondeur : on ne voit pas ce qui est loin, ce qui est près.	**2. Plus un objet est loin, moins il est vif.**		**Ateliers de recherche de couleurs par plan :** – 1er plan : gouache cyan, magenta, jaune => ateliers de mélanges. Notion de couleurs primaires, secondaires. – 2e plan : gouache cyan, magenta, jaune, blanc et noir en petite quantité => atelier de mélanges. Notion de couleurs rompues. – 3e plan : beaucoup de blanc, du noir, cyan, magenta, jaune en petite quantité. Comparer les couleurs par rapport aux plans.
	3. Plus un objet est loin, plus il est flou.		**Ateliers de recherche technique** en utilisant les couleurs préparées : – 1er plan : peinture figurative. – 2e plan : recherche graphique ; cultures, champs, occupation des sols, habitat si paysage urbain. – 3e plan : recherche de flou. La photo 3 p. 98 du manuel correspond à cette étape du travail.

Document 1 : le ciel et la mer.

Document 2 : trois maisons de tailles différentes, inscrites dans un paysage.

Nous donnons ci-dessous, en guise de repères bibliographiques, une liste d'albums utilisables durant la séquence. Tous présentent le point commun de mettre en scène des personnages dans un espace ouvert et d'avoir des illustrations réalistes. Il va de soi qu'on ne fera pas une approche restrictive de ces albums. Ils seront étudiés pour eux-mêmes. C'est en essayant de dégager les procédés utilisés par les illustrateurs pour amplifier les émotions du lecteur et créer chez lui les sensations de plénitude, d'espace ou de vertige qu'on en viendra à réfléchir au traitement plastique de l'espace…

Il va de soi encore que la problématique du paysage ne se réduira pas, en arts visuels, au dessin d'observation. Les principes de représentation et les artistes découverts inviteront à d'autres voyages, expériences ou transgressions. Mais ceci est une autre histoire !

• Kim Lewis, Lucie Delplanque, *Dur, dur de s'envoler*, Gründ, Paris, 2005. Trois animaux en peluche batifolent à travers champs.

• Brian Wildsmith, *La vache Marguerite*, Flammarion, 1995. Un grand voyage !

• Jacqueline Delaunay, *Étoile des neiges*, L'École des Loisirs/Collection Pastel, Paris, 2000. Sur une vire gazonnée, suspendue en plein ciel à la paroi, naquit Petit Chamois.

• Jacqueline Delaunay, *Haw-Ki le faucon*, L'École des Loisirs/Collection Pastel, Paris, 1994. Haw-Ki, le jeune faucon, part à la recherche d'un nouveau territoire.

Exemple de trace écrite

Les instructions officielles d'arts visuels suggèrent que « Les carnets recevant les esquisses, les croquis et essais divers qui permettent à l'élève de s'approprier et de réemployer certains codes de représentations repérés dans les images, soient conservés pour constituer la mémoire des démarches développées au cours de l'année. »

Ces dessins trouveront toute leur place dans le cahier de découverte du monde, avec, copiés en regard, les quelques principes de représentation découverts.

57 Que regarder autour de soi pour comprendre la vie des hommes ?

📖 p. 100-101

Niveau ciblé

CP, CE1.

Matériel et documents

• Des Post-it (quatre par équipe d'enfants).

• Une photo du paysage de Groisy par enfant (à photocopier p. 239), (séance 1).

• Un dessin représentant le trajet des parents de Safia par enfant (à photocopier p. 240), (séance 2).

• Le croquis de paysage de Groisy (à photocopier p. 239), (séance 3).

• Feutres épais et étiquettes assez grandes pour permettre l'exploitation collective du recueil de mots effectué par les enfants, (séance 4 et suivantes).

• Affiches.

Objectifs

• Découvrir les finalités de la lecture de paysage (1).

• S'entraîner à lire un « récit de paysage » : c'est-à-dire à extraire de sa lecture des informations sur l'organisation de l'espace observé (ici paysage mixte : production/résidentiel).

• Exprimer oralement puis graphiquement le fonctionnement de cette société (ici, par repérage et coloriage des différents espaces sur la photo ou les croquis).

• Découvrir, par regroupement d'éléments particuliers dans des catégories générales, quelques composantes de l'espace.
• Utiliser ces concepts pour lire son environnement.

Compétences transversales

Vivre ensemble	Partager le matériel, coopérer.
Se questionner	Sur le sens de la lecture de paysages.
Lire	Un texte documentaire.
Acquérir du vocabulaire	Celui des composantes de l'espace : *cadre, habitat, végétation, cultures, élevage, moyens de transport, voies de communication.*
Classer	Des éléments particuliers dans des classes données.
Symboliser	Cheminer du concret à l'abstrait en retrouvant les éléments d'un même paysage sur des supports différents : photo couleur, photos en niveaux de gris, dessin, croquis de paysage.
Compléter une image	Trouver un titre, produire une légende pour chacune des images (choix des informations pertinentes, complémentaires à l'image).

Les clés de l'enquête

• Cette double page correspond à la deuxième séquence de l'unité d'apprentissage sur le paysage. (voir les *Conseils pour organiser son enseignement* p. 149). On aborde véritablement l'approche géographique. Il est essentiel que chaque enfant essaie de répondre à la question posée par l'enquête en notant ses idées sur son cahier. L'échange de points de vue peut alors s'organiser dans la classe.

• La lecture du paysage à partir des récits documentaires pourra se faire sur trois séances. À chacune de ces étapes, la comparaison orale avec la vie des enfants de la classe sera bienvenue. Selon le niveau de lecture de la classe, les récits pourront être transcrits au tableau pour permettre une découverte collective et faciliter le guidage.

Les vaches de Benjamin

Il s'agit de comprendre l'occupation saisonnière d'un espace de production (élevage). Il faut donc traduire le temps en espaces. On veillera à bien identifier les saisons du calendrier en déchiffrant les légendes écrites au-dessus des arbres. Ainsi les enfants s'appuieront-ils sur ces repères pour rechercher les espaces agricoles associés dans le texte.
À cette étape de lecture, on coloriera les espaces utilisés pour l'élevage, sur la photo de Groisy. Le code sera choisi par la classe et expliqué dans une légende. Un titre complétera l'image.

Le trajet des parents de Safia

L'espace de vie des parents de Safia dépasse le cadre de la photo. Leur circuit quotidien n'est pas visible dans le paysage. On insistera sur cette dimension et sur la nécessité de prélever des indices de leur trajet.
On se demandera pourquoi c'est sur le dessin que l'on transcrit leur itinéraire, et non sur la photo. On cherchera ce que montre ce dessin et pas la photo. (Voir enquêtes 54 et 55 : construire une première distance à l'image.)
On fléchera le circuit des parents sur le dessin en verbalisant les autres moyens de transport utilisables. On distinguera les lieux de résidence et de travail.
On construira la légende et le titre.

La vie des habitants de Groisy

La synthèse exprimera le caractère mixte de l'espace sur le croquis de paysage. Espaces utilisés pour l'élevage, espaces de résidence (oralement, on pourra distinguer immeubles, ferme/maison ancienne, lotissements).
On construira la légende et le titre.

Trois autres séances seront nécessaires pour découvrir les composantes de l'espace et transférer ces concepts à l'analyse de l'environnement familier aux élèves.

Il s'agira d'essayer cette catégorisation des éléments de l'espace dans un milieu nouveau — peut-être très différent de l'exemple — pour voir si elle fonctionne.

Les élèves commenceront à comprendre que même en milieu urbain, par exemple, il est nécessaire d'activer le concept « végétation » pour interpréter le paysage parce que l'absence de végétation, autant que sa présence, donne des indications sur la vie des hommes.

Exemple de trace écrite

Elle pourra suivre le plan de la double page en réponse à la question posée par l'enquête.

Mes idées
Mes recherches
Le classement des idées par la classe.
Notre environnement vu à travers cette grille de lecture.

Prolongements

Un album pour approcher l'univers de Benjamin et de Safia :

Julie Wintz-Litty, Géraldine Elschner, *Mystère et goutte de lait*, Éditions Nord-Sud, 1996.

58 Que disent les maisons dans le paysage ?

p. 102-103

Niveau ciblé

CE1.

Matériel et documents

• **1re séance**
– Un transparent par enfant (pour relever et décalquer les grandes lignes du paysage).
– Feutres pour ardoises, effaçables à sec.

• **2e séance**
– Par enfant ou par équipe de deux, la photocopie agrandie en A3 du relevé de paysage effectué sur transparent. On peut choisir du papier bleu pour régler la question du ciel que ne manquent pas de poser les enfants.
– Papier journal, papier de soie, ruban, colle.

Objectifs

• Découvrir les modalités de lecture du paysage (2)

• S'entraîner à lire un « paysage » :
– Structurer ses observations sur un espace, en utilisant les concepts mis en mémoire (de végétation, d'habitat, de voies de communication).
– Traduire graphiquement, matériellement puis oralement l'organisation de cet espace.
– Interpréter son fonctionnement en établissant des liens entre les éléments observés, en « racontant » le paysage.

Compétences transversales

Vivre ensemble	Partager le matériel, coopérer.
Lire	Une légende : utiliser les mots-clés d'une légende pour établir les correspondances enfants/paysages.
Acquérir du vocabulaire	Celui des milieux de vie étudiés (voir les pistes bibliographiques). Réinvestissement du vocabulaire lié aux composantes du paysage.
Symboliser	Représenter les éléments d'un paysage à l'aide de matériaux couvrants.
Comparer	Les paysages entre eux.

Les clés de l'enquête

• Cette double page correspond à la troisième séquence de l'unité d'apprentissage sur le paysage. (voir *Conseils pour organiser son enseignement* p. 150). Elle s'ouvre sur **un problème : comment faire** pour comprendre la vie des hommes, lorsqu'on ne dispose que d'une photo de paysage ? L'enseignant pourra s'appuyer sur le tableau de la p. 179 pour aider les élèves à traiter l'information.

• Une fois la correspondance enfants/paysage établie, on peut prévoir plusieurs séances avant la fabrication : échanges de points de vue sur la manière dont on va s'y prendre ; réflexion sur le type d'informations apportées par la localisation des espaces ; apport de références culturelles sur ces différents milieux tant il est vrai que « voir, c'est savoir ».

• Indications bibliographiques :
– Patricia Geis, *Petite Berbère*, Mango/Amis du bout du Monde, 2005.
Olivier André, Thierry Lenain, *L'oasis*, Nathan, 2002.
– Frankie Merlier, Pascale de Bourgoing, *Zeddou au Sahara*, Calligram, 1999.
– Pascale de Bourgoing, Yann Tabaries, *Jun au Japon*, Calligram, 2005.
– Des livres, un plateau de jeu, des idées d'activités pour découvrir la vie d'enfants du monde et installer des ateliers de découverte dans la classe :
Laurence Quentin, Catherine Reisser, *Le Sahara coffret 3 volumes : Les Touaregs ; Les Maures ; Les Wodaabe*, Nathan/Baluchon, 2004. Chez le même éditeur, un autre coffret permet découvrir trois peuples qui vivent près du pôle Nord : les Inuit, les Tchouktches et les Islandais.
• **La phase de fabrication** ne pose pas de problème à des enfants entraînés.
Les croquis joints présentent l'organisation des paysages aux enseignants pour leur permettre d'encadrer la séance :

Au Maroc, une oasis au bord du Todra (photo 2, p. 102 du manuel).

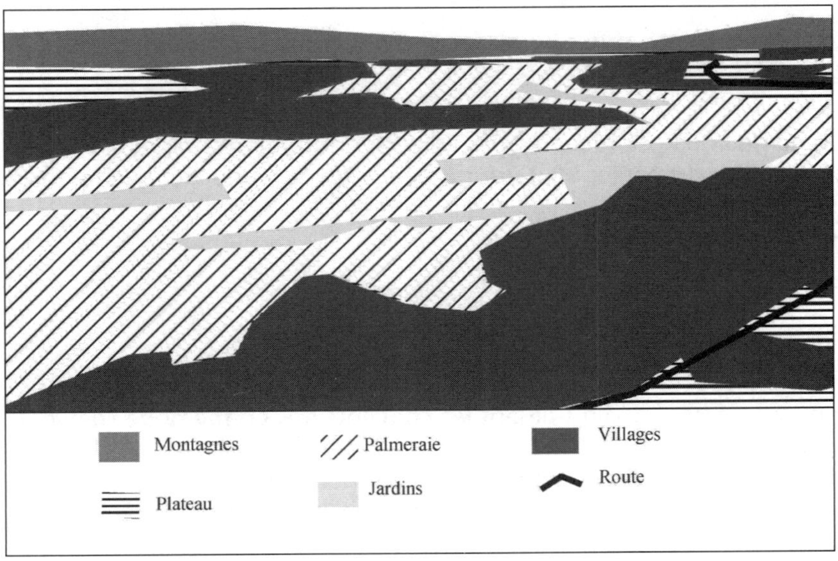

Une ferme en Islande (photo 1, p. 102 du manuel).

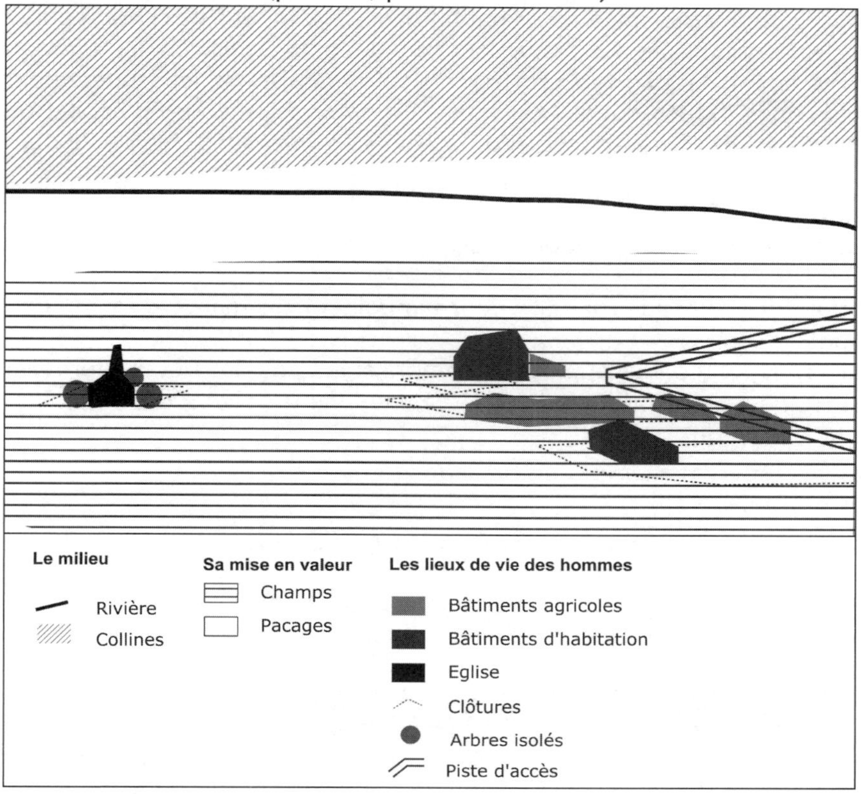

Nagoya, une grande ville au Japon (photo 3, p. 102 du manuel)

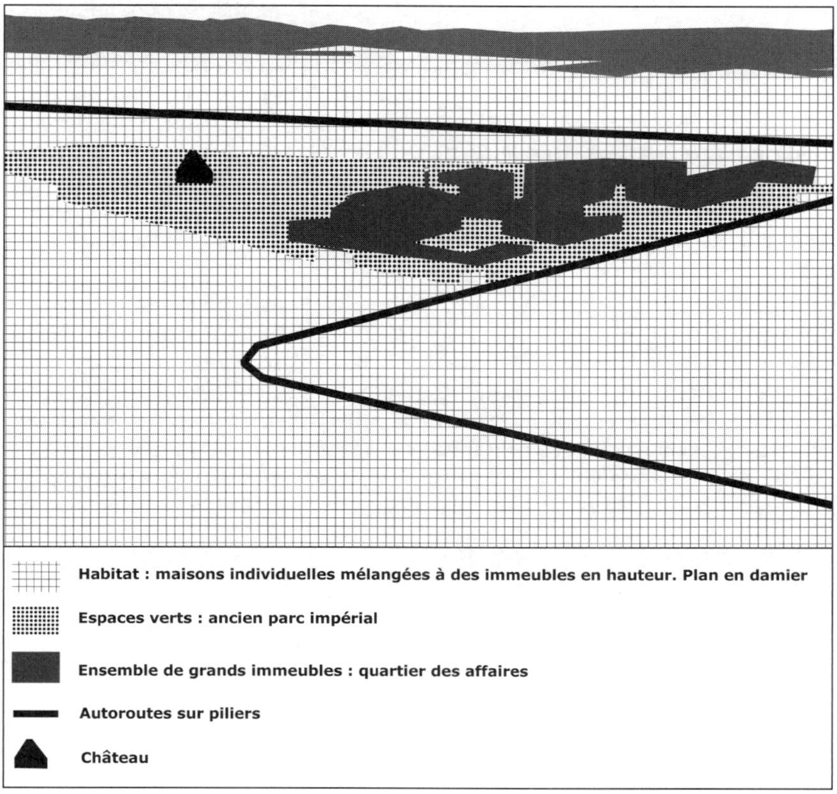

Des questions de fond surgissent durant la fabrication. Beaucoup d'élèves sont gênés par le matériau couvrant qui doit symboliser les maisons. Ils ont tendance à recourir à des figurés ponctuels, figuratifs : ils découpent le journal en morceaux pour faire des petites maisons. Il est important de **confronter les différents traitements de surface d'habitat choisis** par les groupes pour aider les élèves à **cheminer vers l'abstraction**. Que veut-on montrer ? Les zones d'habitat ou chaque maison ? Que choisit-on ? Un figuré ponctuel ou zonal ? Ouvrir le débat. Ne pas le trancher à tout prix.

Pour le paysage de Todra

Certains enfants soulèvent une difficulté : avec quoi « couvrir », c'est-à-dire « représenter » la zone en terre non construite ? (plateau)

D'autres ne sont pas satisfaits du matériau « journal » pour symboliser leurs maisons, car ces dernières sont « marron comme la terre ».

Ces remarques sont pertinentes ; on doit les prendre en compte et engager les élèves à formuler des solutions. Elles sont le signe qu'en fabriquant le paysage, les enfants opèrent des liens.

• **La phase de bilan permet d'établir :**

– des liens entre les éléments observés au sein d'un paysage ;
– des contrastes entre les paysages.

Elle donne l'occasion aux enfants de « raconter » la vie de Bachar, Yoko et Kari dans leur paysage (par exemple sous la forme de dictées à l'adulte).

Les textes documentaires joints, à l'usage des enseignants leur permettront de répondre aux questions, d'alimenter les remarques et d'enrichir les interprétations.

Exploitation agricole en Islande

Ce paysage montre une **très faible présence** humaine : deux maisons d'habitation, quelques bâtiments agricoles, une église isolée. Ce paysage est courant en Islande, ou l'isolement est très marqué. L'église indique que nous sommes en terres chrétiennes, elle semble attribuée aux quelques maisons qui se trouvent sur l'image. En fait, elle sert à un vaste territoire constitué de nombreuses fermes isolées. Il est difficile d'identifier les matériaux dans lesquelles sont construites les maisons.

Le **paysage** est à dominante verte : du reste il est totalement **tourné vers l'élevage**. Les espaces cultivés sont des prés en fauche, le reste sert à un pacage extensif des ovins. Un des éléments clés du paysage est constitué par les clôtures. On remarque qu'elles enserrent les maisons et non les champs. En effet, elles servent à protéger les jardins du pâturage des moutons qui sont lâchés dans l'île – la mer constitue une clôture naturelle très efficace –, et que l'on rassemble en commun avant l'hiver pour les trier par propriétaire avant de les mettre dans des bergeries pour passer la mauvaise saison. Le chemin d'accès est une piste non goudronnée : le goudron résiste mal aux conditions climatiques difficiles de l'île, entretenir des **routes goudronnées** coûte cher. Elles sont donc **peu nombreuses** et concentrées là où le peuplement est plus important : à proximité de la capitale. De ce fait, les Islandais possèdent beaucoup de 4 x 4 imposants qui permettent de se déplacer en toute saison. Les chevaux et les bateaux sur le littoral, sont les autres modes de déplacement.

Il est possible de distinguer plusieurs types de **bâtiments** : deux bâtiments d'habitation, quatre hangars en dur, une serre en demi-tube plastique. Il n'y a pas d'arbre en Islande, le bois est donc cher. Nous sommes sur une île volcanique, la pierre est donc présente, mais pas toujours suffisamment solide pour la construction. En revanche, elle offre parfois des caractéristiques intéressantes pour l'isolation (présence de bulles de gaz). De ce fait, l'habitat est soit en pierre, soit en matériaux modernes : béton préfabriqué, matériaux composites pour la toiture. Les murs sont épais pour isoler, les fenêtres sont la plupart du temps doubles, là encore pour l'isolation. Il n'y a pas de volets aux maisons : nous sommes dans une région protestante. La serre permet des cultures pour l'alimentation familiale. Certaines sont chauffées par hydrothermie.

Todra

Nous sommes ici en milieu **semi-désertique** sur les rebords de l'Atlas. Les villages se trouvent sur le rebord du plateau où ils constituent un ruban urbanisé continu. La rivière vient de la montagne, elle coule donc en permanence bien que l'on soit en milieu désertique. Elle a permis la mise en valeur intégrale de la vallée sous la forme d'une **palmeraie**. Celle-ci est un exemple d'optimisation de l'utilisation de l'espace. Elle comprend trois étages : un étage inférieur de cultures légumières, fourragères ou céréalières ; un étage intermédiaire d'arbres fruitiers et un étage supérieur de palmiers dattiers. La position du village en rebord de plateau permet d'être à proximité des cultures qui demandent un gros travail humain (plantations, récoltes, désherbage, contrôle de l'irrigation, entretien des canaux, etc.), sans pour autant consommer de terres agricoles. La route court elle aussi sur le rebord du plateau pour relier les bourgades qui le ponctuent. La palmeraie, elle, est quadrillée par de nombreux chemins muletiers. Nous sommes ici en terres musulmanes, les maisons ont donc peu d'ouvertures vers l'extérieur. Lorsqu'elles existent, sur les maisons les plus modernes, ou aux étages, elles sont de petite taille pour se protéger de la chaleur. Les maisons contiennent généralement une ou deux cours. Une pour les hommes : c'est un des lieux de vie privilégié ; une pour les quelques animaux du foyer qui n'ont pas ainsi besoin de surveillance. Ce cheptel familial est composé de quelques poules (œufs, viande), d'une mule ou deux (animal de bât), de quelques brebis (lait, fromage, laine, viande). Comme ces animaux sont enfermés, il faut les alimenter avec du fourrage qui provient de l'entretien de la palmeraie.

Nagoya

Nous sommes ici au Japon. Nagoya est une agglomération de plusieurs millions d'habitants. L'espace est rare et ne sont vraiment utilisées que les plaines littorales qui sont petites et ne constituent que 18 % de la superficie de l'archipel. La montagne n'est que très peu habitée, non en raison de contraintes techniques, mais pour des raisons religieuses. Le gain de terrain se fait donc sur la mer, par la construction de terre-pleins. Comme l'espace est rare, il faut l'économiser. Pour cela, les villes ont un **habitat très dense** où les immeubles de plusieurs étages sont très nombreux : on gagne en hauteur ce que l'on ne peut avoir en surface. Les voies de transit trouent ce paysage sous la forme d'autoroutes suspendues qui sont la plupart du temps au-dessus d'avenues ou de rues pour la desserte locale. Les **logements** sont de **petite taille**. Le stationnement des voitures se fait dans des immeubles-parkings souvent avec des systèmes d'ascenseurs de façon, là encore, à limiter la consommation d'espace. Dans ces univers hyperdenses, on observe un parc immense, qui est un luxe. C'est souvent le reste d'un jardin impérial ou de seigneurie. Il est préservé là pour des raisons culturelles, et comme espace de détente.

Prolongements possibles

• Verbaliser et formaliser la stratégie adoptée pour comprendre la vie d'enfants inconnus à partir de paysages. Comparer la procédure énoncée par la classe avec celle présentée dans le bilan p. 118. Conclure.

• Proposer des situations d'entraînement, par exemple à partir des photos des enquêtes 62 à 64.

Exemple de trace écrite

La trace écrite pourra reprendre le plan de la double page : énoncé du problème, essais de résolution, conclusions, formulation de la procédure adoptée.

59 À quoi servent les cartes ?

p. 104-105

Niveau ciblé

CE1.

Matériel et documents

• Diverses cartes à diverses échelles collectées par l'enseignant ou apportées par les enfants : cartes topographiques, cartes routières, extraits du plan cadastral, cartes thématiques issues d'atlas, cartes des bulletins météorologiques ou de circulation, etc.

Objectifs

• Comprendre ce qu'est une carte. Choisir une carte en fonction de ses besoins.
• Identifier et nommer les composants d'une carte.
• Faire un croquis en prélevant des informations sur différentes cartes.

Compétences transversales

Vivre ensemble	S'écouter, coopérer, se répartir les tâches pour mener à bien un travail.
Enrichir son langage, acquérir du vocabulaire	*La carte, la légende, l'échelle, le titre, l'orientation. Satellite. Océan, continent.*
Lire une carte	Identifier les différentes composantes de la carte : titre, légende, échelle. Identifier et nommer des éléments sur la carte en s'aidant de la légende. Comprendre qu'une carte gomme certaines informations et en accentue d'autres.
Confronter des cartes	Classer des cartes d'échelles différentes dans un ordre cohérent. Identifier un même espace, ou un même lieu, sur différentes cartes. Identifier le thème de différentes cartes. Choisir, dans un ensemble, la carte qui répond au besoin exprimé.
Réaliser un croquis	Faire des choix de phénomènes à représenter. Faire des choix de couleurs et les justifier simplement.

Les clés de l'enquête

Cette enquête est très dense. Elle répond à trois blocs d'objectifs qui peuvent être travaillés indépendamment à différentes périodes de l'année, quand l'enseignant ressent la nécessité d'un point méthodologique sur telle ou telle question.

• Qu'est-ce qu'une carte ?

La situation des enfants par rapport à la carte est très variable. Les enfants qui partent en vacances un peu loin ont pu voir les cartes routières utilisées par leurs parents, ceux qui prennent les transports en commun ont pu voir des plans du métro ou de lignes de bus, d'autres peuvent très bien ne jamais avoir vu de cartes. Il est donc important de chercher à connaître les représentations des élèves avant de commencer la séquence. Le dessin de Benjamin est assez révélateur du chaos spatial qui caractérise son stade de développement : il a conscience d'habiter la planète Terre. Il la dessine spontanément. Après, tout se gâte. Sur cette planète, il fait un dessin figuratif de ce qui lui est familier : sa maison, son école et la montagne ; il figure par des plages colorées (intuition de territoires ?) les lieux qu'il connaît, villes, pays, et mer indistinctement ! Puis il représente un axe de communication : l'autoroute qui le mène de Groisy au Cap d'Agde quand revient l'été.

Pour commencer, on proposera la « situation-problème » de l'enquête « Comment voit-on la Terre depuis l'espace ? », que l'on enrichira aux séances suivantes. On reviendra ensuite à la représentation d'un espace bien connu et à très grande échelle : celui du quartier par exemple. On affichera des plans et des cartes d'échelles différentes dans la classe, mais possédant toutes ce quartier en commun. Il sera alors possible de travailler sur la reconnaissance des espaces et les phénomènes représentés.

Puis on introduira la représentation d'espaces plus vastes à petite échelle toujours selon la même démarche.
Dès que les enfants éprouveront des difficultés à établir la correspondance entre les échelles (par exemple, à identifier leur ville devenue un point sur la carte), on pourra :
– revenir aux expériences sur les cadrages (enquête 55) ou la représentation des paysages (enquête 56) en insistant sur les effets de la distance entre l'observateur et l'objet observé ;
– agrandir et réduire des figures sur quadrillage pour éprouver les possibilités de représentation des détails à différentes échelles ;
– rapprocher les photos aériennes et images satellites, des cartes produites par les hommes à la même échelle. On en trouvera sur les sites signalés ci-dessous :
http ://www.meteo.fr
http ://spotimages.free.fr/
    150 images spotimage (sur différents thèmes)
http ://www.spotimage.fr/html/_62_.php
    Spotimage Galery (images classées par continents et pays).
http ://earthobservatory.nasa.gov/
    NASA earths observatory : images satellitales de toute nature.
http ://worldwind.arc.nasa.gov/download.html
    NASA World Wind : un logiciel libre à télécharger pour voir la Terre comme les satellites, et pouvoir zoomer quasiment jusqu'au niveau du village (nécessite une connexion haut débit).

– Manipuler des atlas permettant d'établir des correspondances entre représentations d'un même espace à différentes échelles, par exemple en cherchant à mieux connaître les Français des DOM-TOM. On peut par exemple utiliser les atlas de chez Milan :
Didier Mounié, *Mon premier tour de France*. L'atlas des 5-8 ans, Milan, 2004.
Sophie Amen, *Mon premier tour du monde*. L'atlas des 5-8 ans, Milan, 2002.
Pascale Hedelin, *Mon premier tour d'Europe*. L'atlas des 5-8 ans, Milan, 2004.

– On privilégiera aussi la lecture suivie d'albums retraçant des voyages au long cours. Ces supports permettent de combiner récit d'aventures et recherche documentaire. À chaque escale du héros, la classe peut se lancer dans l'écriture de carnets de voyages documentés sur les espaces qu'il traverse. On alterne ainsi fiction, recherche d'itinéraires sur des cartes à petite échelle, dans un atlas ou sur un globe, et découverte d'autres mondes sur des photos de paysages, documentaires, films. Citons pour exemple :
– Laurence Bourguignon, Quentin Greban, *Olga*, Mijade, 2005 : Olga, la vache normande, se mit un jour à voyager… en train, à pied, et même en char à bœuf… Elle rencontra dans son périple, un ours en Russie, des lamas au Chili, un panda en Chine, etc.
– Kate Banks, Georg Hallensleben, Pascale Jusforgues, *Le voyage du chat à travers la France*, Gallimard, 2004 : ce chat-là vit dans une jolie maison au bord de la mer. Mais ses maîtres déménagent…

C'est en synthèse de cette séquence que peut être proposée l'activité *À toi de chercher* de la page 105.

• **Identifier et nommer les composants d'une carte.**

L'enseignant se référera aux précisions sur le contenu disciplinaire (voir p. 147) pour conduire des séances de ce type. L'existence de trois types de figurés sera mise en relief. On pourra travailler sur la typographie des indications écrites, découvrir qu'elle est constante pour une même catégorie d'objets. L'enseignant pourra s'appuyer sur le planisphère ou/et les cartes thématiques du manuel. De telles séances seront amenées en réponse aux difficultés de lecture de cartes, repérées chez les élèves en situation de recherche.

• Faire un croquis en prélevant des informations sur différentes cartes

On dissociera bien repérage et listage des informations, de la réalisation du croquis. Celle-ci nécessitera plusieurs croquis intermédiaires avant le croquis final.

Diverses procédures seront essayées par les élèves, expliquées et échangées :
– décalque de leur région et de certains éléments sur le manuel => agrandissement => croquis terminal.
– fond de carte repris d'un support plus grand et report à l'échelle des informations trouvées sur les cartes du manuel.
– dessin simplifié de la région après simplification de ses contours, en lien avec les activités de géométrie, etc.

60 Comment trouver son chemin avec un plan ?

📖 p. 106-107

Niveau ciblé

CE1 ayant travaillé sur la représentation plane de leur environnement en CP.

Matériel et documents

• Une pochette transparente par enfant ; un feutre effaçable à sec, des crayons de couleur pour la légende.

Objectifs

• Repérer sur un plan des éléments d'un paysage urbain.
• Être capable de se repérer dans un espace à l'aide d'un plan.

Compétences transversales

Lire/Écrire	Légender des vues de Bourg-sur-Gironde avec des indications pertinentes (lieu, sujet). Construire une légende de plan en s'appuyant sur ses éléments caractéristiques : définir des signes pour représenter les repères. Dessiner et colorier ces signes.
Identifier/Classer	Identifier, dans un espace, des éléments qui peuvent servir de points de repère : distinguer ce qui est mobile et donc provisoirement positionné de ce qui est fixe et donc définitivement positionné. Classer ces éléments en plusieurs catégories.
Confronter	Être capable d'orienter un plan. Pouvoir localiser sur un plan des éléments « repères ».

Les clés de l'enquête

• L'enquête 60 peut être exploitée à deux niveaux :

– prise isolément, elle donne aux élèves des procédures pour s'orienter à l'aide d'un plan en milieu inconnu ; à ce titre, elle prépare une sortie de terrain avec activités d'orientation ;

– comprise comme élément d'une unité d'apprentissage plus vaste comprenant les enquêtes 60 et 61, elle aide les élèves à réaliser que pour un espace donné, on sélectionne les objets à cartographier selon ce que l'on veut montrer. Nous regroupons ci-dessous les indications relatives au premier niveau d'exploitation et renvoyons le lecteur aux *Prolongements possibles* et à l'enquête 61 pour le second cas de figure.

• L'enquête n'aide pas l'enfant à construire la représentation plane. Elle s'appuie sur cette compétence acquise pour aller plus loin.

– En grande section et au CP, l'élève avait été entièrement absorbé par la représentation en deux dimensions d'une réalité en trois dimensions. Les jeux d'orientation lui avaient permis d'établir la correspondance entre plan et réalité, de reconnaître son espace familier sur le plan.

– S'orienter à l'aide d'un plan en milieu inconnu demande un effort supplémentaire d'abstraction : il faut, bien sûr, localiser où l'on se trouve et orienter le plan — ce que les élèves avaient déjà appris à faire. Il faut, en outre, être capable de sélectionner sur le plan des indices repérables dans l'espace, qui constitueront des points d'appui pour vérifier si l'on est sur la bonne route.

• Le travail sur l'itinéraire et sur les photos de la page 106 du manuel répond à cet objectif. Il sera intéressant, à l'issue de cette étape, de récapituler le chemin à suivre par Benjamin à l'aide d'une chaîne de repères :

(jardin) ⟶ (lavoir) ⟶ (voûte) ⟶ etc.

• À l'aide de cette chaîne, on retrouvera une partie de l'itinéraire sur la photo de Bourg-sur-Gironde, à la page 107. On pourra réfléchir à la manière d'annoter le plan pour le rendre plus parlant (exemple : écrire leur nom sur les bâtiments administratifs).

• La démarche sera transférée au milieu proche des élèves : sélection des repères utiles à un camarade pour aller de l'école à chez soi ; rédaction d'un itinéraire ; activités d'orientation avec points de départ et d'arrivée donnés ; itinéraires à construire sur plan par les élèves et à tester par la classe.

Prolongements possibles

• On peut exploiter la situation proposée dans le manuel pour travailler dans les directions suivantes :

– consulter un site d'itinéraire en ligne ou une carte routière pour retrouver le trajet suivi par les parents de Benjamin, de Groisy à Bourg-sur-Gironde.

– proposer des activités de repérage et de mesure sur les cartes du manuel, en utilisant les échelles graphiques comme gabarits : Est-ce que Maïté habite loin de Benjamin ? À combien de kilomètres à vol d'oiseau ? Qui de ces deux enfants habite le plus loin de notre région, etc.

– consulter les cartes thématiques du manuel (relief, agriculture) pour comparer les milieux de vie des enfants.

61 Comment fabriquer un plan ?

p. 108-109

Niveau ciblé

CE1 ayant travaillé sur la représentation plane de leur environnement en CP.

Matériel et documents

• Un plan de la page 109 par enfant (à photocopier p. 240).
• Vignettes des symboles du plan touristique (à photocopier p. 240).
• Feuilles de papier, crayons, règle.
• Équerres utilisées pour l'enquête 55.

Objectifs

- Comprendre que l'échelle et les points de repère varient en fonction de ce que le plan veut montrer.
- Apprendre à se définir un objectif.
- Faire des choix en fonction de cet objectif.

Compétences transversales

Vivre ensemble	S'écouter, coopérer, se répartir les tâches pour mener à bien un travail.
Enrichir son langage, acquérir du vocabulaire	Pouvoir nommer les différents éléments composant un espace à représenter sur un plan. Décrire un itinéraire en utilisant le vocabulaire approprié : *longer, traverser, dépasser, contourner*; vocabulaire topologique. Trouver un itinéraire en suivant les indications orales de quelqu'un.
Décrire un espace	Identifier, localiser et décrire différents éléments caractéristiques d'un espace à représenter.
Choisir/Classer	Définir un public cible et un thème de représentation. Choisir parmi les points de repère identifiés, ceux qui sont porteurs de sens par rapport au thème choisi. Classer ces éléments en plusieurs catégories.
Confronter	Être capable d'orienter un plan. Pouvoir localiser sur un plan des éléments « repères ».
Représenter	Définir des signes pour représenter des éléments « repères » Dessiner et colorier ces signes, les hiérarchiser sur la légende.

Les clés de l'enquête

- Cette enquête amène les enfants à comparer deux représentations d'un même espace : ce faisant, ils réalisent qu'on sélectionne toujours les objets à cartographier selon ce que l'on veut montrer : à l'enquête 60, Maïté avait représenté les points remarquables jalonnant l'itinéraire de Benjamin vers sa maison. À l'enquête 61, le plan touristique du même quartier met en relief d'autres points remarquables : espaces de restauration et d'hébergement, parkings, etc.
- On laissera les élèves identifier le plan et réagir, puis on encadrera la portion d'espace saisi par le plan de Maïté à l'enquête 60 à l'aide d'équerres. On pourra guider la réflexion : Qu'apprend-on de Bourg-sur-Gironde ? En allant chez Maïté, le papa de Benjamin a-t-il pu utiliser ce plan ? Pour quoi faire ?...
- Chaque enfant essaiera de décoder les symboles présents sur le plan avant de les classer par famille (tris à l'aide des vignettes photocopiées). On conclura sur les informations utiles à signaler aux touristes (hébergement/restauration ; aires de stationnement, de loisirs ; cabines téléphoniques).

Pour réaliser le plan de l'école ou de la classe, on veillera à proposer des situations fonctionnelles. Par exemple : préparer, pour les GS, un plan de l'école montrant les aires à usage collectif (cantine, gymnase, toilettes, BCD, etc.) ; pour le conseil d'enfants, préparer un plan de l'école proposant une répartition des aires de récréation entre cycle 2 et cycle 3, entre jeux de ballon et jeux calmes, etc.

L'espace : découvrir des mondes 6-2

Liens avec les programmes

Enquêtes 62 à 64

Compétences devant être acquises en fin de cycle	Enquêtes			
	62	63	64	Bilan
Espace Décrire oralement et localiser les différents éléments d'un espace organisé ([1] p. 122).	×	×	×	×
Repérer les éléments étudiés sur des photographies prises de différents points de vue, sur des plans ([1] p. 122).	×			
Situer les milieux étudiés sur une carte simple ([1] p. 122).	×	×		×
Savoir retrouver le rôle de l'homme dans la transformation d'un paysage ([1] p. 122).	×	×	×	×
Décrire la diversité des milieux et des modes de vie… en mettant en valeur ressemblances et différences ([1] p. 117).	×	×	×	×
Avoir compris et retenu la position de sa région sur une carte ([1] p. 122).			×	
Espace et géométrie (repérage, orientation) Utiliser des instruments (gabarits de longueur, règles) et des techniques (calque, papier quadrillé) ([1] p. 108).			×	

[1] : *Qu'apprend-on à l'école ? Les nouveaux programmes,* Paris, CNDP-XO Éditions, 2002.

[2] : *Documents d'application des programmes,* Découvrir le monde, cycle 2 DESCO SCEREN (CNDP), 2003.

Précisions sur le contenu disciplinaire

Les campagnes

• Qu'est-ce qu'une campagne ?

La campagne est un espace dégagé. À l'origine, elle s'oppose non à la ville, mais à la forêt : c'est l'espace libre en opposition à l'espace forestier. Aujourd'hui, les géographes utilisent plus volontiers la formule « **espace rural** » lequel se définit de façon négative : est rural tout ce qui n'est pas urbain. Bien souvent on associe campagne et agriculture, or les **ruraux** sont de plus en plus rarement des agriculteurs, la plupart sont retraités, employés, ouvriers, cadres.

• Un territoire sous influence

Les espaces ruraux sont tous sous l'influence d'une ou de plusieurs villes, mais cette influence est d'importance très variable. Dans certains cas, elle est très forte parce que la ville est proche : l'essentiel des activités de ces espaces est alors tourné vers la ville. Les populations travaillent en majorité dans la ville voisine, ou ont des activités qui lui sont liées indirectement (petites entreprises de sous-traitance, maréchage, etc.). On parle alors **d'espaces ruraux périurbains**. Certains villages peuvent comporter des paysages qui peuvent être, de façon ponctuelle, totalement urbains sous la forme de lotissements en pleine campagne. On parle alors de **rurbanisation**, mais ce terme, d'origine anglo-saxonne, est rejeté par certains géographes. Ces espaces ruraux comportent les communes qui ont les plus fortes croissances démographiques de ces dix dernières années. Ces espaces se rencontrent à la périphérie de toutes les villes françaises, grandes ou petites, les grandes vallées (Garonne, Seine, Rhône et Saône, Loire, ou encore l'Alsace). Ils développent toute une gamme d'activités : PME, PMI, professions libérales, mais servent surtout de résidences aux cadres des villes voisines qui viennent chercher à la campagne un environnement de vie agréable.

Pour d'autres espaces ruraux français, l'influence urbaine est très faible. Elle va se manifester sous la forme d'axes de communication qui traversent le paysage (autoroutes, voies ferrées, lignes TGV) ; par la visite de populations urbaines à la recherche d'espaces de détente lors des vacances, plus rarement le week-end ; par l'attraction des jeunes qui vont y chercher du travail. Ces espaces ne comportent pas d'entreprises en dehors de quelques exploitations agricoles qui périclitent. La forêt est très présente, les friches gagnent du terrain, l'habitat est en partie à l'abandon. C'est dans ces communes que l'on va rencontrer des habitations qui ne répondent pas encore aux normes d'hygiène européennes, comme l'absence de sanitaires par exemple. La population est généralement âgée. Ces espaces ruraux se vident : on parle de **rural profond**. Il s'agit essentiellement de régions du Massif Central, des Alpes du Sud, de Corse, de Lorraine, des Vosges, du Jura, des Landes, de certaines vallées pyrénéennes. Certaines d'entre elles font toutefois l'objet d'investissements récents de personnes de l'Europe du Nord qui achètent pour une bouchée de pain des masures qu'ils réhabilitent et habitent pour leur retraite.

Entre ces deux extrêmes, il existe des **espaces « diagonale du vide » ruraux dynamiques**, mais peu peuplés, comme par exemple les grandes plaines du Bassin parisien, les collines du Poitou, etc. L'agriculture y est performante et très mécanisée, d'où les faibles populations. Les espaces sont sous l'influence des grandes métropoles régionales, nationales ou internationales qu'ils nourrissent.

Il faut donc se méfier du cliché sur la « diagonale du vide » qui prend en écharpe le pays du sud-ouest au nord-est et qui comporte du rural profond dans le Massif Central, mais aussi du rural dynamique en Champagne.

• Des paysages variés

Les espaces ruraux contiennent deux types d'éléments :

– des éléments « naturels » : prés, champs, haies, forêts, arbres isolés, mares, étangs, lacs, etc.

– des éléments construits par l'homme : routes, maisons, voies ferrées, fils électriques, etc.

En fait, l'homme est intervenu et a remodelé l'ensemble de ces éléments dits « naturels » : il a planté ou arraché des haies, des arbres ; il a défini les limites des prés, des champs où il cultive des plantes qu'il a sélectionnées. En France, à l'exception de quelques espaces de haute montagne, tout l'espace porte la marque de l'homme, tout l'espace est « **anthropisé** ».

Chaque société humaine a remodelé l'espace en fonction de contraintes ou de besoins locaux, ce qui explique que l'on puisse distinguer plusieurs formes d'organisation des espaces ruraux.

L'habitat peut être dispersé, regroupé, ou revêtir des formes intermédiaires. Ainsi, la Bretagne, une partie de la Normandie, le Massif Central (et donc le Morvan) se distinguent par un habitat en fermes isolées et de tout petits centres de villages, c'est **l'habitat dispersé** par excellence. La Savoie, le Dauphiné, ont eux un habitat en **hameaux**, le hameau central n'étant pas beaucoup plus gros que les autres dont il ne se distingue que par la présence de la mairie et de l'école lorsqu'elle existe encore. Les grands bassins, et les grandes vallées se caractérisent plutôt par un habitat regroupé en gros **villages** ou petits **bourgs**. La forme des villages peut elle-même varier : villages longilignes de Lorraine autour de la rue centrale, villages regroupés autour de la place centrale carrée que sont les **bastides** du Sud-Ouest.

Le paysage peut comporter des champs sans clôture que l'ont dit « ouverts », c'est le paysage caractéristique de l'**openfield** des grandes plaines de l'Île-de-France. Il peut, à l'inverse, comporter des prés enclos par des grillages ou des haies, c'est le paysage de **bocage** qui caractérise la Normandie, et d'une certaine manière la Bretagne. Les pays enclos sont plutôt des pays d'élevage dans lesquels les clôtures permettaient de garder le bétail sans la présence permanente de l'homme ; à l'inverse les paysages ouverts sont ceux des grandes cultures céréalières dans lesquels ils faut manœuvrer des machines agricoles de plus en plus grosses.

La taille des **parcelles** varie d'une région à l'autre : parcelles immenses du Bassin parisien, parcelles plus petites du sillon rhodanien, microparcelles des zones périurbaines.

Leur forme peut aussi varier, formes irrégulières du bocage morvandiau, formes géométriques plus ou moins allongées de la Beauce ou de la vallée de la Garonne, cercles des cultures de maïs dans la lande girondine. Les cultures donnent aussi des physionomies différentes : paysages rayés par les rangs de vigne des régions viticoles, parcelles vertes puis jaunes des cultures oléagineuses, dorées des blés, vertes des prés, damiers colorés des parcelles de légumes de la vallée du Lot ou de la Garonne, serres étagées du moyen pays niçois, filets recouvrant les arbres fruitiers de la vallée de la Durance.

• **Ces paysages ne sont pas figés,** ils évoluent sous l'effet de différents facteurs.

Le parcellaire a considérablement évolué ces dernières années grâce aux opérations de **remembrement** qui ont consisté à regrouper les parcelles appartenant à un même propriétaire. Suite à ces opérations, le **maillage** des parcelles est devenu plus lâche ce qui facilite la mécanisation. Dans les régions de bocage, le remembrement a souvent conduit à un arrachage des haies ce qui s'est avéré être une erreur : le ruissellement est devenu plus actif, entraînant une partie des sols, et une sensibilité au gel et au vent plus grande. De ce fait, certaines de ces haies sont aujourd'hui replantées.

En milieu périurbain, les campagnes sont l'objet d'une très forte pression foncière à laquelle les terres agricoles résistent difficilement : le paysage rural se transforme donc petit à petit en paysage urbain. C'est ce que l'on appelle le **front d'urbanisation**.

L'implantation d'une ligne TGV provoque, elle aussi, une forte attractivité sur les communes rurales situées à proximité des gares, entraînant une brutale montée du prix de la terre. Inversement, les communes rurales situées entre les gares, stagnent, voire régressent, les prix des terrains baissent, les populations s'éloignent, les friches s'étendent. C'est ce que l'on appelle « **l'effet tunnel** ».

Les littoraux

• Un espace de contact

Le littoral est un espace de contact entre deux mondes : le monde marin et le monde terrestre, tout comme la côte. Mais, bien souvent, le terme de « **côte** » est plutôt utilisé pour désigner une ligne, la ligne de côte, alors que le terme de « **littoral** », lui, sert davantage à désigner la **bande de terre, la zone de contact terre/mer dont les activités sont liées fortement à la présence de la mer.** Cette surface est de largeur variable allant de quelques centaines de mètres à plusieurs dizaines de kilomètres.

La nature physique de ce contact est directement liée à la nature des roches et du relief de l'arrière-pays. Ainsi on distingue les **côtes rocheuses** : Bretagne, Cotentin, littoral provençal, littoral catalan, Pays Basque ; les **côtes à falaises**, beaucoup moins répandues : Normandie, quelque points des littoraux charentais, basques et provençaux ; les **côtes sableuses** qui s'étirent parfois sur plusieurs dizaines de kilomètres, comme le long du littoral landais ou languedocien, en Vendée, en Picardie ou en Normandie. Ces différents types de côtes fournissent différentes formes : tantôt saillantes (cap, péninsules, presqu'îles) ; tantôt rentrantes (anses, baies, golfes).

Sur le plan climatique, les littoraux sont venteux, moins arrosés que l'arrière-pays, mais connaissent des températures adoucies par la présence de la mer.

• Un espace en mouvement.

Étant une zone de contact, le littoral est un espace qui évolue : **accumulation** de sédiments dans les secteurs en retrait, en particulier au débouché des principaux fleuves, dans certaines baies (l'ensablement de la baie du Mont-Saint-Michel est l'objet de toutes les attentions) ; **érosion** des côtes dans les secteurs saillants : effondrement de pans de falaises en Normandie. Le dessin de la ligne de côte est donc en perpétuel remaniement.

L'homme doit cohabiter avec cette mouvance, en l'exploitant, ou en la combattant. Il la combat en installant des épis perpendiculaires à la côte pour stabiliser l'érosion de certaines plages (le long du littoral languedocien par exemple), ou, en réensablant, avant chaque saison touristique, des kilomètres de plages.

Le littoral évolue aussi beaucoup dans le rôle qu'il joue à l'échelle nationale : les littoraux français ont une place de plus en plus importante dans l'économie du pays. Ainsi, le littoral languedocien est resté jusqu'au milieu du XXe siècle un espace inhospitalier, délaissé par les hommes en dehors de Sète et du Cap d'Agde, en raison des marais, des moustiques et des maladies véhiculées par ces derniers. De la même manière, la côte landaise est restée inexploitée jusque dans les années 60, en raison de la difficulté à installer des infrastructures portuaires et de la faiblesse économique de l'arrière-pays. Pendant longtemps, la France opposait donc des littoraux très dynamiques (aux embouchures des principaux fleuves, dans les zones rocheuses ou des ports avaient pu être implantés autour de l'activité de la pêche) et des littoraux délaissés. Aujourd'hui, l'essor du tourisme, les techniques d'aménagement et la mondialisation redistribuent les cartes. L'ensemble des littoraux français a un fort pouvoir d'attraction, même si pour certains, cette attraction reste saisonnière. Les littoraux qui offrent une ouverture sur le reste du monde attirent les activités et donc les hommes. Ce déplacement des hommes et des activités vers les littoraux s'appelle la **littoralisation**. Ce phénomène marque particulièrement les littoraux atlantiques et méditerranéens.

• Un espace à l'aménagement discontinu

Les activités littorales sont de diverses natures. Certaines sont directement liées à la mer : pêche, ostréiculture et mytiliculture, marais salants, tourisme balnéaire, commerce maritime, activités industrielles de transformation des produits de la mer, activités de transformation des produits arrivés par mer (pétrole, charbon, minerais). D'autres sont indirectement liées à la présence de la mer mais exploitent la concentration de personnes et d'activités : commerce alimentaire ; services médicaux, éducatifs et sociaux ; etc.

Par leurs activités, certains littoraux jouent le rôle **d'interface** entre **l'hinterland** (l'arrière-pays) et le reste du monde : ils reçoivent des marchandises par mer et les redistribuent dans leur arrière-pays, ou inversement. Une partie de ces produits est transformée sur le littoral afin de réduire les coûts de transport, ce qui génère des implantations industrielles. Pour jouer convenablement ce rôle d'interface, les littoraux doivent disposer d'excellents moyens de communication : de bonnes liaisons internationales, et donc la possibilité pour le port d'accueillir des navires à fort tonnage ; mais aussi d'excellentes liaisons avec l'arrière-pays (autoroutes, voies ferrées). Il faut aussi pouvoir stocker les marchandises, ce qui explique que les ports disposent de nombreux entrepôts qui sont souvent spécialisés : réservoirs pour les liquides, immenses plates-formes sur lesquelles on empile les **conteneurs**. Des activités industrielles s'implantent à proximité de ces zones de stockage et constituent avec elles de vastes zones **industrialo-portuaires**.

En France, ces espaces ouverts sur le monde sont la façade de la Manche et de la mer du Nord, et quelques ports de la façade atlantique (Nantes, La Rochelle, Bordeaux, Bayonne) ou méditerranéenne (l'ensemble Fos-Marseille : premier port de France).

D'autres littoraux ne jouent pas ce rôle, et constituent un terminus ou un quasi-terminus : les personnes viennent, restent sur la plage ou à quelques encablures du rivage, voire vont pêcher au loin, mais reviennent ensuite au port. La mer est un espace de loisirs, de ressources ; les aménagements sont alors limités aux besoins locaux.

• Un espace menacé

Les littoraux sont des espaces fragiles. Certains sont menacés par l'érosion, d'autres par la pollution, ou encore la construction anarchique de maisons ou d'hôtels. Pour les préserver, des parties du littoral sont aujourd'hui protégées : toute construction et toute implantation d'activité y sont interdites. Ces espaces sont gérés par le Conservatoire du littoral[1].

La ville

• Qu'est-ce qu'une ville ?

La ville est un milieu de vie très particulier car il contient de très fortes concentrations humaines. Pourtant, définir ce qu'est une ville n'est pas si simple, du reste, la définition varie d'un pays à l'autre. En Chine, ce sont les communes dont plus de la moitié de la population ne travaille pas dans l'agriculture ; aux États-Unis, ce sont des regroupements d'habitations de plus de 10 000 habitants. En France, la ville est une **commune possédant plus de 2 000 habitants agglomérés** ce qui correspond à peu près à 6 000 communes sur les 36 500 que compte le pays[2]. Cette définition pose toutefois un

1. http://www.conservatoire-du-littoral.fr/front/process/Home.asp

2. Toutes les données quantitatives correspondent au recensement de 1999.

certain nombre de problèmes : en effet, si 2 000 habitants sont agglomérés sans être de la même commune, il n'y a pas « ville » ; de la même manière, une commune qui se trouve sur le front d'urbanisation peut avoir moins de 2 000 habitants, mais être en continuité avec le tissu urbain de la ville voisine. Les statisticiens ont donc inventé une autre définition appelée « **unité urbaine** » et qui est détachée de la trame communale pour ne se concentrer que sur l'espace bâti. Une zone bâtie est constituée par des constructions avoisinantes formant un ensemble tel, qu'aucune ne soit séparée de la plus proche de plus de 200 mètres.

À partir de là, on peut distinguer deux types d'unités urbaines :

– les **villes isolées**, constituées des communes ayant un espace bâti continu de plus de 2 000 habitants ;

– les **agglomérations**, ayant un espace bâti continu de plus de 2 000 habitants, qui s'étale sur plusieurs communes.

Au recensement de 1999, la France disposait de 1995 unités urbaines : 1 000 étaient du premier type ; 995, du second.

Enfin, une autre unité de mesure a été inventée récemment : l'« **aire urbaine** ». Il s'agit d'un pôle urbain comportant au moins 5 000 emplois, et de communes périurbaines dont 40 % au moins de la population travaille dans le pôle urbain. La France compte 354 aires urbaines. On voit que cette **définition** est **fondée** essentiellement **sur les activités** et non plus sur la physionomie urbaine, et de façon indirecte, sur la concentration de personnes.

Ces deux définitions différentes donnent une part des urbains dans la population métropolitaine elle aussi différente : **75,5 % d'urbains si l'on considère les unités urbaines, 82 % si l'on considère les aires urbaines.**

• La ville concentre les activités humaines

La ville concentre les activités des secteurs tertiaire et secondaire, à savoir les activités de service et de transformation des produits. Il s'agit des fonctions urbaines.

Puisque, quels que soient les modes de calcul utilisés, on arrive à plus de 75 % d'urbains en France, la première fonction de la ville est bien celle d'**hébergement**. Toutefois, cet hébergement prend des formes très différentes. Le centre-ville et les quartiers péricentraux ont des prix au mètre carré qui en font des quartiers de plus en plus réservés aux classes aisées. Les immeubles sont cossus, et les opérations de réhabilitation de l'habitat ont souvent pour résultat de chasser les classes populaires qui s'y trouvaient avant, pour attirer des classes aisées qui avaient fui en raison de l'insalubrité des quartiers. Ce phénomène de retour s'appelle la **gentrification**. Les logements sont soit **restaurés** : l'ancien est conservé et remis en état ; soit **rénovés** : tout est rasé pour construire du neuf, généralement de grand standing. Les anciens habitants ne peuvent alors plus financièrement se loger et se déplacent vers la périphérie. Certaines **OPAH** (Opérations Programmées d'Amélioration de l'Habitat), grâce à la concertation, arrivent à maintenir des quartiers populaires dans les centres.

Les classes moyennes se logent dans des immeubles de plusieurs logements des **quartiers péricentraux** ou dans les quartiers pavillonnaires des **banlieues**. Ces habitations tendent à se multiplier, conduisant à un étalement démesuré des banlieues le long des axes de communication car ils permettent de rejoindre rapidement la ville centre. Les classes populaires se retrouvent dans du pavillonnaire ancien et peu salubre des proches banlieues, ou dans les grands ensembles. Ceux-ci ont été créés à la fin des années 50 et au début des années 60 pour répondre à la crise du logement. À l'époque, ils ont permis de résorber les **bidonvilles** qui constituaient les banlieues des grandes villes françaises. Aujourd'hui, ils sont souvent perçus comme des ghettos sociaux ou ethniques, dans lesquels le taux de chômage et l'insécurité sont supérieurs à la moyenne nationale. Certains de ces quartiers sont parfois l'objet d'explosions de violence, d'autres sont des zones de non-droit. Des politiques de réhabilitation sont entreprises dans certains d'entre eux : remise en état des logements, brassage plus important des populations pour éviter les ghettos, foyers d'animations, destruction des plus grandes barres pour une reconstruction, à la place, d'immeubles à taille plus humaine.

La ville est aussi un espace de **production industrielle**. Mais ces activités sont souvent en repli, ou déplacées vers la banlieue lointaine en raison des nuisances qu'elles génèrent. Ce déplacement est facilité par l'amélioration des voies de communication qui permettent de les maintenir connectées à l'espace urbain qui fournit la main d'œuvre et les activités de services liées. De ce fait les centres, ou les anciennes banlieues sont ponctuées de **friches industrielles** qui font rapidement l'objet d'**opérations de réhabilitation**, conduisant la plupart du temps, à l'installation de services (bureaux, espaces culturels ou sportifs, sièges sociaux, etc.).

L'essentiel des activités de la ville est en effet constitué par les **activités de services**. Il s'agit là d'une fonction ancienne, puisque depuis toujours, la ville est un lieu d'échanges. La fonction commerciale est donc fortement représentée et ce, sous différentes formes : marchés de quartiers ; petits commerces de proximité et supérettes des quartiers centraux et péricentraux ; grandes surfaces, hypermarchés de la périphérie. Dans ce dernier cas, les voies de communication jouent encore un rôle essentiel, les zones commerciales se trouvant toujours à des carrefours entre une **rocade** et une **pénétrante** urbaine.

À cette activité commerciale s'associent d'autres fonctions : **services de santé, de culture, d'éducation, de recherche**. Ces deux dernières peuvent être regroupées, voire associées, à des industries de hautes technologies sur un espace réduit de façon à faciliter les synergies entre les pôles production, recherche, enseignement : ces espaces s'appellent des **technopôles** (des « pôles techniques »), la ville qui les recèle, s'appelle, elle, une **technopole** (une « ville technique »). La technopole française souvent donnée en exemple, est Sophia-Antipolis, dans les Alpes-Maritimes. Elle se caractérise par des petits bâtiments entourés de verdure, dans un cadre agréable.

Enfin, la ville concentre les activités de **commandement** dont l'importance varie en fonction de sa taille et de son rayonnement. Ces fonctions peuvent être liées au **commandement politique** : ministères, préfectures, sous-préfecture, mairie, conseils régionaux et généraux. Dans les grandes métropoles, ces fonctions sont souvent regroupées dans des quartiers centraux ou péricentraux : ainsi le quartier des ministères à Paris dans le VIIe arrondissement. Il existe aussi des fonctions de **commandement économique**, ce sont les sièges sociaux des entreprises et en particulier des Firmes Transnationales (FTN). Ceux-ci se regroupent aussi souvent dans un ou plusieurs quartiers des affaires, à l'architecture verticale et audacieuse : c'est le **CBD** (Central Business District), tel que le quartier de la Défense à Paris, ou celui de la Part-Dieu à Lyon.

- **L'importance des fonctions urbaines permet de dégager des hiérarchies urbaines.**

Ces hiérarchies sont de différentes natures. La mieux connue est la **hiérarchie administrative** qui existe entre la **capitale**, qui concentre le pouvoir politique national, et les capitales de région, dans lesquelles se trouvent le conseil régional, ce vocable étant apparu avec la régionalisation. La ville qui commande le département est la préfecture, puis, en descendant, on trouve la sous-préfecture et enfin le chef-lieu de canton. Mais cette hiérarchie est aujourd'hui peu utilisée : l'amélioration des moyens de communication et de la qualité des services fait que l'on peut se procurer la plupart des pièces administratives à sa mairie, ou sur Internet, ce qui fait que l'on a plus à se déplacer à la préfecture ou à la sous-préfecture.

Une autre hiérarchie s'est affirmée ces dernières décennies, il s'agit de celle des **métropoles**. Une métropole est une ville qui commande à un espace de taille variable. On distingue ainsi des métropoles régionales, nationales, européennes (Lille, Strasbourg, Lyon), mondiales (Paris).

Il existe enfin une dernière hiérarchie, uniquement liée à la taille : allant du bourg (quelques milliers d'habitants), à la petite ville (une dizaine de milliers d'habitants), la ville moyenne (quelques dizaines de milliers d'habitants), la grande ville (quelques centaines de milliers d'habitants), la **mégapole** (plusieurs millions d'habitants).

Ces hiérarchies ne s'annulent pas. Ainsi Paris est à la fois capitale nationale, métropole mondiale et mégapole.

Conseils pour organiser son enseignement

Nous renvoyons le lecteur aux conseils indiqués en introduction de la première partie *Espace* p. 148.

62 La campagne, qu'est-ce que c'est ?

📖 p. 110-111

Niveau ciblé

CP ou CE1.

Matériel et documents

- Vignettes de l'enquête 52 (nécessaires en phase 1) (à photocopier p. 237).
- Une photocopie des trois croquis de paysage par enfant (à photocopier p. 241-242).
- Une affiche guide de fabrication par équipe de paysage (nécessaire pour l'observation des paysages).
- Du ruban ou contrefort pour les voies de communication.
- Des cubes.
- Des serviettes en papier de teintes différentes.
- Du papier de soie vert (nécessaire pour la fabrication).

Objectifs

- Découvrir, comprendre et retenir la fonction de production de beaucoup d'espaces ruraux (CP). (La fonction résidentielle n'est qu'évoquée. Elle pourra être développée en prolongement.)
- Distinguer, par l'observation comparée de trois paysages et le travail sur croquis, trois formes d'organisation de ces espaces (CE1).
- Produire une représentation simplifiée et fonctionnelle de leur structure (CE1).

Compétences transversales

Vivre ensemble	S'écouter, coopérer, se répartir les tâches pour mener à bien un travail.
Acquérir du vocabulaire	*Campagne, agriculteurs, maisons groupées, dispersées, forêts, haies, bois, parcelles, culture, élevage, céréales, vigne, oléagineux.*
Comparer	Chercher les ressemblances et les différences entre les trois espaces ruraux.
Modéliser	Représenter la structure d'un espace rural.

Le tableau ci-dessous présente les caractéristiques principales des espaces ruraux présentés dans l'enquête, pour aider les enseignants à mettre en perspective les remarques des élèves :

	Alsace	**Beauce**	**Morvan**
		Les différences	
Parcellaire.	Petites parcelles géométriques.	Très grandes parcelles géométriques.	Parcelles irrégulières, bordées en partie de haies.
Place de l'arbre.	Arbres préservés ou plantés dans le bourg.	Bosquets résiduels géométriques.	Haies et forêt sur les sommets.
Habitat.	Groupé en gros bourgs ceints de murailles.	Groupé en villages.	Dispersé en fermes isolées et hameaux.
Voierie.	Route de ceinture du village, de laquelle part un réseau dense de chemins de desserte des parcelles. Route de transit.	Réseau lâche de chemins d'accès aux parcelles peu visibles. Réseau peu visibles de lignes rectilignes, lignes qui relient les villages entre eux. Ligne ferroviaire TGV de transit.	Réseau complexe et dense de chemins ruraux. Routes sinueuses de liaison entre les villages.

Place de la mécanisation.	Présente, mais difficile à identifier (quelques rangs de vignes doubles).	Très forte : traces de tracteurs et de systèmes d'irrigation.	Faible.
Activités.	Viticulture, fonction résidentielle.	Cultures commerciales intensives basées sur les céréales et les oléagineux.	Élevage semi-extensif, exploitation du bois (déduite).
Type de paysage.	Paysage de production avec artificialisation poussée.	Paysage mixte (production/résidentiel).	Paysage de production traditionnel.
	Les points communs		
Niveau de mise en valeur.	Absence de friche.		Quelques petites friches.
Type de production.	Système centré sur une, ou quelques productions.		
Rapport homme/nature.	L'ensemble de l'espace est transformé par l'homme (y compris les forêts, dans lesquelles il favorise la pousse de certaines espèces aux dépends d'autres).		

Les clés de l'enquête

• Une introduction au raisonnement géographique

Des photos de paysages aux croquis, des croquis aux « modèles », il s'agit d'aider les élèves à se construire une représentation simplifiée des campagnes, rendant compte de leur fonctionnement.

• Le déroulement de l'unité d'apprentissage (7 à 9 séances)

Prévoir :
– trois séances pour découvrir les activités agricoles et parvenir à une définition du terme « campagne » (localisation des régions où habitent les enfants ; résolution du problème sur les métiers ; synthèse) ;
– trois séances pour la réalisation en volume (observation comparée des trois paysages et élaboration du guide de fabrication ; réalisation des paysages en volume ; mise en commun et synthèse) ;
– une à trois séances pour réinvestir les connaissances acquises sur d'autres espaces ruraux.

• L'entrée dans l'activité

Le plus naturel est de prolonger l'approche biologique des enquêtes 43, 44, 45 et 52. Les élèves ont pratiqué des plantations, observé des champs et des vergers, retrouvé l'origine de leur alimentation. Il leur devient possible de se demander : « Où les hommes produisent ce dont ils ont besoin ? Comment s'y prennent-ils ? »

• Une situation problème : l'occasion d'enseigner des stratégies cognitives, c'est-à-dire des voies efficaces pour traiter l'information et résoudre les problèmes[3].

Ici, il s'agit de trouver les métiers pratiqués par les pères de Thomas, Kévin et Aurélie.

On veillera à recueillir les conceptions des enfants **sur le métier d'agriculteur, à échanger** pour **parvenir** à une **représentation commune** de ce **que l'on cherche** : des métiers liés à l'exploitation de la terre.
Après une phase de recherche individuelle et de tâtonnements, on aidera les enfants à **cerner les données du problème** : où trouver des indices du métier pratiqué par ces agriculteurs ?
Les **sources d'information** sont **multiples** et mobilisent des **habiletés intellectuelles distinctes.**
Le tableau ci-dessous les répertorie. Il aidera les enseignants :
– à mieux accompagner chaque élève dans son cheminement personnel ;
– éventuellement à programmer des séances collectives pour enseigner ces stratégies. (Comment faire pour… car ces habiletés intellectuelles sont sollicitées dans les enquêtes 56, 58, 60 et 63).

3. Alain Rieunier, *Les stratégies pédagogiques efficaces*, ESF, Paris, 2001, 348 p.

TROUVER L'INFORMATION Sources possibles	TRAITER L'INFORMATION Habiletés mobilisées
Dans les photos	**Identifier en référence à...** (ex : les enfants qui identifient des vignes sur la photo 1 **raisonnent par analogie** : ils savent ce qu'est un vignoble, peuvent le **caractériser** et donc en **reconnaître un autre**). Cette stratégie est utilisable par les élèves ayant des références culturelles sur un espace donné.
Dans les légendes des photos	Savoir **trouver un mot-clé** en réponse à une question (voir p. 155), ici : *vin, céréales, élevage.*
Sur les cartes	• **Naviguer entre des cartes pour localiser** la région où vivent les enfants (visage d'enfant => carte de localisation => carte des régions agricoles). • **Extraire des informations** en lisant **la légende.**

• La fabrication des paysages (3 séances)

A. Avant la fabrication, un travail d'observation méthodique

Le repérage des caractéristiques de chaque paysage est conduit par comparaison des trois photos, en alternant travail individuel, mise en commun et activité de groupe.

Organisation matérielle :

Former les groupes de fabrication avant la séance.
Comment constituer ces groupes de paysages ?
Ils pourront être hétérogènes (pour que les enfants expriment et échangent leurs compétences) ou homogènes (pour adapter les obstacles aux possibilités d'abstraction des élèves). **La fabrication** du paysage à l'aide d'un matériel simple (serviettes, ruban, cubes et papier de soie) **force à se détacher de l'aspect du paysage pour se centrer sur son fonctionnement.** Plus la structure du paysage est apparente (c'est le cas de l'Alsace et dans une moindre mesure du Morvan), plus l'activité est facile. Les enfants rencontrant des problèmes d'abstraction veulent reproduire à la lettre ce qu'ils voient : modéliser le paysage de la Beauce est hors de leur portée. Ceux qui ont compris qu'il s'agit d'exprimer le regroupement de l'habitat et l'effacement du réseau routier au profit de l'agriculture intensive franchissent l'obstacle sans difficulté.

Organisation spatiale :

À sa place, chaque élève dispose :
– du manuel ;
– des trois croquis de paysages photocopiés à compléter.

À un endroit de la classe, chaque groupe de paysage dispose d'une affiche/guide de fabrication qui sera complété au fur et à mesure de l'observation :

En (nom de la région) . . . .
On cultive, élève . . . .
Les maisons sont . . . .
Les voies de communication sont . . . .
Les terres sont . . . .

Déroulement de la séance :

Phase 1 : observer l'habitat.

Travail individuel : sur chaque photo du manuel, les enfants recherchent où habitent les hommes.
Sur les croquis, ils repèrent et colorient les maisons.

Ils cherchent les différences et ressemblances en comparant l'habitat des trois paysages.

Mise en commun orale des observations : l'enseignant recueille les remarques et met « en mots » au tableau les observations des élèves. Cette phase est l'occasion **de préciser le vocabulaire** en apportant les **termes conventionnels** :

Élève : « Chez Thomas, les maisons sont toutes serrées ! »
Enseignant : « Oui, on dit qu'elles sont **groupées.** » (L'enseignant écrit le mot au tableau).
Élève : « Chez Aurélie, elles sont comme ça. » (mouvement des bras montrant la dispersion).
Enseignant : « Oui. Que veut dire Karim ? Qui peut l'aider à trouver un mot ? »
Élèves : « Elles sont loin… Elles sont pas toutes collées… Elles sont écartées ».
Enseignant : « On dit qu'elles sont **dispersées.** » (L'enseignant écrit le mot au tableau.) Etc.

NB. : On voit tout l'intérêt à réinvestir ces deux termes de vocabulaire en EPS, lors d'une phase d'entrée dans l'activité par exemple : ils seront d'autant mieux mémorisés et transférables qu'ils auront été vécus corporellement par les enfants.

Travail par groupes de paysages : les enfants se regroupent. Parmi les mots écrits au tableau, ils sélectionnent ceux qualifiant le mieux l'habitat qu'ils auront à fabriquer. Ils complètent leur guide de fabrication.

Phase 2 : observer les voies de communication (idem phase 1).

Phase 3 : observer les parcelles (idem phases 1 et 2).

Le tableau ci-dessous présente les difficultés rencontrées par certains élèves en cours d'observation et les réponses possibles :

Difficultés observables chez certains élèves	Analyse	Réponses possibles
MORVAN Veut représenter le ciel.	Perte de l'objectif poursuivi.	• S'interroger : que cherche-t-on à montrer ? A-t-on besoin de la ligne d'horizon (référence à l'enquête 56) ?
Confond routes et haies.	Relève toutes les lignes sans véritable projet de lecture.	• S'interroger sur la fonction des haies (border les prés) et celle des routes (relier les maisons et les villages) => utiliser les maisons comme jalons pour repérer les routes. • Utiliser le croquis de paysage comme aide à la lecture de la photo.
ALSACE Confond chemins agricoles et limites de communication.	Relève toutes les lignes sans véritable projet de lecture.	• Montrer des photos de vignes, de matériel de viticulture. Apporter des informations sur le travail de la vigne. Expliquer la fonction des chemins agricoles, observer leur organisation. • Utiliser le croquis de paysage comme aide à la lecture de la photo.
BEAUCE Ne voit pas les routes, pense qu'il n'y en a pas.	L'élève assimile ce qu'il voit au réel.	• Rappeler que les photos ne montrent pas tout (références aux enquêtes 54, 55, 57). • S'interroger : Peut-il y avoir des villages sans voies de communication ?
RELATION entre les trois PAYSAGES Est gêné par les tailles différentes des maisons et villages.	Difficultés à changer d'échelle.	• S'interroger : en réalité, y a-t-il de toutes petites maisons et de très grandes ? Observer par la fenêtre de la classe les maisons qui sont proches et celles qui sont lointaines. Faire dire aux enfants ce que l'on voit sur les proches, et ce que l'on ne voit pas sur les lointaines (fenêtres, portes, cheminées, nature du toit, etc.). • Revenir sur les observations faites lors de l'enquête 56.
Ne voit pas les différences.	Observation pointilliste, sans recherche d'organisation.	• Regarder le dessin des maisons, des routes, des terres sur le croquis.

B. La fabrication

Elle peut s'étaler dans le temps, un ou deux groupes travaillant simultanément.

Chaque production peut être photographiée pour « libérer » le matériel de construction.

• La synthèse

Elle pourra se construire en croisant les éléments d'information écrits sur le guide de fabrication et la photo du paysage réalisé par les enfants :

Paysage du Morvan.

Exemple de trace écrite

C'est quoi, la campagne ?

Je mange, je m'habille.

(coller les dessins réalisés ou les vignettes de l'enquête 52 utilisées en début de séquence)

Des hommes travaillent la terre pour fournir ces produits :

Définitions de la campagne :
- trouvée par l'élève
- adoptée par la classe

Les hommes ont inventé plusieurs manières d'utiliser la terre :

(coller croquis).

J'explique comment les hommes utilisent la terre en…
(coller photo légendée de la construction).

Dans la région :

Prolongements possibles

• **Comparer** (ressemblances ou différences) **les trois cas étudiés avec d'autres :**

– l'espace rural où habitent les élèves.

L'analyse du paysage dans lequel vivent les élèves pourra être conduite avec le guide de fabrication pour grille de lecture. On pourra aussi faire des enquêtes, des visites.

– les espaces ruraux rencontrés dans le manuel.

L'activité pourra prendre la forme de devinettes. Exemple : Quel est le point commun entre l'espace de vie de Benjamin et Safia, et celui d'Aurélie ?

Quel est le point commun entre l'espace de vie de Benjamin et Safia, et celui de Thomas ? Quelle est la différence ?...

Comparer avec les espaces de vie de Bachar ou de Kari (enquête 58), ou encore avec l'espace de vie d'Hélène Missilier (enquête 72).

Activités attendues des élèves : retrouver les paysages dans le manuel, les observer, identifier leurs points communs ou différences, justifier leurs affirmations (plusieurs types d'arguments possibles : indices visuels dans les photos de paysage, informations extraites des légendes ou des textes documentaires, recours à la carte des régions agricoles, etc.).

• **Établir des liens entre ville et campagne**

Selon le milieu de vie des élèves, on pourra approfondir l'un des thèmes suivants :

– ville (pôle de travail)/espace rural (espace résidentiel) : relever les axes de communication, le type d'habitat, les mouvements pendulaires des hommes entre ville et campagne (à partir des horaires des parents) ;

– du producteur au consommateur, quels circuits pour les produits ? À partir d'un exemple de production régionale familier aux enfants, et en appui sur l'enquête 52, retrouver et construire la chaîne qui relie l'espace rural à la ville :

production ⟶ transformation ⟶ distribution

63 Que font les hommes en bord de mer ?

p. 112-113

Niveau ciblé

CP pour la recherche des métiers liés à la mer, CE1 pour les activités de localisation, de cartographie et de classement.

Matériel et documents :

• Un fond de carte, calque ou transparent par enfant.

• Des photos collectées par les élèves ou/et par l'enseignant.

• Des feutres épais et des étiquettes assez grandes pour permettre l'exploitation collective des idées des enfants.

Objectifs :

• Repérer, nommer les mers et océans sur la carte de France.

• Repérer, nommer la Martinique, la Guadeloupe, la Réunion et la Guyane et les océans sur la carte du monde.

• Enrichir et ordonner les connaissances des enfants sur les activités humaines liées au littoral.

Compétences transversales

Vivre ensemble	S'écouter, coopérer, se répartir les tâches pour mener à bien un travail.
Acquérir du vocabulaire	*Le littoral, le port de pêche, le port de plaisance, le port de commerce, la plage…*
Lire un paysage	Selon une ligne de contact terre/mer.
Lire une légende	Rechercher des mots-clés pertinents.
Localiser	S'appuyer sur des repères visuels (visages des enfants) et/ou des indications de légende (nom des régions) pour retrouver un point sur une carte. Chercher des informations en lien (mer, ville proche).
Construire une carte	Reproduire un fond de carte. Choisir les informations pertinentes mers et océans, quelques villes importantes du littoral. Choisir des symboles parlants pour les représenter : couleurs contrastées mer/terre, typographie différente villes/mers. Construire la carte, la légende, trouver un titre.
Classer	Classer les activités des hommes liées à la mer selon des critères définis.

Les clés de l'enquête

• L'idée de métiers liés à la mer pose deux ordres de problèmes aux enfants :

Ceux qui habitent le littoral ont parfois du mal à distinguer les métiers liés à la mer et les métiers indépendants de cet espace : échanges et argumentations s'imposent.

Les autres connaissent la mer par les vacances. Ils ne se la sont jamais représentée sous l'angle des métiers. Il est intéressant de repartir de leurs activités de loisirs en bord de mer pour aborder les métiers liés au tourisme. Selon la région d'appartenance des élèves, le parallèle sera fait avec le tourisme vert et le tourisme blanc, générateurs de travail.

Pour tous, il est nécessaire d'enrichir les références culturelles en amont ou en cours de séquence, en croisant lectures d'albums et découvertes de documentaires.

L'enseignant pourra s'appuyer sur deux DVD de la collection *Découvrir le monde* du CRDP. Véritables bibliothèques documentaires pour les cycles 1 et 2, ces films permettent aux élèves de passer « de la découverte et l'observation de l'environnement proche à celles d'espaces moins familiers ».

Dominique Dupont, Raymonde Kabantchenko, Patrick Margueron, *Eaux vives, eaux calmes. Les ports. De terre et d'eau. Espaces cultivés*. CRDP, 2004.

Dominique Dupont, Patrick Margueron, *La montagne. Le littoral. Villes et villages*, CRDP, 2004.

Bibliographie non exhaustive :

Stéphane Frattini, Schulthess Danièle, *Le port*, Milan, 2002.

Jean-Marc Pariselle, Pascale de Bourgoing, *Le marin pêcheur*, Calligram, 1999.

Nathalie Tordjman, Yves Calarnou, *Le sel à petits pas*, Actes Sud, 2002.

Élodie Nouhen, *Le petit gardien de phare*, Circonflexe, 1998.

• L'enquête permet d'entraîner les élèves à des activités découvertes en amont : lecture de légendes et activités de localisation, lecture de paysages selon une ligne force, construction de cartes, sériations.

• Les critères de classement proposés en bilan ne doivent pas être proposés d'emblée. Ils représentent un niveau élevé de complexité, atteint après plusieurs essais de tris des métiers par grandes familles. Ce sont ces tâtonnements qui permettront aux enfants de passer progressivement d'un ensemble de cas particuliers à une formulation générale. (À ce propos, nous renvoyons le lecteur aux *Clés de l'enquête* 17 p. 65.)

Exemple de trace écrite

Elle pourra reprendre le plan de la double page :

Beaucoup de gens vivent en bord de mer :
– carte ;
– définition du littoral.
La mer fait vivre les hommes :
– mes idées de métiers ;
– le tri de la classe.

Prolongements possibles

• Découverte des départements d'outre-mer. (voir les *Clés de l'enquête* 59, p. 167).
On pourra s'appuyer sur l'ouvrage : *Des Français comme moi*, Gallimard, Paris, 1997.
• Pour aborder le rôle d'interface de certains littoraux :
– à partir de la situation proposée p. 119, le voyage de la sardine : de la Bretagne à mon assiette (enquête + schématisation) ;
– le voyage du camion citerne : des ports de Marseille ou du Havre jusqu'à la pompe à essence à côté de chez moi (enquête + schématisation).

64 À quoi sert la ville ?

p. 114-115

Niveau ciblé

CE1.

Matériel et documents

• Photos de villes collectées par les élèves ou/et par l'enseignant.
• Une photocopie du dessin de ville par enfant (à photocopier p. 243).

Objectifs

• Découvrir et retenir les constantes des espaces urbains.
• Prendre conscience du rapport ville/campagne à travers un exemple régional.

Compétences transversales

Vivre ensemble	S'écouter, coopérer, se répartir les tâches pour mener à bien un travail.
Enrichir son langage, acquérir du vocabulaire	Travailler sur termes génériques et termes particuliers, exemple : *boulanger, charcutier, banque,* etc. => *commerce.* Correspondance groupe verbal/groupe nominal. *Territoire, région, département, capitale.*
Lire une photo de paysage	Identifier, localiser et décrire différents espaces de la ville.
Lire une carte	La France : les villes, les départements, les régions. Repérer les hiérarchies : – zonales : limites régionales, départementales ;

	– ponctuelles : capitales régionales, préfectures ; – typographiques. Repérer la position de sa région sur la carte.
Classer **Logique et représentations**	Découverte de classes et sous-classes en lien avec le vocabulaire. Exemple : *commerce, éducation, santé => services.* Construction de schémas hiérarchiques (arbres ou diagrammes) traduisant ces inclusions.
Compléter un croquis	Selon les indications de la légende, en justifiant ses choix. Laisser en blanc les zones pour lesquelles on ne dispose pas d'informations suffisantes. Trouver un procédé pour marquer la double appartenance d'un bâtiment (ex : hôtel du Sud : hachures bleues et jaunes).

Les clés de l'enquête

• Paradoxalement, les enfants non citadins répondent spontanément à la question ouvrant l'enquête, tandis que les habitants des villes sont mis en difficulté. Une sortie dans le quartier ou le centre-ville pourra donc introduire l'activité « À toi de chercher ». Pour son exploitation, nous renvoyons à l'ouvrage de Guy Jovenet et Claude Reynaert, *Faire de la géographie au CE1 : cycle des apprentissages fondamentaux*, CRDP Lille/ Démarches et outils pour la classe, 1994, 185 p.
Le retour à la double page accompagnera l'effort de synthèse et de généralisation : mise en avant des fonctions d'hébergement, de commande, services (englobant le commerce). Prise en compte de la fonction de production industrielle dans la mesure où elle est reconnue et proposée par les enfants.

La question du travail en ville est souvent abordée par les enfants. Elle sera mise en relation avec les différentes fonctions urbaines, génératrices d'emploi.

• L'enseignant pourra s'appuyer sur le DVD de la collection *Découvrir le monde* du CRDP cité à l'enquête 63 (p. 183).

• Pour aborder par le sensible d'autres villes du monde :

– Chen Jiang Hong, *Je ne vais pas pleurer !*, L'école des Loisirs/Pastel, 1998. En Chine, un enfant se perd dans la ville…

– Cécile Roumiguière, Claire Delvaux, *L'école du désert*, Magnard, 2005. Noura voudrait devenir médecin ! Elle rêve d'aller à l'école pour apprendre à lire, à écrire et à compter. Mais il n'y a pas d'école au village. Il faut partir pour la ville.

• Un imagier écrit en cursive : un répertoire de mots pour produire des légendes et des phrases sur la ville. *La ville*, PEMF/Lettre à lettre, 2000.

• Des documentaires :

– Raoul Sautai, Ute Fuhr, Claude Delafosse, *J'observe la vie sous la ville*, Gallimard/Mes premières découvertes, 1997.

– Michel Le Duc, Nathalie Tordjman, Yves Calarnou, *La ville à petits pas*, Actes sud, 2003.

Le temps 7

Liens avec les programmes

Enquêtes 65 à 75

Compétences devant être acquises en fin de cycle	Enquête										
	65	66	67	68	69	70	71	72	73	74	75
Temps ***Structurer le temps*** Utiliser différents types de calendriers et y situer les événements étudiés.	×	×									
Mesurer et comparer différentes durées.			×	×	×						
Identifier une information relative au passé en la situant dans une suite chronologique[1].									×	×	×
Prendre conscience des réalités du passé – Distinguer le présent du passé. – Distinguer le passé récent du passé plus éloigné.			×	×	×	×	×	×	×	×	×
Être curieux des traces du passé et les questionner pour les interpréter avec l'aide du maître[2].					×	×	×	×		×	×
Être capable de comparer des photos ou des cartes postales d'un même lieu à différentes époques. Y repérer l'influence de l'homme dans la transformation du paysage.					×			×	×	×	
Espace											
Savoir retrouver le rôle de l'homme dans la transformation d'un paysage.								×	×	×	×
Situer les milieux étudiés sur une carte simple.					×				×		×
Avoir compris et retenu quelques aspects de la diversité des formes de végétation, de la vie animale et des habitats.								×	×		
Vivre ensemble S'éduquer à l'altérité.		×				×	×	×	×	×	×
Avoir compris et retenu les principaux symboles de la nation et de la République.	×										
Maîtrise du langage et de la langue française Parler sur des images.		×	×	×	×	×	×	×	×	×	×
Enrichir son vocabulaire.	×	×	×	×	×	×	×	×	×	×	×
Comprendre des textes documentaires.		×			×	×	×				×
Écrire de manière autonome un texte explicatif.		×			×	×				×	×
Mathématiques Situer des nombres sur une ligne graduée.			×	×							
Situer une personne par rapport à soi ou par rapport à une autre personne.			×	×	×	×	×		×	×	
Utiliser une règle graduée en cm pour mesurer ou pour construire un segment.			×	×	×						
Les objets et les matériaux Repérer une même fonction assurée par différentes solutions techniques.									×		

[1]. *Qu'apprend-on à l'école ? Les nouveaux programmes,* Paris, CNDP-XO Éditions, 2002.

[2]. Ibid.

Précisions sur le contenu disciplinaire

Les périodes et les thèmes abordés dans le manuel sont regroupés en trois grandes parties.

Les années 1900-1930 (enquêtes 71, 72, 74)

• **La vie à la campagne**

L'apogée qu'ont connu les campagnes dans les années 1850-1880 prend fin avec la grande dépression de l'agriculture entre 1880 et 1900. Celle-ci oblige le monde paysan à des adaptations. L'exode rural s'accentue, le développement du machinisme agricole est sensible. On ne peut cependant pas parler de bouleversement d'autant plus que les disparités régionales sont fortes. À la veille de la Première Guerre mondiale, 41 % de la population active travaille encore la terre. À ce chiffre, il faut ajouter les nombreux artisans qui vivent à la campagne. Jusque dans les années 1950-1960, la France rurale de l'exploitation familiale et de la tradition est la règle. La mécanisation a certes progressé dans l'entre-deux-guerres mais la motorisation ne commence vraiment qu'après 1945. On ne peut pas encore parler d'industrialisation de l'agriculture, les structures de la production restent artisanales. Dans beaucoup de régions, le monde rural apparaît comme un témoin de la France du XIXe siècle à l'image de la photographie de la page 139. C'est seulement à partir de 1955-1960 que la France rurale connaît de profonds changements.

• **L'école d'Hélène Missilier (enquête 71)**

L'enseignement public primaire est institué par la loi Guizot du 28 juin 1833, sous la monarchie de Juillet. Les lois Ferry de 1881-1882 sont restées célèbres pour la gratuité, l'obligation scolaire et la laïcité qu'elles instaurent. Les élèves des milieux populaires sont astreints à fréquenter l'école jusqu'à l'âge de 12 ans. Au terme de la dernière année, ils passent le certificat d'études primaires, institué en 1867 sous le second Empire. Celui-ci disparaît en 1989. L'abécédaire qu'a confectionné Hélène Missilier porte la mention de la date, 1896, et de l'âge d'Hélène, 12 ans. Or, c'est précisément en 1896 qu'elle réussit son certificat d'études. Les deux documents sont d'ailleurs affichés côte à côte dans la maison du patrimoine du Grand-Bornand. La réalisation de l'abécédaire était l'une des épreuves de l'examen. Mais, la présence de croix est étrange puisque nous sommes dans une école publique. Elle s'explique en partie par le fait que la laïcisation du personnel enseignant des écoles primaires publiques n'est décidée qu'en 1886 (loi Goblet). Celle-ci laisse aux écoles de garçons un délai de cinq ans pour se conformer à la loi. En 1896, au Grand-Bornand, dans une école de filles, il n'est donc pas étonnant que les enseignants soient encore des congréganistes. L'autre explication tient à la situation particulière de la Haute-Savoie, département qui se caractérise par sa ferveur religieuse. En 1541, Calvin s'installe définitivement à Genève qui est considérée comme la « Rome protestante ». Par réaction, le duché de Savoie devient l'une des citadelles de la Contre-Réforme catholique en Europe. Celle-ci s'accompagne de la création des « petites écoles », confiées à des vicaires-régents qui dispensent un enseignement religieux. La tradition d'un enseignement primaire est donc ancienne en Savoie et la prégnance de la religion y est plus forte.

Les Trente Glorieuses (1946-1975)

• **La France entre dans la société de consommation (enquêtes 69 et 70)**

L'expression des « Trente Glorieuses » est due à l'économiste Jean Fourastié qui l'emploie en 1979 pour caractériser l'extraordinaire croissance économique d'après-guerre. La conquête spatiale est révélatrice du bouillonnement de cette époque : 1957, premier satellite (le Spoutnik), 1961, premier homme dans l'espace (Iouri Gagarine), 1969, premier homme à marcher sur la lune (Neil Armstrong).

L'équipement des ménages connaît des progrès spectaculaires : alors que 5 % d'entre eux possèdent un réfrigérateur en 1954, près de 40 % en sont équipés en 1962 ; 9 % peuvent bénéficier d'un lave-linge en 1954, près de 30 % en 1962. Quant à la télévision, seuls 1 % des ménages en sont équipés en 1954 contre 27 % en 1962. La 4 CV Renault est lancée en 1947, la 2 CV l'année suivante. En 1949 apparaît sur le marché le premier tourne-disque. La même année, le premier journal télévisé est diffusé. L'épopée du Vélosolex s'inscrit dans cette marche à la consommation et aux loisirs : fabriqué à quinze exemplaires par jour en 1946 dans l'usine de Courbevoie, il est présent dans 55 pays en 1952. Encore faut-il nuancer cette entrée dans la société de consommation selon les catégories sociales. Le témoignage proposé à la page 131 le montre : les ouvriers ne voient leur situation s'améliorer qu'à partir de 1960.

De même, les campagnes se différencient des villes. Par exemple, l'eau courante n'est installée au village du Plot, près de Groisy (enquête 69), qu'en 1957 alors qu'en moyenne 59 % des ménages en profitent dès 1954. Des témoignages d'autres grands-parents du même lieu évoquent les premiers lave-linge vers 1962. Ils sont confirmés par les historiens. Pour les années 1900-1950, Antoine Prost, évoquant les campagnes, écrit : « naturellement, le confort et l'équipement des logements n'ont pratiquement pas changé pendant un demi-siècle[3] ». Il repère un « saut dans la modernité », c'est son expression, après 1954.

• **Une société industrielle (enquête 75)**

La France est alors un pays industriel en pleine expansion, qui compte en particulier sur les régions minières et sidérurgiques. Le bassin houiller du Nord-Pas-de-Calais est l'une d'entre elles. Son exploitation commence à Oignies (62) en 1841. Dans l'entre-deux-guerres, l'arrivée de l'air comprimé permet l'augmentation des rendements. Il entraîne aussi le remplacement du traditionnel pic par le marteau piqueur. La généralisation de cet outil et du perforateur augmente la quantité de poussières en suspension dans l'air, ce qui favorise la silicose, maladie du travail qui asphyxie progressivement le mineur. Les accidents au fond de la mine sont lourds de conséquences. La catastrophe de Courrières est restée dans l'histoire. Alors que le feu couve depuis plusieurs jours et que les mineurs demandent de le circonscrire, la direction refuse. Le 10 mars 1906, plus de 30 km de galeries explosent, provoquant la mort de 1101 mineurs et le déclenchement d'une grève très dure d'un mois et demi. Les coups de grisou, gaz très explosif, sont aussi redoutables. En 1974, à Liévin, il cause la mort de plusieurs mineurs. C'est la principale raison pour laquelle il faut éviter toute flamme, d'où les lampes fermées des mineurs, l'interdiction de fumer mais aussi le caractère relativement tardif de l'électrification des mines. Elle finit par triompher dans les années 1950. Le marteau piqueur est alors remplacé par la haveuse ou le rabot, machines électriques.

Symboliquement, l'exploitation des mines du Nord-Pas-de-Calais cesse officiellement le 21 décembre 1990 à Oignies. Le bassin du Centre Midi ferme à son tour en 2003. Enfin, le dernier puits français, celui de La Houve à Creutzwald en Moselle, est arrêté le vendredi 22 avril 2004. Les deux principaux producteurs de charbon sont aujourd'hui la Chine et les États-Unis.

Fêtes et calendriers (enquêtes 65 et 66)

• Dans l'enquête 65, deux fêtes nécessitent quelques explications : la **fête nationale du 14 Juillet** et le **1er Mai**.

La première fait partie des symboles de la République au programme du cycle 2. À l'heure où la société est éclatée, faire prendre conscience aux élèves qu'il existe aussi des ensembles collectifs, reconnaissables, permet de mieux comprendre la nécessité de règles et de valeurs communes. La nation, toujours en construction, est l'un de ces ensembles. Même s'il n'est pas question de donner une définition forcément abstraite à de jeunes élèves, ils peuvent du moins approcher l'idée qu'ils appartiennent à un collectif d'hommes, inscrits dans un ou plusieurs territoires (français, voire un jour peut-être européen), partageant les mêmes valeurs, fondées sur l'idée universelle de la dignité humaine. La devise républicaine, un autre symbole, résume ces valeurs. Le 14 juillet 1789 a été choisi comme fête nationale en 1880, en même temps que la Marseillaise, par les républicains de la Troisième République parce qu'elle symbolisait à leurs yeux l'émergence de la nation sur le théâtre politique, monopolisé depuis plusieurs siècles par la monarchie. En fait, la nation s'est affirmée face au roi le 20 juin 1789, lors du serment du Jeu de paume, mais cet événement, qui ne concernait que des députés, n'avait pas la coloration populaire de la prise de la Bastille.

La fête du 1er Mai est liée à l'histoire ouvrière. En 1884, au IVe congrès de l'*American Federation of Labor*, les syndicats des États-Unis se fixent pour objectif la limitation de la journée de travail à huit heures. Ils

[3] Philippe Ariès et Georges Duby (dir.), *Histoire de la vie privée*, Paris, Seuil, 1985, 1999, p. 57.

choisissent le 1er mai comme date emblématique de leur action, parce que c'est le *Moving Day*, jour des engagements de travail. En 1886, une manifestation des grévistes de l'usine McCormick Harvester fait trois morts. Le 4 mai, lors d'une marche de protestation, une bombe explose devant la police. Trois syndicalistes anarchistes sont condamnés à la prison à perpétuité, cinq autres sont pendus malgré le manque de preuves. Ces événements alimentent la mémoire du mouvement ouvrier et la IIe Internationale socialiste décide, en 1889, d'organiser chaque 1er mai une grande manifestation pour obtenir la journée de huit heures. Les Français l'obtiennent en 1919. Mais c'est le 24 avril 1941 que le 1er mai est décrété « fête du travail et de la concorde sociale », le régime de Vichy voulant rallier les ouvriers. En avril 1947, le gouvernement en fait un jour férié et payé. Quant au muguet, il est, depuis le Moyen Âge, la fleur du printemps et des rencontres amoureuses. Il est adopté par les ouvriers français en 1907.

• Dans les deux enquêtes sont évoquées des **fêtes religieuses**. Quelles que soient les opinions des uns et des autres, les religions ont marqué l'histoire du monde. C'est en cela que nous pouvons parler, après Régis Debray, de « fait religieux ». Il ne s'agit pas de chercher à savoir de façon avérée si l'ange Gabriel apparut à Mahomet (Mohammed) ou si le Christ a ressuscité, mais de prendre acte de croyances qui sont des réalités historiques, qui ont eu des effets sur l'histoire et de les traiter comme telles en accord avec le principe de laïcité. Nous concentrerons notre propos sur les religions chrétienne, hébraïque et musulmane.

Les trois religions sont ressemblantes : elles croient au même Dieu, Abraham est considéré comme un père par les juifs, les chrétiens et les musulmans, ceux-ci voient en Moïse ou Jésus des prophètes.

Le calendrier hébraïque fixe comme point de départ la création de l'homme par Dieu. L'an 2000 de notre calendrier correspond à l'année 5760. Les mois lunaires comptent 29 ou 30 jours. Tous les trois ans, trois mois sont ajoutés à l'année pour éviter un décalage trop grand des fêtes correspondant aux saisons. Les musulmans suivent strictement le calendrier lunaire. Les années sont comptées à partir de l'*hégire*, fuite de Mohammed à Médine en 622.

La **fête de *Hanouka*** ou fête des lumières, évoquée dans le manuel, commémore un miracle qui aurait eu lieu en 165 av. J.-C. Les Hébreux venaient de vaincre leurs ennemis grecs qui avaient détruit et souillé le Temple de Jérusalem. Pour de nouveau le consacrer, il leur fallait allumer le chandelier sacré mais l'huile manquait. Miraculeusement, la petite quantité d'huile trouvée brûla pendant huit jours. En souvenir de ce miracle, les enfants allument pendant huit jours en décembre la *Hanoukia*, chandelier spécial muni de huit branches.

Le ramadan trouve son origine dans la visite de l'ange Gabriel (Jibril) qui révèle à Mohammed sa mission de messager de Dieu. En souvenir de cette « révélation » qui eut lieu le neuvième mois de l'année, les musulmans jeûnent de l'aube au coucher du soleil. C'est aussi le moment de méditer. Le ramadan se termine par une fête, l'*Aïd al-Fitr*, qui peut, dans certains pays musulmans, donner lieu à une distribution de cadeaux, mais ce n'est pas la règle.

Dans les documents à photocopier (p. 246), des objets et des rites sont représentés. Les trois religions consacrent un jour à leur Dieu. Pour les juifs, le *shabbat* (samedi) permet au croyant de se consacrer à la vie spirituelle et à ceux qu'il aime. Pour les musulmans, le vendredi midi est le moment de la prière à la mosquée mais ce n'est pas obligatoirement un jour de repos. Les trois religions sont des religions du livre. La Torah ou Pentateuque est le plus important des livres de la Bible hébraïque. Elle comprend elle-même cinq livres (Genèse, Exode, Lévitique, Nombres et Deutéronome). Avec les livres historiques, les livres poétiques ou sapientiaux et les livres prophétiques, elle forme pour les chrétiens l'Ancien Testament. La Bible chrétienne y ajoute le Nouveau Testament (les quatre Évangiles, les Actes des Apôtres, les Épîtres et l'Apocalypse de Jean). Pour les musulmans, le Coran contient la parole de Dieu qui l'a révélée à Mohammed.

Pour ce qui est de l'étoile de David, la légende veut que David (vers 1015/1010 – 971 av. J.-C.), célèbre pour sa victoire sur Goliath, ait dessiné cette étoile sur son bouclier. Elle n'a pas toujours été un symbole spécifiquement juif à la différence de la *menorah*, chandelier à sept branches, placé selon la tradition par Moïse dans le tabernacle (tente qui servait de temple dans le désert).

Enfin, porter la kippa est un signe de respect envers Dieu.

Conseils pour organiser son enseignement

Que signifie « prendre conscience des réalités du passé »[4] ?

En tant que discipline « constituée[5] », l'histoire ne commence qu'au cycle 3. Elle est conçue comme une « connaissance par traces[6] ». Avec l'aide du maître, l'apprenti historien, qu'est l'élève, les rend intelligibles en les questionnant, en les croisant avec d'autres traces et en les mettant en relation avec les connaissances qu'il possède déjà. Il les inscrit ensuite dans une chronologie pour produire une réponse élaborée qui prend la forme d'un récit explicatif. La tâche est complexe et se conçoit sur le long terme. Certaines de ces compétences se construisent dès les cycles 1 et 2.

Pour la commodité de l'exposé, nous en avons distingué trois, déclinées dans le manuel, qui nous semblent spécifiques au domaine du temps au cycle 2.

• Se représenter le passé

Découvrir le monde, c'est en faire l'expérience physique mais, à un moment ou à un autre, il nous faut le représenter, c'est-à-dire opérer un décentrement, un pas de côté qui permette de l'appréhender, de le voir en quelque sorte de l'extérieur. Cette posture est commune à toutes les disciplines. Les arts, la littérature, les sciences nous donnent à voir le monde au même titre que l'histoire et la géographie. Cependant, s'il est possible de faire l'expérience de l'air ou de la ville, il n'en est pas de même du passé. C'est ce qui explique sans doute le succès des fictions historiques, romancées ou visuelles sur lesquelles nous pouvons bien sûr nous appuyer. Elles risquent cependant d'ancrer dans l'esprit du public l'idée que le passé fut exactement et complètement cela. On pourra refaire les gestes du métier disparu, convoquer un témoin, nous restons dans la représentation. C'est pourquoi le document, quel qu'il soit, tient une place centrale. Piaget parle d'« abstraction simple » pour les sciences car le point de départ est empirique, réel. Pour une discipline telle que l'histoire, il emploie le terme d'« abstraction réfléchissante » car le point de départ est une image du réel, au sens de représentation ressemblante du réel.

Pour de jeunes élèves, l'objectif est de les amener à se représenter le passé alors qu'ils sont en pleine confusion temporelle (voir les schémas ci-dessous). Le recours à des témoins proches d'eux comme leurs grands-parents est facilitateur (enquête 69).

• Reconstruire des passés

La représentation du passé est en fait une reconstruction. Les historiens ont abandonné la prétention positiviste à retrouver le passé tel qu'il a existé. « L'histoire est la reconstruction toujours problématique et incomplète de ce qui n'est plus[7] ». Les limites sont ici fixées, la démarche suggérée : nous ne pourrons jamais tout savoir du passé ; c'est une reconstruction à partir de questions que l'on se pose ici et maintenant. Multiplier les questionnements est donc une nécessité en sachant que les réponses sont toujours inachevées. Il est souhaitable que les élèves en prennent conscience le plus tôt possible et y soient entraînés. Par exemple, dans l'enquête 71, nous ne pouvons pas aller plus loin, pour le moment, dans la connaissance de la vie d'Hélène Missilier, faute de documentation.

Les traces laissées par l'histoire, les documents de différentes natures, sont le matériau de cette reconstruction. « Nous ne pouvons pas atteindre le passé directement, mais seulement à travers les traces, intelligibles pour nous, qu'il a laissées derrière lui, dans la mesure où ces traces ont subsisté, où nous les avons retrouvées et où nous sommes capables de les interpréter[8] ». Quand les programmes officiels du cycle 2 incitent à la « découverte et observation du patrimoine proche (sites ou objets conservés dans la ville ou le village, dans le quartier, dans la famille ou chez des amis)[9] », ils concrétisent la réflexion de H.-I. Marrou en conseillant aux enseignants d'exploiter les traces locales avec leurs élèves, de les

[4] *Documents d'application des programmes,* Découvrir le monde, cycle 2, DESCO SCEREN (CNDP), 2003.
[5] *Qu'apprend-on à l'école élémentaire ?,* CNDP-XO Éditions, 2002, p. 209.
[6] Ibid.
[7] Pierre Nora (dir.), *Les Lieux de mémoire*, Paris, Gallimard, 1997, T 1, p. 25.
[8] Henri-Irénée Marrou, *De la connaissance historique,* Le Seuil, p. 68.
[9] *Qu'apprend-on à l'école élémentaire ?,* op. cit., p. 118.

repérer, de les identifier et de les interpréter. Les enquêtes proposées dans le manuel vont dans ce sens, aux maîtres de les adapter aux conditions locales.

• Ordonner les passés : vers la chronologie

En reconstruisant le passé, nous identifions des temps, des passés différents. Les ordonner nous aide à les percevoir comme différents. Par exemple, le fait que l'élève range chronologiquement le temps de ses grands-parents, celui de ses parents et le sien, facilite la comparaison. C'est le moyen pour lui de remonter le temps afin d'en saisir la profondeur. On le prépare ainsi à construire des chronologies, à périodiser, autant de compétences nécessaires au raisonnement historique. Il pourra ainsi mieux aborder le cycle 3. L'éduquer à cette profondeur du temps, au-delà des activités strictement scolaires, c'est l'aider à réfléchir. Dans un article qui stigmatisait la « logique de la vitesse et de l'instantané », marque de notre époque, l'historien Jean Chesneaux déplorait l'écrasement de « l'intervalle temporel pourtant indispensable à la réflexion civique comme à la vie politique, avec ses possibilités de pause, de retours en arrière, d'évaluation des options, de maturation des choix[10]... ». C'est dire l'importance de la structuration du temps conduite par les maîtres de cycle 1 et 2.

Nous avons essayé de représenter par des schémas le processus qui permet progressivement aux élèves de sortir d'une certaine confusion temporelle (schémas A puis B) pour distinguer un certain nombre d'îlots temporels (schéma C) et déployer les passés ainsi caractérisés en les ordonnant (schémas D).

[10] Jean Chesneaux, « Le temps, enjeu démocratique », Le Monde Diplomatique, septembre 1994.

A

B Se représenter le passé

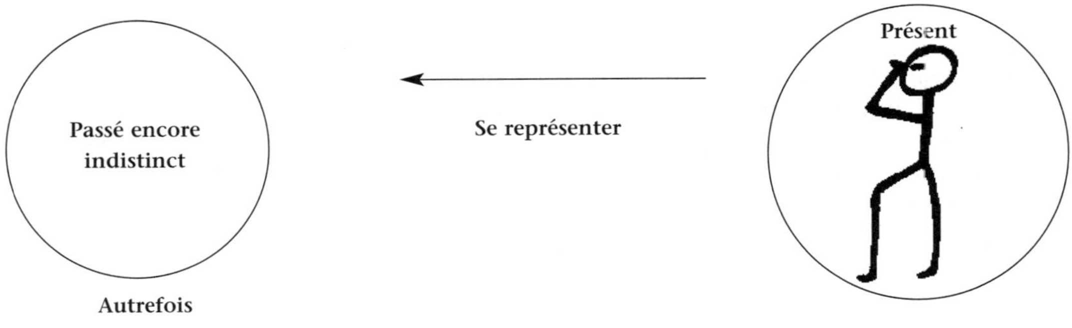

C Construire des îlots temporels

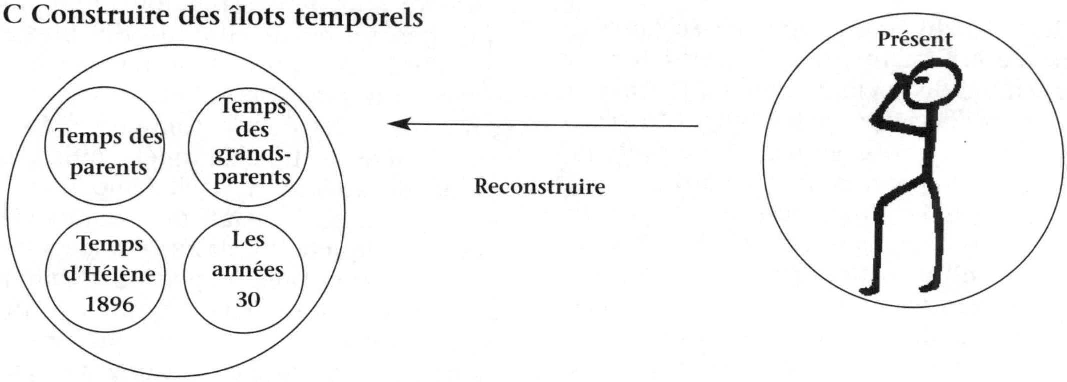

Identification de passés (premières distinctions)

D Ordonner les passés

CP

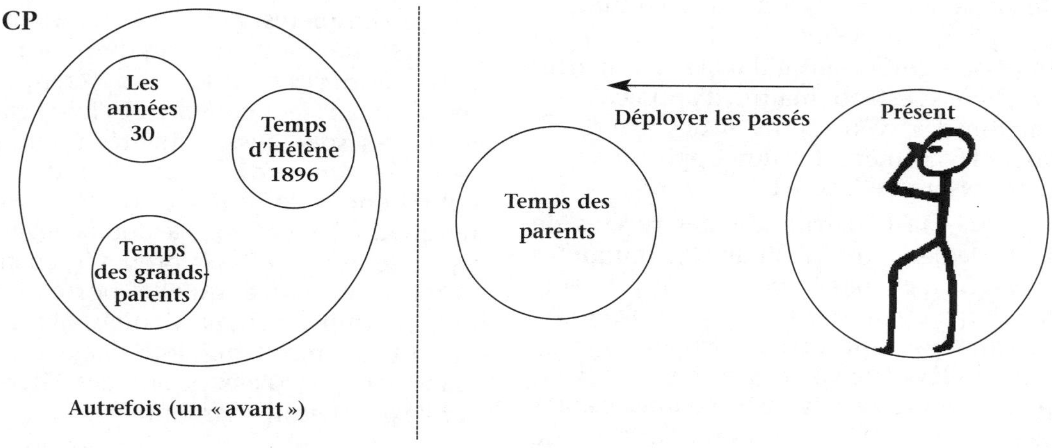

CE1

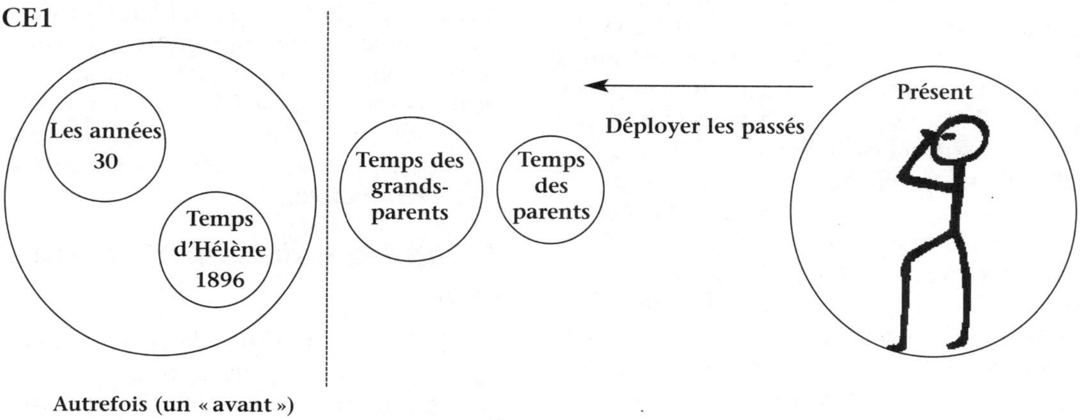

Progression possible

« Situer les différentes activités scolaires du jour, de la semaine, de l'année[11] » traverse l'ensemble du cycle 2. Chaque journée de classe est l'occasion de travailler cette compétence. Par choix, le manuel ne traite pas cet aspect du programme d'autant que d'excellentes publications fournissent des outils éprouvés[12]. Il nous a semblé plus judicieux de concentrer nos efforts sur le deuxième point des instructions officielles : « prendre conscience des réalités du passé », pour lequel les enseignants sont peut-être un peu plus démunis. **Deux enquêtes (65 et 66) portant sur les calendriers sont** cependant **proposées**. L'objectif est de travailler le temps social et d'aborder le fait religieux dans la perspective d'une éducation à la laïcité, à la tolérance et à l'interculturalité. Leur place au début du chapitre sur le temps ne signifie pas qu'il faille commencer par elles. C'est au maître d'apprécier, en fonction des événements et des projets de classe, le moment le plus opportun pour entreprendre ces enquêtes.

De même, **la construction des rubans de vie** dès le début du CP ou du CE1 **(enquêtes 67 et 68)** n'est pas impérative ni préalable aux enquêtes suivantes. Afin qu'elle ne devienne pas une activité trop artificielle dont les élèves ne voient pas le sens, il vaut mieux, à notre avis, la mettre en place après des séances de SVT (voir les propositions de l'enquête 67) ou après l'enquête 69. Une fois construits, les rubans de vie servent de référence, d'étalon pour se repérer dans le temps tout au long de l'année scolaire et du cycle. Ils deviennent des outils qui permettent à l'élève de situer les événements du passé abordés dans les enquêtes par rapport à son temps personnel (son ruban de vie) et familial (ruban de vie de ses parents et de ses grands-parents). Il peut ainsi mieux remonter le temps et aborder le temps historique, celui des événements collectifs considérés comme importants. En bref, les **enquêtes 65, 66, 67, 68 sont** en quelque sorte « **mobiles** ». Leur place dans une progression est laissée à l'appréciation du maître.

• Pour les **enquêtes suivantes**, le **cheminement** est **suggéré dans le manuel par l'ordre des enquêtes**. C'en est un parmi d'autres, le maître conservant son initiative. Consacrer un temps plus ou moins long, qui peut être de l'ordre de plusieurs semaines, à la représentation du passé nous semble un préalable. Nous proposons de partir de récits de vie comme celui de la grand-mère de Julie **(enquête 69)**. L'idéal est de multiplier ce type de témoignage qui intéresse les élèves parce qu'il donne vie au passé. L'**enquête 75**, destinée à la classe de CE1, peut aussi prendre place au début de la progression puisqu'elle a pour objectif de représenter un passé disparu, au moins en France. Il s'agit en fait de plonger les élèves dans le bain du passé.

Dans un deuxième temps, les élèves s'interrogent sur la façon dont on reconstruit le passé. L'**enquête 70** est centrée sur la nécessité des documents autres que le témoignage. Les **enquêtes 71 et 72** déclinent une méthode de reconstruction du passé : interroger des traces pour les interpréter puis les replacer dans leur contexte. Celui-ci campé, les élèves sont ensuite incités à comparer deux époques différentes pour mieux appréhender la notion de changement **(enquêtes 73 et 74)**. La double page suivante (enquête 75) est proposée en fin de progression parce qu'elle porte sur un milieu industriel particulier, la mine. L'effort de reconstruction exigé est plus grand car peu d'élèves ont des références sur l'exploitation charbonnière.

Toutes les enquêtes ont été testées par des élèves de CP. Elles ont été en général bien accueillies tant que les moments d'écriture n'étaient pas trop longs. En CE1, elles peuvent être reprises dans l'optique d'une progression « spiralaire » qui reviendrait sur les notions abordées en CP en les approfondissant. Les prolongements que nous proposons pour chaque enquête s'inscrivent dans cette perspective.

Démarches, documents et trace écrite

La démarche privilégiée dans le manuel s'apparente à la **démarche d'investigation** présentée dans l'introduction. Cependant, elle n'est pas exclusive et peut tout à fait se combiner, à notre avis, avec des **interventions magistrales** qui consistent à raconter

[11] *Documents d'application des programmes*, op. cit., p. 8.
[12] Marc Loison (dir.), *Repères temporels au cycle 1*, CRDP du Nord-Pas-de-Calais, 2001.
Marc Loison (dir), *Préparer à l'histoire*, cycle 2, CRDP du Nord-Pas-de-Calais, 2003.

ponctuellement le passé quand la nécessité s'en fait sentir. Par exemple, le récit de *Mamounette* (enquête 69) peut à la fois être lu par les élèves et le maître, qui peut le commenter, raconter des anecdotes, montrer des objets, etc. **Raconter est un moyen d'établir des liens entre les documents**, de combler les blancs d'une reconstruction forcément parcellaire. La plupart des enquêtes permettent la combinaison des deux démarches.

Dans tous les cas, **les documents sont indispensables**. Leur exploitation correspond à la phase d'expérimentation pour les sciences. Dans le manuel, les photographies sont prédominantes parce qu'il est souvent difficile pour le maître de trouver des images de qualité. Ce choix se justifie aussi sur le plan pédagogique. Éduquer à la lecture d'image est devenue une nécessité dans une civilisation largement audiovisuelle. Pour de jeunes élèves et pour ceux qui rencontrent des difficultés de lecture, l'expérience montre qu'ils entrent plus volontiers dans cette activité. La lecture d'image n'est pas, d'emblée, un obstacle pour eux. Elle le devient lorsque l'on veut aller au-delà d'une approche superficielle. Car l'image est un concentré d'informations. Beaucoup de références sont nécessaires pour la décoder. À la différence d'un texte dont la lecture est à structure additive selon Piaget, la lecture d'image est à structure multiplicative. Au fur et à mesure de la découverte d'un texte, les informations s'additionnent pour faire progressivement sens. Dans une image, les informations sont déjà là et c'est en multipliant les intentions de lecture que l'on peut en quelque sorte les déplier. L'effort est plus grand, d'où l'intérêt de susciter des questionnements multiples, de laisser la possibilité aux élèves d'exprimer leur subjectivité dans un premier temps. Dans un deuxième temps, par confrontation des différents points de vue, la compréhension devient plus large. Nous proposons aussi pour chaque thème plusieurs photographies pour que, par rapprochements, la lecture devienne plus « objective ». En général, **entraîner les élèves à croiser les documents** de même nature ou de nature différente aide à identifier les informations nécessaires pour répondre aux questions posées. Par là même, on les initie à la démarche de l'historien. Enfin, les inciter à chercher des renseignements complémentaires dans les légendes des documents leur démontrera l'utilité de celles-ci. On les prépare ainsi à une autre des compétences de l'historien qui s'appuie sur les légendes pour inscrire le document dans son contexte.

Les textes sont donc peu nombreux. Des élèves de CP qui commençaient à maîtriser la lecture les ont beaucoup appréciés. C'est le cas des témoignages de Mamounette (enquête 69) et de Louis (enquête 75). Le fait qu'il s'agisse de récits de vie assez explicites explique sans doute leur attrait. Le maître pourra en proposer davantage, en particulier en CE1.

En ce qui concerne la trace écrite, nous renvoyons à la partie *Découverte du monde et apprentissages langagiers*, page 20, valable aussi dans le domaine du temps. Un exemple assez détaillé est proposé dans l'enquête 73.

65 Quelles sont les fêtes de notre calendrier ?

p. 120-121

Niveau ciblé

Dès le CP.

Matériel et documents

- Quelques symboles de la nation et de la République (à photocopier p. 244-245).

Objectifs

- En manipulant le calendrier, faire prendre conscience aux élèves qu'il existe plusieurs types de repères temporels : des repères personnels (un anniversaire), des repères familiaux (un mariage) et des repères sociaux, communs à tous (les fêtes officielles).
- Première approche du fait religieux : aborder la notion de croyance.

Compétences transversales

Être capable d'utiliser un calendrier	Repérer les principales fêtes.
Être capable d'en fabriquer un	Voir les activités proposées en prolongement.
Avoir compris et retenu les principaux symboles de la nation et de la République	La fête nationale du 14 Juillet ; l'hymne national ; le drapeau ; la Marianne ; la devise républicaine.
Enrichir son vocabulaire	*Fêtes officielles ; religion ; religieux ; symboles ; armistice.*
Compléter un tableau	Classer le résultat de ses recherches.

Les clés de l'enquête

Une séance de 40 minutes devrait être suffisante si l'on ne construit pas de calendrier. Il n'y a pas de difficultés particulières.

- **Recueil des hypothèses :** lors du travail par groupe, les consignes peuvent être de se mettre d'accord, mais aussi de regrouper les fêtes qui vont ensemble. La mise en commun permet de faire un premier tri.
- **Recherches :**

– Un calendrier des postes convient bien. Il contient beaucoup d'informations qui sont autant de supports pour travailler sur la notion de durée puisque les heures de lever et de coucher du soleil sont indiquées ; des plans et des cartes y figurent aussi. Les élèves peuvent ainsi percevoir l'utilité d'un calendrier. On peut imaginer de laisser le temps aux élèves de s'approprier le calendrier en leur demandant de faire l'inventaire de ce qu'ils y trouvent.

– À l'issue de la recherche de la page 120, faire un bilan intermédiaire des fêtes relevées par les élèves. Le cas échéant, leur proposer celles qu'ils ont oubliées et leur faire trouver sur le calendrier.

– La recherche des origines des fêtes est l'occasion d'interroger les parents. La mise au point par le maître précise les informations obtenues, les explicite. Par exemple, Louise, une élève de CP, écrit : « Noël, c'est la naissance de Jésus » ; « Pâques, on fête que Jésus est ressuscité ». Le maître reprend en disant : « Les chrétiens croient que Jésus est le fils de dieu » mais d'autres n'y croient pas. L'objectif est de faire saisir, dès le cycle 2, qu'il s'agit d'une croyance, respectable, mais non d'une certitude scientifique, que les croyances sont diverses et variées. L'enquête 66 y contribue. En ce qui concerne le 14 Juillet et le 1er mai, nous renvoyons à la partie *Précisions sur le contenu disciplinaire*[13] , p. 189.

[13] Les éditions *Pemf* ont publié de remarquables ouvrages illustrés portant sur les différentes fêtes. Celui qui s'intitule : *Les fêtes civiques*, 2004, retrace l'histoire des fêtes évoquées dans l'enquête.

• **Bilan** : bien préciser aux élèves qu'il s'agit de classer les fêtes du calendrier (les fêtes officielles), les fêtes de famille ne sont pas à prendre en compte. Les élèves qui ont testé cette enquête n'ont pas rencontré de difficultés.

Exemple de trace écrite

Le tableau accompagné du titre de l'enquête et d'une phrase comme « Le calendrier sert à se repérer dans l'année » est une possibilité. Le calendrier que nous proposons de fabriquer au cours de l'année peut figurer dans les premières pages du cahier (voir ci-dessous les prolongements).

Prolongements possibles

• Conformément aux instructions officielles, les élèves réalisent un calendrier sur lequel figurent leurs fêtes familiales (anniversaires, etc.), les fêtes officielles qu'ils connaissent dorénavant et les événements de la classe (activités notables). Pour les fêtes officielles, ils se reportent aux Post-it. On leur fournit un tableau vertical de chaque mois et ils doivent le compléter soit en écrivant le nom de la fête, soit sous forme d'étiquettes. On se met d'accord sur un code de couleurs pour différencier fêtes familiales, fêtes officielles religieuses, fêtes officielles non religieuses.

• Les symboles de la République sont aussi au programme du cycle 2. La fête du 14 Juillet est une opportunité pour les aborder. Annoncer d'emblée aux élèves qu'un pays, se reconnaît à l'étranger par exemple, par un certain nombre de signes qu'on appelle des symboles. Leur demander de les repérer dans l'ensemble des documents fournis en vignettes et de dire ce qu'ils en savent. La projection d'un extrait vidéo enregistré lors de la présentation de l'équipe de France de rugby, de football ou autre, permet d'entendre la Marseillaise et de voir d'autres symboles comme le coq.

• Travailler sur d'autres types de calendriers tels que les éphémérides et sur des calendriers étrangers pour remarquer que les fêtes officielles ne sont pas les mêmes.

66 Quelles sont les fêtes préférées de Sarah et Karim ?

p. 122-123

Niveau ciblé

Dans le manuel, cette enquête s'adresse plutôt à la classe de CE1 mais elle a aussi été testée avec des élèves de CP.

Matériel et documents

• Dessins représentant quelques rites et objets des trois religions évoquées (à photocopier p. 246).

Objectifs

• Aborder une autre manière de structurer le temps et de croire. Faire sentir que le découpage du temps est un fait culturel.

• Promouvoir l'interculturalité, moyen de s'éduquer à l'altérité. Au-delà d'un enrichissement personnel pour l'élève, « la perspective interculturelle vise à favoriser, en milieu scolaire, le développement des bonnes relations entre les individus provenant de groupes ethnoculturels distincts[14] ».

[14] Geneviève Vinsonneau, *Culture et comportement*, Paris, A. Colin, 2000, p. 179.

Compétences transversales

Se familiariser avec d'autres calendriers	Prendre quelques repères dans le calendrier musulman et juif.
Se représenter l'*autre*	Par le truchement des fêtes du *ramadan* et de *Hanouka*, aller à la rencontre de l'inconnu, s'éduquer à l'altérité.
Trouver dans un texte documentaire des réponses à des questions simples	Répondre à la question des religions grâce aux deux textes du manuel.
Enrichir son vocabulaire	*Juif, musulman, ramadan.*
Utiliser une légende	Repérer les jours et les heures d'allumage des bougies sur le calendrier juif.
Se construire comme sujet et comprendre sa place dans le groupe	Prendre conscience de son identité au sein d'une *identité terrienne* (Edgar Morin).

Les clefs de l'enquête

Deux séances d'environ 30 minutes sont nécessaires. Une seule séance comporterait aussi le bilan or l'expérience montre une certaine lassitude des élèves à ce stade de la démarche.

• **Recueil des hypothèses :** beaucoup d'élèves pensent qu'il s'agit de fêtes de famille. À la question : « Qu'est-ce qui t'étonne ? », certains d'entre eux répondent « Rien ». On peut les stimuler en leur demandant ce qu'ils aimeraient savoir, les questions qu'ils se posent, les remarques qu'ils peuvent faire.

• **Recherches**

Page 122

– Avant de lire ou de faire lire les textes, faire un point sur ce que l'on cherche, sur les questions que l'on se pose. Par exemple, « Est-ce que ce sont des fêtes de famille ? De quelles fêtes de famille s'agit-il ? À laquelle de nos fêtes ressemblent-elles ? » La réponse à cette dernière question répond aussi au titre de l'enquête. Ces questions servent de fil conducteur à la lecture. Ce sont des fêtes religieuses officielles du calendrier, mais fêtées en famille, comme Pâques ou Noël de l'enquête précédente.

– Un rappel de ce qu'est une religion est nécessaire même si la notion a été abordée dans l'enquête 65.

– Demander aux élèves de justifier leur choix lorsqu'ils font correspondre le texte à la photo.

– À l'aide des vignettes à photocopier, procéder à un tri pour dresser une « carte d'identité » sommaire de ces trois religions. Elles prennent ainsi plus de consistance et surtout les langues se délient. C'est l'occasion pour le maître de donner des explications (voir le point disciplinaire p. 190). Il n'y a pas de dessin de synagogue car n'importe quel édifice ou même une maison peut en tenir lieu.

– Enfin, lire ou faire lire le « sais-tu que… » qui évoque les athées et les agnostiques.

Page 123

– Le calendrier musulman se voit à l'écriture, au fait qu'il se lit de droite à gauche (ramener un journal ou un livre écrit en arabe renforce cet aspect), que l'année n'est pas la même. C'est l'occasion de montrer le caractère artificiel de la date. C'est une construction humaine, variable selon les cultures.

– D'autres activités sont possibles autour du calendrier juif : quels jours peut se dérouler la fête de la photo 2 ? Combien de jours dure cette fête ? Compte le nombre de bougies : que peut-on en conclure ?

– Enfin, faire remarquer aux élèves que dans les deux premiers calendriers, un jour est grisé et que dans le calendrier juif, un jour est surligné, toujours le même. En s'appuyant sur le dimanche du calendrier chrétien, les élèves trouvent qu'il s'agit d'un jour particulier pour chaque religion (jour de la messe ; prière à la mosquée ; shabbat). Au maître de donner quelques explications à leurs demandes.

• **Bilan** : pour les aider dans la première tâche, leur proposer le modèle de la phrase suivante : « grâce aux documents du livre, je connais trois calendriers : le... »

Exemple de trace écrite

Les élèves écrivent aux différents stades de la séance. Un résumé est proposé par l'enseignant, à coller dans le cahier. Exemple :

Quelles sont les fêtes préférées de Sarah et Karim ?

Sarah aime bien la fête juive de Hanouka et Karim la fin du ramadan, une importante fête musulmane, parce qu'ils peuvent recevoir des cadeaux.

Les fêtes permettent de voir qu'il existe plusieurs religions. Il y a aussi des personnes qui ne croient pas en Dieu. Ils n'ont pas de religion.

Selon les religions, la façon de découper le temps n'est pas la même.

Prolongements possibles

• Cette enquête permet de partir à la découverte des cultures musulmane et juive. Les élèves peuvent amener en classe des objets, les livres saints... aboutissant à une petite exposition de classe. L'approche par la musique, le goût, en particulier les pâtisseries, motive les élèves. Des parents peuvent être sollicités sur ces aspects, en évitant la question religieuse, abordée lors de l'enquête sous le contrôle du maître. Un rapprochement devient ainsi possible entre les parents et l'école.

• Partir à la découverte d'autres religions (hindouisme ou bouddhisme, par exemple), d'autres cultures, d'autres pays en lien avec le domaine de l'espace. Le manuel évoque le calendrier chinois. L'album d'Uwe Sommer, *Familles du monde entier*, Paris, Seuil jeunesse, 2002, fournit photos, cartes et textes. Il permet de dresser la carte d'identité de nombreux pays.

67 Comment construire son ruban de vie ?

📖 p. 124-125

Niveau ciblé

Dès le CP ; de préférence au deuxième trimestre, après des séances sur les jours de la semaine, les mois, l'année et le calendrier. Ce repérage dans le temps se poursuit d'ailleurs simultanément tout au long du cycle.

Matériel et documents

- Bandes de papier munies de cases.
- Étiquettes représentant des gâteaux d'anniversaire.
- Une ligne du temps (frise) réalisée par le maître et affichée au tableau.

Objectifs

- Prendre conscience de l'axe passé-présent-futur.
- Travailler la notion de durée.
- Se repérer dans le temps.
- Aborder la notion de génération dans un de ses aspects : même classe d'âge.

Compétences transversales

Repérer des indices de nature différente sur des photos	Indices textuels (CP écrit au tableau) et iconiques (physionomies de Benjamin ; bougie...).
Travailler la notion d'ordre	Ranger des photos selon les âges.
Enrichir son vocabulaire	*Ruban de vie ; ligne du temps ; génération.*

Les clefs de l'enquête

Deux séances de 40 minutes environ sont à prévoir.

Les élèves ne comprennent pas d'emblée le sens de cette activité. Des séances préalables portant sur la durée (des journées, des saisons...) aident à sa réussite. Le domaine du vivant se prête bien à la prise de conscience du déroulement du temps et de la durée comme le montre cet exemple[15] :

L'exemple de l'arbre permet de consolider la notion de temps cyclique avec lequel les élèves sont familiarisés (jours de la semaine, mois, saisons, fêtes, etc.).

On peut multiplier les exemples avec d'autres plantes et avec des animaux à la durée de vie différente.

Dans tous les cas, avant même d'ouvrir le manuel, prendre le temps d'expliquer ce que l'on entend par « ruban de vie ».

• **Recueil des hypothèses :** la plupart des élèves réussissent. Certains font remarquer qu'on peut aussi avoir 7 ans en CP.

• **Recherches :** avant de les lancer dans le premier exercice, expliciter la consigne, un peu difficile.

Le rangement des photos ne pose pas de problème. Placer le numéro des photos sur le ruban de vie de Benjamin demande l'aide du maître. L'activité suivante est aussi plus difficile. Indiquer aux élèves qu'« aujourd'hui » correspond à la date du jour. Les laisser chercher seuls puis confronter les solutions en groupe. S'ils ne trouvent pas, leur indiquer la bonne réponse ; à eux de comprendre pourquoi.

Si les difficultés persistent, leur faire construire leur ruban de vie (voir le bilan) pour revenir ensuite à cet exercice.

• **Bilan**

– Pour les aider à construire leur ruban de vie, on peut leur distribuer des étiquettes représentant chacune un gâteau d'anniversaire. En partant de la case « cette année », ils ont à coller un gâteau dans chaque case en dessinant le nombre correct de bougies et en écrivant en dessous leur âge.

[15] Séquence conduite en CP par Cécile Tricoche-Baille, professeur des écoles, dans le cadre d'un projet sur les quatre étapes de la vie (naître, grandir, vieillir, mourir).

Voici un exemple[16] :

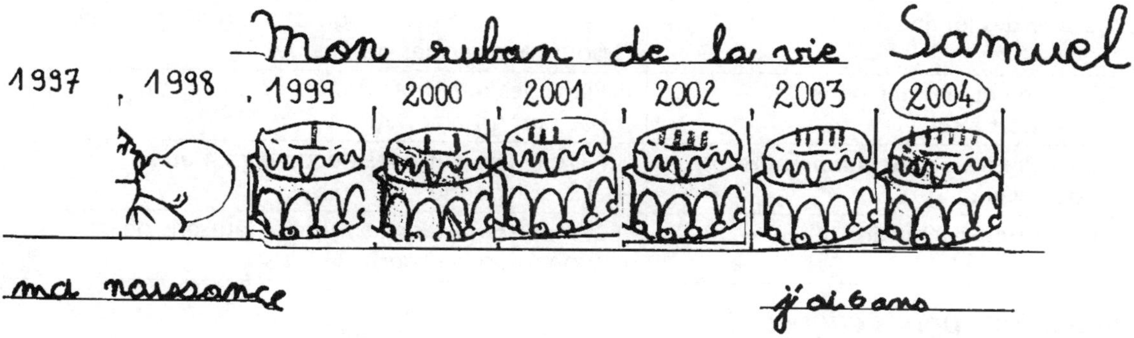

– En affichant leurs rubans de vie les uns en dessous des autres sous une ligne du temps tracé au tableau, les élèves se rendent compte qu'ils ont à peu près tous la même longueur. On peut convenir avec eux que les rubans peuvent être remplacés par une seule bande qui représente la génération des CP. Lors des repérages dans le temps au cours de l'année, celle-ci servira de référence pour remonter le temps.

Exemple de trace écrite

Elle se compose du titre de la séance, de la définition du ruban de vie (ruban qui sert à représenter la durée d'une vie), du ruban de vie de Benjamin et de celui des élèves, placé sous une ligne du temps. Le maître peut ajouter une phrase du type : « Les personnes ayant à peu près le même âge forment une génération. »

Prolongements possibles

S'entraîner à construire les rubans de vie de sœurs, de frères ou de copains d'âge différent. L'enquête suivante s'inscrit aussi dans la suite logique de celle-ci.

68 Et si tu construisais le ruban de vie de tes parents ?

📖 p. 126-127

Niveau ciblé

Plutôt destinée à la classe de CE1. Des élèves de CP peuvent cependant réussir certaines activités.

Matériel et documents

- Longues bandes de papier d'une quarantaine de carreaux ; gabarit ou règle graduée.
- Une ligne du temps graduée pour chaque élève ; une ligne du temps affichée au tableau.

Objectifs

- Sur le plan de la structuration du temps, les objectifs sont en partie les mêmes que pour l'enquête précédente. S'y ajoute le passage du temps personnel au temps familial et historique.
- Aborder la notion d'événement historique, fait commun à toute une population, qui fait date.
- Approfondir la notion de génération : même classe d'âge qui vit des événements historiques.

[16] Cécile Tricoche-Baille, classe de CP, 2004.

Compétences transversales

Mesurer des longueurs	Se servir d'un gabarit ou d'une règle graduée pour mesurer des rubans de vie.
Situer une ou des personnes par rapport à soi	Placer les différents rubans de vie les uns par rapport aux autres.
Établir des liens pour comprendre un document	Faire le lien entre les documents 4 et 5 et leur légende.
Enrichir son vocabulaire	*Événement historique* ; *histoire* (au sens de connaissance et récit du passé).

Indications pour l'enquête

Deux séances de 40 minutes environ. En CE1, si l'on décide de construire les rubans de vie des grands-parents, prévoir des séances supplémentaires.

Commencer par un rappel de l'enquête précédente pour réactiver la notion de ruban de vie et la méthodologie.

• **Recueils des hypothèses :** pour les élèves en difficulté, le ruban de vie de la mère de Benjamin peut être construit à l'aide d'un gabarit réalisé par le maître, représentant dix ans par exemple. L'emploi d'un gabarit permet en outre de réduire la taille des rubans de vie. Conformément au programme de mathématiques, il est aussi possible d'utiliser une règle graduée en prenant 1 cm pour deux ans. Après la correction, penser à faire écrire sur le ruban les âges de dix ans en dix ans pour faciliter la première recherche.

• **Recherches :** à la page 127, faire remarquer aux élèves que si la longueur du ruban de vie de Benjamin est correcte, celui de sa maman ne peut pas l'être. Les pointillés à gauche suggèrent qu'il est plus long.

Une élève de CP a justifié son choix B en écrivant : « Le ruban de vie de Benjamin est bien placé en B. Il a 6 ans aujourd'hui. »

Lors de la construction du ruban de vie des parents, faire écrire les dates de naissance.

Pour répondre à la question portant sur les événements historiques, faire un point sur les procédures des élèves. Donner une définition de l'événement historique (voir les objectifs).

On peut aller plus loin dans l'analyse des images : de quel pays est le cosmonaute ? Comment le sait-on ? À quoi voit-on qu'il s'agit de l'euro ? Demander aux élèves ce que leur évoquent les douze étoiles, s'ils les ont déjà vues quelque part, puis leur présenter des euros et une photo du drapeau européen. À l'aide de photos caractéristiques des différents pays et d'une carte, évoquer l'Europe des vingt-cinq.

• **Bilan :** comme dans l'enquête précédente, cette activité aboutit à la notion de génération. On peut de nouveau convenir qu'un seul ruban de vie représente la génération des parents.

Exemple de trace écrite

Voir le modèle général exposé dans la partie *Découverte du monde et apprentissages langagiers* (p. 17). Y ajouter des phrases qui précisent l'aspect historique de la notion de génération et qui font le point sur les différents temps abordés : le temps personnel (mon ruban de vie), le temps familial (le temps de mes parents) et le temps de l'histoire (les événements historiques).

Prolongements possibles

• Selon la même démarche, construire le ruban de vie des grands-parents.

• Afficher sous une ligne du temps les différents rubans réalisés. Souvent, les élèves commettent cette erreur :

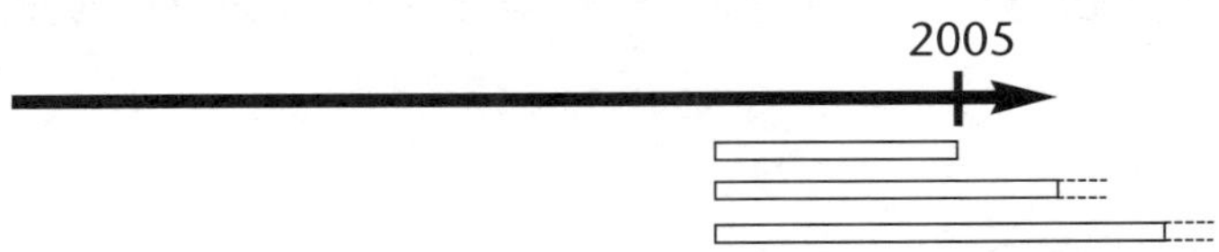

Ils alignent leur ruban, celui de leurs parents et de leurs grands-parents à partir de la gauche.

L'intervention du maître est nécessaire. En donnant et en plaçant les dates de naissance, il fait remarquer qu'un tel alignement n'est pas possible et qu'il faut partir de la date d'aujourd'hui pour remonter le temps vers la gauche.

• Proposer d'autres photos représentant des événements privés (familiaux) et des événements historiques à trier par les élèves. C'est un moyen de renforcer leur conscience des différents temps vus et de consolider la notion d'événement historique. Ce faisant, les élèves se familiarisent avec l'histoire.

• Travailler les symboles de l'Europe : le drapeau, l'hymne, la devise : « Unis dans la diversité ».

• Enfin, ces rubans de vie deviennent un outil pour se repérer dans le temps et le remonter à chaque fois qu'un personnage et des dates apparaissent dans un album ou dans les séances d'histoire (voir le schéma de la partie *Conseils pour organiser son enseignement*, p. 192) : est-ce que c'est de « mon temps », du temps de mes parents, de mes grands-parents ou avant ?

69 Une grand-mère raconte le passé

p. 128-129

Niveau ciblé

Dès le CP.

Cette enquête prête à discussion. Le témoignage est authentique mais les grands-parents des élèves n'ont pas forcément le même passé que *Mamounette*, née en 1941 et qui vivait à la campagne. C'est pourquoi le « Une grand-mère... » du titre est important ainsi que les paroles de la grenouille p. 128. Dans les pages à photocopier, nous proposons en outre une lettre différente et le bilan incite les classes à s'adresser à leurs grands-parents dans le but de confronter les témoignages. C'est tout l'intérêt de cette double page.

Matériel et documents

- Les rubans de vie construits dans les séances précédentes.
- Des Post-it.
- Lettre à photocopier (p. 247).

Objectifs

- Se représenter le passé des années 1950 à la campagne.
- Aborder la notion de témoignage.
- Croiser des témoignages différents pour prendre conscience de la diversité des situations.

Compétences transversales

Comprendre des informations explicites dans un texte documentaire	Associer texte et images pour se représenter le passé.
Élaborer un questionnement cohérent	Poser des questions en adéquation avec le témoignage ; en proposer d'autres en cohérence avec le thème.
Parler sur des images	Trouver un titre aux photos de la p. 129.
Familiariser les élèves aux formes affirmative et négative	Activité « langue » du bilan.
Enrichir son vocabulaire	*Passé ; témoignage ; témoin ; campagne ; ferme ;* *T. S. F.* (télégraphie sans fil) ; *mode de vie.*

Indications pour l'enquête

Il est difficile d'indiquer un nombre précis de séances. Celui-ci dépend de l'exploitation des activités proposées dans la partie « Bilan ».

• **Recueil des hypothèses** : après une entrée en matière du type : « Nous allons voir comment une grand-mère vivait quand elle avait votre âge. », le maître lit la lettre ou la fait lire aux élèves, selon le niveau de lecture. Avant qu'ils n'émettent des hypothèses par rapport aux questions, faire un point oral collectif sur ce qu'ils ont compris (personnages ; lieu, etc.).

Les élèves retrouvent assez facilement les questions posées par Julie. À l'issue de cette première étape, introduire et expliciter les notions de *témoin, témoignages* et *passé.*

• **Recherches** : elles ne posent pas de problème particulier. Lors de la mise en commun, s'appuyer sur les propositions des élèves pour expliciter le texte et les photos. Exemple : « La photo 4 représente un fer en fonte. Comment fait Mamounette pour qu'il soit toujours chaud ? » Faire retrouver aux élèves la phrase du texte.

– Une affiche réalisée par le maître résumant la vie de cette grand-mère quand elle avait 6 ou 7 ans facilitera la comparaison avec la lettre de M. et Mme Boutréau (à photocopier p. 247). Le lieu (en campagne) et la date de naissance (13 juin 1941) doivent apparaître en gros caractères.

– Comparaison avec le témoignage de M. et Mme Boutréau : ce qui est commun ; ce qui est différent ; pourquoi ? Ce qui est notable, dans la lettre de Michel Boutréau (né en 1940), est le lieu, la ville, qui induit un mode de vie différent. Un seul paramètre change, les dates de naissance étant similaires. Il est possible de réaliser une deuxième affiche. L'expression « mode de vie » est à relever dans la lettre d'Édith et à retenir. Une fois explicitée, elle sert de titre aux affiches : *Le mode de vie de Mamounette, Le mode de vie d'Édith* (née en 1941) *et Michel Boutréau.*

• **Bilan**

– L'expérience montre qu'il vaut mieux le réserver pour une deuxième séance. Écrire devient vite fastidieux pour de jeunes élèves. Pour alléger cette tâche, leur conseiller d'écrire le nom des objets les uns à la suite des autres séparés par des virgules et non de réécrire la phrase entière à chaque fois : *la grand-mère de Julie avait un moulin à café, un fer en fonte…*

– Les objets du passé peuvent être apportés par des élèves et le maître. Ramener en classe un fer en fonte, le soupeser est plus parlant qu'une photo. Trouver la fonction d'objets divers, en faisant d'abord des hypothèses — confirmées ou infirmées ensuite par des documents ou des personnes qui refont les gestes — motive les élèves.

– Écrire aux grands-parents demande une préparation. Les questions de Julie, identifiées par les élèves, sont une base. Dans l'extrait de la page 128, il n'est pas question de nourriture, de loisirs (jeux), ni de moyens de locomotion, autant de thèmes sur lesquels la classe peut se renseigner. Il vaut mieux échelonner la lecture des lettres reçues. Leur dépouillement puis la comparaison des différents témoignages aboutit à une troisième affiche. Le paramètre de la date de naissance devrait être mis en relief. Lors de discussions éventuelles, le maître peut avancer le paramètre socio-économique, lui aussi très important mais qui n'est pas abordé dans la double page.

Exemple de trace écrite

Voici une trame parmi d'autres :

Les grands-parents n'ont pas tous le même passé

Les témoignages des grands-parents nous donnent des renseignements sur les modes de vie du passé (la façon dont on vivait).

Ce que la lettre de *Mamounette* et les documents nous apprennent.

Ce que les autres lettres nous apprennent de différent.

– le témoignage d'Édith et Michel Boutréau ;

– les lettres de nos grands-parents :

Les grands-parents n'avaient pas tous le même mode de vie. Cela dépend de leur âge et du lieu où ils vivaient (à la campagne ou à la ville).

Prolongements possibles

• Compléter les lettres de M. et Mme Boutréau et les lettres de grands-parents par des documents (exemple : la lessiveuse qui bouillait sur la cuisinière).

• À l'aide des rubans de vie déjà construits, ordonner les différentes dates. À cette occasion, réactiver la notion d'*événement historique* (enquête 68) en proposant des photos d'événements vécus par les grands-parents. Édith fait allusion à la Seconde Guerre mondiale et au fait qu'elle habitait en zone occupée. Cela permet de distinguer le passé historique (national et international), commun à toute la population, du passé local. Pour bien saisir le « saut dans la modernité » à partir de 1954, on situe sur la ligne du temps quelques dates de diffusion de quelques appareils électroménagers. Les élèves se rendent ainsi compte que certains des témoins ne peuvent pas en avoir profité quand ils avaient 6 ou 7 ans. Le lave-linge est inventé en 1901 mais il ne se répand en France qu'après 1950 ; de même pour les premières images publiques télévisuelles ; le fer à vapeur n'est commercialisé qu'en 1963 ; le four à micro-ondes, inventé en 1945, n'est sur le marché qu'à partir de 1967.

• Inviter en classe des témoins, sachant qu'ils sont rarement des spécialistes de la communication. Travailler sur des objets (cf. ci-dessus) avant leur venue, sélectionner et ordonner les questions facilitent l'entrevue.

70 Comment faire pour retrouver le passé ?

📖 p. 130-131

Niveau ciblé

CE1. Des élèves de CP peuvent en partie suivre cette enquête si les phases d'écrit, en particulier celle du bilan, sont allégées.

Matériel et documents

• Post-it.

• Photos d'un monument aux morts (à photocopier p. 248).

Objectifs

• Comprendre que le passé se reconstruit à l'aide de documents.

• Se familiariser avec différents types de documents.

• Identifier quelques caractéristiques des années 1950.

• Aborder, par le monument aux morts, les deux guerres et les situer par rapport aux temps déjà étudiés.

Compétences transversales

Prélever des indices dans des images	Multiplier les angles de lecture et utiliser les indices textuels pour trouver l'information.
Trouver dans un texte documentaire des réponses à des questions simples	Trouver dans le document 6 les réponses aux questions « quoi et quand ? ».
Apprendre à comparer	Comparer des éléments du mode de vie des années 50 à aujourd'hui.
Enrichir son vocabulaire	*Affiche publicitaire, tourne-disque, monument aux morts, réfrigérateur, ouvrier.*

Les clefs de l'enquête

Au moins trois séances de 30 à 40 minutes sont nécessaires si les classes travaillent sur le monument aux morts, sans compter une visite sur le terrain pour celles qui disposent d'un monument aux morts proche.

Cette enquête est dans le droit-fil de la précédente. Faire rappeler aux élèves que l'on connaît le passé grâce à des témoignages mais que ceux-ci ne suffisent pas : si on n'a pas de témoins, comment faire pour connaître le passé ? Les propositions des élèves, ordonnées par le maître, feront émerger la notion de document.

• **Recueil des hypothèses :** cette enquête étant destinée à des CE1, ils peuvent écrire leurs hypothèses individuellement avant d'en discuter par groupe. Une élève de CP a écrit : « C'est une espèce de mobylette. Elle est vieille. »

• **Recherches :**

Page 130

– L'expression « bicyclette à moteur », employée dans une publicité des années 50, devrait aider les élèves qui ont vu dans le document 1 un vélo. Pour comprendre le fonctionnement du Vélosolex, les idées de toute la classe et l'aide du maître facilitent la tâche. Des explications écrites ou orales, des schémas peuvent être proposés.

– Pour déterminer l'ancienneté d'un document, les élèves s'attachent, dans un premier temps, à l'aspect extérieur, au support. Pour la photo 3, le fait qu'elle soit en noir et blanc est pour eux un premier critère. Ils sont ensuite sensibles aux automobiles mais l'habillement des personnages ne les interpelle pas. On peut donc insister sur cet aspect, la photo 4 aidant. Des photos de classe de différentes époques sont utiles.

Page 131

– Les élèves ont tendance à négliger le document 5. Quand ils ont réalisé les activités, leur demander quels documents ils ont utilisés, lesquels les ont aidés pour mieux revenir sur ce document. Attirer leur attention sur la dernière phrase en gras : « … la voiture de notre époque. » pour leur poser cette question : « De quelle époque s'agit-il ? La réponse est dans le document. » La date de 1952 et celle du texte 6 permettent d'établir la période 1952-1960.

– Le témoignage de Richard a été beaucoup apprécié par les élèves qui commençaient à maîtriser la lecture. Multiplier les témoignages en reprenant les récits recueillis lors de l'enquête 69 rend plus vivante l'évocation de cette période. La 2 CV est visible sur la photo 3 p. 130. Les élèves peuvent se méprendre sur la dernière phrase : « Le frigo et la télé viennent aussi à cette époque. » Voici un exemple que les maîtres peuvent soumettre à leurs élèves sous forme de problème : « Êtes-vous d'accord avec ce qu'a écrit cet élève ? »

▪ on appran la parje de Richard
~~ux~~ il a acheté une auto 3000
francs.le frigo et la télé ont ~~ont~~ été
inventé a la même époque

« Qu'avez-vous trouvé de votre côté ? »

« Est-ce que Richard veut dire que le frigo et la télé ont été inventés en 1960 ou qu'il n'a pu les acheter qu'à ce moment-là ? »

Selon le niveau et la curiosité des élèves, s'interroger sur ce qu'est un ouvrier, l'âge auquel il a commencé à travailler par rapport à nos jours. La loi fixant la scolarité obligatoire jusqu'à 16 ans date de 1959.

Enfin, utiliser les rubans de vie pour situer les années 50.

• Bilan

– La majorité des élèves ne rencontrent pas de difficulté. Ils sont plus hésitants sur le document 5. Dans ce cas, leur demander à quels indices on voit que c'est une affiche publicitaire. Un travail décroché sur ce thème serait judicieux : les caractéristiques d'une affiche publicitaire, la façon dont elle est fabriquée, en créer une soi-même, etc., sont autant de pistes possibles.

– Il manque dans cette enquête un type de document, le monument, qui peut être un bâtiment public ou privé. Nous proposons en documents joints (p. 248) de travailler sur le monument aux morts, présent presque partout en France. Partir de la photo : « À nos glorieux héros morts pour la patrie ». S'interroger sur le support, sur ce que signifie cette phrase ; demander aux élèves d'émettre des hypothèses. Distribuer ensuite les photos des noms surmontés des dates des deux dernières guerres mondiales ou seulement de la deuxième, selon le niveau des élèves. Faire un point sur ce que ces nouveaux documents nous apprennent. Finir par la photo du monument aux morts en entier. Des photos caractéristiques des guerres et la lecture de témoignages aident à évoquer cette période. Une visite au monument aux morts de la commune s'impose. Sur beaucoup d'entre eux, figure cette phrase énigmatique pour des élèves : « La commune de... à ses enfants morts pour la France ». Les mots « enfants morts... » étonnent.

– Poursuivre le déploiement des passés (cf. la partie *Conseils généraux*, p. 192) en utilisant les rubans de vie construits lors des enquêtes précédentes. La notion « d'événement historique » s'en trouve renforcée.

– Selon les ressources locales, on peut bien sûr travailler sur d'autres bâtiments tels qu'une fontaine, une maison ancienne, un lavoir, etc.

Exemple de trace écrite

Trois axes la guident :

– Au temps de mes grands-parents, dans les années 1950 :

tableau des années 1950 sur la base du texte écrit en bilan par les élèves.

– Quels documents a-t-on utilisés pour retrouver le passé des années 1950 ?

« Nous nous sommes servis de photos (documents 1, 3 et 4), d'une affiche publicitaire (document 5), d'un dessin (document 2), d'un texte (document 6) et d'un objet (document 7) ».

– Les monuments peuvent être aussi des documents. Par exemple, le monument aux morts rappelle qu'il y a eu deux guerres mondiales.

Prolongements possibles

• L'enquête suivante (71) est dans le prolongement de celle-ci. Elle se focalise sur l'exploitation d'un document.

• Entraîner les élèves à identifier les documents auxquels ils sont confrontés à chaque fois qu'ils étudient un nouvel aspect du passé.

• L'étude des guerres, amorcée par la lecture du monument aux morts, peut s'étoffer en comparant le nombre de morts inscrits sur le monument. Les pertes militaires ont été plus nombreuses lors de la Première Guerre mondiale ; se demander pourquoi. En donnant des repères temporels : les combats durent de 1914 à 1918 lors de la Première Guerre mondiale ; dès juin 1940, l'armée française est battue lors de la Seconde Guerre mondiale, les élèves peuvent comprendre un paramètre qui est la durée des combats. Un autre paramètre qui peut être abordé est le type de guerre : évoquer par des récits et des photos la guerre de tranchées (vie dans les tranchées ; assaut) peut rendre compte des conditions particulièrement meurtrières de la Première Guerre mondiale.

• Les pages bilan p. 142-143 reviennent sur cette notion de document.

71 Partons sur les traces d'une petite fille d'autrefois...

p. 132-133

Niveau ciblé

Dès le CP, en relation avec les enquêtes 72 et 73 qui en sont la suite logique.

Matériel et documents

- L'abécédaire incomplet (à photocopier, p. 249).
- Outils pour broder (à photocopier, p. 249).
- Certificat d'études primaires d'Hélène Missilier (à photocopier, p. 250).

Objectifs

- Sensibiliser les élèves à la notion de « trace ».
- Interroger cette trace pour commencer à reconstruire le passé.
- Comprendre que les informations qu'elle fournit sont incomplètes et hypothétiques.
- Acquérir quelques connaissances sur l'école au début du XXe siècle : la lecture syllabique et les travaux manuels.
- Première approche de la laïcité.

Compétences transversales

Lire des images	Exploiter une trace. Repérer des indices iconiques et textuels.
Croiser des documents	Répondre à certaines interrogations du document 1 par le biais des deux autres documents.
Enrichir son vocabulaire	*Abécédaire, alphabet, syllabes. Coudre, couture ; broder, broderie.*
Élaborer et formuler un questionnement	Formuler sous forme de questions les manques du document 1.

Indications pour l'enquête

Deux séances de 30 à 40 minutes environ sont à prévoir.

Il serait judicieux de s'appuyer sur un rappel de l'enquête 70 : *Comment avons-nous appris à retrouver le passé ? Quels types de documents connaissons-nous ?*

Et ce document, qu'est-ce que c'est ? Peut-il nous servir à retrouver le passé ?

- **Recueil des hypothèses :** les élèves répondent d'abord à la question individuellement, par écrit pour des CE1. Ils peuvent ensuite se mettre par petits groupes pour confronter leurs réponses et se mettre d'accord sur des propositions avant une mise en commun collective. Les réponses peuvent être très diverses. Par exemple, une élève de CP a répondu qu'elle ne comprenait pas la question et a dit : « Parce que c'est vieux. » Une autre a écrit : « Oui, ça vient du passé. L'année est 1896. Hélène Missilier a 12 ans. »

Pour les aider et aller plus loin, faire formuler aux élèves la liste (qui sera écrite au tableau) de ce qu'ils voudraient savoir, des questions qu'ils se posent et la façon de trouver des réponses.

- **Recherches**

– Dans un premier temps, les élèves cherchent seuls les informations qu'ils peuvent dégager de l'examen de l'abécédaire en répondant aux questions du bas de la page 132.

– Pour les aider, en particulier ceux qui rencontrent des difficultés, on peut proposer de compléter le document photocopiable *L'abécédaire de...* (p. 249) qui oblige l'élève à prélever des indices et lui sert de guide.

– Leur demander s'ils n'ont rien remarqué de bizarre. Il manque en effet des lettres dans l'alphabet de l'abécédaire. Pour mieux leur en faire prendre conscience, leur faire écrire puis compter les lettres de l'alphabet. Si le temps le permet, leur faire émettre des hypothèses. Par exemple, Hélène ne connaissait peut-être pas bien son alphabet dans les lettres marron. Leur faire alors remarquer que le « u » absent figure dans les lettres en bleu. Il peut s'agir d'une question de place ; c'est sans doute le cas pour les lettres en bleu qui s'arrêtent au « v ». Des ouvrages de broderie indiquent que les lettres proches les unes des autres ne sont pas toujours brodées : le « u » ou le « w » ici. En ce qui nous concerne, nous en sommes réduits à des hypothèses. Enfin, les croix figurant sur l'original n'ont pas été dessinées. Elles permettent de réactiver les notions religieuses abordées lors des enquêtes 65 et 66.

Après les réponses aux questions de la page 132, faire un bilan intermédiaire en revenant sur la question de départ et sur les hypothèses émises : « Que sait-on à l'issue de notre première recherche ? Quelles questions nous posions-nous ? Voyons si les documents de la page de droite peuvent nous aider. »

– Laisser les élèves répondre seuls aux questions de la page 133. Le maître peut faire un point sur les indices qui donnent des informations et inciter les élèves à utiliser les légendes.

– Pour traiter la question 2, on peut proposer aux élèves les plus jeunes d'utiliser les dessins des outils nécessaires à la broderie (à photocopier, p. 249).

– La question 3 permet à l'enseignant de comparer les méthodes de lecture.

• **Bilan :** faire la liste au tableau des informations recueillies puis proposer un tableau qui servira de trace écrite.

Exemple de trace écrite

Qui est la personne de l'abécédaire ?

Elle s'appelle :	Hélène Missilier
Elle est âgée de	12 ans
Elle a fabriqué son abécédaire en	1896

Ce que nous aimerions savoir : faire écrire les questions qui restent en suspens.

Prolongements possibles

• Le prolongement « naturel » est proposé dans les deux enquêtes suivantes 72 et 73.

• Proposer le certificat d'études primaires d'Hélène Missilier (document à photocopier). Peu importe que les élèves ne connaissent pas le sens de tous les mots. L'objectif est de leur faire trouver le nom d'Hélène Missilier, la date de 1896 et quelques mots qui leur parlent comme *primaire,* par exemple. Vraisemblablement, une des épreuves du certificat d'études portait sur l'abécédaire qui date de la même année. Le faire remarquer aux élèves, en liaison avec la photo 2 p. 133 du manuel, en leur expliquant ce qu'était le certificat d'études primaires. C'est aussi l'occasion d'aborder la notion de laïcité en relation avec l'enquête 66. Le fait que figure des croix sur l'abécédaire, épreuve d'un examen de l'école publique, induit la question : serait-ce possible aujourd'hui ? Ce serait un signe ostensible.

• Partir sur les traces de personnages du village ou de la ville des élèves — plaques commémoratives nom des rues, de l'école, du collège, du lycée, etc. — en cherchant des documents susceptibles d'enrichir la connaissance qu'on peut en avoir.

• Approfondir la notion d'école au début du XXe siècle en comparant l'emploi du temps d'un écolier à cette époque et celui d'un écolier d'aujourd'hui, le matériel utilisé, le mobilier, la question de la mixité, etc.[17] Les photos de classe sont à cet égard précieuses. Elles permettent aussi de travailler la chronologie.

[17] Voir Jean-Noël Luc, *L'Histoire par l'étude du milieu*, Paris, ESF, 1978.

72 Comment vivait-on autrefois dans le village d'Hélène ?

p. 134-135

Niveau ciblé

Enquête qui intéresse les élèves dès le CP mais qui peut être proposée pour tout le cycle. Elle forme un tout avec les enquêtes 71 et 73.

Matériel et documents

- Croquis simplifié du Grand-Bornand (à photocopier, p. 251).
- Photos des étapes de fabrication du reblochon (à photocopier, p. 252).

Objectifs

Reconstruire le cadre de vie de la personne de l'enquête 71, qui vit à la fin du XIXe siècle et au début du XXe siècle :

– en répondant à la question « Où ? » : en montagne, plus précisément dans les Alpes ;

– en caractérisant son mode de vie fondé sur l'activité agropastorale et l'artisanat.

La question directrice de l'enquête a pour fonction d'aborder le lieu où habitait Hélène, à travers les activités des hommes. À la question « Comment ? » est donc liée la question « Où ? ».

Hélène Missilier a réellement habité le Grand-Bornand dont elle était originaire. L'abécédaire est exposé dans la Maison du patrimoine, l'un des vieux chalets isolés que l'on voit sur la droite de la photo.

Compétences transversales

Lire un paysage	Réinvestir les compétences mobilisées dans les enquêtes 56 et 58 (partie *Espace*). Déterminer des zones : d'alpages, au deuxième plan à gauche ; de bois, au deuxième plan à droite ; de zone d'habitations (village) au premier plan.
Faire des inférences	À partir d'indices relevés sur la photo, conclure que les habitants ne pouvaient être que paysans. Puis relier cette information à celles tirées des documents 2 à 5.
Enrichir son vocabulaire	*Montagne ; moisson ; élevage ; artisan/artisanat ; bûcheron ; forge/forgeron ; fromagerie.*
Dégager le thème d'un document	Donner des titres aux photos 2 à 5.
Apprendre à compléter une légende	Compléter la légende du croquis à photocopier (p. 251) à l'aide d'étiquettes.

Les clefs de l'enquête

Si on a le temps d'approfondir, cette enquête requiert 3 séances de 30 à 40 minutes.

Dans un premier temps, faire lire la question directrice et rappeler ce que l'on sait sur Hélène et les questions qui restent en suspens. Après avoir échangé avec les élèves, une affiche réalisée par le maître permettrait de bien faire le point et de mieux visualiser.

- **Recueil des hypothèses**

– Laisser les élèves répondre seuls aux questions. Voici ce qu'une élève de CP a écrit : « Ils étaient paysans. » parce que : « Il y a beaucoup de champs et d'herbe. »

– Faire un point sur les propositions des élèves sous le titre : « Ce que nous pensons », qui servira à compléter le tableau en bilan.

– Faire dessiner les grandes lignes du paysage comme dans l'enquête 56 (partie *Espace*) en utilisant un transparent. Cet exercice entraîne une lecture plus approfondie du paysage. Les élèves savent désormais qu'Hélène habitait en montagne.

– Confronter les dessins obtenus et en discuter.

• **Recherches :** répondre aux questions par écrit sur le cahier. Pour les élèves qui ont des difficultés à comprendre les photos et à écrire, puis pour tous en guise de correction, proposer une « salade » d'étiquettes-phrases et d'étiquettes-mots à faire correspondre avec la bonne photo. Exemples : ils font la moisson ; ils scient du bois ; ils fabriquent des fromages ; ils travaillent le fer ; bûcherons ; paysans ; forgerons ; fromagers.

• **Bilan :** Voici le tableau complété par une élève de CP, sans consigne particulière.

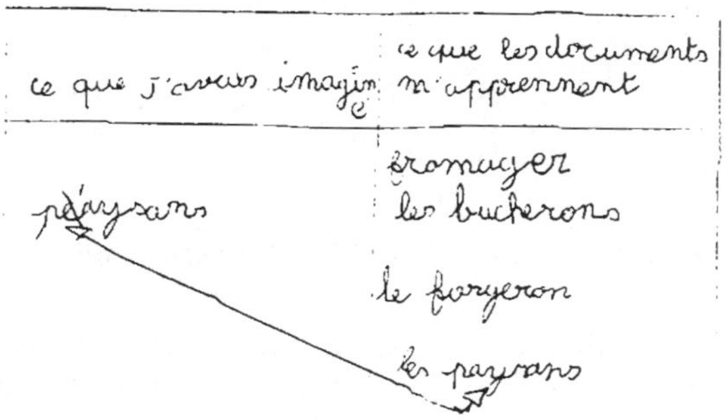

Louise a tracé un trait pour corriger son erreur d'orthographe. Pour la plupart des élèves, compléter un tableau n'est pas une tâche aisée. Faire rappeler aux élèves quelles étaient leurs hypothèses les aide.

Exemple de trace écrite

Le tableau, amélioré, suffit. Il manque un titre qui peut être la question directrice. Travailler l'expression écrite en demandant aux élèves de construire des phrases le rendrait plus explicite :

Comment vivait-on autrefois dans le village d'Hélène ?

Ce que j'avais imaginé	Ce que les documents m'apprennent
Les habitants étaient des paysans	En plus des paysans, il y avait aussi des artisans comme les forgerons, les bûcherons, les fromagers.

Hélène Missilier vivait en montagne, dans les Alpes. Faire compléter le croquis fourni (dessins photocopiables, p. 251.) Pour mieux faire ressortir les différents plans, utiliser un dégradé de couleurs : par exemple, orangé pour la zone du village, jaune pour les champs et les prés, vert pour la forêt et gris pour la zone de haute montagne.

Pour éviter de rendre fastidieux la réécriture, le maître peut proposer cette trace écrite polycopiée à coller sur le cahier en dessous du tableau complété par l'élève.

Prolongements possibles

• Amener un reblochon, spécialité du Grand-Bornand, et le faire goûter aux élèves. Reconstruire son processus de fabrication à l'aide des photos à photocopier p. 252 et de la photo 2 p. 135 du manuel.

• Faire le lien entre l'agriculture et l'artisanat en s'interrogeant sur la présence des artisans à la campagne. À quoi servaient-ils ? En présentant des photos ou des dessins de roues de charrette, d'outils (faux, faucille, etc.), de chalets en bois, leur associer l'un des métiers présentés par les photos du manuel.

73 Qu'est devenu le village de montagne ?

📖 p. 136-137

Niveau ciblé

Enquête réalisable dès le CP. Elle est la suite logique des enquêtes 71 et 72.

Matériel et documents

- Plan du Grand-Bornand (à photocopier p. 253).
- Croquis complété dans l'enquête 72.

Objectifs

- Travailler la notion de changement, c'est-à-dire percevoir des modifications dans un cadre spatial donné qui présente certaines permanences.
- Apprendre à comparer, c'est-à-dire repérer à la fois les différences et les ressemblances dans leur aspect temporel. Il s'agit pour les élèves de relever les différences et les points communs et de les ordonner dans le temps (*du temps d'Hélène ; aujourd'hui*).
- Renforcer ainsi la distinction présent/passé abordée dans l'enquête 69.

Ces trois compétences sont inextricablement liées. Elles sont à considérer d'un point de vue systémique.

Compétences transversales

Retrouver le rôle de l'homme dans la transformation d'un paysage	Repérer l'extension de l'habitat et les aménagements liés au tourisme (pistes de ski ; remontées mécaniques).
Localiser les différents éléments d'un espace organisé	Différencier sur la photo le village original des appartements locatifs au deuxième plan à gauche.
Comparer des images en utilisant un vocabulaire approprié	Employer des mots tels que *ferme, appartement de vacances* et ceux fournis par la légende du plan (document à photocopier p. 253).
Situer le milieu étudié sur une carte simple	Utiliser un plan simplifié du Grand-Bornand. Situer le Grand-Bornand sur la carte de France.
Enrichir son vocabulaire	*Légende d'une image, agriculture, tourisme, Alpes, ski, remontée mécanique, randonnée pédestre, VTT, escalade.*

Les clefs de l'enquête

Deux séances de 30 à 40 minutes sont à prévoir, voire plus.

- Recueil des hypothèses : aucune difficulté particulière. Les élèves reconnaissent assez aisément le Grand-Bornand en disant se souvenir de la photo précédente. Une élève de CP a écrit : « J'ai vu le titre sous la photo. » Cette compétence est à encourager et à systématiser en utilisant le mot *légende*, déjà abordé dans un autre sens lors des enquêtes sur l'espace. En histoire géographie, la légende d'une image et en général le contexte sont indispensables pour comprendre un document quel qu'il soit.
- **Recherches**

Page 136

– Les élèves sont d'emblée sensibles au fait que la photo est en couleur, qu'il y a « plus de maisons autour de l'église et sur la montagne ». On peut les inciter à aller plus loin : en recherchant les lignes sur le modèle de l'enquête 58, ils peuvent repérer une autre route, des automobiles et des parkings. Enfin, sur le modèle de l'enquête 58, s'interroger sur ce que « disent les maisons » dans les deux paysages : les fermes prédominent dans le premier ; les chalets-appartements dans le second. Comment en être sûr ? Le plan du Grand-Bornand permet de confirmer ces hypothèses.

– On demande ensuite aux élèves de faire le lien, à l'aide du plan simplifié fourni, entre ce qu'ils repèrent sur le plan et ce qu'ils voient sur la photo : l'église, le nom des montagnes, les habitations, etc. Voient-ils des éléments présents sur le plan et qui permettent de mieux lire la photo ? Le camping par exemple dont les indices sur la photo sont les caravanes que l'on devine à droite ; des éléments présents sur le plan et qu'on ne voit pas sur la photo mais que l'on peut situer ? Ces exercices contribuent à faire prendre conscience aux élèves de l'utilité d'un plan. Faire un bilan intermédiaire sous la forme suivante : « Qu'est-ce que le plan nous apprend de plus ? »

La recherche de la page 137 ne semble pas poser de problème.

– La phase de recherche se termine en reproduisant le paysage à la manière de l'enquête 62 p. 111. Les élèves comparent le résultat avec le dessin complété dans l'enquête 72.

• **Bilan :** conseiller aux élèves de lire aussi le *Sais-tu que…* p. 137 du manuel.

Exemple de trace écrite

Elle se construit au fur et à mesure du déroulement de la séquence. Au final, elle peut prendre cette forme, le maître étant chargé de faire remarquer les erreurs d'orthographe que l'élève corrige :

Qu'est devenu le village de montagne ?

1) Les changements que j'ai repérés :

aujourd'hui, la photo est en couleur
il y a boucoup plus de maison autour
de l'église est sur la montagne

2) La liste des activités que j'ai trouvées :

du ski : document trois
de l'escalade document 2
du VTT document 2
de la randoné document 2
il y a ancore quelques paysans :
document 4.

3) Bilan

le village d'Hélène quand elle était petite fille	son village aujourd'hui
petit village	grand village
pas de tourisme	beaucoup de tourisme
beaucoup d'agriculture	moins de paysans

Prolongements possibles

• Utiliser les rubans de vie construits lors des enquêtes 67 et 68 pour ordonner les caractéristiques des deux périodes, le temps d'Hélène se situant avant le temps des grands-parents.

• Appliquer, en l'adaptant, cette démarche à la ville ou au village dans lequel vivent les élèves en recherchant les modifications entre deux époques. Les métiers des parents aujourd'hui, comparés à ceux d'un temps plus ancien montrent bien l'évolution des modes de vie (registres matricules des classes).

74 Comment se faisait le travail dans les champs ?

📖 p. 138-139

Niveau ciblé

Dès le CP. Cette double page se focalise sur le thème de l'agriculture, évoqué dans les deux enquêtes précédentes.

Matériel et documents

• Des Post-it.

Objectifs

• Travailler la notion de changement à partir d'un exemple : la fenaison.

• Pour cela, comparer les années 1900 (au temps d'Hélène Missilier, enquêtes 71, 72) à aujourd'hui.

• Notion de mécanisation.

Compétences transversales

Décrire et comparer des images en utilisant un vocabulaire approprié	Associer des légendes aux photographies.
Vérifier ses hypothèses à l'issue de l'enquête documentaire	Deuxième activité du bilan.
Enrichir son vocabulaire	*Faux, fourche, meule, mécanisation.*

Les clefs de l'enquête

Deux séances de 30 minutes suffisent.

Réactiver la notion « d'agriculture » apparue lors des enquêtes précédentes (72 et 73).

• **Recueil des hypothèses :** les changements sont perçus grâce à la comparaison. Comparer, c'est repérer ce qui est commun et ce qui est différent. Voici les remarques de Louise, élève de CP :

- pas de tracteur, pas de machines
les bottes sont différentes
- le travail de l'herbe : couper, étaler,
faire des bottes, ramasser

Avant que les élèves n'écrivent, il est préférable de proposer des sous-titres ou deux colonnes : ce qui est pareil et ce qui est différent. Louise a bien compris que les différentes étapes de la fenaison ne changent pas. Cette permanence du processus lui permet de mieux appréhender les changements qui portent sur les outils. Tous les élèves n'y parviennent pas d'emblée. Le fait qu'ils se réfèrent spontanément au document 5 de la page 139 n'est pas gênant, au contraire.

• **Recherches :** elles ne posent pas de problème particulier. La comparaison a été préparée par l'activité précédente. Étant donné la qualité de la photo 5, une lecture plus approfondie peut en être proposée. S'interroger sur la répartition des tâches entre hommes et femmes d'après cette photo ; sur ce que fait l'homme en bas à gauche. Faire remarquer la meule de foin à l'arrière-plan en demandant aux élèves ce que c'est, à leur avis. Le mot leur est donné ensuite. Ces différents axes de lecture permettent de proposer aux élèves une activité de remise en ordre chronologique des travaux repérés sur la photo. Pour cela, leur distribuer ces étiquettes :

étaler le foin | couper le foin | ramasser le foin pour le mettre dans une grange

ramasser le foin pour en faire une meule | faire des bottes

Concernant le ramassage, deux solutions, à discuter, s'offrent à eux. Les deux sont recevables, l'objectif étant de les inciter à une lecture plus approfondie de l'image. Le mérite du schéma chronologique et d'aider à mieux lire l'image et d'en voir les limites.

• **Bilan** : il ne semble pas non plus poser de problème.

Voici ce qu'a écrit Louise pour la première activité : la notion de « mécanisation » est présente.

Exemple de trace écrite

aujourd'hui, ce sont les tracteurs et les machines qui font le travail à la place des gens.

Elle est conforme au modèle général déjà proposé dans l'enquête 73. Seules les rubriques changent : *Question en titre* ; *Mon avis* ; *Ce que le document 5 nous a appris* ; *Les changements* (exemple ci-dessus en ajoutant une phrase dans laquelle apparaît le mot « mécanisation »).

Prolongements possibles

• Cette enquête sert de référence au bilan des pages 142-143.

• Entraîner les élèves à repérer les changements en comparant d'autres activités et d'autres métiers à des époques différentes : comparer une rue avec ses enseignes et l'activité qui y règne à des dates différentes est assez révélateur ; utiliser les registres matricules de l'école sur lesquels figure la profession des parents permet aussi d'appréhender les changements.

75 Quel était le métier de Louis ?

📖 p. 140-141

Niveau ciblé

Enquête plutôt destinée à la classe de CE1. La plupart des élèves réussissent à faire les activités sans aide.

Matériel et documents

• Extraits du journal *La Voix du Nord* du 22 décembre 1990 (à photocopier, p. 254-255).

• Post-it.

Objectifs

• Découvrir un métier industriel pour lequel beaucoup d'élèves n'ont pas de références : type de métier, conditions de travail, maladie professionnelle, accidents.

• Aborder un passé révolu proche, les années 1990, à travers des témoignages et un article de journal.

Compétences transversales

Développer la lecture autonome d'un texte documentaire à l'aide de questions	Témoignage de Louis.
Organiser des informations prélevées dans plusieurs documents	Construire un raisonnement pour expliquer comment Louis descendait au fond de la mine à l'aide de photos et d'un schéma.
Écrire un texte explicatif pour ébaucher une synthèse	Écrire un texte structuré à l'aide de mots-clés fournis (bilan).
Enrichir son vocabulaire	*Mineur de fond, mine, charbon, chevalet, puits de mine, cage, marteau piqueur, galerie* ou *taille,* notion de *maladie professionnelle* (*silicose*).

Les clefs de l'enquête

Trois séances de 30 minutes environ suffisent.

Avant même d'ouvrir le manuel, faire le point sur les métiers qui ont été mentionnés dans les enquêtes précédentes (agriculteur, artisan, ouvrier) ou que les élèves connaissent est une bonne entrée en matière. On annonce que cette enquête porte sur un type d'ouvrier qui n'existe plus en France. L'expérience montre que les élèves sont intrigués et généralement motivés.

La page 140 a pour objectif de donner des références à des élèves qui ignorent tout du métier de mineur, avant de les lancer à la découverte de cette activité à la page 141.

• **Recueil des hypothèses :** après avoir posé la question du titre, il est possible de faire émettre des hypothèses sur la photo uniquement (document 1). Les élèves font souvent le lien entre le texte et le *Sais-tu que…* :

quel était le métier de Louis ?
il était mineur.
il allait chercher du charbon..
le métier de Louis était très dur car il faisait très chaud, il y avait beaucoup de bruit. et il y avait une maladie ; c'est la silicose.

La silicose les intéresse beaucoup. Le maître peut donner des explications : la poussière de charbon inhalée provoque l'asphyxie progressive du mineur. Beaucoup d'entre eux, vers la fin de leur vie, ont besoin de bouteilles d'oxygène. Introduire la notion de maladie professionnelle.

• **Recherches**

Page 140.

Nous n'avons illustré que deux fonctions du charbon. Il était aussi employé dans les centrales thermiques, la carbochimie et la sidérurgie, sous forme de coke. Selon le lieu et le temps disponible, le maître peut illustrer ces autres utilisations par des photos.

Page 141.

À la question : « Comment Louis descendait-il au fond de la mine ? », la classe peut émettre des hypothèses, livre fermé. Dans un second temps, seule la photo 4 est lue pour conforter certaines hypothèses et orienter la recherche. Enfin, la classe fait l'activité proposée dans le manuel pour confirmer ou infirmer les hypothèses de départ. On demandera aux élèves d'expliciter en repérant sur le dessin le chevalet, la cage, les câbles, les galeries ou tailles, les mineurs.

Placer les Post-it ne pose aucun problème aux élèves.

• **Bilan :** la rédaction d'un court texte n'est pas un obstacle. Les élèves ont besoin d'autres mots comme *extraire* mais ils peuvent être donnés après-coup pour améliorer le premier jet. Voici un exemple :

Louis était mineur il descendait dans la mine pour récupérer le charbon avec un marteau-piqueur

Situer Lens puis travailler sur les extraits de *La Voix du Nord* (à photocopier p. 254-255).

Faire reconnaître qu'il s'agit d'une page de journal : nom, date, mots indices (grand quotidien d'information, éditorial…) ; poser cette question : « pourquoi ce journal s'appelle-t-il *La voix du Nord* » ? Indiquer que cette première page s'appelle la une et qu'il y figure l'information principale, aux élèves de la retrouver. Ils peuvent s'entraîner toute l'année à identifier des articles de journaux, construire une grille des caractéristiques et repérer l'information principale de la une.

Se concentrer sur le texte : « Le charbon, la fin, place à l'avenir... » (à photocopier p. 255). L'objectif n'est pas que les élèves en aient une compréhension exhaustive mais en tirent quelques informations. Pour guider leur lecture, on peut leur soumettre un tableau du type :

Que s'est-il passé en 1906 ?	Que s'est-il passé en 1974 ?	Que s'est-il passé en 1990 ?

Puis leur demander ce que signifie cette phrase : « ... le Nord et le Pas-de-Calais auront fourni à la France l'essentiel de son énergie... »

L'optimisme affiché par le journal est à nuancer : en juin 2005, le chômage dans la région Nord-Pas-de-Calais était de 12,9 % contre 9,9 % pour la moyenne française. Ce chiffre place cette région au 21e rang sur 22 (Languedoc-Roussillon).

Terminer par le témoignage de Mme Gratpanche (texte à photocopier p. 255). Avant de l'exploiter, faire un rappel sur les conditions de travail et les risques encourus (cf. rubrique *À ton avis*). Annoncer aux élèves qu'ils vont lire le témoignage d'une autre personne : à eux de trouver pourquoi elle avait peur. Leur proposer, après la mise en commun, le mot *éboulement* et revenir sur le tableau ci-dessus en donnant quelques explications sur la catastrophe de Courrières (voir la partie consacrée au contenu disciplinaire p. 189). En ce qui concerne la catastrophe de Liévin, qui fit quarante-deux morts, un témoignage émouvant, celui d'Henri Bourdon, peut être consulté à cette adresse électronique : http ://fouquiereschf.free.fr/histoire /mines/lievin_1974.htm

Situer dans le temps les années 1950 et 1990 à l'aide des rubans de vie.

Exemple de trace écrite

Quel était le métier de Louis ?

Reprendre la phrase du bilan (voir ci-dessus).

Puis inciter les élèves à compléter le tableau à l'aide de leurs premiers écrits (rubrique « À ton avis ») et de ce qu'ils ont retenu au cours de l'enquête :

Un travail pénible	Accidents possibles et maladie professionnelle

Pour améliorer leur écrit, travailler la nominalisation ou la phrase verbale en maîtrise de la langue.

À l'initiative du maître, une phrase peut être ajoutée, à faire vérifier par les élèves : « Les mines dans lesquelles Louis travaillait ont fermé en 1990. »

Prolongements possibles

– Un site Internet fournit des informations et des documents pour aller plus loin dans la découverte du métier de mineur — www.chm-lewarde.com (centre historique minier de Lewarde, près de Douai) — et de son mode de vie (habitat, jeux, etc.).

– Dans le domaine de l'espace, sensibiliser les élèves aux changements visibles dans le paysage, liés à la cessation de cette activité : terrils envahis par la végétation ou transformés en piste de ski (Nœux-les-Mines), corons murés ou rénovés, nouvelles implantations (par exemple, à Liévin, autour de l'ancien chevalet conservé, s'est développée une zone commerciale où se côtoient supermarchés, établissements de restauration rapide, cinémas, magasins divers...), sans leur cacher que la reconversion est difficile et que le taux de chômage est important.

– La démarche proposée s'applique à d'autres métiers disparus, à déterminer selon les ressources du milieu local.

Documents photocopiables

E1 Comment faire du vent ? (p. 8 du manuel)

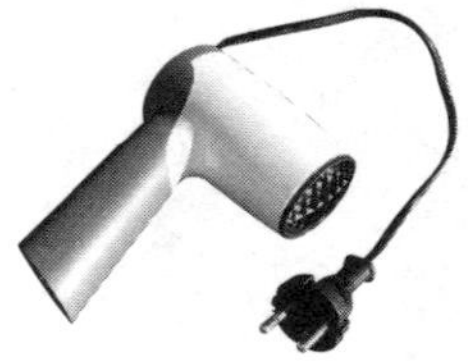 3 *un sèche-cheveux*	 4 *une pompe*	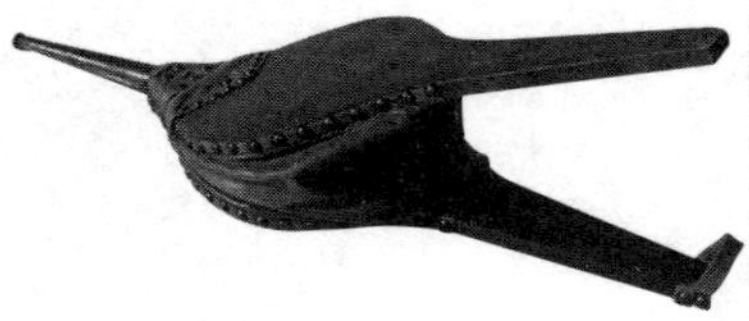 5 *un soufflet*
 6 *des élastiques*	 7 *un gonfleur*	 8 *de la ficelle*

E6 Comment savoir si le vent est fort ? (p. 14 du manuel)

1

2

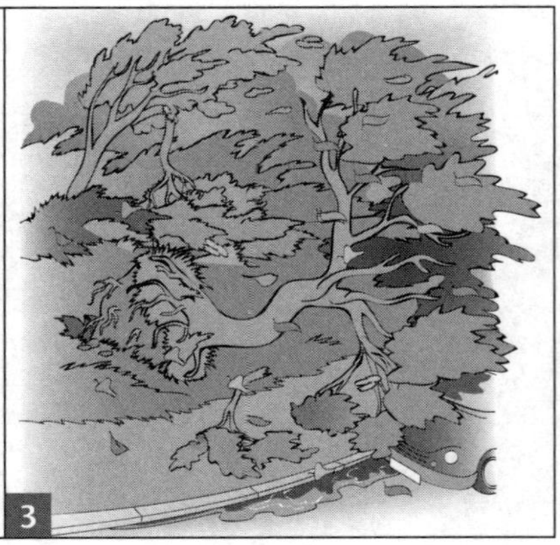
3

E7 Que faire en cas de tempête ? (p. 15 du manuel)

2

3

4

E8 Comment sait-on d'où vient le vent ? (p. 17 du manuel)

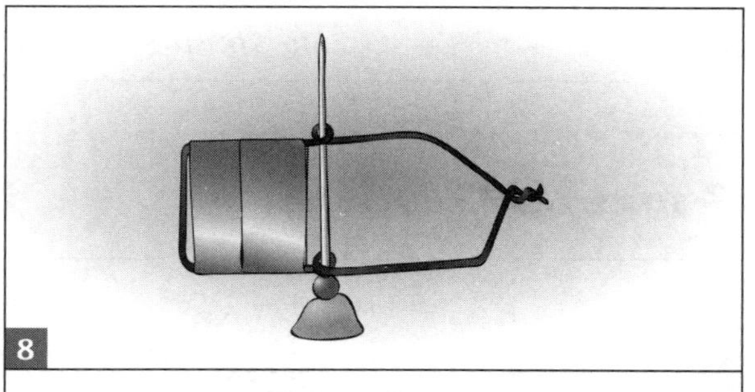

8

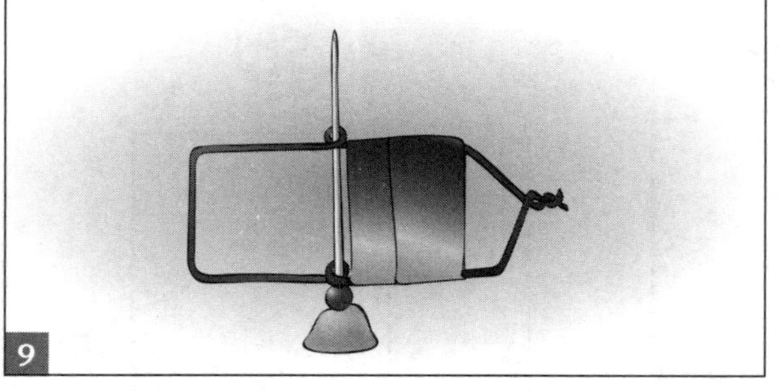

9

E11 Comment fabriquer un jeu électrique (p. 23 du manuel)

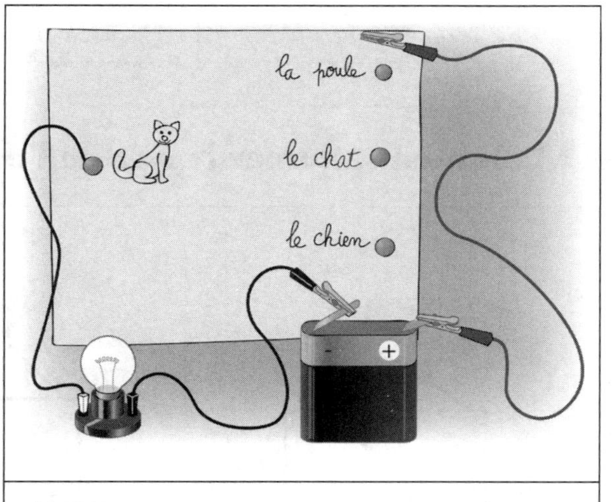

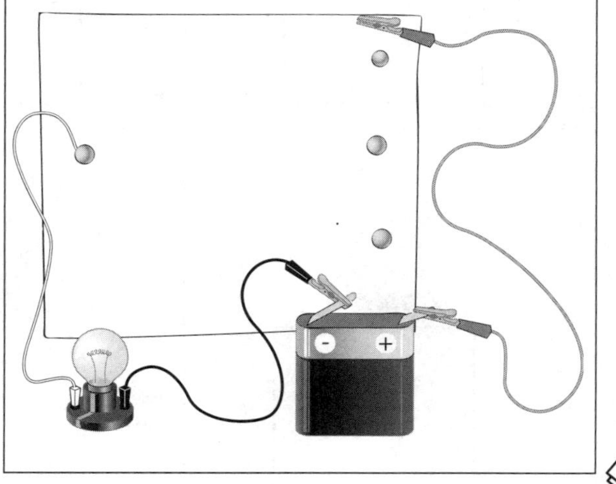

E9 Comment allumer le nez de l'ours ? (p. 20 du manuel)

un interrupteur

une pile

une ampoule

une télécommande

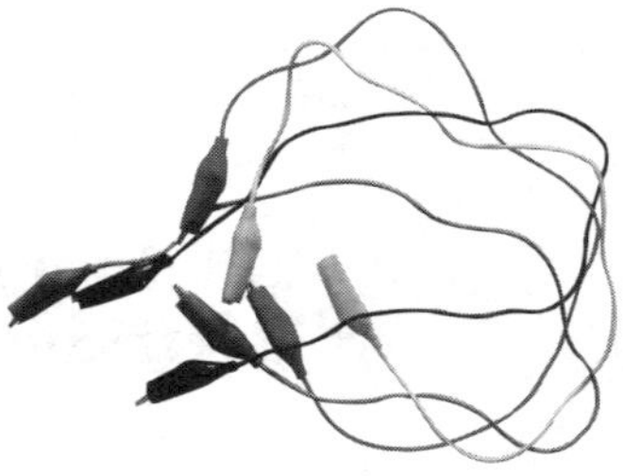

des fils électriques

une douille

E9 Comment allumer le nez de l'ours ? suite (p. 21 du manuel)

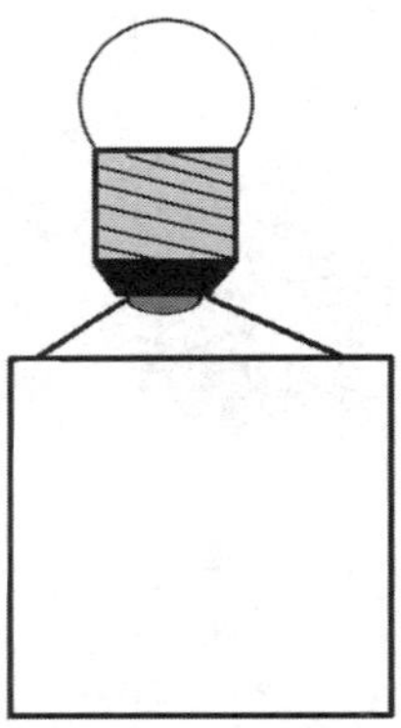

1

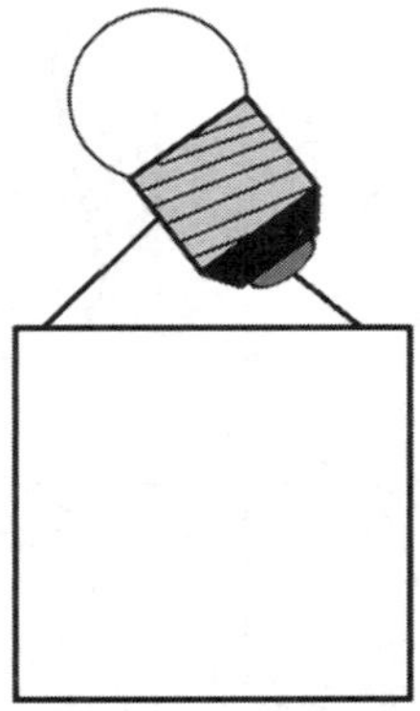

2

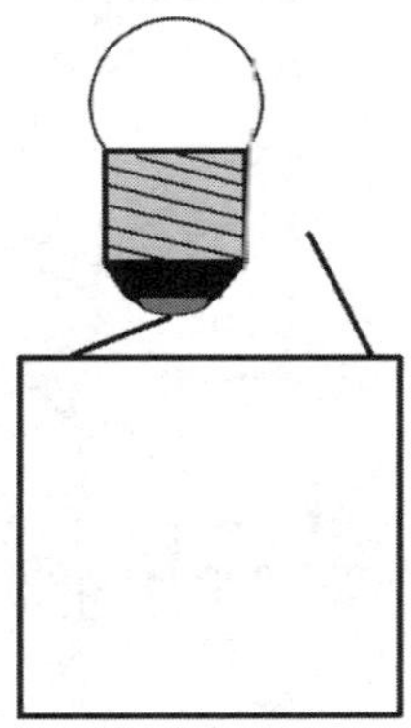

3

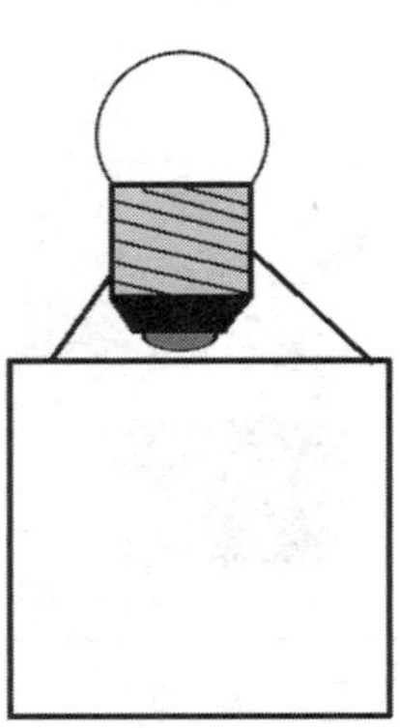

4

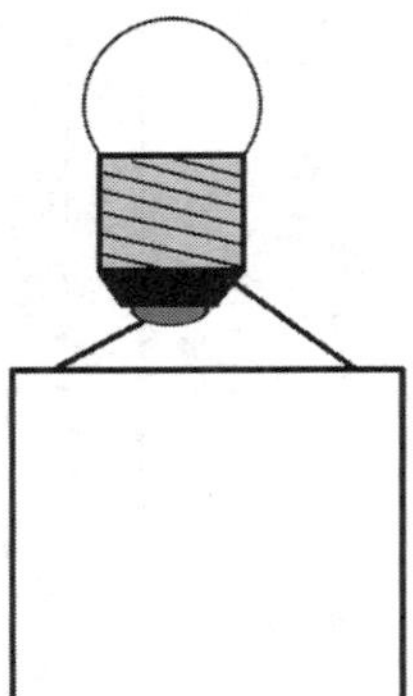

5

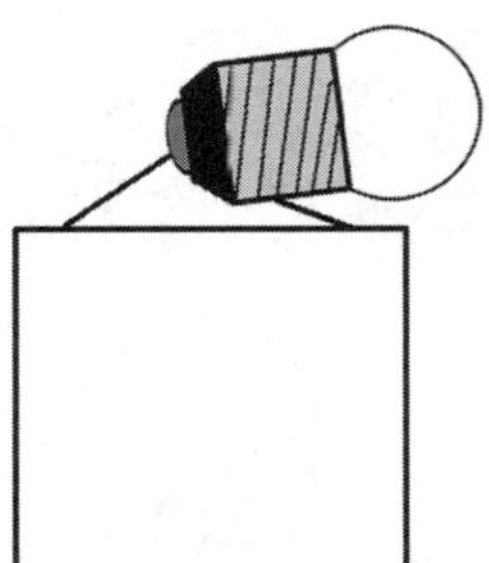

6

E17 À quoi sert l'eau ? (p. 32 du manuel)

1

2

3

4

5

6

E18 Où y a-t-il de l'eau sur Terre ? (p. 33 du manuel)

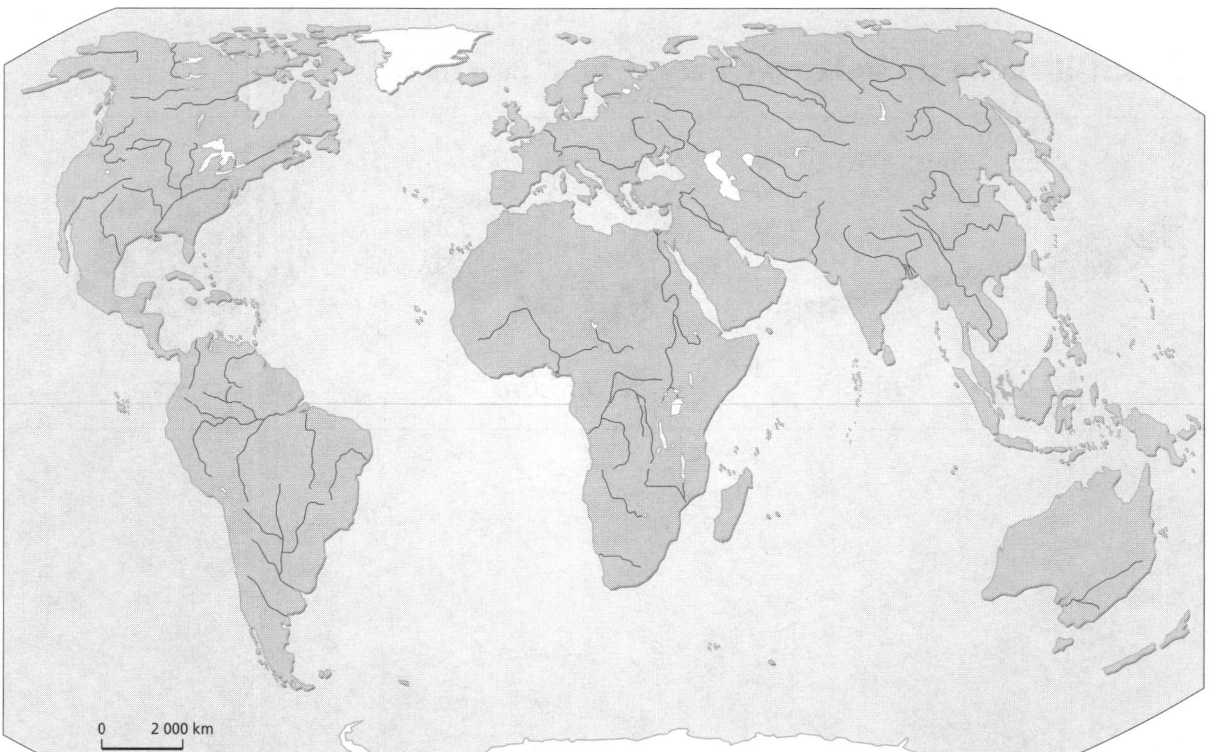

E20 D'où vient l'eau douce ? (p. 35 du manuel)

E23 Est-il facile de nettoyer l'eau ? (p. 39 du manuel)

4 *une cuillère*

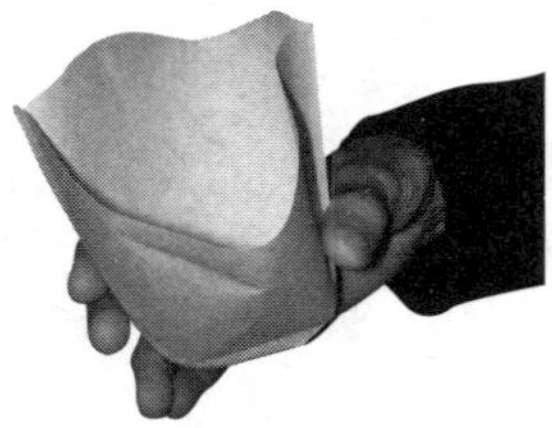

5 *un filtre*

6 *une passoire*

E24 Comment économiser l'eau ? (p. 40 du manuel)

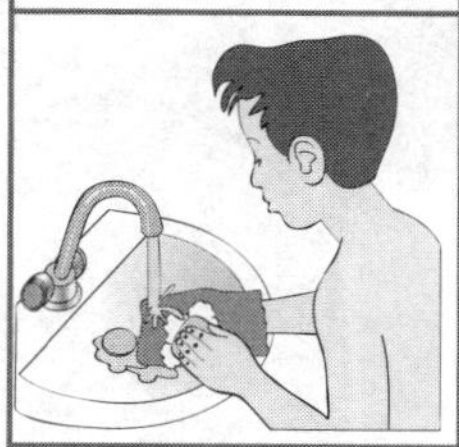			

E25 Peut-on boire n'importe quel liquide ? (p. 41 du manuel)

E26 Comment fabriquer de la glace ?

(p. 43 du manuel)

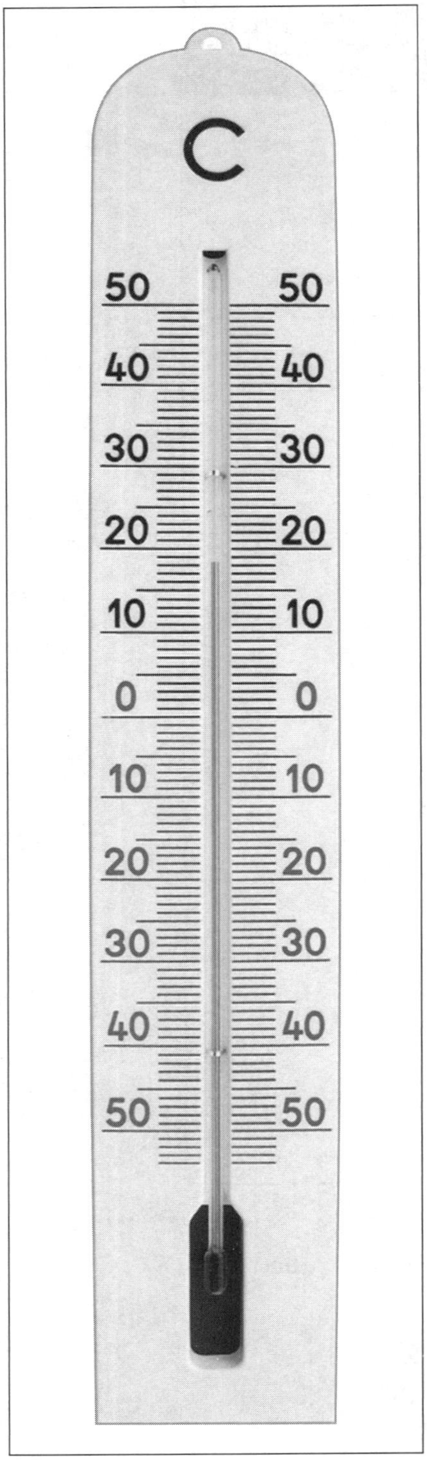

E27 Comment fabriquer un voilier stable ?

(p. 45 du manuel)

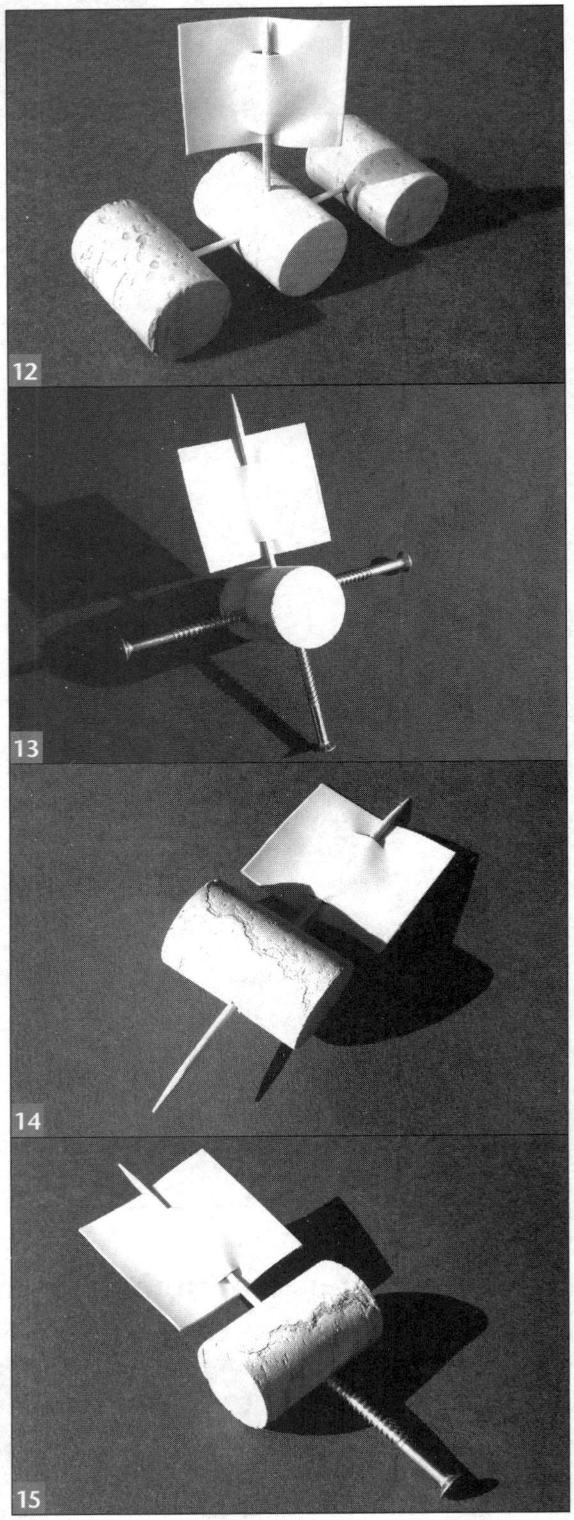

E28 Où se plie ton corps ? (p. 49 du manuel)

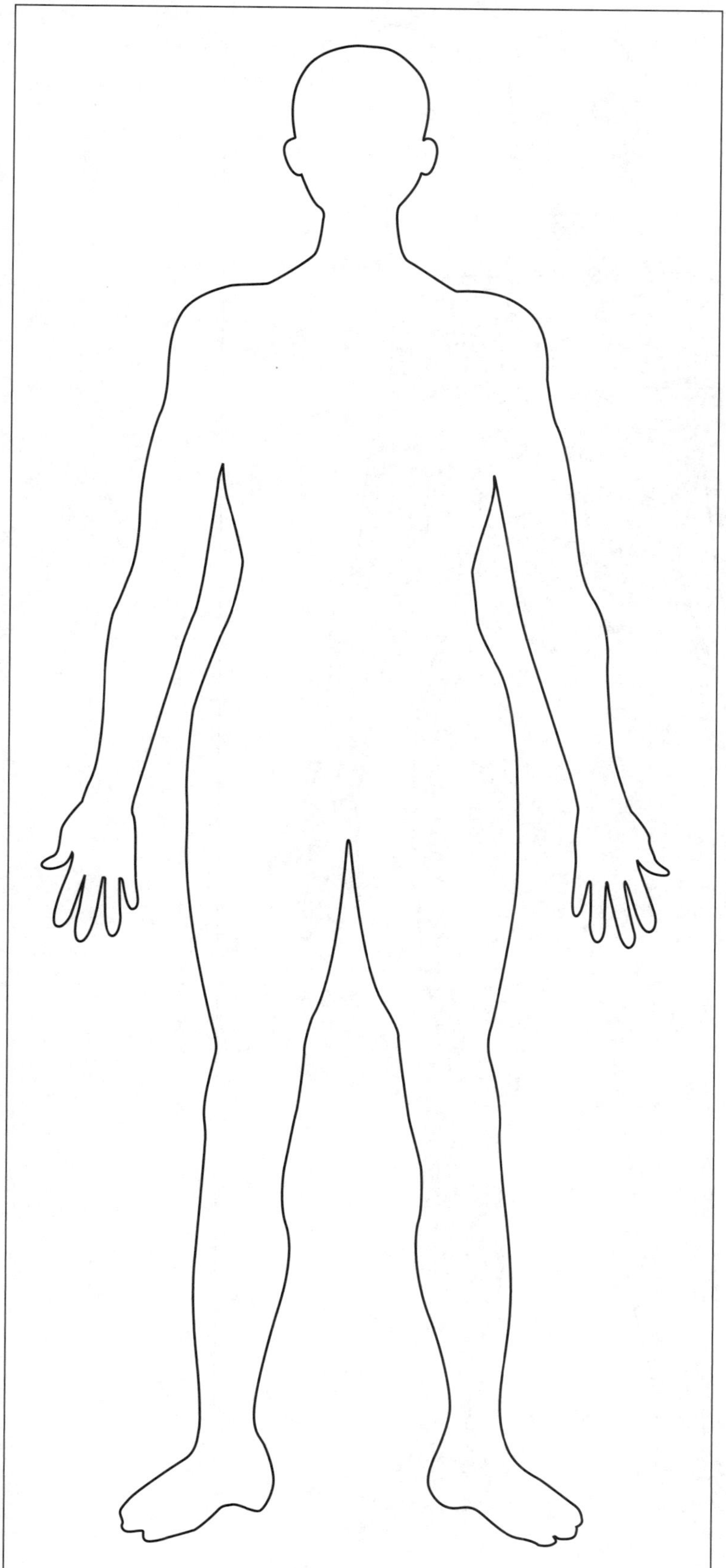

E29 Comment se plie ton bras ?
(p. 50 du manuel)

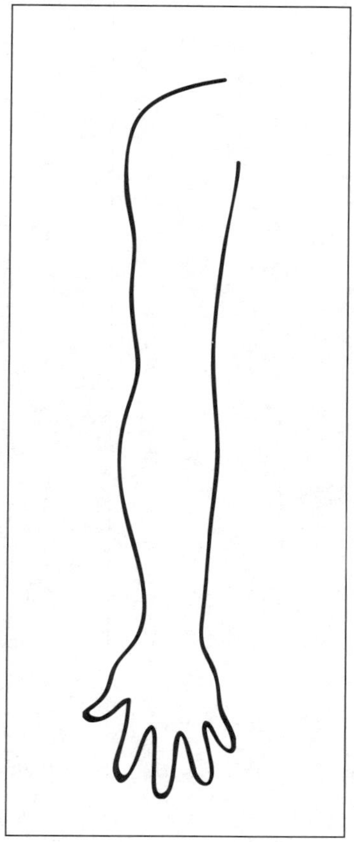

E30 Peux-tu reconnaître les os d'une radio ? (p. 53 du manuel)

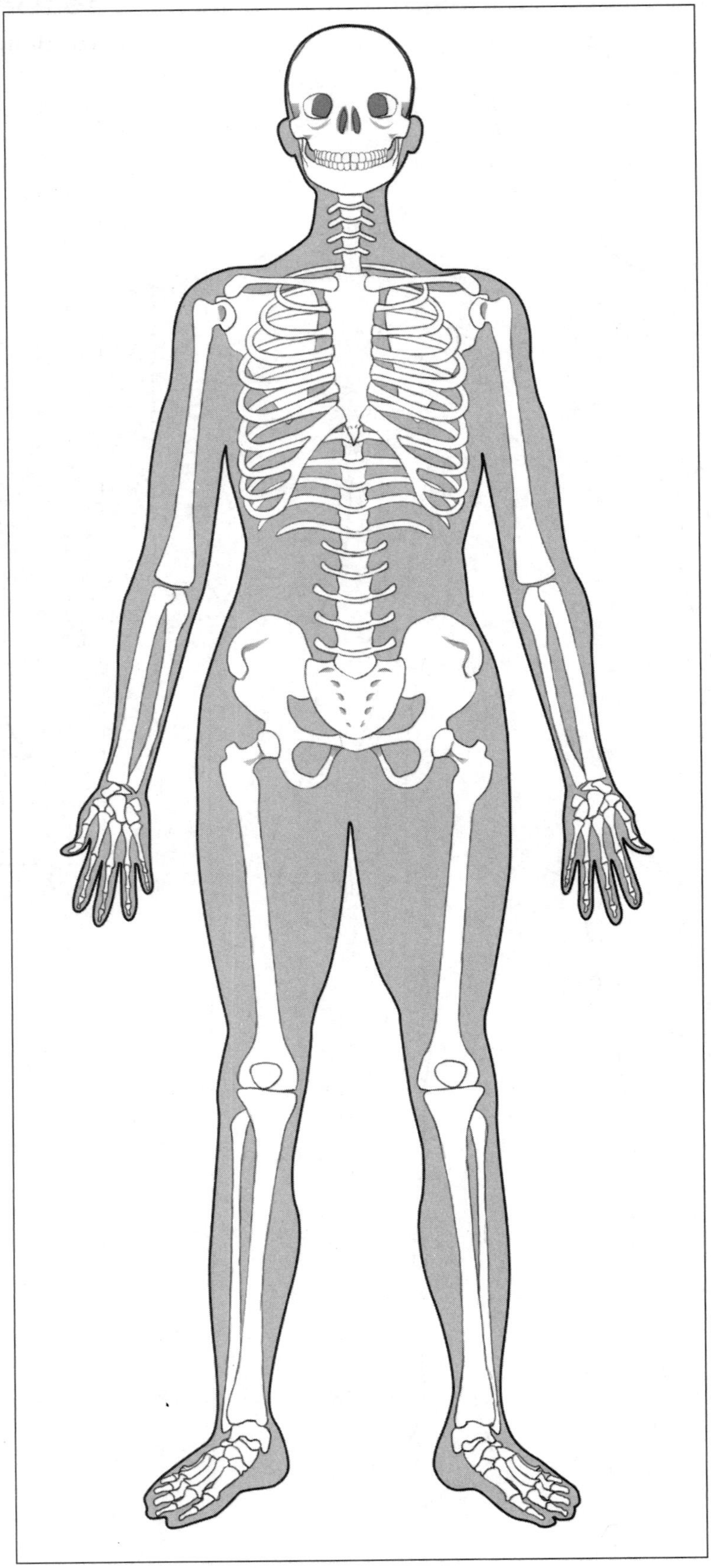

E30 Peux-tu reconnaître les os d'une radio ? suite (p. 53 du manuel)

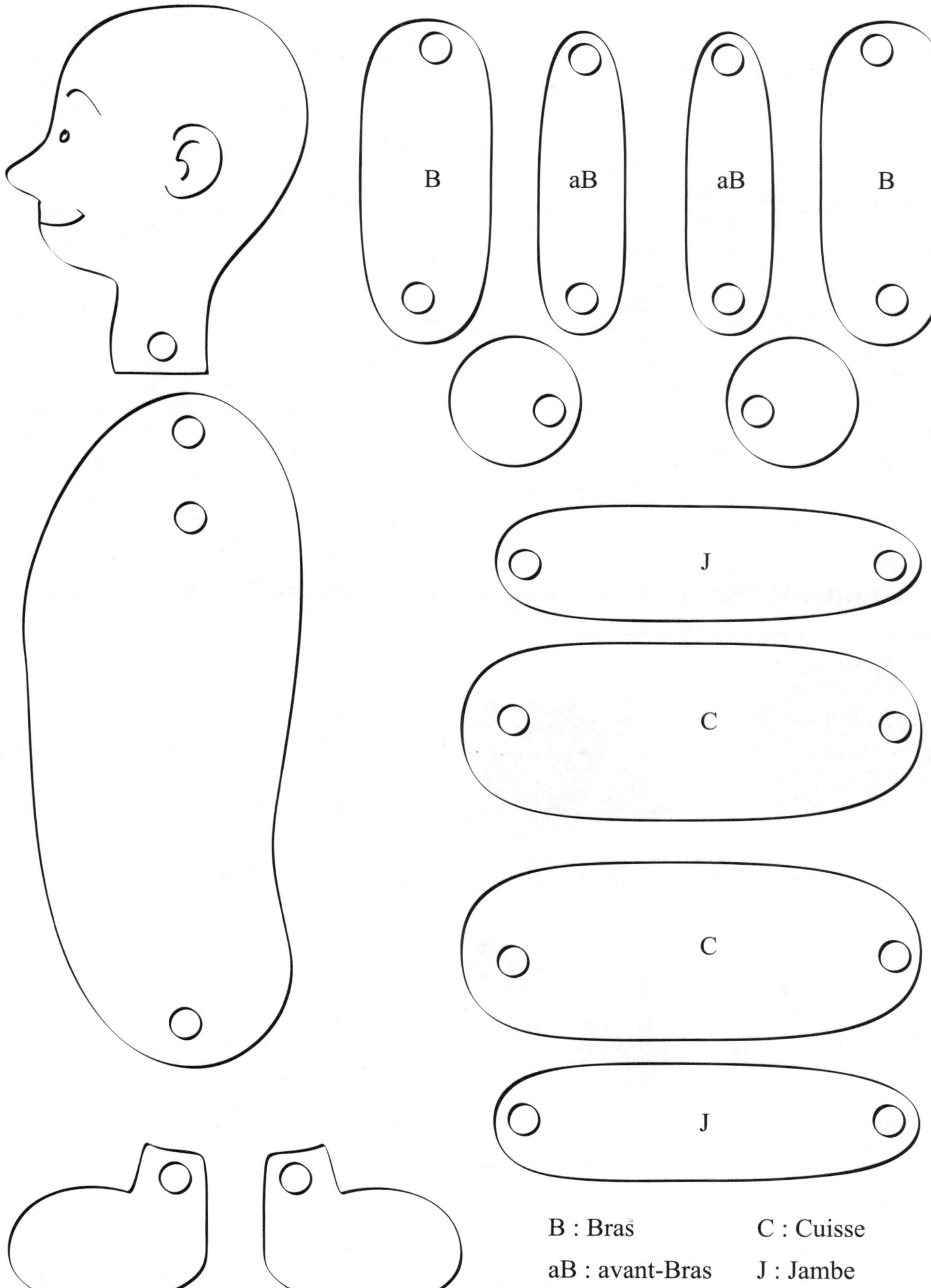

B : Bras
aB : avant-Bras
C : Cuisse
J : Jambe

E30 Peux-tu reconnaître les os d'une radio ? suite (p. 53 du manuel)

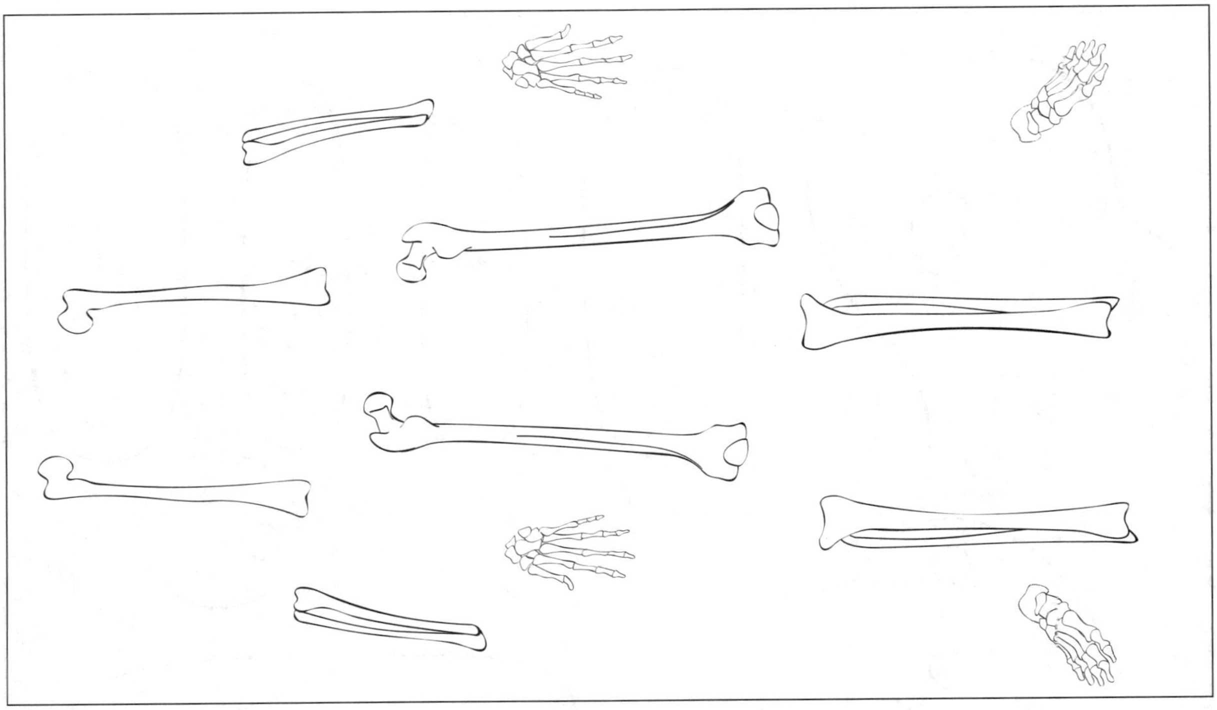

E31 Comment fais-tu pour savoir ce qui t'entoure ? (p. 54 du manuel)

 *une rose*	 *un réveil*	 *un verre d'eau froide*
 *un verre d'eau salée*	 *un verre de menthe*	 *un verre d'eau tiède*

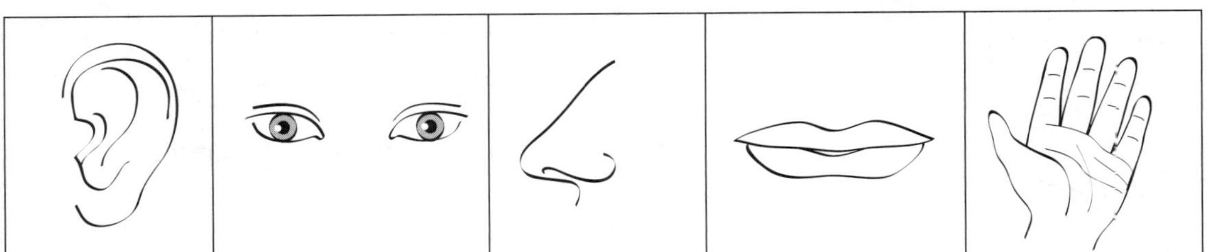

E39 À quoi servent tes dents ? (p. 62 du manuel)

Dents utilisés / Aliments mangés	la pomme	le pain	le sucre
Je me sers de mes incisives pour manger le ou la … (Mets une croix si c'est vrai.)			
Je me sers de mes canines pour manger le ou la … (Mets une croix si c'est vrai.)			
Je me sers de mes molaires pour manger le ou la … (Mets une croix si c'est vrai.)			

E40 Comment passe-t-on de la dent de lait à la dent définitive ?
(p. 65 du manuel)

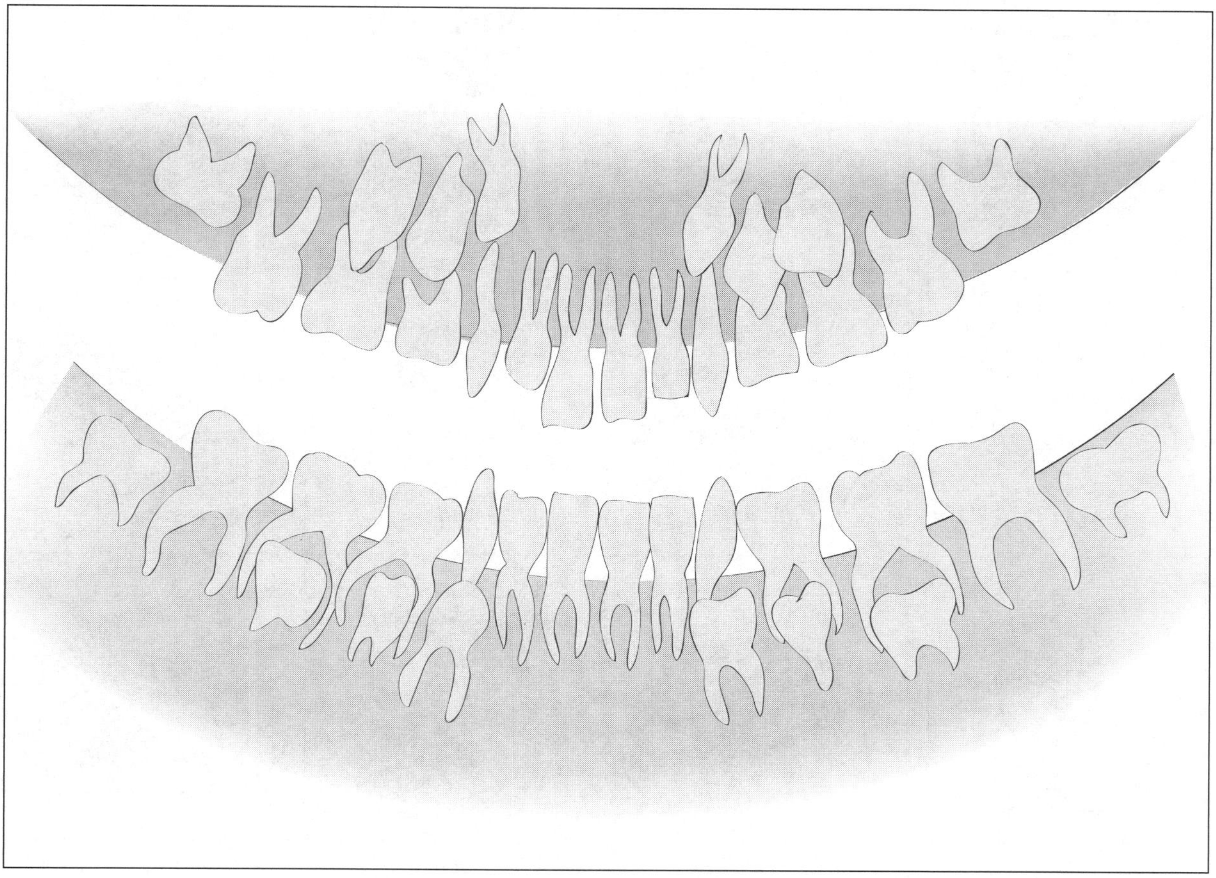

E41 Quel petit déjeuner pour être en forme ? (p. 66 du manuel)

E41 Quel petit déjeuner pour être en forme ? suite (p. 66 du manuel)

1 *Le petit déjeuner de Marine.*

2 *Le petit déjeuner de Lola.*

3 *Le petit déjeuner de Thomas.*

4 *Le petit déjeuner de Mehdi.*

E42 Comment être en forme toute la journée ? (p. 68-69 du manuel)

E42 Comment être en forme toute la journée ? suite (p. 68-69 du manuel)

E43 Comment faire pousser des plantes ? (p. 73 du manuel)

Quatre stades
de la germination.

E44 D'où viennent les fruits ? (p. 74 du manuel)

De la fleur au fruit
(la poire).

E49 Comment naissent les animaux ? (p. 83 du manuel)

E51 Comment classer les animaux ? (p. 87 du manuel)

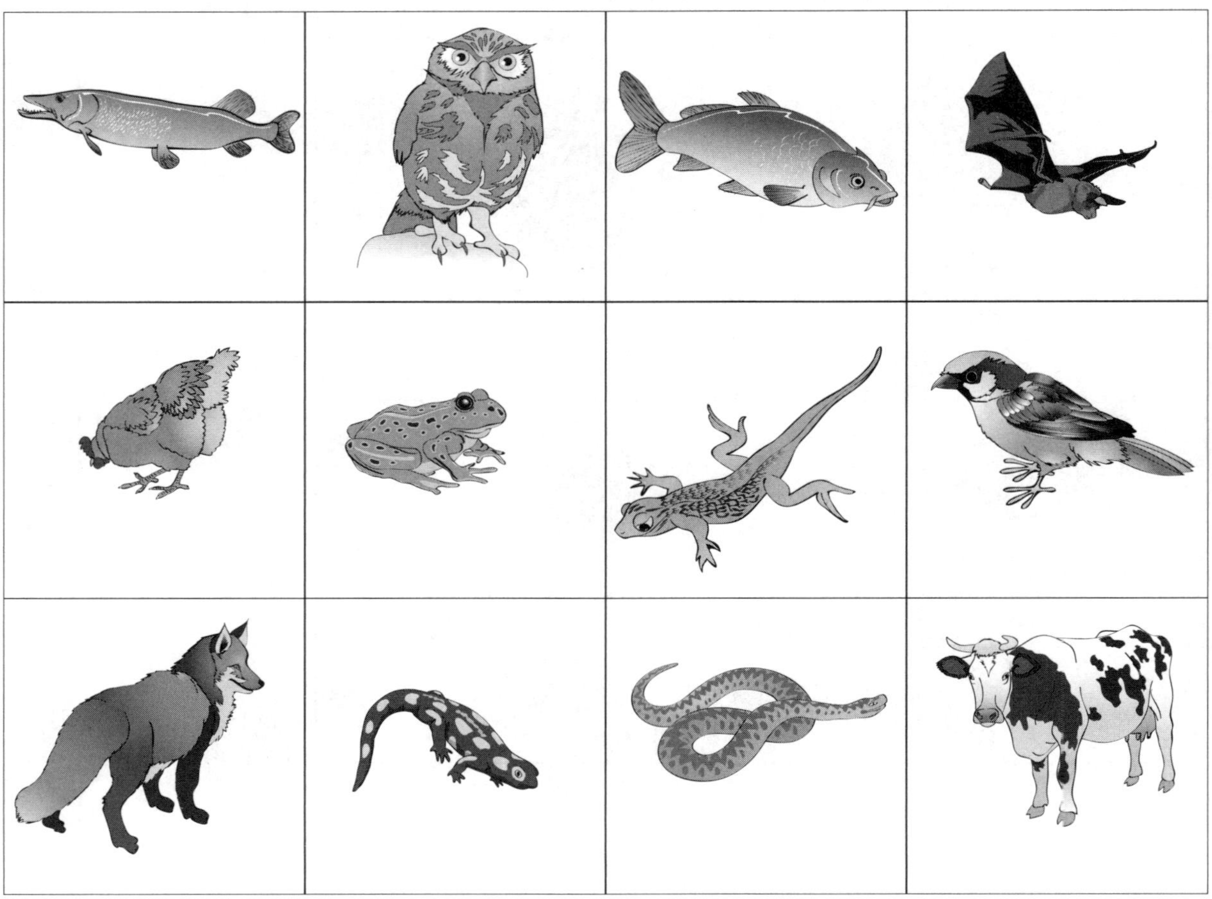

E52 Comment sont produits nos aliments ? (p. 88 du manuel)

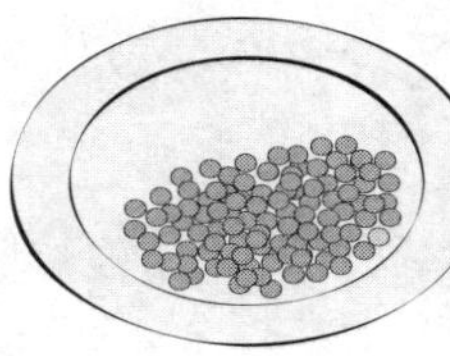		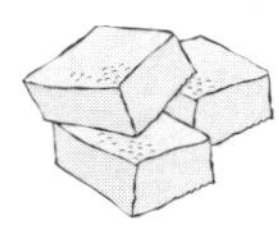
petits pois	purée	sucre
	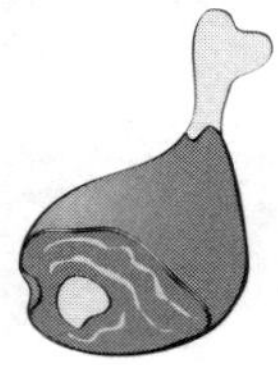	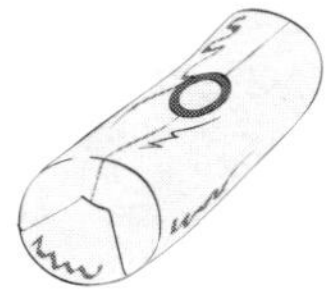
pomme	jambon	fromage
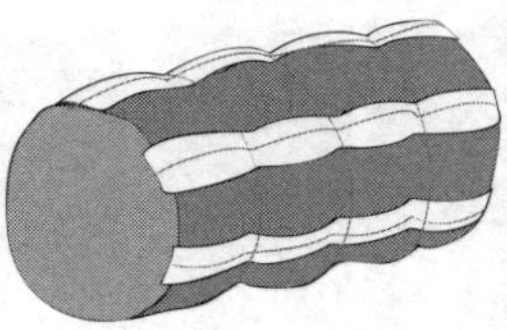		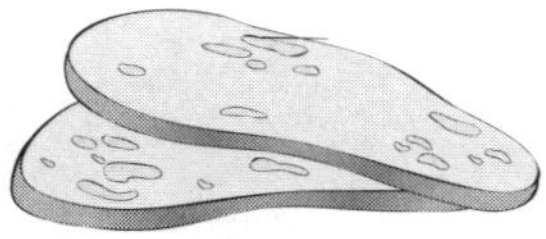
viande de bœuf	lait	pain

porc	vache	chèvre

			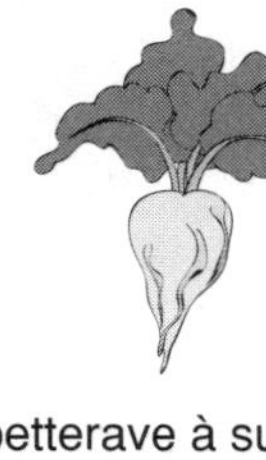
pied de petits pois	pied de pommes de terre	brebis	betterave à sucre

pommier	blé	canne à sucre

E56 Comment dessiner ce que l'on voit ? (p. 98 du manuel)

Le bec d'Ambès et la confluence entre la Garonne et la Dordogne.

E56 Comment dessiner ce que l'on voit ? (p. 98 du manuel)

E57 Que regarder autour de soi pour comprendre la vie des hommes ? (p. 100 du manuel)

Photographie de Groisy.

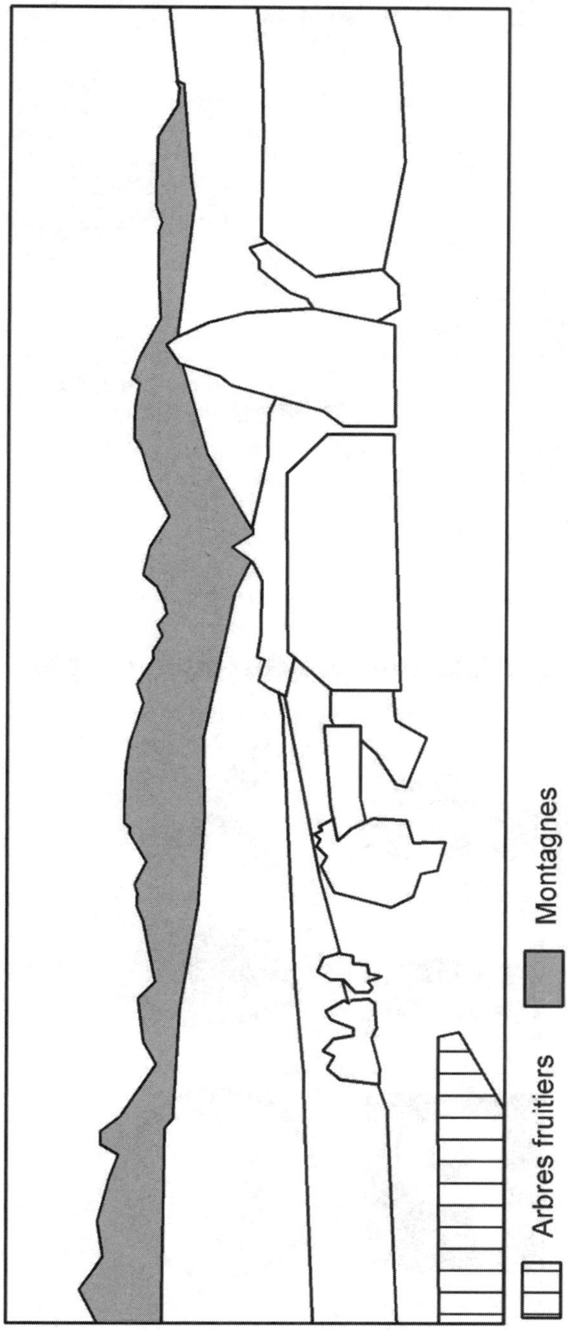

Croquis du paysage de Groisy.

E57 Que regarder autour de soi pour comprendre la vie des hommes ? suite (p. 101 du manuel)

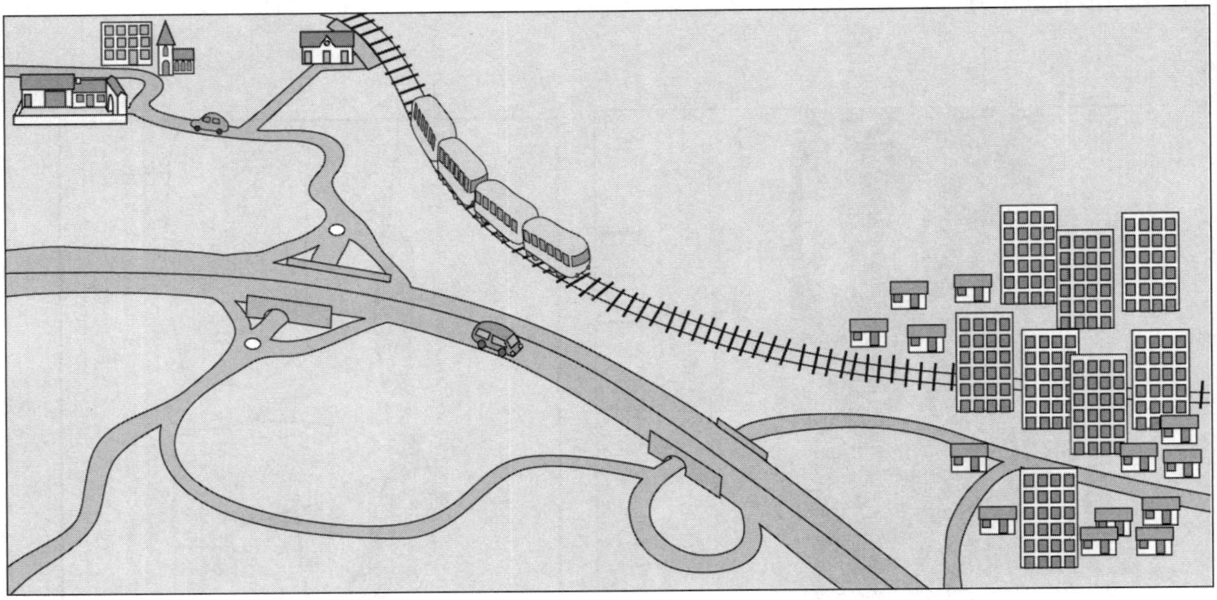

E61 Comment fabriquer un plan ? (p. 108-109 du manuel)

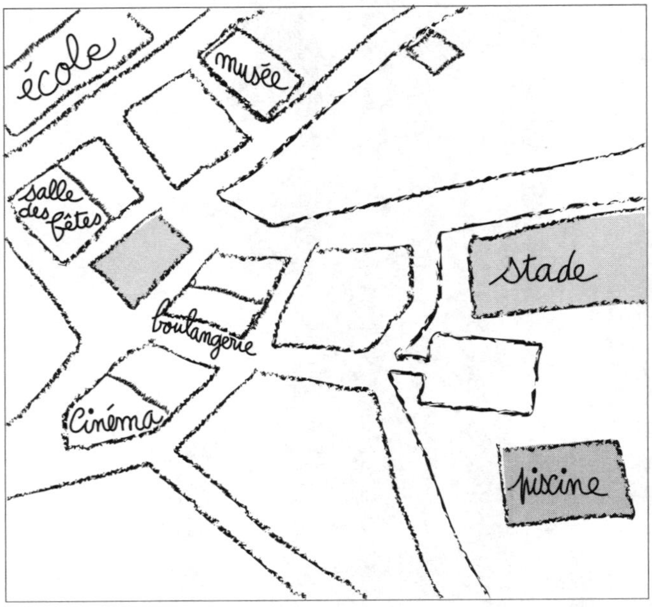

E62 La campagne qu'est-ce que c'est ? (p. 110-111 du manuel)

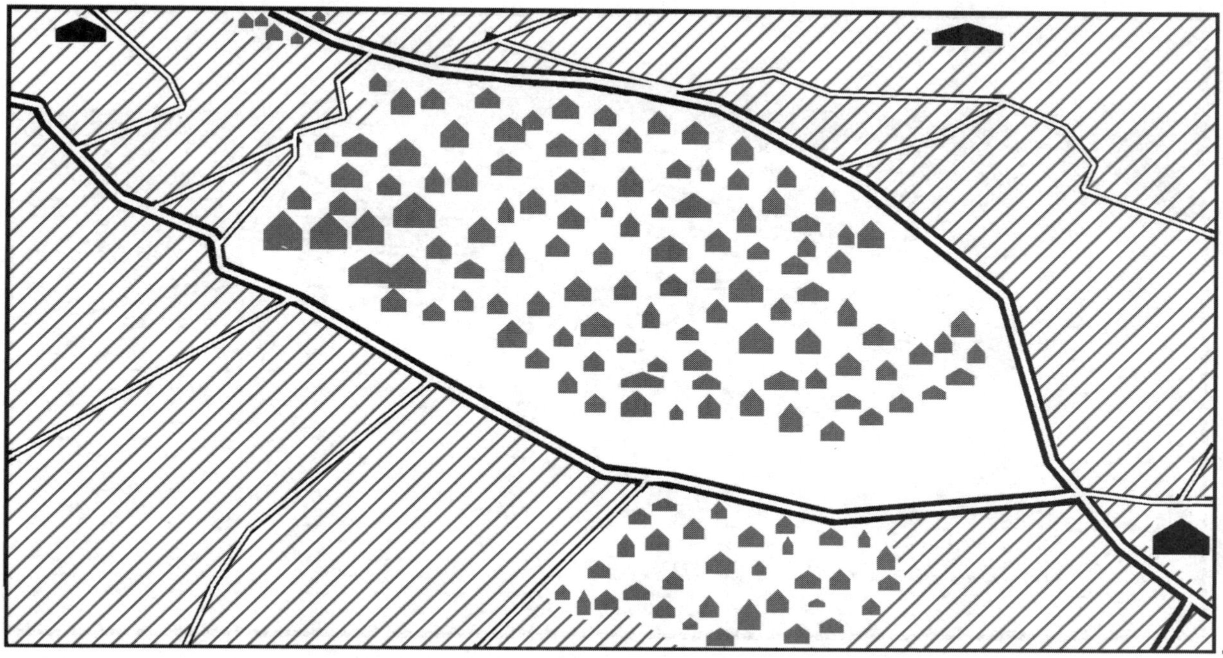

Comment les hommes utilisent-ils la terre en Alsace ?

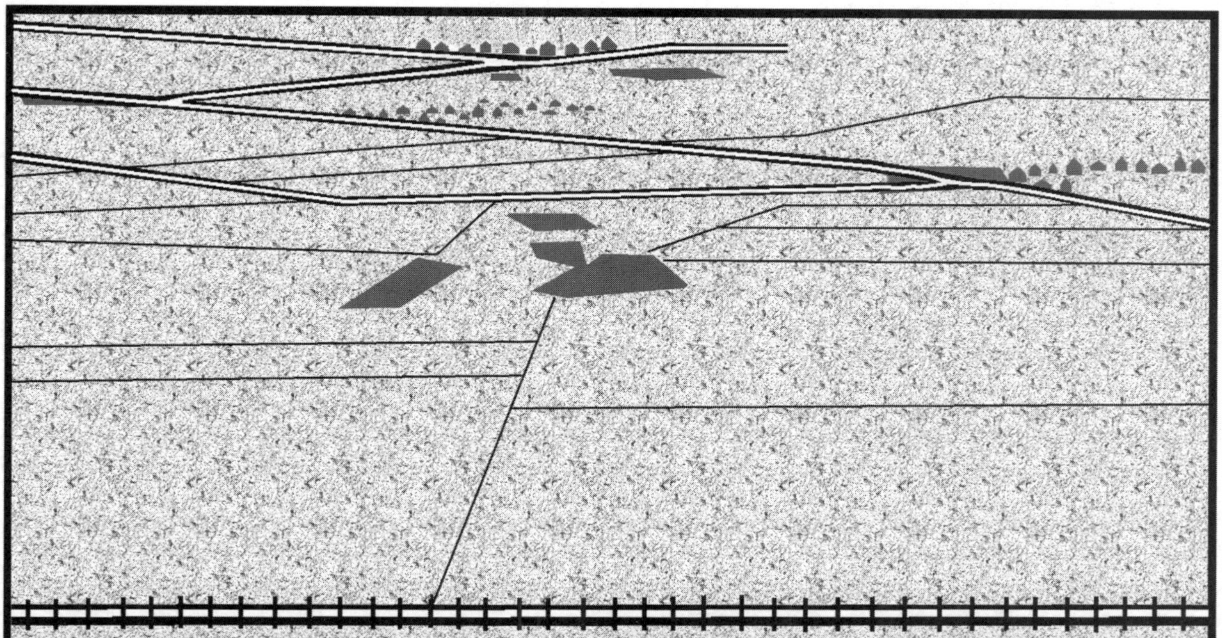

Comment les hommes utilisent-ils la terre en Beauce ?

E62 La campagne, qu'est-ce que c'est ? suite (p. 110-111 du manuel)

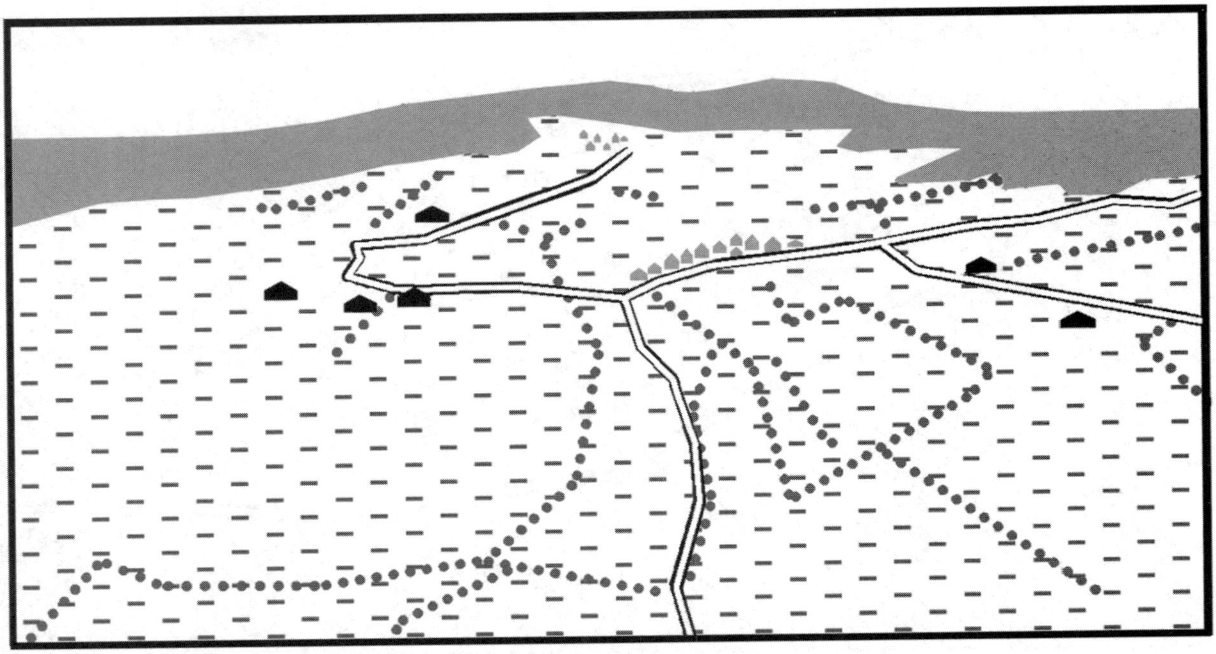

Comment les hommes utilisent-ils la terre dans le Morvan ?

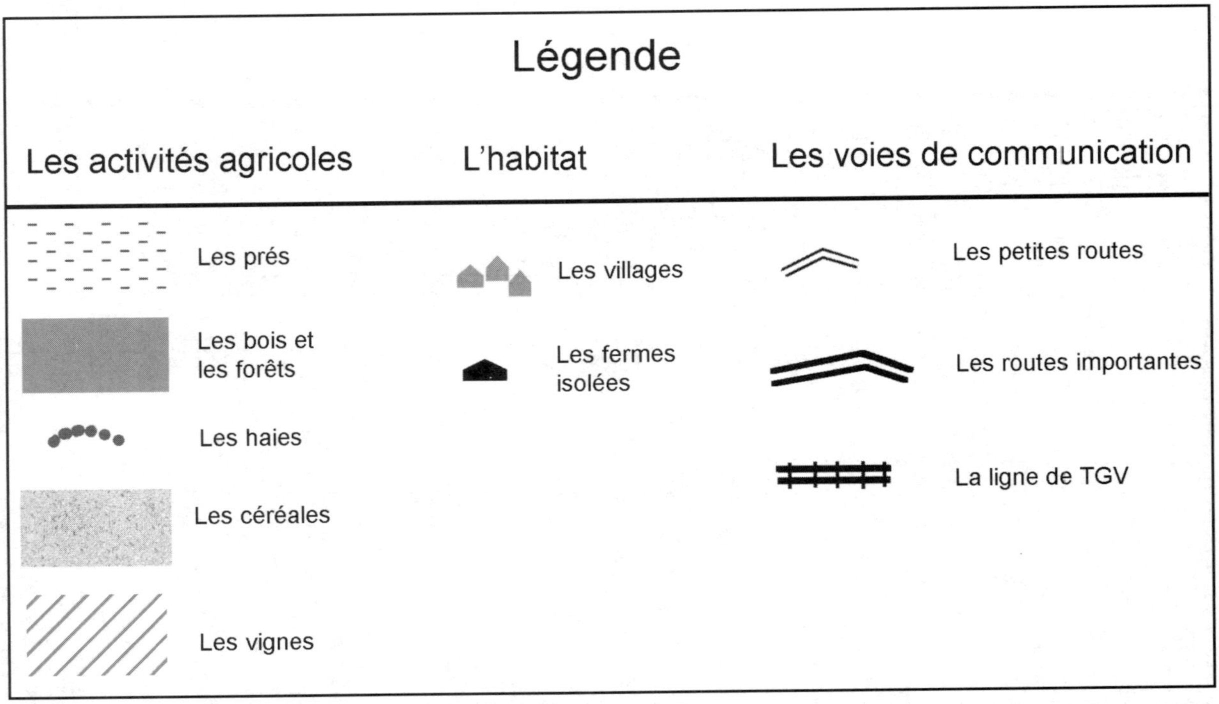

E64 À quoi sert la ville ? (p. 115 du manuel)

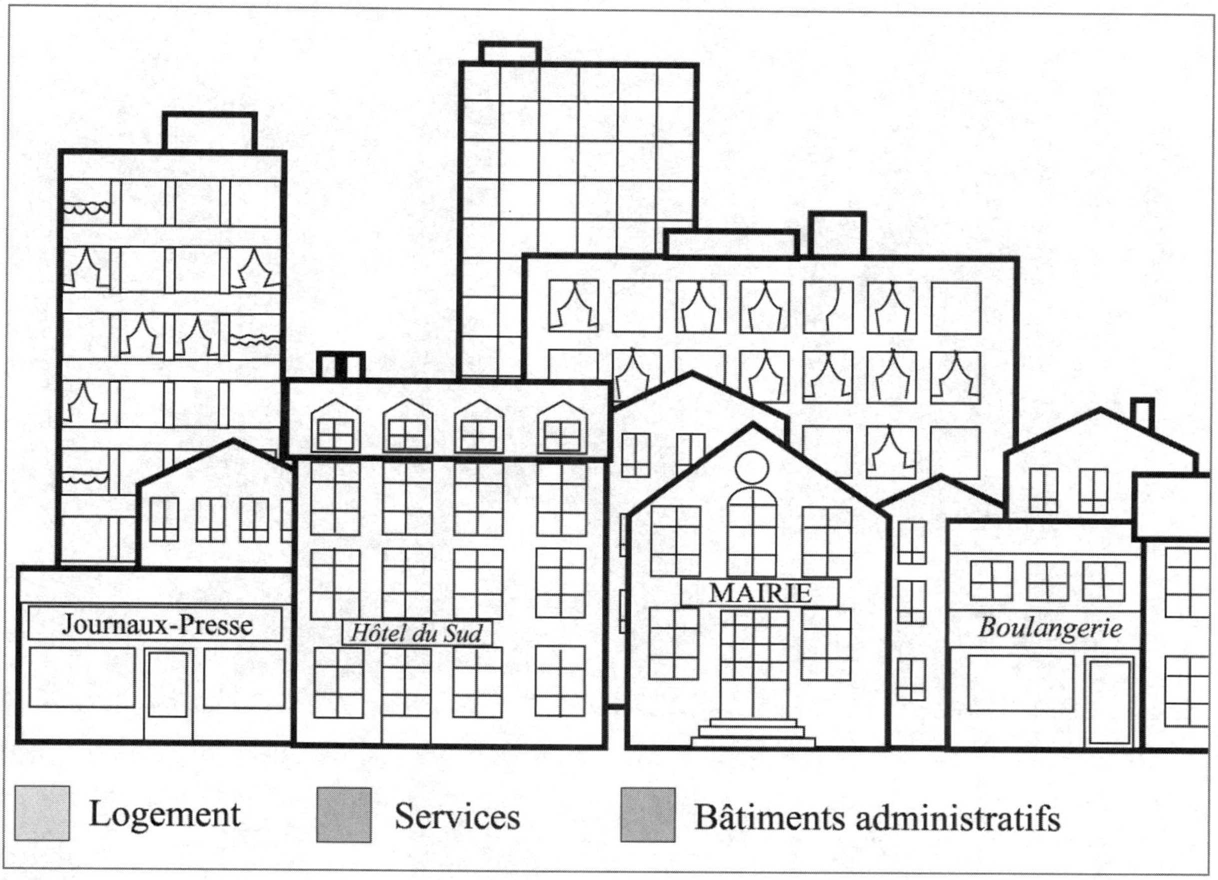

E65 Quelles sont les fêtes de notre calendrier ? (prolongements)

E66 Quelles sont les fêtes de notre calendrier ? suite (prolongements)

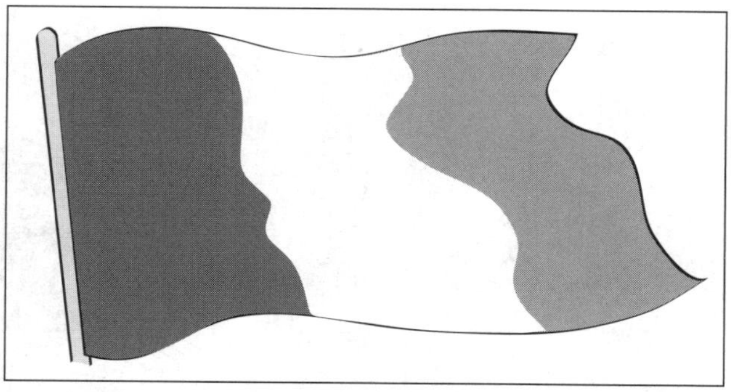

E66 Quelles sont les fêtes préférées de Sarah et Karim ? (p. 122 du manuel)

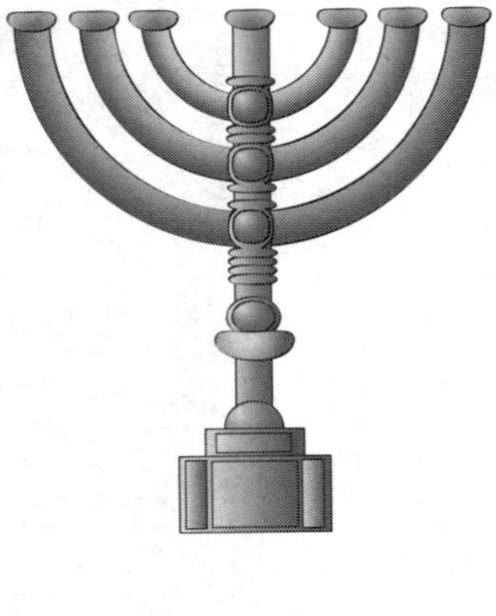

E69 Une grand-mère raconte le passé (p. 128 du manuel)

Edith et Michel Boutréau,
Grands-parents paternels de Thomas,

Mon cher Thomas,

Comme Papy et moi, nous habitions des lieux très différents, nous n'avions pas tout à fait le même mode de vie.
Moi, j'habitais la campagne, dans l'Aisne. Nous logions dans une ferme. Nous mangions des choses très simples. Ma maman avait un jardin. Les repas étaient à base de soupe, d'œufs car il y avait des poules, et nous avions de la viande 3 à 4 fois par semaine. Il n'y avait pas de salle de bains, les W.-C. étaient dehors. Pas de machine à laver, la lessive se faisait dans une « lessiveuse » sur la cuisinière ; pas de réfrigérateur, on mettait au frais dans la cave. Pas de voiture non plus. Comme le village où j'habitais était petit, il n'y avait qu'une classe pour tous les élèves.
J'ai oublié de te dire que, comme je suis née en 1941, c'était la guerre et nous habitions en zone « combattante ».

Ta Mamie Edith

Salut mon Thomas,

Je prends la suite de Mamie. J'habitais en ville, à Reims. Nous étions bien logés : cuisine, salle à manger, chambres séparées, salle de bains avec W.-C. ; pas de lave-vaisselle, pas de lave-linge mais une lessiveuse. Nous avions une « cuisinière » qui avait un four et qui fonctionnait au bois ou au charbon.
Quand j'étais petit, il n'y avait pas beaucoup de jouets mais entre 7 et 10 ans, j'ai eu des « Mécano » puis un train électrique. C'était super !!
Nous avons eu la première voiture quand j'avais à peu près 8 ans.
Voilà, j'ai à peu près répondu à tes questions,
Gros bisous.

Ton Papi

E70 Comment faire pour retrouver le passé ? (p. 130 du manuel)

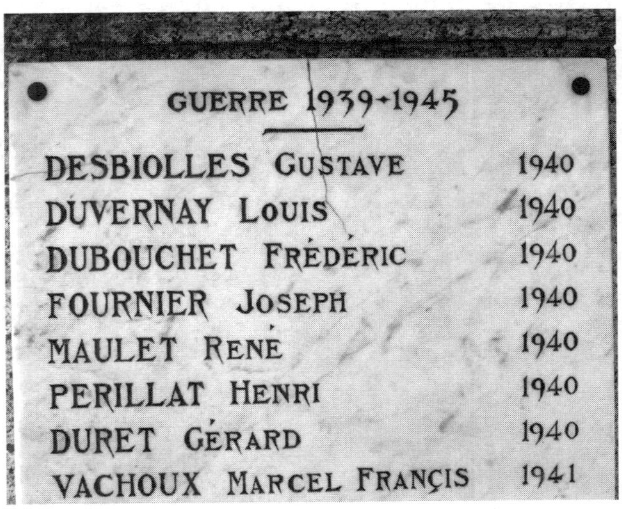

E70 Partons sur les traces d'une petite fille d'autrefois...
(p. 132 du manuel)

L'abécédaire d

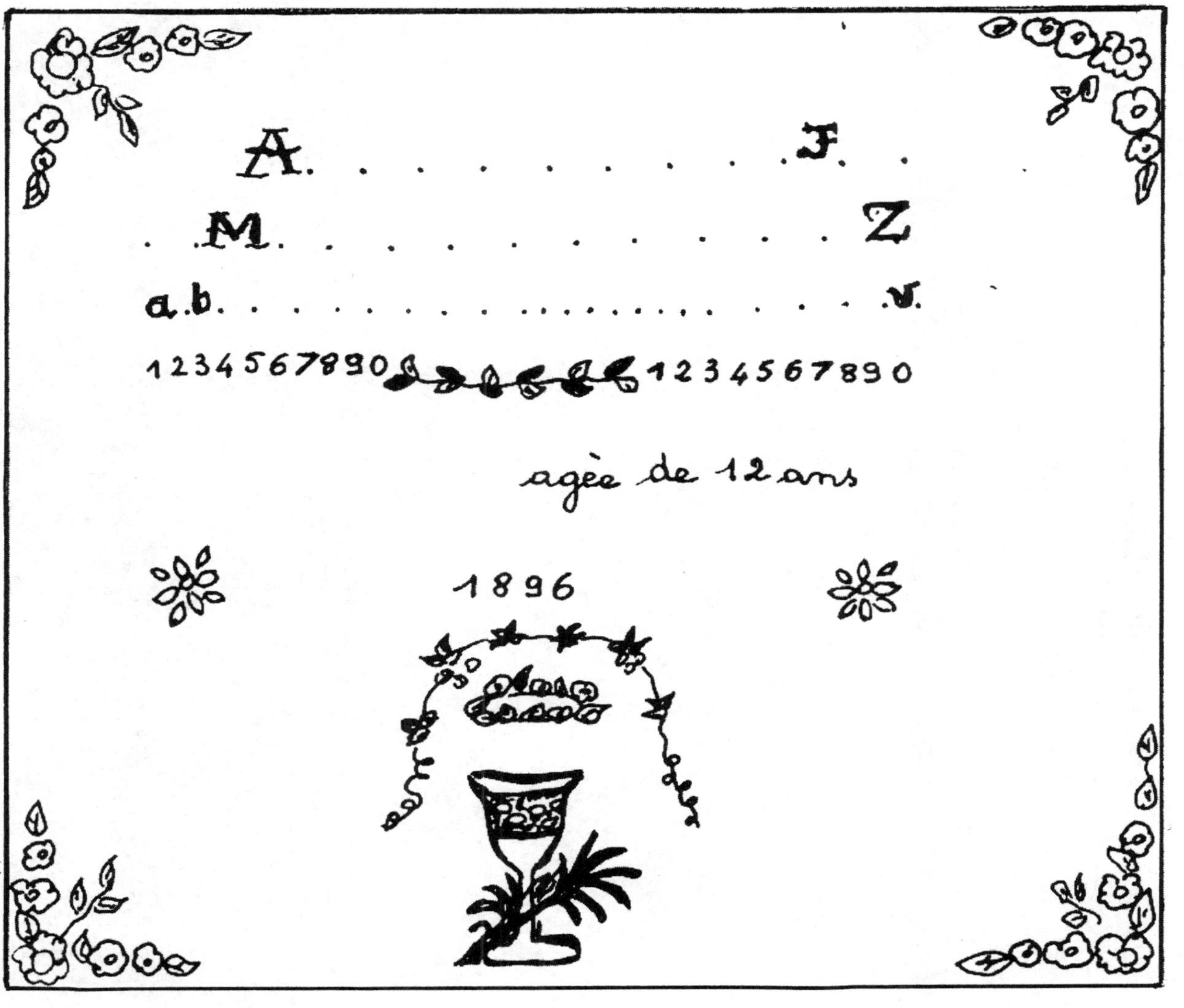

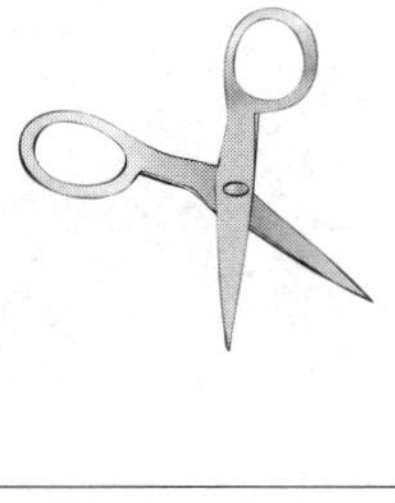		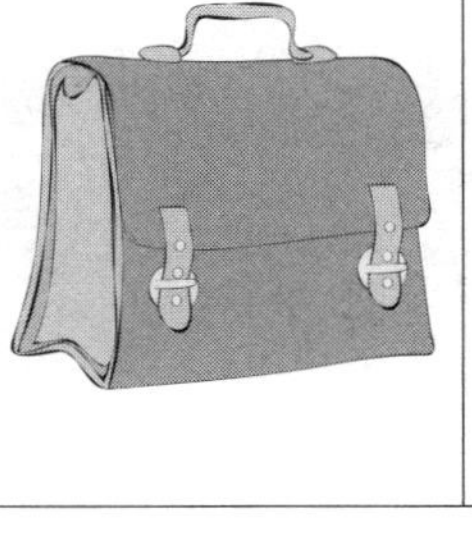	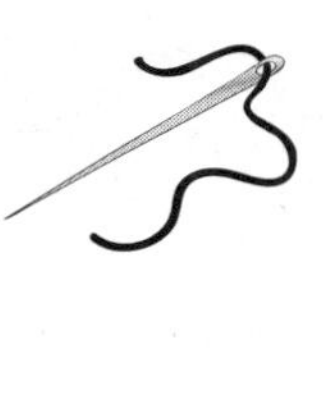	

E71 Partons sur les traces d'une petite fille d'autrefois... suite
(prolongements)

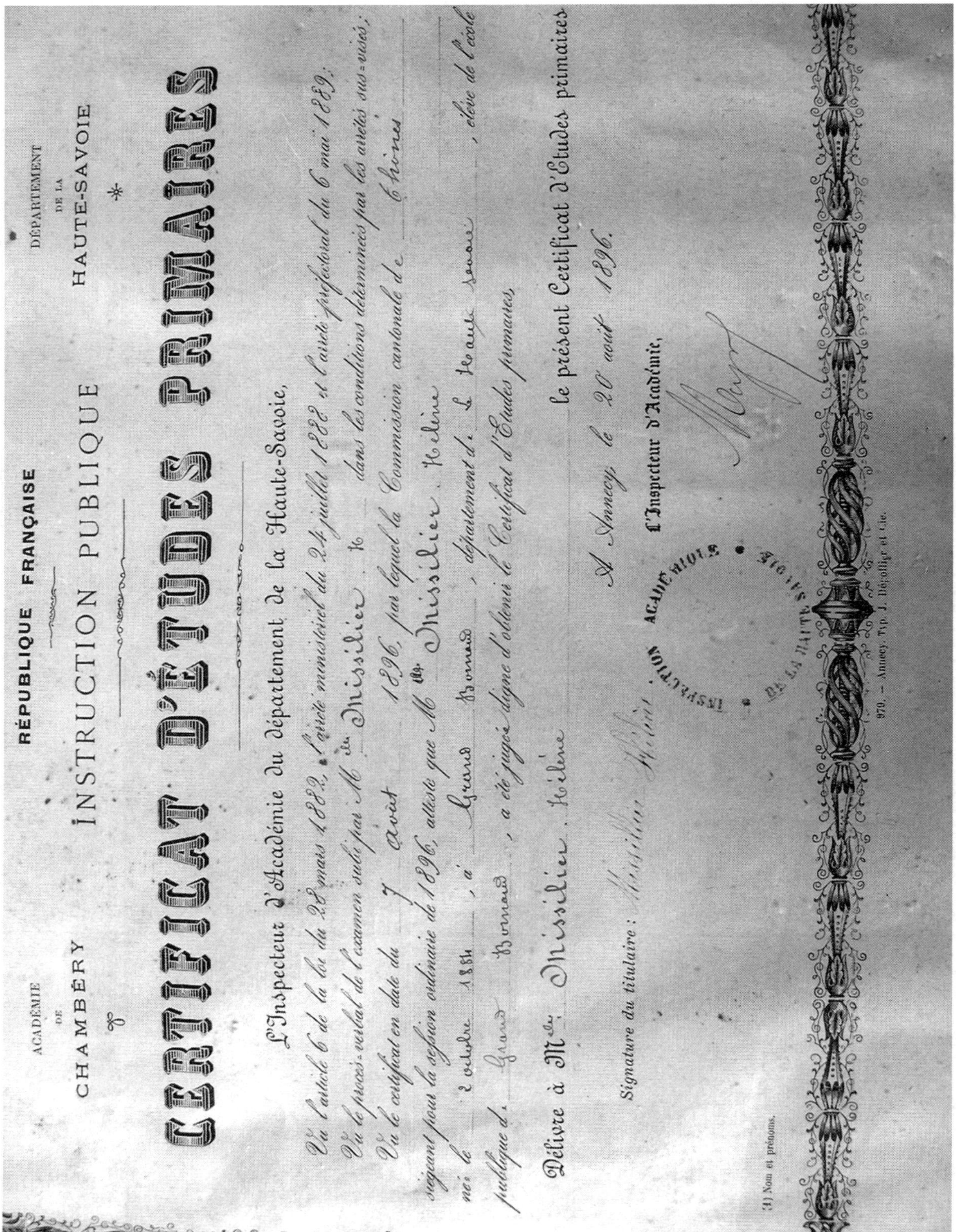
ACADÉMIE DE CHAMBÉRY

RÉPUBLIQUE FRANÇAISE

INSTRUCTION PUBLIQUE

DÉPARTEMENT DE LA HAUTE-SAVOIE

CERTIFICAT D'ÉTUDES PRIMAIRES

L'Inspecteur d'Académie du département de la Haute-Savoie,

Vu l'article 6 de la loi du 28 mars 1882, l'arrêté ministériel du 24 juillet 1888 et l'arrêté préfectoral du 6 mai 1889;

Vu le procès-verbal de l'examen subi par Mlle Missilier le dans les conditions déterminées par les arrêtés sus-visés;

Vu le certificat en date du 7 août 1896, par lequel la Commission cantonale de Thônes siégeant pour la session ordinaire de 1896, atteste que Mlle Missilier Hélène née le 2 octobre 1884, à Grand Bornand, département de Haute Savoie, élève de l'école publique de Grand Bornand, a été jugée digne d'obtenir le Certificat d'Études primaires

Délivre à Mlle Missilier Hélène le présent Certificat d'Études primaires

A Annecy le 20 août 1896.

L'Inspecteur d'Académie,

INSPECTION ACADÉMIQUE DE LA HAUTE-SAVOIE

Signature du titulaire : Missillier Hélène

(1) Nom et prénoms.

979. — Annecy. Typ. J. Dépollier et Cie.

Le certificat d'études d'Hélène Missilier.

E72 Comment vivait-on autrefois dans le village d'Hélène ?
(p. 134 du manuel)

Croquis simplifié du village du Grand-Bornand.

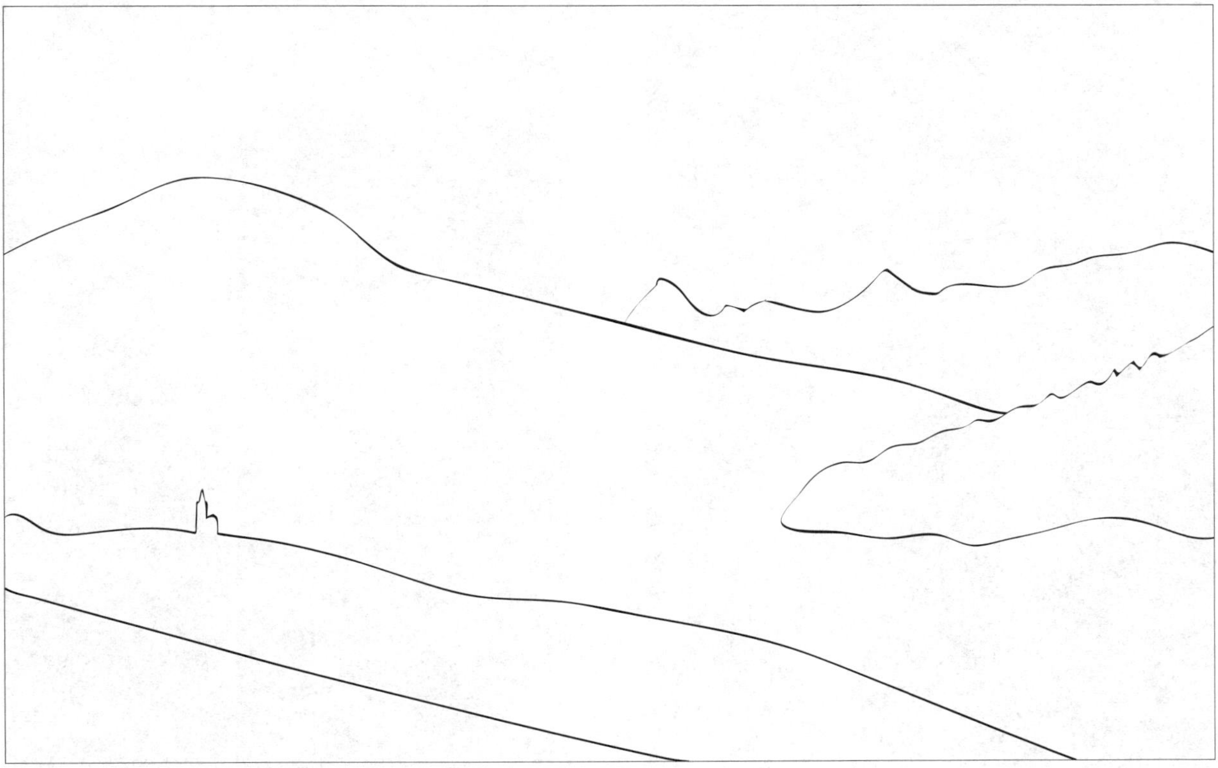

Légende

☐	Les champs (2e plan)
☐	La montagne (arrière-plan)
☐	Le village (1er plan)
☐	La forêt (2e plan)

E72 Comment vivait-on autrefois dans le village d'Hélène ? suite
(prolongements)

Égouttage.

Coulage.

Moulage.

Les étapes de la fabrication du reblochon.

E73 Qu'est devenu le village de montagne ? (p. 136 du manuel)

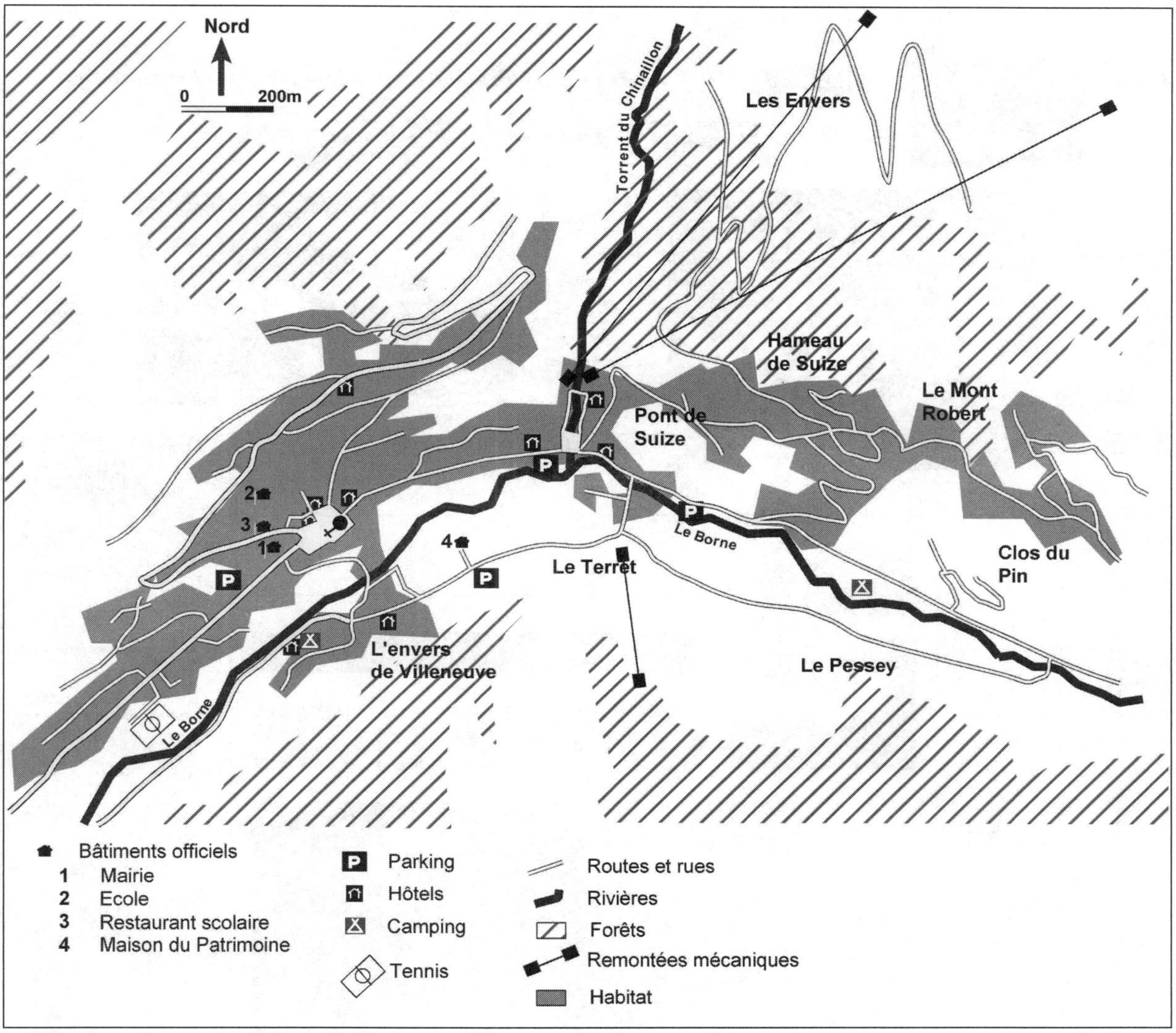

Plan du Grand-Bornand aujourd'hui.

E75 Quel était le métier de Louis ? (p. 134-135 du manuel)

LILLE

(Ph. X)

Page 22 **RÉGION** Alsthom-Fluides : 150 à 200 emplois nouveaux à Armentières

Page 22 **ÉCONOMIE** Commerce extérieur : "seulement" 601 millions de déficit en novembre

Samedi 22 décembre 1990

N° 14460 - 4,00F

LA VOIX DU NORD

● SIEGE SOCIAL :
«La Voix du Nord»
8, place du Gal-de-Gaulle,
59023 Lille Cedex, B.P. 549,
Télex 120687, ☎ 20.78.40.40

● BUREAUX DE PARIS :
73, av. Champs-Elysées,
☎ 16 (1) 43.59.10.38
(3 lignes groupées)
16 (1) 42.25.66.75

GRAND QUOTIDIEN D'INFORMATION

28 EDITIONS

La facture énergétique a été moins douloureuse grâce à une baisse des importations de pétrole

(Ph. Sipa-Press)

En pages 16 et 17

HIPPISME

- Tiercé et quarté plus cet après-midi à Vincennes
- L'avant-tiercé et quarté plus de dimanche à Vincennes

EDITORIAL

Croire au Nord

par Gérard MINART

Une page admirable mais douloureuse de l'histoire économique régionale vient de se tourner. On ne dira jamais assez ce que la nation et la région doivent au dévouement, à l'acharnement, au sacrifice de ces centaines de milliers de mineurs qui pendant plus de deux siècles ont approvisionné le pays en énergie. Certains étaient de chez nous. D'autres venaient d'ailleurs. Tous ont façonné nos départements, bâti une communauté, créé une culture dont les principales valeurs étaient le don de soi, l'attention aux autres, la fierté du métier, la solidarité dans le malheur, bref, la fraternité. C'est donc avec raison que l'on rend hommage à une corporation qui sort de l'économie pour entrer dans l'histoire.

Cela dit, le Nord, qui aime les traditions, ne doit pas se complaire dans son passé au détriment de son futur.

Dans nos économies modernes à dimensions européennes et mondiales, où tout change à une vitesse foudroyante, où les atouts à promouvoir sont ceux de l'adaptation, de la modernisation, de la formation, de l'échange, il ne faut pas que le souvenir du charbon, dont les rites et les rythmes étaient le contraire de la mobilité, c'est-à-dire la fixité, la répétitivité, la territorialité, il ne faut pas que ce souvenir hypothèque l'avenir.

En d'autres termes, la fin du charbon ce doit être aussi :

-La fin d'une époque, celle de la prédominance des activités primaires et secondaires lourdes sur les activités plus modernes de production et de commerce

-La fin d'une mentalité, celle de la valorisation excessive du travail manuel sur les autres types de formation qui sont aujourd'hui le grand enjeu du Nord-Pas-de-Calais ;

-La fin d'une image, celle d'un Nord marqué par ses crassiers, ses courées, ses corons.

La génération d'aujourd'hui, héritière d'un glorieux passé, doit néanmoins assumer l'avenir dans d'autres directions. Un autre Nord est à créer, non plus enfoui sous terre, mais déployé sur l'espace européen ; non plus replié sur lui-même dans le souvenir de son ancienne richesse, mais ouvert aux échanges extérieurs. C'est en cela que la fin du charbon doit être un commencement.

Un mot résume cette ambition : il faut croire à un Nord nouveau.

Avec ce numéro un supplément spécial

L'ÉPOPÉE DE LA MINE

Hier à la fosse 9 d'Oignies, les mineurs du dernier puits encore en exploitation dans le bassin du Nord-Pas-de-Calais ont définitivement dit adieu à la mine.

L'année 1990 a marqué l'arrêt total de l'extraction charbonnière dans notre région. C'est donc la fin d'une époque ; la fin d'une véritable épopée.

Aujourd'hui « La Voix du Nord » consacre un important supplément à l'histoire de la mine. Mais aussi à l'avenir. L'« après-mines » a déjà commencé...

(Ph. Sam BELLET - V.D.N.)

NOEL DES DESHERITES

Association déclarée et régie par la loi de 1901

DANS trois jours, c'est Noël. Et l'on voudrait parler de cette fête de la joie et de l'amour avec les mots les plus simples. Comme est simple la coquille que l'on découpe en tranches et qu'on dévore dans de grands éclats de rire.

VINCENT

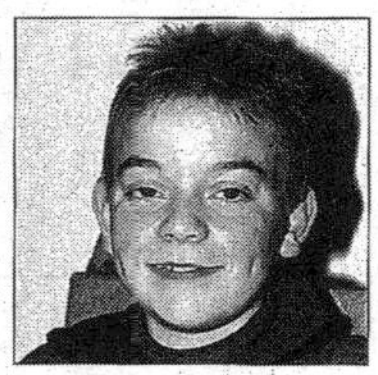

TRES AMICAL

Rire, Vincent, peut encore le faire mais çà ne lui arrive pas souvent. Il le reconnaît en acquiesçant de la tête. Mais marcher, il ne le peut pratiquement plus.

Comme il s'agit d'un garçon de 12 ans qui ne rêve que de plaies et bosses, de déplacements et de bondissements, il rage de ne pouvoir faire comme tous ses camarades de classe.

Alors il explose et se sert de son fauteuil roulant comme d'un bulldozer. Et, hop! par ici à l'abordage. Et vlan! un grand coup de roue dans la porte qui n'en peut mais... Et, pfuitt! le voilà parti disputer un match de foot sur son engin avec lequel il est rivé.

Ce blondinet est cependant jugé très amical. Il n'a pas de souhaits particuliers. Ce qu'il réclame en partage, c'est la mobilité, la possibilité de gigoter, de gesticuler, d'agiter bras et jambes. Hormis ce désir fou, il accepte de jouer avec des playmobiles. Pour ce Vincent bloqué dans son fauteuil, faites un geste.

VOS DONS

- En espèces et par chèque bancaire ou postal libellés au nom du "Noël des Déshérités" : dans les bureaux de La Voix du Nord ; au siège, B.P. 549, 59023 Lille Cedex.
- Par virement postal, C.C.P. Lille 3655 01 D.

LES DETAILS EN DERNIERE PAGE

Sports

FOOTBALL

V.A. - Dunkerque

A chacun son combat !

Lire en page 18

L'efficacité d'Ekéké est l'un des meilleurs atouts valenciennois dans la course au titre. A Dunkerque, par contre, on se bat pour survivre...

(Ph. V.D.N.)

BASKET

Pour recevoir Limoges

Gravelines : à guichets fermés !

Lire en page 18

Pour recevoir Limoges, malmené tant en championnat qu'en coupe des champions, le B.C.M. retrouvera, ce soir, les parfums de la coupe d'Europe.

Une de *La Voix du Nord*, 22 décembre 1990.

E75 Quel était le métier de Louis ? suite (p. 134-135 du manuel)

Charbon,
LA FIN
Place à l'avenir

Roost-Warendin, le 26 octobre pour le Nord. Oignies, le 21 décembre pour le Pas-de-Calais. L'année 1990 aura marqué l'arrêt définitif de l'extraction charbonnière dans notre région. C'est la fin d'une époque qui aura profondément bouleversé l'Artois, le Douaisis et le Hainaut.

Une époque glorieuse au cours de laquelle le Nord et le Pas-de-Calais auront fourni à la France l'essentiel de son énergie : 2,5 milliards de tonnes de charbon ont été extraites du sous-sol en un siècle et demi.

Une époque douloureuse aussi avec ses catastrophes (Courrières en 1906, Liévin en 1974) ; avec ses heurts sociaux ; avec ce drame permanent qu'est la silicose qui continuera à étouffer bien après la fermeture du dernier puits.

Un chapitre de l'histoire de la région s'achève. Les hommes qui l'ont fait n'étaient pas des héros. Mais, quand le destin ou la conjoncture les ont provoqués, ils ont su faire face. Il en a fallu de la solidarité, de l'initiative, de la détermination pour déjouer tous les pièges de la mine.

Aujourd'hui, un nouveau défi se présente que certains ont déjà relevé. Depuis trente ans, l'après-mines se prépare.

Le témoignage de Suzanne Gratpanche, femme de mineur

Suzanne Gratpanche est veuve depuis trois ans. Elle vit à Billy-Montigny. Son mari Éloi avait travaillé pendant 30 ans à la mine, neuf ans à l'abattage et ensuite comme tuyauteur. Il a été « recouvert » deux fois. Triple fracture du bassin, blessures diverses. Ils ont eu cinq enfants.

« Notre rôle à nous les femmes était de nous intéresser à leur vie. On parlait de tout sauf de notre peur. Ça c'était quelque chose qu'on ne voulait pas leur dire. On en discutait entre femmes dans la cité. Vous savez c'est comme une grande famille. On a tous les mêmes problèmes. »

Extraits du supplément spécial au numéro de *La Voix du Nord* du 22 décembre 1990.

Crédits iconographiques

Illustrations

Jean-Louis Goussé, sauf :

- pp. 28d., 29, 35, 36, 39, 42, 71, 73, et les dessins de la partie Électricité : Jean-Michel Rolando.
- pp. 114-116, 118, 124, 126 : Patrick Pommier.
- pp. 129, 131 : Marie-Laure Simonin.
- pp. 162-163, 241-242, 253 : Pascal Boyries.
- pp. 249h., 251 : Hervé Laly.

Photographies

p. 16, 22. Jean-Michel Rolando — p. 90, 92, 95, 96, 101, 105. Marie-Laure Simonin – p. 158. Martine Koné – p. 220, 222. Jean-Michel Rolando — p. 223 : 1. © John Henley/Corbis ; 2 à 4. Jean-Michel Rolando ; 5 et 6. © Getty Images — p. 224, 225, 226. Jean-Michel Rolando — p. 238. Pascal Boyries – p. 239. Sandrine Iund – p. 244, 245, 248. Hervé Laly – p. 250, 252. Hervé Laly (avec l'autorisation de la Maison du Patrimoine du Grand-Bornand).

Conception intérieure : Linéale
Conception couverture : François Roche
Réalisation de la couverture
et de l'intérieur : PAO Magnard
Édition : Anne Samain, Béatrice Gallo
Iconographie : Maryvonne Bouraoui
Relecture : Béatrice Pelletier

Dépôt légal : août 2005 – N° d'éditeur : 2005/487
Impression : France Quercy, Cahors
N° d'impression : 52580

Imprimé en France